भीष्म साहनी

भीष्म साहनी

श्याम कश्यप

वाणी प्रकाशन

वाणी प्रकाशन

4695, 21-ए, दरियागंज, नयी दिल्ली 110 002

शाखा

अशोक राजपथ, पटना 800 004

फ़ोन: +91 11 23273167 फ़ैक्स: +91 11 23275710

www.vaniprakashan.in
vaniprakashan@gmail.com
sales@vaniprakashan.com

BHISHM SAHANI
by Shyam Kashyap

ISBN : 978-93-5229-456-5
Criticism

प्रथम संस्करण

मूल्य : ₹ 495

यश प्रिंटोग्राफिक्स, नोएडा-201 301 (उ.प्र.) में मुद्रित

वाणी प्रकाशन का लोगो मक़बूल फ़िदा हुसेन की कूची से

समर्पण

'गर्म हवा' के सर्जक फ़िल्मकार
एम.एस. सत्थ्यू–
और
'तमस' के सर्जक फ़िल्मकार
गोविन्द निहलाणी को–

भूमिका

यह वर्ष भीष्म साहनी (1915-2003) का जन्म-शताब्दी वर्ष है। दर्जनों पत्र-पत्रिकाओं ने उन पर विशेषांक निकाले हैं। जो विशेषांक नहीं निकाल सके, उन्होंने लेख, संस्मरण या ऐसी ही कोई-न-कोई सामग्री छापी है। कई ने चित्र छापे हैं, तो कई अन्य ने उनकी कहानियाँ। इस तरह, लगभग सभी ने अपने प्रिय लेखक को याद किया है। अनेक संस्थाओं ने भीष्मजी के कृतित्व का महत्व रेखांकित करते हुए उनके विविध पहलुओं पर सभा-सम्मेलन, संगोष्ठियाँ और कार्यक्रम किए हैं।

इन सभी में प्रगतिशील लेखक संघ (पीडब्ल्यूए—प्रलेस') के उनके साथी लेखकों, नौजवान कार्यकर्ताओं और सभी आयु के प्रगतिशील लेखकों ने बहुत बढ़-चढ़कर हिस्सा लिया है। वह स्वाभाविक भी है! खुशी की बात है कि यह सिलसिला अभी थमा नहीं है। हिन्दीभाषी राज्यों के ही नहीं, कई गैर-हिन्दीभाषी राज्यों के शहरों-कस्बों में (केन्द्र और केन्द्रीय नेतृत्व के वर्षों से निष्क्रिय रहने के बाद भी) सक्रिय प्रलेस की तमाम छोटी-बड़ी इकाइयों ने अपने दिवंगत नेता, साथी और प्रिय लेखक को याद किया है। इन उत्साही मित्रों और साथियों ने, अपने सीमित संसाधनों के बावजूद खुद भी और कई जगह इप्टा के साथ मिलकर, बड़े विचारोत्तेजक और शानदार आयोजन किए हैं।

इनमें से कई में, शायद भीष्मजी की पहली 'टीम' का सदस्य होने के नाते ही, मुझे मुख्य अतिथि या प्रमुख वक्ता के तौर पर आमंत्रित किया गया था। मैं ऐसे कई आयोजनों में बड़े उत्साह के साथ शामिल भी हुआ। इनमें सर्वाधिक अविस्मरणीय हैं, 'मास्टर साहब' (मोहन श्रीवास्तव) के गृहनगर शहडोल (म.प्र.) और नागपुर के आयोजन। शहडोल में पूर्णेन्दु कुमार सिंह की संस्था 'समन्वय' ने प्रलेस के साथ मिलकर कार्यक्रम किया। महाराष्ट्र राज्य प्रलेस के महासचिव श्रीपाद जोशी द्वारा नागपुर में आयोजित कार्यक्रम में हिन्दी, उर्दू और मराठी लेखकों के अलावा बड़ी तादाद में श्रमजीवी स्त्री-पुरुषों की शिरकत विशेष उल्लेखनीय थी। वैसे भी, भीष्मजी इस जागरूक और संगठित सर्वहारावर्ग के अपने लेखक हैं। दक्षिण का कह नहीं सकता, पर महाराष्ट्र के अलावा महासचिव संजय श्रीवास्तव के नेतृत्व में

उ.प्र, ललित सुरजन के नेतृत्व में छत्तीसगढ़, दीनू कश्यप के नेतृत्व में हिमाचल और कुछ-कुछ पंजाब और चंडीगढ़ को छोड़कर शेष भारत में प्रलेस का कहीं नामो-निशान नहीं बचा है। कमला प्रसाद के निधन के बाद से म.प्र. में भी राज्य संगठन लगभग निष्क्रिय है। वहाँ की पत्रिका 'प्रगतिशील-वसुधा' ने भी अपने दिवंगत नेता पर अभी तक कोई विशेषांक नहीं निकाला है।

भीष्म साहनी के नेतृत्व में जिस ऐतिहासिक संगठन का पुनर्गठन किया गया था, उसकी यह दुर्गति और निष्क्रियता देखकर किसी को भी दुख होगा। सबसे दुखद तो यह है कि लखनऊ में प्रलेस की 75वीं जयन्ती मनाने (वह भी केन्द्रीय संगठन के कोई मदद न करने पर भी, संजय श्रीवास्तव और उनके साथियों के दम पर) के अलावा, वर्षों से केन्द्रीय 'नेतृत्व' और केन्द्रीय संगठन ने कुछ नहीं किया। उसने जैसे डॉ. रामविलास शर्मा की जन्म-शताब्दी में शर्मनाक चुप्पी साधकर कोई आयोजन नहीं किया, वैसे ही ये पंक्तियाँ लिखे जाने तक भीष्म साहनी की जन्म-शताब्दी पर भी न कुछ किया और न ही उनकी स्मृति में आज तक कोई संगोष्ठी, सेमिनार या सभा-सम्मेलन ही किया! यहाँ तक कि भारी-भरकम प्रकाशन संस्थान के रहते हुए भी, उनकी जन्म-शताब्दी में उनके कृतित्व और महत्व पर कोई प्रकाशन तक नहीं! कहना न होगा कि यह इस महान् संगठन को ठीक उसी तरह समाप्त कर डालने की 'केन्द्रीय मशीन' पर काबिज चन्द विसर्जनवादी मैकापरस्तों की शर्मनाक 'स्वीकृति' का सूचक है,जैसे 1953 में डॉ. रामविलास शर्मा के महासचिव-पद से हटने के बाद पुराना प्रलेस बिना किसी औपचारिक घोषणा के समाप्त हो गया था। लेकिन प्रगतिशील और जनवादी लेखकों की सृजनशीलता और सक्रियता में न पहले कोई कमी थी, न अब है! बल्कि देश में साम्प्रदायिक और अर्ध-फ़ासिस्ट तत्वों के सत्तासीन होने के बाद से, हिंसक हमलों, हत्याओं और वैचारिक असहिष्णुता के माहौल में सभी वाम, प्रगतिशील, जनवादी और लोकतान्त्रिक मूल्यों में विश्वास करने वाले लेखक, कलाकार और संस्कृतिकर्मी एकजुट होकर प्रतिरोध में उठ खड़े हुए हैं। भीष्मजी को यही सच्ची श्रद्धांजली है!

आठ अगस्त को भीष्म साहनी की जन्म-तिथि पर साहित्य अकादेमी ने तो भारत सरकार के संस्कृति मन्त्री को बुलाकर, सरकारी आयोजन करके, अपनी ओर से अपने 'महत्तर सदस्य' की जन्म-शताब्दी का औपचारिक 'समापन' कर दिया है। लेकिन, जैसाकि हम देख रहे हैं, अभी भी विशेषांकों और आयोजनों का सिलसिला जारी है! जनवादी लेखक संघ की पत्रिका 'नया पथ' का बड़ा महत्वपूर्ण विशेषांक आ चुका है और छत्तीसगढ़ प्रलेस के साथी और प्रगतिशील कवि-लेखक, सम्पादक विजय गुप्त 'साम्य के विशेषांक की तैयारियों में जुटे हैं। ऐसे ही प्रयासों में उ.प्र. प्रलेस के जयप्रकाश धूमकेतु भी लगे हुए हैं। ललित सुरजन और सर्वमित्रा सुरजन

के सम्पादन में 'अक्षर पर्व' के एक मुकम्मिल विशेषांक के बाद, हर अंक में भीष्म साहनी की कोई रचना या उन पर कुछ सामग्री प्रकाशित की जा रही है। भीष्मजी की किताबों के नये संस्करण आ रहे हैं। देखकर खुशी होती है।

यह पुस्तक बड़ी जल्दबाज़ी में लिखी गयी है। मेरा संकल्प था कि यह पुस्तक उनके जन्म-शताब्दी वर्ष में ही प्रकाशित हो और अगले वर्ष जनवरी, 2016 में विश्व पुस्तक मेले में भीष्मजी के पाठकों के हाथ में हो! अब जब कि प्रलेस का केन्द्रीय नेतृत्व और केन्द्रीय संगठन वर्षों से ठप्प और निष्क्रिय पड़े हैं; देश में कुछ शहरों-कस्बों की सक्रिय इकाइयों और साथियों को छोड़कर हर कहीं हमारा संगठन लगभग मृतप्रायः दिख रहा है; भीष्मजी की पहली 'टीम' का सदस्य होने के नाते, मेरा दायित्व भी है कि इस वर्ष यह किताब अवश्य आये! यह प्रलेस के केन्द्रीय नेतृत्व, केन्द्रीय संगठन और मुख्यालय की 'चुप्पी' की एक छोटी-सी विनम्र भरपाई का प्रयास भी है!!

दरअसल, भीष्मजी पर मेरे एक संस्मरण के 'अक्षर पर्व' में प्रकाशन के बाद, मेरे पास जगह-जगह से लेखकों, प्रलेस के सक्रिय साथियों और मित्रों के आग्रह आने लगे कि मुझे भीष्मजी पर पुस्तक लिखनी चाहिए। कविताएँ और छिट-फुट लेख या समीक्षाएँ लिखना अलग बात है, पर एक मुकम्मिल आलोचना पुस्तक लिखना मुझे बड़ा दुष्कर और असाध्य कार्य लगा। फिर भी, मित्रों और साथियों के आग्रह को शिरोधार्य करते हुए और अपना ज़रूरी दायित्व समझते हुए, मैंने बहुत जल्दबाज़ी में इस काम को पूरा करने का यह विनम्र प्रयास किया है। अस्तु, इस दृष्टि से, यह मेरी आलोचना की पहली किताब भी है! उम्मीद है कि हिन्दी के सहृदय पाठक मेरी त्रुटियों पर ध्यान न देते हुए, भीष्मजी की कृतियों पर मेरे इस परिचयात्मक प्रयास का उदारतापूर्वक रसास्वादन करेंगे!

यह पुस्तक शायद तब भी न लिखी जाती, अगर मेरे अभिन्न मित्र 'युगलजी' (भारत भारद्वाज) मेरे पीछे हाथ धो कर न पड़े रहते! संस्मरण (छपने से पहले) पढ़कर ही उन्होंने कहा था कि मुझे भीष्मजी पर हर हाल में एक पुस्तक ज़रूर लिखनी चाहिए। अस्तु, उनके इस जन्म-शताब्दी वर्ष में मैं भी इस रूप में एक मामूली-सा योगदान कर सका हूँ, इसका श्रेय मेरे प्यारे दोस्त युगलजी को ही हैं। इसके लिए मैं उनका हृदय से आभारी हूँ। प्रेस कॉपी तैयार करने से लेकर प्रूफ़ फ़ाइनल करने तक गीताजी और मेरी दोनों बेटियों शगुन और शैली की मदद के बिना भी यह सम्भव नही था। उन्हें भी मेरा धन्यवाद। यह पुस्तक अगर शताब्दी वर्ष में आ पा रही हैं, तो इसका सारा श्रेय वाणी प्रकाशन के श्री अरुण माहेश्वरी के सद्प्रयासों और श्री विनोद भारद्वाज के परिश्रम को ही है। अतएव, वे भी मेरे हार्दिक धन्यवाद के पात्र हैं। पुस्तक के प्रूफ़ पढ़ने में मेरे प्रिय शिष्य और आत्मीय मित्र, वरिष्ठ

टीवी पत्रकार, श्री राज पाठक ने बड़ी सहायता की है। वे भी मेरे धन्यवाद के पात्र हैं। पुस्तक भारत के महान कला-फ़िल्मकारों की पंक्ति में शामिल होने के वाजिब हकदार, मेरे दोस्तों एम.एस. सत्थ्यू और गोविन्द निहलाणी को समर्पित है, जिनका इस किताब में ज़िक्र भी है!!

बी-13, दैनिक जनयुग आपार्टमेन्ट्स
वसुन्धरा एनक्लेव, दिल्ली-110096

श्याम कश्यप
दि. 21 नवम्बर 2015

अनुक्रम

1
भीष्म साहनी : व्यक्ति और संगठनकर्ता

भीष्म साहनी से मैं पहली बार 1968 या 69 में मिला था। तब बी.ए. का छात्र था और खूब कविताएँ लिखता था। मिला क्या, देखा भर था, हौज़ ख़ास में बन्ने भाई (सज़्ज़ाद ज़हीर) के घर। परिचय के फ़ौरन बाद वे चले भी गये। उन्होंने अभी बमुश्किल दरवाजा पार किया ही था कि मैंने पूछा, 'क्या ये जापानी हैं!' बन्ने भाई हैरान : 'क्या मतलब?' मैंने पहले जैसी मासूमियत से कहा, 'ये जापानियों की तरह बार-बार नब्बे डिग्री झुक जो रहे थे।' बन्ने भाई इतनी ज़ोर से हँसे कि अन्दर से रजिया आपा दौड़ी चली आयीं। मेरा 'लतीफ़ा' सुनकर दोनों 'जापानी हैं' दोहराते देर तक हँसते रहे। इतना कि आपा की आँखों में आँसू झलक आये। बहुत बाद में 'वाङ्चू' पढ़कर मेरी समझ में आया कि वे 'जापानी' ही नहीं 'चीनी' भी हैं! बल्कि केदारनाथ सिंह की कविता के चीना बाबा ही हैं।

दरअसल, हमारे भीष्म जी थे ही इतने शालीन और सौम्य : अतिशय सादगी और अत्यन्त विनम्रता की विलक्षण प्रतिमूर्ति! हर किसी पर मिलते ही उनका सबसे पहला 'इम्प्रेशन' यही पड़ता था; और निस्सन्देह, यह छवि ता-उम्र ऐसी बरकरार भी रही आती थी! दूसरी मुलाकात भी बन्ने भाई के सौजन्य से ही हुई थी। कई साल बाद, 1973 में, मेरे 'जनयुग' का सहायक सम्पादक बनकर स्थायी रूप से दिल्ली आ जाने के बाद। बन्ने भाई भारतीय प्रतिनिधि मंडल के नेता के रूप में 'एफ्रो एशियन राइटर्स ऑर्गेनाइजेशन' के सम्मेलन में भाग लेने अल्मा अता (सोवितय संघ) जा रहे थे। मैं दैनिक 'जनयुग' के फ़ोटोग्राफर के साथ बन्ने भाई को विदा करने हवाई अड्डे पर गया था। यह भी, बस देखा-देखी ही थी। भीष्म जी को पिछली मुलाकात याद ही नहीं थी। हाथ मिलाते हुए शरारतन मैं इतना झुका था कि इतने वर्षों बाद भी 'जापानी हैं' की याद आने से बन्ने भाई मुँह फिराकर हँसी रोकने की कड़ी मशक्कत करते दिखे! मैं अपनी आदत से मजबूर था। गम्भीर और ज़िम्मेदार बनकर रहने की और हरेक से टकराने से, भरसक बचने की 'बड़े मामा'

(श्री हरिशंकर परसाई, जिन्हें मैं अपने अभिन्न मित्र राजकुमार दुबे की तरह 'बड़े मामा' ही कहता था) की सारी नसीहतें जबलपुर में ही, चलने से पहले, खूँटी पर टाँगकर दिल्ली आया था।

यहाँ भी बुजुर्गों की दाढ़ी खींचने (जो क्लीनशेव थे, उनकी टाँग खींचने) और छेड़छाड़ से मैं बाज़ नहीं आता था! बाद में खुद दाढ़ी रखने और अच्छा भला 'गम्भीर' दिखते रहने के बावजूद! इसीलिए, भीष्मजी से मेरे सम्बन्ध अनजाने में ऐसे ही लगभग 'कामदीय' (कॉमेडी वाले—हँसी मज़ाक के) बन गये थे; और सारी उमर ऐसे ही बने भी रहे। लेकिन अब इस विडम्बना को आप क्या कहेंगे कि उनसे दोस्ती की शुरुआत बड़े ही दुखद और त्रासदीय (ट्रैजिक) माहौल में हुई थी। दूसरी देखा-देखी के, बस चन्द ही रोज़ बाद। मेरा अनुमान है कि इस दोस्ती की नींव जाते हुए बन्ने भाई और सुभाष दा (मशहूर बाँग्ला कवि सुभाष मुखोपाध्याय जिनसे मैं पहले से परिचित था और कलकत्ता में कई बार मिल चुका था) ने रखी होगी—भीष्मजी को इस 'शरारती बच्चे' के बारे में खूब अच्छी-अच्छी बातें बताकर। कोई आश्चर्य नहीं कि बन्ने भाई ने अपने साथियों के साथ 'जापानी हैं' वाला लतीफ़ा भी शायद साँझा किया हो।

भीष्मजी आल्मा अता से फ़ैज़ और एक सोवियत लेखक (मुझे ठीक से याद नहीं, शायद कवि सुलेमानोव) के साथ बन्ने भाई का पार्थिव शरीर लेकर लौटे थे। वहीं सम्मेलन के दौरान दो दिन पूर्व, 13 सितम्बर को बन्ने भाई को दिल का दौरा पड़ने से, अचानक उनका निधन हो गया था। हम लोगों को पता दूसरे दिन लगा था। एक और विडम्बना देखिए कि 13 सितम्बर को ही दैनिक 'जनयुग' के पहले अंक का अजय भवन में, एक भव्य समारोह में लोकार्पण किया गया था; जिसकी पिछले तकरीबन एक माह से हम 'डमी' निकालकर, पिछले 13 दिन से प्रचारित करते हुए, देश-भर में भेजकर 'फ्री' वितरित करवा रहे थे। 'डमी' के ही पिछले एक रविवारीय संस्करण में 'अल्मा-अता सम्मेलन' के बारे में बन्ने भाई का लेख तथा एक नये 'फेडरल' रूप वाले संगठन के रूप में प्रगतिशील लेखक संघ (प्रलेस) के पुनर्गठन की ज़रूरत पर भीष्मजी का और मेरा, दो लेख छपे थे। बन्ने भाई (जो कम्युनिस्ट पार्टी की राष्ट्रीय परिषद के सदस्य और पार्टी के 'कलचरल फ्रंट' के 'इंचार्ज' थे) के नेतृत्व में ही पिछले लम्बे अर्से से प्रलेस के पुनर्गठन की तैयारियाँ चल रही थीं, और जो इधर 2-3 माह से अन्तिम सोपान पर थीं। मेरा अनुमान है कि इस पुनर्गठित भावी संगठन के महासचिव (जनरल सेक्रेटरी) के रूप में भीष्म साहनी का नाम पार्टी की 'सीईसी' की 'कल्चरल सब-कमेटी' द्वारा तय हो चुका था और इस अत्यन्त महत्वपूर्ण ज़िम्मेदारी के एहसास ने (जिसकी सम्भवतः बन्ने भाई की देख-रेख में ट्रेनिंग चल रही थी) हमारे 'जापानी' को और भी ज़्यादा विनम्र बना दिया था।

बहरहाल, बन्ने भाई का पार्थिव शरीर लाने के बाद, या शायद उन्हें 'सुपुर्दे-ख़ाक'

करने के बाद (मुझे ठीक याद नहीं) लौटते हुए, रास्ते में मुझे पीपीएच (जहाँ 'जनयुग' का दफ़्तर था और जहाँ मैं ऊपर 'गेस्ट रूम' में तब रहता था) छोड़ने तक, पंजाबी में ढेर सारी गुटरगूँ बातें करते-करते मैं और भीष्म जी पक्के दोस्त बन चुके थे। हालाँकि वे लगभग मेरे पिता (जन्म 1912) की उम्र के थे (दिखते तो थे देवानन्द की तरह युवा और फ़िल्मी हीरो की तरह ही! बाद में तो मैं उन्हें और राजीव सक्सेना को प्रलेस के देवानन्द और अशोक कुमार कहने लगा था; पर भला हो नामवर जी का जो राजीव भाई को 'ययाति' कहते थे) और वे मुझसे 'यार-यार' कर के बातें कर रहे थे। भीष्मजी की यह भी एक बड़ी खूबी थी कि वे एकदम हमउम्र यारबाश दोस्तों की तरह घुलमिल जाते थे। बशर्ते कि आपसे खुल जाएँ और आप उनके एकदम अन्तरंग बन जाएँ! अन्यथा, भीष्मजी अत्यन्त विनम्र और सौम्य ही नहीं, बड़े संकोची, मितभाषी और बेहद शर्मीले इनसान थे। हरेक के आगे 'जनाब मैं किस काबिल' तथा 'मैं तो ख़ाकसार, बन्दापरवर, आप महान तथा दानिशमन्द' वाला उनका व्यवहार कभी-कभी तो बड़ी कोफ़्त और हददर्ज़ा खीझ भी पैदा करता था। बाज़ मौकों पर (और ऐसे मौके कई बार आते भी थे) जब कोई सामने वाला अक्ल का मारा इन बातों को सच मानकर नाजायज फ़ायदा उठाने लगता और फूल कर कुप्पा हो रहा होता तो उस गुब्बारे में पिन चुभोने तथा फिर भी ज़रूरत पड़े तो ऐसे दानिशवरों की 'सर्जरी' करने का नेक काम मुझे ही अंजाम देना पड़ता था!

हिन्दी की (संस्कृत से आयी) यह मशहूर कहावत कि 'फलदार वृक्ष झुकते हैं' हमारे जनरल सेक्रेटरी पर कुछ ज़्यादा ही चरितार्थ होती थी! वस्तुतः ऐसे ही थे हमारे भीष्मजी! सारा हिन्दी संसार ही नहीं समूचे भारतीय साहित्य जगत, ख़ासकर हमारे प्रगतिशील हलकों में, भीष्म जी की सादगी, सहजता, शालीनता और अतिशय विनम्रता जगज़ाहिर थी। भले ही मुझे उनका ऐसा व्यवहार तब ख़ासा अटपटा-सा, बल्कि सच कहूँ तो तब बड़ा हास्यास्पद भी लगता था। प्रगतिशील लेखक संगठन के पुनर्गठन के काम, फिर 'ड्राफ्ट मेनिफेस्टो' (घोषणापत्र का प्रारूप) तैयार करने, उस पर देशभर के लेखकों के हस्ताक्षर लेने, आख़िर गया सम्मेलन (6-9 मई, 1975) की तैयारियों के दौरान इन तकरीबन डेढ़-दो साल प्रायः रोज़ ही मेरी भीष्मजी से, ओर अकसर तकी हैदर से भी, खूब मुलाकातें होती रहीं। कभी हौज ख़ास व्यासजी के घर (तकी भी पास ही रहते थे), लेकिन ज़्यादातर 'जनयुग' कार्यालय में ही। भीष्मजी तब सीधे कॉलिज से और तक़ी अक्सर बाराखंभा से (सोवियत सूचना केन्द्र, जहाँ वे मुलाज़िम थे) 'जनयुग' आ जाया करते थे। व्यासजी और मैं तो वहाँ होते ही थे। जब कभी व्यासजी के घर बैठना होता था तो भीष्मजी शाम को घर से (ईस्ट पटेल नगर) आते हुए मुझे लेकर जाते थे और मेरे संकोचवश मना करने पर भी ज़बरदस्ती मुझे रमेश नगर, ईएसआई हॉस्पिटल कॉलोनी, जहाँ गीताजी के आने के बाद मैं चित्रकार मित्र

सुरेन्द्र राजन (आज के बॉलिवुड के चरित्र अभिनेता) और सबीहा हाशमी भाभीजान के पास रहता था, गेट पर छोड़कर जाते। प्रायः देर रात, कभी-कभी तो सर्दियों की सुनसान और कोहरे डूबी रात के 11-12 भी बज जाते थे और रिंग रोड का वह सुनसान क्षेत्र तब बहुत ख़तरनाक माना जाता था। लेकिन भीष्मजी परवाह नहीं करते थे! इन डेढ़-दो वर्षों में रोज़ साथ काम करने, बहस-मुबाहिसों और गप्प-शप के दौरान हम दोनों और भी निकटतर हुए; मुझे भीष्मजी के कई नये-से-नये और विलक्षण पहलुओं से परिचित होने का मौका मिला।

भीष्मजी को नये संगठन का जनरल सेक्रेटरी बनाने के बारे में पार्टी का फैसला बिल्कुल सही था, क्योंकि वही अकेले ऐसे व्यक्ति थे जो पुराने 'प्रगतिवादी' दौर के प्रलेस के टकरावों और व्यक्तियों की पुरानी आपसी रंजिश बचाते हुए, अपने शालीन, विनम्र और सुलह-सफ़ाई वाले स्वभाव से हर तरह के मतभेदों के बीच से रास्ता निकाल सकते थे। उन्होंने ऐसा किया भी। हम मज़ाक में कहा करते थे कि लेखकों को किसी संगठन में एकजुट करना तराजू में मेंढ़क तौलने जैसा ही है। लेकिन भीष्मजी ने यह करिश्मा भी कर दिखाया! एच.के. व्यास ने पार्टी की काम-काज की और 'सांस्कृतिक भाषा' अंग्रेज़ी में 'ड्राफ्ट मेनिफ़ेस्टो' (घोषणापत्र का मसौदा) बनाया जिसे पहले शायद बन्ने भाई और भीष्मजी ने मिलकर बनाना था। एच के व्यास साहित्यकार नहीं थे, पर दुर्भाग्य से साहित्यानुरागी भी नहीं थे; जैसे कि पुराने नेताओं में डांगे, नम्बूदिरिपाद, पी. सी. जोशी थे; या मौजूदा नेतृत्व में मोहित सेन और योगीजी थे। राजबहादुर गौड़ तो खुद भी उर्दू के अच्छे लेखक थे। अच्छा होता कि इस 'सांस्कृतिक मोर्चे' की ज़िम्मेदारी पार्टी सीईसी के ही एक अन्य सदस्य मोहित सेन को दी जाती और 'ड्राफ्ट मेनिफेस्टो' मोहित, भीष्म और का. राज बनाते! बहरहाल, पार्टियों और उनके नेतृत्व की अपनी समझ होती है! कम्युनिस्ट पार्टियाँ भी अपवाद नहीं हैं।

भीष्मजी और मैं जब इस 'मेनिफेस्टो' का हिन्दी में अनुवाद करने बैठे तो मेरा तो दिमाग ही भन्ना गया! मैं कुछ कहता कि भीष्मजी ने मुस्कुराकर धीरे से कहा, 'श्यामजी, मेनिफेस्टो' तो व्यासजी ने बड़ा अच्छा बनाया है, पर यह कुछ ज़्यादा ही पॉलिटिकल नहीं हो गया! लेखकों, कलाकारों के संगठनों...!' मैंने बीच ही में बात काटकर कहा, 'बहुत खराब बना है। बहुत बड़ा भी है। एडिट करके इसे चौथाई किया जा सकता है। इसकी भाषा भी बड़ी ठस है। हमें इस बारे में व्यासजी से बात करनी चाहिए। मेनिफेस्टो का ड्राफ्ट आप बनाइए। ज़रूरी समझें तो चाहे व्यास जी के इस ड्राफ़्ट में से राष्ट्रीय और अन्तर्राष्ट्रीय परिस्थिति के दो या तीन पैरे संक्षिप्त करके ले लीजिए। इस तरह उनका योगदान भी शामिल रहेगा।' लेकिन भीष्म जी ने कानों को छूकर मना कर दिया। वे बोले कि 'वे ठीक नहीं समझेंगे। उन्हें बुरा

लग सकता है।' वे इस पर भी आना-कानी करने लगे कि कम-से-कम हम अपनी राय तो व्यासजी को बता ही सकते हैं। जब मैंने ज़ोर दिया तो मेरी राय से पूरी तरह से सहमति जताते हुए भी, कहने लगे कि 'मैं कह नहीं सकूँगा, चाहें तो आप कहिए।' भन्नाकर मैंने असहयोग कर दिया और अनुवाद अकेले बुजुर्गवार बेचारे हमारे भीष्मजी ने किया। मुझे नहीं मालूम कि उर्दू अनुवाद ताबाँ साहिब ने किया था या अजमल ने? क्या पता कि शायद वह भी भीष्मजी ने ही किया हो! जब कमेटी में उस पर विचार किया गया तो लगभग सभी ने 'ड्राफ्ट' की आलोचना की। भीष्मजी को इसे नये सिरे से तैयार करने को कहा गया तो वे आना-कानी करने लगे कि उनकी समझ व्यासजी से बेहतर नहीं हो सकती। बहरहाल, कॉमरेड राजबहादुर गौड़, व्यासजी, ताबाँ साहिब, राजीव सक्सेना और भीष्मजी की एक 'ड्राफ्ट सब-कमेटी' बनाकर यह समस्या भी हल कर ली गयी। मैंने डॉ. नामवर सिंह का नाम सुझाया जो राजीव भाई और व्यासजी ने फटाक् से दरकिनार कर दिया!

नया संक्षिप्त 'ड्राफ्ट मेनिफेस्टो' मंजूर होने के बाद, उसे पहले 51 फिर 21, अन्ततः भारी बहस-मुबाहिसों के बाद, 31 लेखकों के नाम 'प्रस्तावकों' के रूप में अन्तिम रूप से तय हो जाने के बाद, हिन्दी उर्दू और अंग्रेज़ी में तत्काल जारी करने का फैसला किया गया। इन 31 लेखकों के 'ड्राफ्ट मेनिफेस्टो' पर हस्ताक्षर कराने की ज़िम्मेदारी के निर्वाह के लिए इन पंक्तियों के लेखक को भी शामिल किया गया। डॉ. रामविलास शर्मा और अमृत राय ने इनकार कर दिया। एच. के. (व्यास) को लिखे उनके पत्रों में कई आपत्तियाँ उठा गयी थीं। अमृत राय ने भीष्मजी को अलग से भी ख़ासा लंबा पत्र लिखा था जिसमें पुराने मतभेदों, आरोपों और झगड़ों के ढेरों सन्दर्भ थे।

बहरहाल कमेटी के फैसले के अनुसार दोनों को मनाकर हस्ताक्षर लेने के लिए मैं और भीष्मजी पहले आगरा, फिर इलाहाबाद गये; पर दोनों 'मिशन इम्पॉसिबल' नाकाम ही रहे! लेकिन इन दोनों यात्राओं में भीष्मजी से निकटता और अन्तरंगता तो बढ़ी ही, उनका एक भिन्न रूप भी देखने को मिला, एक बेहद ज़िन्दादिल और हँसी मज़ाक करने वाले इन्सान, विलक्षण व्यंग्यकार और अत्यन्त 'विटी'! उन्हें ऐसे-ऐसे लतीफे याद थे कि दोनों सफ़र हँसते-हँसते कटे।

आगरा तो हम सुबह चलकर रात वापस आ गये, पर इलाहाबाद अमृत राय के पास एक दिन रुककर दूसरे दिन लौटे। रामविलासजी से मैं कुछ अरसा पहले भी गीताजी और प्रमोद-दम्पति के साथ मिल चुका था। उन्होंने बड़े प्यार से समझाया कि अपने अध्ययन और योजनाबद्ध लेखन-कार्य के कारण वे कहीं नहीं आते-जाते और किसी भी संस्था या संगठन से नहीं जुड़ सकते। उन्होंने अपनी पत्नी की गम्भीर बीमारी का भी हवाला दिया। मैं तो ज़्यादातर चुप ही रहा, पर भीष्मजी जैसी विनम्रता,

आदर और हर तरह के तर्कों से उन्हें मनाने की कोशिशें करते रहे, यह अपने-आपमें बड़ा ही दिलचस्प और अद्भुत था। यहाँ तक कि रामविलासजी भी उनके ऐसे विनम्र, शालीन और अतिशय सौम्य व्यवहार से बड़े प्रभावित दिखे। हम लोगों को विदा करते हुए उन्होंने मेरी ओर मुड़कर कहा, 'अगर तुम लोग भीष्मजी को जेनरल सेक्रेटरी बनाओगे तो तुम्हारा संगठन पहले की तरह सभी भाषाओं के साहित्यकारों को जोड़ सकेगा और सम्पूर्ण भारतीय साहित्य का नेतृत्व करेगा।' लगभग ऐसा ही कुछ, सम्भव है 'जोड़ सकेगा' की जगह 'संगठित कर सकेगा' जैसा कुछ कहा हो! जो भी हो, रामविलासजी की भविष्यवाणी शत-प्रतिशत सही साबित हुई! अमृत राय को पहली बार देखा था। भीष्मजी की तो पुरानी पहचान थी। मुझे लगा जैसे प्रेमचन्द को देख रहा हूँ! छपे-हुए चित्रों में देखे प्रेमचन्द के जैसा ही चेहरा-मोहरा और पतली सी आवाज़ जो बीच-बीच में उत्तेज़नावश और भी तीखी और पतली हो जाती थी। गुस्से में भी बड़ी प्यारी और सुरीली। गुलाबीपन लिए हुए झक्क सफेद, गोरा चेहरा! ऐसा कि उँगली से गाल छू लूँगा तो खून की बूँदें टपकने लगेंगी! वे तमाम शिकायतें करते रहे, पर अन्त में यह कह कर विदा किया कि संगठन की गतिविधियाँ देख-परख कर, भविष्य में सहयोग की सोच सकते हैं। और सहयोग किया भी; परसाईजी और भीष्मजी के अनुरोध पर 1980 में जबलपुर महासम्मेलन में आये भी; और एक सत्र के अध्यक्ष मंडल में भी रहे। हँसी-मज़ाक में शमशेर को डाँटते भी रहे और केदारनाथ अग्रवाल-नागार्जुन से छेड़छाड़ भी करते रहे।

अन्ततः 27 प्रस्तावक और अनुरोधकर्ता-लेखकों (जिनमें दो पत्रकारों, खुद एचके और निखिल चक्रवर्ती के नाम शामिल थे) की ओर से तीनों भाषाओं (हिन्दी, उर्दू और अंग्रेज़ी) में 'घोषणापत्र का मसौदा' देश-भर के सभी भाषाओं के लगभग दो-ढाई सौ लेखकों को हस्ताक्षर करके भीष्म साहनी, श्याम कश्यप और एचके व्यास को 'जनयुग' के पते पर भेजने का अनुरोध किया गया। वह 31 की जगह 27 इसलिए, क्योंकि दो मना कर चुके थे (रामविलास जी और अमृत राय) और छपते-छपते तक भी हीरेन मुखर्जी और नामवर सिंह के हस्ताक्षर प्राप्त नहीं हुए थे। दोनों के हस्ताक्षर काफी बाद में प्राप्त हुए : हीरेन दा से मैं संसद भवन जाकर लाया; नामवरजी ने 'जनयुग' कार्यालय आकर खुद सौंपा। वे उन्हीं दिनों जोधपुर छोड़कर जेएनयू में प्रोफेसर होकर दिल्ली आ गये थे।

दरअसल, दिल्ली में बुजुर्ग साहित्यकारों में मेरी सर्वाधिक निकटता और गहन अन्तरंगता शमशेरजी और भीष्मजी से ही पनपी। लगभग हमउम्र या ख़ास दोस्तों की तरह। मज़े की बात यह कि दोनों ही निहायत संकोची, अत्यन्त शालीन और बेहद विनम्र! मैं प्रायः दोनों से शरारतन छेड़छाड़ करता रहता था। शमशेरजी से कुछ ज़्यादा (भई, दोनों कवि हुए न!) बख्शता भीष्मजी को भी नहीं था। वे भरपूर

मजा लेते; और कभी-कभी अपने 'विट' से खुद भी 'छक्का' उड़ाकर बाउंड्री पार करा देते! उनमें हास्य-व्यंग्य की विलक्षण प्रतिभा थी। बड़ी मासूमियत के साथ कभी वे ऐसा महीन व्यंग्य करते कि सामने वाले को लाजवाब कर देते और खुद चेहरा गम्भीर और भोलाभाला बनाए रखते कि साहिबो, मैंने तो कुछ किया ही नहीं, कुछ कहा ही नहीं! उनके साथ प्रलेस के सम्मेलनों-सेमिनारों के सन्दर्भ में दूर-दूर की बड़ी यात्राएँ कीं। वे अपने लिए कुछ भी नहीं करने देते थे, जबकि साथ जाने वाले की हर छोटी-बड़ी सुविधा का ख्याल रखते थे। आप कुछ करना भी चाहें, तो तनकर खड़े हो जाते और सामने की लटें हाथ से पीछे फेंकते हुए कहते 'यार, मुझे बूढ़ा समझते हो!' फिर एकदम बड़ी अदा से तिरछे झुककर हफ़ीज़ जालंधरी की पंक्ति दोहरा देते 'अभी तो मैं जवान हूँ, अभी तो मैं जवान हूँ...

गया सम्मेलन के लिए जाते समय हम दिल्ली, पंजाब, हरियाणा, हिमाचल प्रदेश और जम्मू-कश्मीर के हिन्दी, उर्दू, पंजाबी और कश्मीरी भाषाओं के सभी तकरीबन 30-32 लेखक, स्लीपर क्लास में एक ही डिब्बे में, एक-साथ चल रहे थे। हमें बाहर के लेखकों ने किराए के पैसे पहले ही भिजवा दिए थे, जो सभी तब हमारे निरन्तर सम्पर्क में थे। राजस्थान से भी छह-सात लेखक जानेवाले थे, पर किसी के भी पैसे निर्धारित तिथि तक नहीं पहुँचे थे। इनमें तीन मेरे प्रिय मित्र मोहन श्रोत्रीय, स्वयं प्रकाश (दोनों सम्पादक 'क्यों') और कवि विजेन्द्र भी थे। वे हर हालत में जाने के दिन तक पहुँचने का वायदा कर चुके थे। अतः मैंने जनयुग से एडवाँस' लेकर उनके भी अपने साथ ही टिकट रिजर्व करवा लिए थे। राजीव भाई ने मुझे बाकी तीन, विजयदान देथा (बिज्जी), डॉ. विशम्भर नाथ उपाध्याय और वेदव्यास के भी टिकट कराने को कहा कि इनके लिए मैं पैसे दे दूँगा। उन्होंने समय पर न पैसे दिए, न मैंने इनके टिकट कराए। दुर्भाग्य से ट्रेन छूटने तक भी न विजेन्द्र पहुँचे, न मोहन श्रोत्रीय और न ही कथाकार स्वयं प्रकाश! तीनों के टिकट भी वापिस नहीं हो पाए और ट्रेन चल पड़ी! गया से लौटने पर जब मुझे एक जून को मई की तनखा मिली तो लिफ़ाफ़े में चन्द रुपये ओर कुछ चेंज मात्र देखकर मैं भड़क गया। कैशियर जैन साहेब ने निहायत प्यार से समझाया कि 'कामरेड! आपने गया के तीन टिकटों के लिए जो एडवांस लिया था, वह काटकर इतने ही बचते हैं!' लगभग पूरा वेतन ही कट गया था! मैं लिफ़ाफ़ा वहीं पटककर चला आया। बाद में व्यासजी की कृपा से पूरा वेतन मिला और अगले माह से पाँच बराबर किश्तों में कटौती करने का 'एकाऊँट्स डिपाट्मेंट' को आदेश। तीनों मित्रों से एक धेला भी नहीं! जब गये ही नहीं, टिकट इस्तेमाल ही नहीं किया, तो पैसे काहे के! इस तरह यह साहित्य और प्रगतिशील लेखक संघ के लिए मेरी पहली 'कुर्बानी' थी। तब मुझे बिल्कुल अन्दाजा नहीं था कि आगे-आगे और क्या-क्या होने वाला है? यह किस्सा इसलिए

कि जब भीष्मजी को पता चला तो उन्होंने अकेले में अपनी जेब से मुझे पैसे देने की पेशकश की। सख़्ती से मना करने पर भी जबरदस्ती नोट मेरी जेब में ठूँसने की विफल कोशिशें करते रहे। बाद में भी मिलते ही, कई दिनों तक अफ़सोस जताते रहे। ऐसे ही थे हमारे भीष्मजी!

यह अविस्मरणीय और ऐतिहासिक यात्रा थी। रास्ते भर जगह-जगह से लेखक इस ट्रेन में सवार होते गये थे। जिनके रिजर्वेशन 'कन्फर्म' नहीं हो पाए थे, उन्हें भी हमने अपने डिब्बे में चढ़ाकर 'ऐडजस्ट' किया। पहली छह बर्थों में नीचे भीष्मजी और ताबाँ साहिब थे और मिडिल में कमर रईस और अजमल तथा 'सर्वोच्च शिखर' पर मैं और योगेश कुमार। सामने साइड लोअर और अपर पर दीनानाथ नादिम (कश्मीर) और प्रो. जगन्नाथ 'आज़ाद' (जम्मू) थे। इलाहाबाद में अजमल अजमली के भाई-भतीजे कई टोकरों में भरकर रूमाली रोटियाँ और स्वादिष्ट कबाब की टिक्कियाँ, शीरमाल और जाने क्या-क्या खाने-पीने की ढेरों चीज़ें लाए। दोपहर को और रात को सभी के जी-भरकर 'लंच' और 'डिनर' लेने के बाद भी, रूमाली रोटी और कबाब बच रहे। इलाहाबाद से ही कामतानाथ (कानपुर), अजित पुष्कल और सतीश जमाली आदि 8-10 और लेखकों को भी यहीं ऐडजस्ट किया गया जिनकी सीटें नहीं थीं। गया तक प्रायः यही आलम रहा। शाम गहरी होते ही ताबाँ साहिब की सदारत में रसरंग के साथ जो कविताओं और शेरो-शायरी का समाँ बँधा कि लगभग पूरी रात 'मुशायरा' चलता रहा—भोर में, गया पहुँचने तक; जहाँ सुरेन्द्र चौधरी, खगेन्द्र ठाकुर और नईम साहिब के नेतृत्व में बिहार के लेखकों और दर्जनों कार्यकर्ताओं का भारी हुजूम फूल-मालाओं, बैनरों और नारों तथा 'इप्टा' के क्रांतिकारी 'जनगीतों' के साथ स्वागत-सत्कार के लिए मौजूद था। प्रगतिशील लेखक संघ के पुनर्गठन के इस ऐतिहासिक मौके पर, गया स्टेशन पर, शायद ही कोई होगा जिसकी आँखों की कोर न भींगी हों! ऐसा ही भावभीना और भावुकतापूर्ण माहौल रात को उद्‌घाटन के समय भी था। मैं, मास्टर साहब (मोहन श्रीवास्तव) और धड़कनजी (सुरेश शर्मा) तीनों घूम-घूमकर नज़ारा ले रहे थे। कई बड़े-बूढ़े और बुजुर्ग लेखकों की आँखों से भावावेश में आँसुओं की धार बह रही थी। विश्वनाथ त्रिपाठी की अश्रुपूरित आँखें देखकर, आदतवश उन्हें छेड़ने बढ़ा तो मुँह से बोल नहीं फूटा और दृष्टि धुँधली होती देख एहसास हुआ कि अरे! यह तो मैं भी रो रहा हूँ! तभी भरी-आँखें लिए कामतानाथ आ गये और हाथ मिलाने लगे तो देर तक हाथ झुलाते रहे और रोते रहे! भरी-आखों से सतीश कालसेकर और दीपेन-दा (परिचय-सम्पादक) आये तो देर तक गले मिले। मंच पर भीष्मजी और ताबाँ साहिब की आँखें देख नहीं पा रहा था, पर बोलते हुए भावावेग से रुँधे कंठ यही चुगली खा रहे थे कि आँखें उनकी भी सूखी नहीं होंगी! यह ऐसा ही महान और ऐतिहासिक अवसर था। पचास के

दशक में तत्कालीन महासचिव डॉ. रामविलास शर्मा के हटने पर, सन' 53 के बाद से बिखराव के उपरान्त बाईस साल बाद, एक बार फिर यह वेगवती लहर उठी थी! इस क्षण की आप कल्पना नहीं कर सकते! इसे वही समझ और महसूस कर सकते हैं जो उस ऐतिहासिक मौके पर वहाँ साक्षात् मौजूद थे।

दूसरे दिन की विचार गोष्ठी और रात (व्यासजी की अध्यक्षता में) पार्टी लेखकों को 'मीटिंग' दो बातों के लिए याद की जाती रहेंगी : पहली यह कि व्यासजी अध्यक्ष मंडल में हिन्दी से शिवमंगल सिंह 'सुमन' के नाम पर अड़ गये। और हम लोग, ख़ासकर राजीव सक्सेना, विश्वनाथ त्रिपाठी, मास्टर साहब (मोहन श्रीवास्तव), कामतानाथ और मैं, कवि केदारनाथ अग्रवाल के नाम पर! बहस इतनी उग्र हो गयी कि भीष्मजी की अपीलों के बावजूद मैं उठकर गुस्से में लगातार बोलता रहा, जब तक कि त्रिपाठी जी और दीपेन-दा ने दोनों हाथ खींचकर मुझे नीचे नहीं बिठा दिया। अन्ततः भीष्मजी की तज़बीज पर 'मतदान' हुआ और हमने 'व्यास ऐंड कं.' को बुरी तरह से हरा दिया। जब व्यासजी ने दोनों के नाम जुड़वा दिये, तो कमर रईस और अजमल ने आज़ादी से पहले की 'मुस्लिम लीग' की तरह 'बैलेंस करने' के नाम पर उर्दू से भी अध्यक्ष मंडल में दो नाम रखने की अपील करते हुए ताबाँ साहिब का नाम जुड़वा दिया। अन्य भाषाओं में कोई विवाद नहीं हुआ। भीष्मजी तो महासचिव-पद पर सभी की सर्वसम्मत और एकमात्र पसन्द थे ही! राष्ट्रीय समिति के लिए भी नामों की फ़ेहरिस्त, देश-भर से, सभी भाषाओं के लगभग सभी पीढ़ियों के प्रमुख लेखकों के नामों के साथ तय की गयी।

दूसरे दिन, विचार गोष्ठी में सभी भाषाओं में साहित्यिक परिदृश्य पर पर्चे 'पढ़े' गये। प्रायः सभी भाषाओं में सम्पूर्ण परिदृश्य पर एक-एक और बाँग्ला में (कविता तथा कथा-साहित्य और आलोचना) दो, क्रमशः शायद सौरी घटक और दीपेन-दा, जिन्होंने आलोचना पर पर्चा न होने के कारण अन्तिम क्षणों में कथा साहित्य के साथ आलोचना जोड़ी थी। यह भी सम्भव है कि विषय 'उलट' रहे हों। हिन्दी-उर्दू में तीन-तीन पर्चे 'पढ़े' गये। उर्दू में कमर रईस, अजमल अजमली और जगन्नाथ 'आज़ाद' ने तथा हिन्दी में सुरेन्द्र चौधरी (कथा-साहित्य), मोहन श्रीवास्तव (कविता) और राजीव सक्सेना (आलोचना) ने पर्चे 'पढ़े'। एक ख़ास बात यह थी कि लिखित पर्चा मात्र एक ही था, जो सचमुच पढ़ा गया, हमारे राजीव भाई का! बाकी सब 'पढ़े गये' के नाम पर 'नोट्स' या 'मौखिक व्याख्यान' की परम्परा का निर्वाह किया गया था। संगठन सत्र में भीष्मजी के लिखित (शायद) तवील-लेख के अलावा। राजीव भाई के पर्चे पर जबर्दस्त हंगामा हो गया। ओपनर बैट्समैन की जोड़ी रही नन्दकिशोर नवल और श्याम कश्यप! राजीव भाई ने हर ऐसे ऐरे-गैरे नत्थूखैरे के नामों की लम्बी-चौड़ी आलोचकों की फ़ेहरिस्त गिना डाली थी; यहाँ तक कि जिनके

मुँह से अभी दूध की गँध भी नहीं मिटी थी, ('मुख दधि लेप किए') और जो अभी कलम पकड़ना ही सीख रहे थे, उन सभी के नाम थे, पर नहीं नाम था कहीं भी तो डॉ. रामविलास शर्मा का! नवलजी ने तो बड़ी शालीनता से इस 'चूक' की ओर इशारा किया, पर माबदौलत तो अपने तीखे व्यंग्य-बाणों के साथ राजीव भाई पर पूरे फ़ौज-फाटे और लाव-लश्कर के साथ चढ़ धाए! बाद में, भीष्मजी ने कहा भी कि 'यार ऐसी बड़ी गलती कैसे हो गयी!' राजीव भाई की सफ़ाई थी कि 'एक तो पर्चा संक्षिप्त है (सभी को मात्र ढाई से तीन पेज के पर्चे का ही अनुरोध किया गया था), दूसरे, मैंने तो समकालीन आलोचना पर ही तो लिखना था, कोई इतिहास तो नहीं बखानना था!' मैं फिर फट पड़ा था कि 'निराला की साहित्य-साधना का लेखक समकालीन नहीं है! आप खुद क्या है? इधर लिखा क्या है आपने? पिछले दस साल का ही बता दें!' आदि-इत्यादि। भीष्मजी ने बीच-बचाव किया। राजीव भाई से तो पिण्ड छुड़ाकर भागते ही बना। आख़िरकार, भीष्मजी ने कहा, 'यार, गलती तो की ही राजीव ने, बहुत बड़ी गलती, पर तुम्हें भी उसकी उमर का तो ख़्याल रखना चाहिए था। नवलजी ने देखो कितने सलीके से अपनी बात रखी।' नवलजी से यही पहली 'देखा-देखी' थी जो कालान्तर में घनिष्ठ मित्रता में विकसित हुई। शायद तभी से नवलजी भी भीष्मजी की निगाहों में चढ़ गये, जिनकी वे बराबर प्रशंसा करते नहीं थकते थे। दरअसल, वे ऐसे ही शिक्षक और गहरे पारखी थे! लोगों की गलतियों और कमियों को नज़रअन्दाज करना, ज़रूरी लगे तो अकेले में ऐसे समझाना कि न उसे ठेस लगे और न ही उसके 'अहं' पर चोट पड़े! इसी तरह किसी के भी गुणों और 'किस काम के लिए कौन' सर्वाधिक उपयुक्त है, इसकी भी उन्हें बड़ी सटीक और सूक्ष्म पहचान थी।

शरारती तो मैं था ही, लोगों की 'पैरोडी' करने में भी माहिर रहा हूँ। पार्टी नेताओं के अलावा बुजुर्ग साहित्यकारों में शमशेरजी, भीष्मजी और गुलगुलानन्द विश्वनाथ त्रिपाठी पर इस मामले में तब कुछ ज़्यादा ही मेहरबान रहता था। प्रलेस के साथी इसका ख़ूब आनन्द उठाते थे। एक बार तो, शायद बिहार प्रलेस के राज्य सम्मेलन में डाल्टनगंज जाते हुए या वहाँ से दिल्ली लौटते हुए (ठीक याद नहीं), ट्रेन में ताबाँ साहिब की (मशहूर बुजुर्ग शायर गुलाम रब्बानी ताबाँ, जिन्हें यह नहीं मालूम था कि मैं उनकी 'पैरोड़ी' कैसे करता हूँ) ख़ास फ़रमाइश पर भीष्मजी की 'नकल' उतारी—शीलाजी (उनकी पत्नी) की डाँट-फटकार पर भीष्मजी की मिमियाहट-भरी सफ़ाइयाँ! सारे साथियों और आसपास के सहयात्रियों के ज़ोरदार ठहाकों के बीच भीष्मजी की शरमाने की अदा भी अविस्मरणीय ही थी। इस 'मिमिकरी' का सबसे ज़्यादा आनन्द भी भीष्मजी ने ही उठाया! तभी ट्रेन इलाहाबाद रुकी तो खुश होकर योगेश कुमार (मशहूर उपन्यासकार, जो ज़्यादातर ऊपर की बर्थ पर लेटे रहते थे)

ऊपर से कूदे और मुझे आइसक्रीम खिलाई। तभी भीष्मजी ने योगेश को दोबारा दौड़ा दिया : मेरी तरफ़ से दो! कमर रईस और अजमल अजमली ने हाँक लगाई : मेरी तरफ़ से भी, मेरी तरफ़ से भी! मेरी तो ईदें हो गयीं! ताबाँ साहिब ने नहीं खिलाई, उल्टे भाँजी मारने की नाकाम कोशिश की : 'अरे भई, क्यों नौजवान शाइर का गला खराब करने पर तुले हुए हैं।' मैं और केवल गोस्वामी अक्सर ताबाँ साहिब को 'ताँबा साहिब' कह बैठते थे (मेरी तो जुबान फिसल जाती थी, कसम से; पर केवल के बारे में मुझे शक है!) बुजुर्ग शायर सचमुच बड़े ख़फ़ा हो जाते थे और प्राइमरी के हैडमास्टर की तरह (गनीमत है कि 'मुर्गा', बनाकर नहीं) हमसे बार-बार 'कहिए, ताबाँ-ताबाँ ताबाँ' की मुहारनी रटवाते थे! केवल याद रखने के लिए 'ताबाँ, पढ़ किताबाँ' जैसी तुकबंदियाँ ईज़ाद करता रहता था।

एक बार लोगों की ज़ोरदार फ़रमाइश पर ठीक ऐसी ही 'मिमिकरी' की गुस्ताख़ी मुझसे शीलाजी के सामने भी हो गयी! शायद सुदर्शन सोबतीजी के 'इसकस' दफ़्तर में नियमित मासिक रचना-गोष्ठी खत्म होने के बाद गप्पशप और चाय-पान के दौरान। मैंने भीष्मजी के 'कैरीकेचर' की ऐसी 'प्रामाणिक' प्रस्तुति पेश की कि शीलाजी ने पूरी संजीदगी से कहा : 'भीषम! इतनी विनम्रता भी किस काम की कि मज़ाक बन जाए!' भीष्मजी बगलें झाँकने लगे। फिर तो लोग शीलाजी-भीष्मजी के संवादों की नकल करने के पीछे ही पड़ गये। मुझे क्या फर्क पड़ता, मैं तो चिकना घड़ा था; बल्कि कुछ ज़्यादा बल-खम और घुमावों वाली नक्काशीदार 'सुराही', वह भी टेढ़े मुँह वाली! शनिवार की रचना गोष्ठियों के बाद हमारे इसरार पर कई बार भीष्मजी और शीलाजी मोहनसिंह प्लेस (कॉफ़ी हाउस) भी साथ चल देते थे। पर उस दिन शीलाजी का मुँह इतना गम्भीर और फूला हुआ था कि वे उन्हें सीधे कार में बिठाकर ईस्ट पटेल नगर (घर) ले गयीं! मैं इतना ढीठ हूँ कि घर पहुँचने पर घटित होने वाले संवादों और भीष्मजी की मिमियाहट की भी तीसरी प्रस्तुति पेश करने लग गया। हाय! योगेश होते तो इनाम में कम-से-कम तीन प्याले कॉफ़ी ज़रूर पिलाते! वे उस दिन आये ही नहीं थे! अगर डॉ. रामविलास शर्मा की पत्नी-भक्ति और 'अम्माजी' का अत्यन्त ख्याल रखने को कीर्तिमान माना जा सकता है तो हमारे भीष्मजी भी उनसे इस मामले में कोई कम नहीं थे।

भीष्मजी सचमुच ऐसे ही थे! और यह तो सभी जानते हैं कि शीला जी की सार्वजनिक डाँट-फटकार से बड़ा सहमे-सहमे भी रहते थे! कई बार दूतावासों या (राजकमल प्रकाशन की मालिक) शीला संधु की पार्टियों में नया गिलास उठाने पर शीलाजी (श्रीमती साहनी) के टोकते ही (भीषम, बस्स करो हुण; तुसीं गड्डी, बी चलाणी ए) झट गिलास मुझे थमाकर डिनर की प्लेट थाम लेते! 'गड्डी चलाणे' के प्रसंग में एक और किस्सा याद आया। एक बार बड़ा भीषण एक्सीडेंट हो गया

था। ज़ाहिर है, ड्राइव तो भीष्मजी ही कर रहे थे। हुआ कुछ ऐसा कि भीष्मजी तो लगभग बच गये पर शीलाजी गम्भीर रूप से घायल हो गयीं। शायद जबड़ा टूट गया था। ठीक होकर घर आने के बाद जब मैं, राजकुमार सैनी और केवल मिजाजपुर्सी के लिए पहुँचे तो केवल ने अपनी आदत के अनुसार बैठते ही बोफोर्स का गोला दाग दियाः 'गड्डी कोण चला रया सी?' दो दोस्तों में झगड़ा कराने में प्रलेस के हमारे 'नारदावतार' केवल गोस्वामी को ख़ासी महारत हासिल है और पति-पत्नी को भिड़ाने में विशेषज्ञता! वह ऐसे ही 'सींक' लगाकर बड़ी मासूमियत से शान्तचित्त हाथ सेंकता रहता है। सुनते ही शीलाजी फट पड़ीं : 'गड्डी कोण चला र्यासी....भीषम, हौर कोण? देखो, आप तो साबुत सही-सलामत, मेरा जबड़ा तोड़ दिया।' उन्हें अभी भी बोलने तक में बड़ी तकलीफ़ हो रही थी। भीष्मजी बेचारे जैसे-तैसे सफाई देने में लगे थे : 'शीला, मेरी गलती नईंसी। गड्डी चलाण वाले नूँ कदी बी टोका-टोकी नीं करणी चाइदी। दायें से लो, बाएँ से लो, इधर से काटो; सुन-सुनकर ड्राइव करने वाला कन्फ़्यूज हो जाता है। जिसके हाथ में स्टीयरिंग, फैसला उसी को करने देना चाहिए।' हम लोग सारा माज़रा समझ गये। स्टीयरिंग भीष्मजी के हाथ में रहते हुए भी, आख़िरकार दिशा-निर्देश और मार्गदर्शन तो शीलाजी के ही चलते थे! यारो, उन दोनों की अद्भुत और बड़ी प्यारी-सी गृहस्थी की चार-चक्का-गाड़ी में भी! यह बात दीगर है कि वक्तन-फवक़्तन शीलाजी यहाँ स्टीयरिंग भी प्रायः छीन ही लेती थीं। इस सुखद और प्यारी गृहस्थी की सफलता का यही राज था।

साहिबो! मैंने अनेक दम्पति देखे हैं। लेकिन भीष्मजी और शीलाजी-जैसा प्यार, अपनापा और आपसी दोस्ती और कहीं नहीं देखी। एक-दूसरे के प्रति ऐसा विलक्षण समर्पण भी कहीं नहीं देखा। दोनों बिना कहे एक-दूसरे की इच्छा या मन की बात फ़ौरन जान लेते थे और वैसा ही करते भी थे। दोनों एक-दूसरे का इतना और ऐसा ख़्याल रखते थे कि आज भी यह लगभग अकल्पनीय ही लगता है! उन दिनों मैं बड़े गुस्सैल स्वभाव का था (अब नहीं हूँ! कसम से!!)। भीष्मजी मुझसे कहा करते थे, 'यार तूँ बड़ा गरम मिजाज हाँ, वोहटी (पत्नी) नाल बड़ा लड़दा होएँगा!' फिर लतीफ़ा सुनाते : 'दुनिया के आधे मर्द अपनी जनानियों (पत्नियों) के 'जोरू के गुलाम' होते हैं...बाकी आधे झूठे! मैं तो भई सच मान लेता हूँ। सुखी-दाम्पत्य का यही राज है। कुछ सीखो, यार, कुछ सीखो!' हम अपने जनरल सेक्रेटरी से और बहुत सारी बातों के अलावा यह भी सीख रहे थे। डॉ. रामविलास शर्मा की तरह भीष्मजी भी अपनी पत्नी की सेवा करने और उनका बेहद ख्याल रखने के मामले में, मेरी दृष्टि में, एकदम 'मेज़रिंग रॉड' (सर्वोच्च पैमाना) थे! इतने कि मैं उनके और शीलाजी के सामने ही उन्हें कई बार दुनिया का सबसे बड़ा 'पत्निभक्त' और 'पत्निव्रती' (पतिव्रता का विलोम) तक कह दिया करता था। (ज़ाहिर है कि रामविलासजी के आगे ऐसी

गुस्ताख़ी की कल्पना तक से मेरी जुबान तालू से चिपक जाती थी, वह भी 'फेवीकोल' से)। ऐसी गुस्ताख़ियों पर भीष्मजी तो धीमे-धीमे शरमाते रहते पर शीलाजी बड़ी खुश हो जातीं। मैं इस चीज़ का बड़ा फ़ायदा भी उठाता! शुद्ध संगठन के हित में।

दरअसल, भीष्मजी ही नहीं, शीलाजी भी उनका बहुत ख़्याल रखती थीं। वे न केवल उनकी सेहत, बल्कि उनके लेखन-कार्य का भी बेहद ख़्याल रखती थीं। उनकी हर सुख-सुविधा का। विशेष रूप से उनके लिखने के समय का कि उसमें किसी भी तरह का व्यवधान न आने पाए। भीष्मजी की शाम को लिखने की आदत थी। लेकिन गया सम्मेलन की तैयारियों के सिलसिले में उनकी शामें अक्सर 'सूनी' जातीं। भीष्मजी ने कभी कुछ नहीं कहा। मैं देर शाम भीष्मजी के साथ लौटता; और रोज़ उनके यहाँ, ईस्ट पटेल नगर, चाय-स्वल्पाहार के बाद ही ईएसआई कॉलोनी (रमेश नगर) जाता; जहाँ मैं गीताजी के आने के बाद किराये पर रहने लगा था। हर बार चाय भीष्मजी ही बनाते। शीलाजी कहती भी थीं, तो उन्हें उठने नहीं देते और मेरी मदद की तज़बीब भी ठुकरा देते। उनके यहाँ पाश्चात्य और पंजाबी ढंग के दोनों तरह के रेडीमेड स्वल्पाहार मौजूद रहते। कई बार की 'सूनी शामों' के बाद एक बार शीलाजी ने कहा कि आप लोग तो रोज़ ही दोपहर से देर शाम तक 'जनयुग' में उलझे रहते हैं। भीषम कुछ लिख ही नहीं पाते। भीषम को तो शाम को ही लिखने की आदत है, और कोई टाइम इन्हें सूट नहीं करता। भीष्मजी ने कहा : ''श्यामजी इसमें क्या कर सकते हैं! ये तो सुबह से शाम तक 'जनयुग' में ही रहते हैं। दोपहर को मेरे कालिज से वहाँ पहुँचने के बाद व्यासजी के साथ मिलकर 'घोषणा पत्र' पर हस्ताक्षर लेने, लोगों की जिज्ञासाओं को शान्त करने, उनके कई तरह के ऐतराज को दूर करने और उनके सुझावों पर प्रतिक्रिया देने, फिर सम्मेलन में उन्हें ज़रूर पहुँचने की बार-बार ताकीद करने, सम्मेलन से सम्बंधित ढेरों दीगर बातों और तैयारियों के सिलसिले में हमें हिन्दुस्तान भर के सभी भाषाओं के लेखकों से सम्पर्क रखना पड़ता है। रोज़ दर्जनों चिट्ठियाँ लिखनी पड़ती हैं, सैकड़ों चिट्ठियों के जवाब देने पड़ते हैं, टेलीफोन पर बातें करनी पड़ती हैं। सुबह मेरा कॉलिज है, श्यामजी का 'जनयुग' का काम है, फिर व्यासजी भी दोपहर को ही पहुँचते हैं।''

मैंने बताया कि सुबह का निकला, अब मैं घर जाऊँगा, कुछ देर बाद खाना खाकर और देर रात कुछ खाने के लिए लेकर फिर रात के दो-ढाई बजे तक के लिए चला जाऊँगा। ठीक आठ बजे रात 'जनयुग' की स्टाफ़ कार लेने पहुँच जाती है। शीलाजी बहुत नाराज हुईं : 'हद है, भीषम, आप व्यासजी से कुछ कहते क्यों नहीं। आप या श्यामजी नहीं कह सकते तो मैं कहूँगी। ऐसे तो मुण्डा बेचारा (लड़का) बीमार पड़ जाएगा। फिर मुझसे : तेरी वोहटी कुँज नयी कैंदी, ऐदाईं रेहा ताँ तैनूँ छड्ड के माप्येयाँ (अपने माँ-बाप) कौल तुर जाऊ।' भीष्मजी हँसने लगे :

'शीला, गीताजी भी कम्युनिस्ट हैं।' शीलाजी को जब लाड़-प्यार आता तो वे मुझे तुसीं (आप) या श्यामजी कहने से 'तैंनूँ' (तुझे) या 'बेचारा मुंडा' पर उतर आतीं। मुझे भी बड़ा सुखद और अच्छा लगता। ऐसे ही एक बार उन्होंने सेहत के लिए देसी घी की पिन्नियों का डब्बा दिया जो शायद कोई उन लोगों के लिए लाया था। शीलाजी इस बात को सहन नहीं कर पातीं थीं कि कोई भीष्मजी के अपने लिखने के टाइम में व्यवधान डाले। इस मामले में वे न किसी का लिहाज रखती थीं और न ही किसी की भी ऐसी गुस्ताख़ी को कभी क्षमा करती थीं। गया सम्मेलन के बाद, यह रोज़-रोज़ की भारी गहमागहमी और थका डालने वाली मशक्कत तो बन्द हो गयी, पर फिर भी पुनर्गठित प्रलेस के नये-नये बने संगठन और उसके मुख्यालय को चलाने की ज़िम्मेदारी और उसके ढ़ेरों काम तथा व्यस्तताएँ तो थी हीं। भीष्मजी की शामें तो उन्हें लिखने के लिए (हमेशा नहीं पर प्रायः) मिलने लगी थीं। लेकिन फिर भी, धीरे-धीरे प्रलेस के विस्तार और मुख्यालय के कामों में लगातार होती बढ़ोतरी तथा संगठन के काम से अक्सर बाहर आने-जाने से भीष्मजी का शामों का नियमित लेखन तो अनियमित हो ही गया था। शीलाजी इससे क्षुब्ध रहती थीं। ऐसे कितने सौभाग्यशाली लेखक होंगे जिनकी 'शरीक-ए-हयात' उनके लेखन-कार्य को लेकर शीलाजी की तरह अत्यन्त गम्भीर और सम्वेदनशील होंगी! भीष्म जी थे।

भीष्मजी उस उम्र में भी (वे साठ पार कर चुके थे और सत्तर के करीब पहुँच रहे थे) हम नौजवानों से कहीं ज़्यादा परिश्रम करते थे। कॉलिज से रिटायर होने के बाद तो वे चौबीसों घंटे प्रलेस के लिए खटते थे। अपना लिखना-पढ़ना और खाना-पीना भूलकर, अपनी सेहत की कीमत पर भी। उन्हें देशभर के लेखकों से नियमित पत्र-व्यवहार करना पड़ता था, उनकी विभिन्न संगठनात्मक समस्याओं को सुलझाना पड़ता था। संगठन के विस्तार के साथ-साथ देशभर में जगह-जगह राज्य सम्मेलन, सेमीनारों, समारोहों का ताँता लगा रहता। हर कोई चाहता था कि उसमें भीष्मजी अवश्य आएँ। ज़्यादातर जगह मैं उनके साथ जाता। सबसे ज़्यादा उत्तरी भारत, ख़ासकर हिन्दी-भाषी राज्यों में।

इन असुविधाजनक यात्राओं से कई बार भीष्मजी की तबीयत भी बड़ी बिगड़ जाती; जिससे शीलाजी बड़ी खुब्ध होतीं और उनकी यात्राओं पर अंकुश लगाने के प्रयास करतीं। वे अक्सर कहतीं कि 'भीषम चौबीसों घंटे गधे की तरह खटते रहते हैं।' एक बार मैंने सुधारा : 'खच्चर की तरह।' भीष्मजी मेरा इशारा समझकर शरारत से हँसने लगे। उन्होंने एक इंटरव्यू में बताया था कि ''आठवीं जमात में जिले में चौथे नम्बर पर आया, जिसके लिए मुझे मैडल मिला। हमारे नगर में साल में एक बार घोड़ों की मंडी लगती थी जिसमें फौज के लिए बढ़िया घोड़े खरीदे जाते थे। अच्छे पले हुए घोड़ों को इनाम दिए जाते। हुजूर डिप्टी कमिश्नर इनाम देते थे।

ऐसे ही एक समारोह में मुझे मैडल से विभूषित किया गया। अंग्रेज़ साहिब बहादुर ने एक बढ़िया खच्चर के गले में मैडल डाला फिर मेरे गले में।'' (भीष्म साहनी : व्यक्ति और रचना, पृष्ठ 34)। यात्राओं के दौरान भी भीष्मजी अपने इसी महीन व्यंग्य के तार में पिरोकर अपनी विलक्षण किस्सागोई के साथ अपने जीवन के बारे में, बलराज जी के साथ बचपन के दिनों के बारे में, विभाजन से पहले के रावलपिंडी और लाहौर तथा विभाजन के बाद के श्रीनगर और तत्कालीन दिल्ली के माहौल के बारे में अनेक मजेदार और दिलचस्प किस्से सुनाते। लेकिन यह तभी सम्भव हो पाता जब हमारे सहयात्री त्रिलोचन न रहे हों!

हम म.प्र. प्रलेस के दूसरे राज्य सम्मेलन में शहडोल जा रहे थे, भीष्मजी, त्रिलोचन शास्त्री और मैं। शाम को निज़ामुद्दीन से कुतुब से चलकर सुबह 7-8 बजे हमें सतना उतरना था; फिर दिनभर की बस-यात्रा से शाम को शहडोल। हम सभी यात्राओं में स्लीपर क्लास में ही जाते थे। कई बार रिज़र्वेशन कन्फ़र्म न हो पाने पर जमीन में बिस्तर लगाकर भी। ट्रेन में बैठने के साथ ही शास्त्रीजी जो शुरू हुए तो पूरी रात 'नान-स्टॉप' अनवरत बोलते रहे। रात के खाने के बाद भीष्मजी ने बीच वाली बर्थ खोलकर सोने का इंतजाम करने की भरसक कोशिशें की, पर व्यर्थ! रात बारह-साढ़े बारह तक भीष्मजी की हालत पतली होने लगी। मैं तो शास्त्रीजी की तरह निशाचर था, पर भीष्मजी रात को जल्दी सोने के आदी थे। पूरी रात नीचे की बर्थ पर बैठे-बैठे उबासियाँ लेते, रतजगे से वे बेहाल हो गये! भोर में जब एक बार शास्त्री भगवान टॉयलेट गये तो बड़ी रुआँसी आवाज़ में पूछा : 'श्यामजी, शास्त्रीजी क्या रातभर लगातर बोलते थकते नहीं! क्या रात को भी सोते नहीं!' मैंने कहा : जी, न सोते हैं न सोने देते हैं! और कोढ़ में खाज यह कि अपने किस्से कहानियों में हुंकारा भी भरवाते हैं! भीष्मजी बीच-बीच में जब भी ऊँघकर लुढ़कने लगते तो त्रिलोचन उनकी जाँघ पर ज़ोरदार थपकी देकर उन्हें फिर शामिल कर लेते!

सतना में बस में चढ़ते ही भीष्मजी ने शास्त्रीजी को खिड़की के साथ बिठाकर बड़ी फुर्ती से मुझे उनके बगल में बिठा 'बफ़र स्टेट' बनाई और फिर इत्मिनान से बैठकर ऊँघने लगे। शायद वे सोच रहे थे कि शास्त्रीजी कवि हैं, अतः रास्ते के प्राकृतिक दृश्यों का मगन होकर आनन्द उठाते हुए, या तो कम-से-कम अब मौन रहेंगे अथवा कुछ कहेंगे भी तो बगल में दूसरा कवि (आपका यह ख़ादिम) वार्तालाप को सुलभ होगा; वे बचे रहेंगे तथा रात की नींद पूरी कर सकेंगे! लेकिन व्यर्थ! भीष्मजी की सारी 'रणनीति' बुरी तरह फेल हो गयी। बस स्टार्ट होकर अभी थोड़ी दूर ही चली होगी कि ऊँघते हुए भीष्मजी एक बड़ा मोड़ काटते ही गिरते-गिरते बचे। शास्त्रीजी ने तत्काल मुझे उठाकर उन्हें बीच में बिठाया और शहर से बाहर होते ही बदस्तूर चालू हो गये। उन्हें भला विषयों का कभी टोटा हो सकता है! एक से दूसरे

फिर तीसरे, इस तरह विषयों की अनन्त पर्वत-शृंखलाएँ और नदी-नाले फलाँगते हम देर शाम शहडोल पहुँचे! और तो और, रीवा में साथियों के आतिथ्य का भी उनींदे भीष्मजी आनन्द नहीं ले पाए। सतना के साथियों के भारी-भरकम नाश्ते, फिर रीवा के लंच तथा ट्रेन के रतजगे की थकान ने ऐसा ज़ोर मारा कि रीवा से शहडोल तक भीष्मजी हम दोनों के बीच फँसे सप्तम स्वर में खर्राटे भरते गहरी नींद में डूबे रहे।

लेकिन इस बात का तब न तो भीष्मजी को कोई अन्दाजा था और न ही मैं तब सोच पाया था कि राज्य सम्मेलन के दौरान दो रातों में उन पर क्या बीतेगी। हमारे जनरल सेक्रेटरी अतिथियों के लिए अलग से किसी भी तरह के 'वीआईपी ट्रीटमेंट' के खिलाफ थे और होटल आदि की सुविधाएँ न करने की सख़्त ताकीद करते थे। वे सभी डेलीगेट साथियों के साथ ही जमीन पर गद्दों के ऊपर सामूहिक शयन में विश्वास करते थे। मार्गव्यय भी केवल स्लीपर क्लास का ही देने पर ज़ोर देते थे। वे व्यर्थ की टीमटाम और फिजूलखर्ची के सख़्त खिलाफ थे। लेकिन मास्टर साहब ने (राज्य सम्मेलन के संयोजक श्री मोहन श्रीवास्तव) हम तीनों के लिए शहर के सबसे अच्छे होटल में दो कमरे रिजर्व कराए हुए थे और ट्रेड यूनियन के साथियों की मदद से ओपी मिल्स के गेस्ट हाउस में कमलेश्वर, ज्ञानरंजन और कमला प्रसाद के लिए भी उपलब्ध दो कमरे; क्योंकि रसरंजन भी वहीं हो सकता था, होटल में नहीं, वैसे भी भीष्मजी सम्मेलनों आदि के अवसरों पर इसे बेहद नापसन्द करते थे। उनके फिजूलखर्ची पर भाषण देने और मेरे मास्टर साहब के पास उनके घर रुकने का कहने के साथ ही, किस्मत के मारे बेचारे हमारे महासचिव ने बिना कुछ सोचे-समझे एक कमरा वापस करा दिया! रात हो रही थी और भलेमानुष को आसन्न खतरे की कोई चिन्ता तक नहीं थी!

सम्मेलन की तैयारियों, कार्यक्रम की रूपरेखा और आ चुके या आने वाले प्रतिनिधियों आदि के बारे में मोहनजी और कमला प्रसाद से रिपोर्ट (बताया गया था कि ज्ञानजी भोपाल से कमलेश्वर को लेकर देर रात पहुँचेंगे) तथा तमाम साथियों से मिलने-जुलने की खुशी और उत्साह में 'आसन्न संकट' का ख्याल हम दोनों में से किसी के भी ज़ेहन में क्षणमात्र के लिए नहीं आया। डिनर के बाद जब शास्त्रीजी और भीष्मजी को होटल छोड़ने की बात आयी, तभी यह वज्रपात हुआ! अगर आज की तरह वहाँ सीसीटीवी कैमरे होते तो मुझे पूरा विश्वास है कि मेरे चेहरे का गहन पछतावा और भीष्मजी की आँखों में वधस्थल की ओर ले जाए जाते 'बलि के बकरे' का त्रास (यह मुहावरा है भई, बकरा ही कहा जाता है; और बकरे में नहीं, पर आदमी में तो अपने भावी 'आसन्न संकट' की सोच-समझ होती ही है!) देखकर सभी संवेदनशील कवि-लेखकों की जमात ज़रूर जार-जार रो पड़ती! आलोचकों के बारे में मैं कुछ नहीं कह सकता! वैसे भी बर्र के छत्तों से छेड़छाड़ से बचना ही

श्रेयस्कर होता है! बहरहाल, त्रिलोचन को मास्टर साहब के साथ मँगनी की कार में ढकेल कर भीष्मजी जिद पकड़ गये कि शास्त्री जी बे-आरामी से बेहद थके हुए हैं। इन्हें वहीं आराम करने दें। मैं सभी के साथ फर्श पर 'गद्दानशीन' ही होऊँगा; और आप लोग नहीं मानेंगे और एक अदद तख़्त का इन्तजाम कर देंगे तो मजबूरी में 'तख़्तनशीन' भी हो जाऊँगा! फिजूलखर्ची सम्बन्धी भाषण के बाद जबरन एक कमरा वापस करवाकर अब किस मुँह से दूसरा कमरा लेने की बात करते।

ऐसे 'जनवादी' और 'समतामूलक' माहौल में शास्त्रीजी में भी तो 'शहादत' का भाव उमड़ना ही था। वे भी भीष्मजी की तरह 'तख़्तनशीन' होने की जिद में कार से उतरने की जद्दोजहद में पिल पड़े थे। शास्त्री भगवान यह नियम या परम्परा, जो भी कहें, नज़रअन्दाज कर गये कि 'तख़्त' पर एक और केवल एक ही 'बाश्शा' नशीन हो सकता है! बाश्शाओ; भीष्मजी जानते थे और मानते भी थे! अन्त में, किसी की नहीं सुनी गयी और भीष्मजी के अतिप्रिय तकियाकलाम को दोहराते हुए कि 'हाथी के पाँव में सबका पाँव' (हालाँकि मास्टर साहब दुबले-पतले ही थे पर हाथी दुबले होने पर भी 'गधा' तो नहीं हो जाएगा न!) अन्ततः मोहनजी की राय से तत्काल दोनों बुजुर्गवार को हम कार में ठूँस-ठाँस पठाते भए। मास्टर साहब के घर पहुँचकर मैंने जो हाल-फिलहाल का यात्रा-संस्मरण सुनाया तो श्रोताओं के हँसते-हँसते पेट में बल पड़ गये। कमला प्रसाद दोहरे हो-होकर इतना हँसे कि उनके आँसू निकल पड़े। हमने उन्हें बड़ी मुश्किल से चुप कराकर ज़िम्मेदारी का एहसास कराया कि जाइए, आपको अभी कमलेश्वर और ज्ञानजी की अगवानी तथा ज़रूरी खातिरदारी भी करनी है। कमला प्रसाद की मैं नहीं कह सकता; और उन्होंने कमलेश्वर और ज्ञानजी के आगे भी अपना 'टेपरिकार्डर' बजा दिया तो (मैं उन्हें 'टपेरिकार्डर' ही कहा करता था, क्योंकि सभी जानते हैं कि उनका हाजमा बड़ा खराब था और उनके कमज़ोर पेट में कुछ नहीं पचता था) उन दोनों के बारे में भी मैं भला क्या और क्योंकर कुछ कहूँ; लेकिन भीष्मजी से सारी सहानुभूति के बावजूद सोने तक मैं और मास्टर साहब बारम्बार धड़धड़ाते रहे—जैसे किसी ख़राब ट्रक को बार-बार स्टार्ट करने के विफल प्रयासों के दौरान होता है। टॉपिक कोई भी शुरू होता पर बात घूम-फिरकर वहीं पहुँच जाती और भीष्मजी की सूरत बरबस आँखों के आगे झूल जाती। हमारी 'सीरत' बुरी नहीं। अतएव यहाँ, इसमें संवेदनहीनता या क्रूरता की बात सोचना तक घोर अन्याय होगा।

बहरहाल, भीष्मजी और त्रिलोचन दो रात होटल के उसी कमरे में रहे। भीष्मजी दोनों रात कब सो पाए, सो भी पाए या नहीं, मुझे नहीं पता। हाँ, यह ज़रूर था कि दोनों दिन की सारी गोष्ठियों में भीष्मजी मंच पर बराबर ऊँघते रहे। जब भी कोई जोशीला वक्ता ज़ोर से चिल्लाता या कमलेश्वर स्पीकर के आगे पोडियम पर ज़ोर

से हाथ पटकते, अथवा ज़ोरदार करतल ध्वनि होती, तो भीष्मजी चौंककर जाग जाते और मरे-मरे अन्दाज में ताली बजाते-बजाते ऊँघकर फिर सो जाते। पूरे समय उनकी बगल में बैठे-बैठे मेरा ध्यान वक्ताओं और उनकी बातों पर कम, भीष्मजी पर ज़्यादा केन्द्रित रहा कि ऊँघते-सोते या हड़बड़ाकर जागते कहीं कुर्सी-समेत लुढ़क ही न जाएँ! कहीं कोई फ्रैक्चर वगैरह हो गया तो मैं शीलाजी को क्या जवाब दूँगा! एक बार कलकत्ता और असम (गुवाहाटी) की यात्रा में समतल पर ही सन्तुलन बिगड़ जाने से उनके दाहिने हाथ में टिश्यूज डैमेज होने से वे महीनों लिख नहीं-पाए थे और मैं शीलाजी से नज़रें नहीं मिला पाता था। ऐसी भयानक यात्राओं और दिल्ली में भी भारी भाग-दौड के बाद, कई बार भीष्मजी बीमार पड़ जाते थे। दुर्भाग्य से, इस बार भी शहडोल-यात्रा के बाद वे बीमार पड़ गये। उन्होंने कहा नहीं, पर मुझे लगता है कि उन्हें लौटते हुए रास्ते में ही तेज़ बुखार हो गया था। उन्होंने कुछ खाया भी नहीं। न रात को, न दूसरे दिन सुबह या दोपहर को। चाय छोड़कर बाकी निराहार।

दरअसल, लौटते समय उत्कल में हमारी तीनों बर्थें कन्फर्म नहीं हुई थीं। तब हम किसी तरह ठुँस-ठाँस कर बैठ भर गये थे। हमें तब पता नहीं था कि हमारे जैसे कई और भी सूरमा डिब्बे में मौजूद थे और जो हम लोगों से अधिक चतुर भी थे। रात पड़ते ही बर्थों के बीच की और रास्ते की गैलरी की, सभी जगहें भर गयीं। हमने भी थककर एकमात्र बची जगह पर, सँड़ास के आगे भीष्मजी का बैडिंग खोला (वे हमेशा बिस्तरबन्द लेकर चलते थे, मेरा पक्का ख्याल है कि शीलाजी के निर्देशानुसार) और दीवार से पीठ टिका टाँगे सिकोड़ तीनों धराशायी हो गये। (शयन का तो सवाल ही नहीं था)। शास्त्रीजी पहले भी चालू थे, फिर शुरू हो गये! आधी रात के बाद शास्त्रजी लघुशंका के लिए गये, तो भीष्मजी ने धीरे से आँख मारकर कहा, 'अभी यह इंटरवल हैं!' मैंने कहा, 'आगे-आगे देखिए होता है क्या!' इस तरह हम लोग पूरी रात संडास के आगे जागते तथा आते-जाते चढ़ते-उरते लोगों से लगातार लतियाए जाते दिल्ली पहुँचे। ऐसी एक भोपाल-यात्रा हमने शमशेरजी के साथ भी की थी। पर तब साथ त्रिलोचन नहीं थे। इसलिए, संडास के आगे दोनों भले बुजुर्गों को आड़े-टेढ़े सुलाकर मैं रात-भर लातों-जूतों से बचाता, खड्गहस्त पहरेदारी करता आया था। उसके बाद से भीष्मजी ने नियम बना लिया था कि दोनों तरफ़ के कन्फर्म टिकट पर ही यात्रा करेंगे तथा आमन्त्रित करने वाले साथियों के इस आश्वासन पर कोई भरोसा नहीं करेंगे कि वे बर्थें कन्फर्म करा देंगे।

दोस्तो, पुराना 'प्रगतिवादी' दौर मैंने देखा नहीं, लेकिन मई, 1975 में प्रलेस के पुनर्गठन के बाद से आज तक, मैंने ऐसा कोई जनरल सेक्रेटरी (महासचिव) नहीं देखा जो भीष्म साहनी की तरह अपने लेखन-कार्य और सेहत को दाँव पर लगाकर, चौबीसों घंटे प्रलेस (और बाद में एफ्रो-एशियन राइटर्स ऑर्गेनाइजेशन भी—जिसके वे सेक्रेटरी

जनरल चुने गये थे) के हर किस्म के कामों में जुटा रहता हो! हमारे भीष्मजी ऐसे ही थे। रोज़ सैकड़ों नहीं भी तो दर्जनों पत्रों के उत्तर देते। खुद भी देशभर के सभी भाषाओं के प्रमुख लेखकों, प्रलेस के राज्य संगठनों के नेताओं, सक्रिय कार्यकर्ताओं के नियमित सम्पर्क में रहते। वे प्रलेस के विभिन्न कार्यक्रमों और विविध समस्याओं को लेकर भी सभी को बराबर पत्र लिखते रहते थे। उनके इन अथक प्रयासों की वजह से ही प्रलेस का विस्तार और फैलाव देशभर में बड़ी तेज़ी से हो रहा था। इसकी शानदार झलक गया सम्मेलन (मई, 1975) के पाँच-साढ़े पाँच साल बाद हुए जबलपुर सम्मेलन (अक्टूबर, 1980) में देखने को मिली।

एफ्रो-एशियन राइटर्स ऑर्गेनाइजेशन की सेक्रेटेरियट की और कार्यकारिणी (एक्जीक्यूटिव कमेटी) की कई बैठकें भी हमने दिल्ली में आयोजित की थीं। इसी तरह 1980 में प्रलेस ने यूनेस्को, एफ्रो-एशियन राइटर्स, एप्सो और विश्व शान्ति परिषद आदि कई राष्ट्रीय और अन्तर्राष्ट्रीय संगठनों के साथ मिलकर दिल्ली में मार्च, 1980 में बड़े विशाल पैमाने पर प्रेमचन्द जन्मशताब्दी का अन्तर्राष्ट्रीय स्तर पर भव्य समारोह आयोजित किया था। इसमें पढ़ने के लिए लिखे गये मेरे हिन्दी लेख 'प्रेमचन्द और यथार्थवाद' का अंग्रेज़ी में अनुवाद भी भारी व्यस्तताओं के बीच भीष्मजी ने ही किया था, जो यूनेस्को और विश्वशान्ति परिषद (हेलसिंकी) की पत्रिकाओं के अलावा विश्व की अनेक भाषाओं में छपा था। इसके पीछे सारे प्रयास और प्रोत्साहन भी भीष्मजी के ही थे। वे हर बात में बड़ी उदारता और स्नेह से मुझे आगे कर देते, जबकि मैं कतई इस लायक न था। उस वर्ष प्रलेस की सभी इकाइयों द्वारा अपने प्रथम अध्यक्ष की जन्मशताब्दी मनाने के समारोहों का देशभर में साल-भर ताँता लगा रहा। हमने देश-भर में ज़्यादा यात्राएँ इसी दौरान कीं। तभी फ़ैज़ अहमद फ़ैज़ के साथ अनेक अन्तरंग मुलाकातें और गप्प गोष्ठियाँ भी हुईं जो भारत सरकार के राजकीय अतिथि के रूप में कई दिन होटल जनपथ में रुके रहे थे। वहीं पता चला कि आरम्भ में भीष्मजी खूब कविताएँ भी लिखा करते थे। इन सब आयोजनों के केन्द्र में भीष्मजी ही थे और इन सबकी भव्य सफलता का सारा श्रेय भी उनके नेतृत्व और उनके अथक व्यक्तिगत परिश्रम को ही जाता है। मुझे पुनर्गठित प्रलेस की उनकी टीम का हिस्सा होने पर गर्व है। वे सदैव सफलता का सारा श्रेय दूसरों को, अपनी टीम को, देते थे जबकि सर्वाधिक परिश्रम उस उम्र में भी वे खुद करते थे। यहाँ विशेष उल्लेखनीय यह है कि भीष्मजी और मेरे साथ, राजकुमार सैनी सदैव कन्धे-से-कन्धा मिलाकर खड़े रहते थे।

'एफ्रो-एशियन राइटर्स' मुख्यालय से (जो तब शायद बेरूत में था और तब फ़ैज़ सेक्रेटरी-जनरल थे) उनके मुखपत्र लोटस के अंक आते थे। उन्हें बोरों में भरकर लाना, कुछ 'जनयुग' में मेरे और व्यासजी के चेम्बर में रखकर (दिल्ली से बाहर के

लेखकों को पोस्ट करने के लिए, जो पते लिख-लिखकर हम दोनों, मैं और भीष्मजी ही करते थे) बाकी बोरियों में भरकर भीष्मजी के घर 'डम्प' करते, फिर दिल्ली के लेखकों में बाँटते (जिसके लिए उनकी कार भरी रहती)। इसके अलावा हमने प्रलेस की ओर से एक मासिक 'बुलेटिन' और बाद में 'लोटस-इंडिया' का प्रकाशन भी शुरू कर दिया था। प्रलेस की राष्ट्रीय कमेटी और कार्यकारिणी तथा 'वर्किंग ग्रुप' ही 'एफ्रो-एशियन राइटर्स' की 'इंडियन नेशनल कमेटी' और 'वर्किंग ग्रुप' था। बड़े-बड़े नामों की लम्बी-चौड़ी लिस्ट के बावजूद, यहाँ तक कि उस सूची के बड़े हिस्से की दिल्ली-मौजूदगी के बावजूद, सारी 'नमाज़ें' और 'रोज़े' तो डेढ़ मुल्लाओं के सिर ही पड़ते थे!

अत्यधिक परिश्रम और यात्राओं (कई बार शहडोल सम्मेलन या भोपाल और कलकत्ता-गुवाहाटी जैसी बड़ी असुविधाजनक तथा दुर्घटनापूर्ण यात्राएँ भी) के फलस्वरूप भीष्मजी के बीमार पड़ जाने के कारण, अन्ततः शीलाजी ने यात्राओं पर अंकुश लगा दिया था। लेकिन कई ऐसे महत्वपूर्ण मौके होते थे कि भीष्मजी का जाना ज़रूरी होता था। तब मैं पूर्वोल्लिखित 'टैक्टिक्स' से शीलाजी को खुश करके, संगठन के हित में, अपने महासचिव का 'हरण' कर लिया करता था! मेरी इस 'हरण क्षमता' को लेकर प्रलेस के साथियों ने, विशेषकर 'मास्टर साहब' और प्रमोद पाण्डेय ने कई तरह के 'जोक्स' भी गढ़ लिए थे। यहाँ तक कि देश के (हिन्दी साहित्य के तो निश्चित रूप से) सबसे नाजुक और अत्यधिक 'कोमलकांत' साहित्यकार नन्दकिशोर नवल को भी मैं भारतीय रेल के स्लीपर क्लास में हिन्दी प्रदेश में यहाँ से वहाँ तक न जाने कहाँ-कहाँ नहीं घसीट ले गया, जो शायद हिन्दी साहित्य के सर्वाधिक यात्रा-भीरू लेखक हैं। लेकिन दो भले मानुस हमेशा मेरे और भीष्मजी के अनुरोध पर 'सदा तत्पर'-जैसे फौजी (या 'स्काउट्स' भी कह सकते हैं।) अनुशासन से तैयार हो जाते थे। एक त्रिलोचन शास्त्री और दूसरे हमारे प्यारे शमशेर! त्रिलोचन अपने कपड़े के मैले झोले (जिसे सेवाराम त्रिपाठी अपने दादूलैंड के ख़ास बघेली उच्चारण में मुँह सिकोड़कर 'झव्वाला' कहा करता था) में एक खादी का गमछानुमा तौलिया और दो बिना प्रेस किए धुले कुर्ते-पायजामे डालकर तथा शमशेरजी अपने विख्यात फटे-पुराने काले बैग में नये सिरे से टाँके लगवाकर तैयार मिलते थे। सर्दियाँ होतीं तो दोनों बुजुर्गवार बन्द गले के कोट (शमरेजी रंग-बिरंगी, स्वेटर भी) तथा 'बन्दर-टोपी' (मंकी कैप) और मफ़लरों में सजे-धजे! हमारे हिन्दी साहित्य का, ख़ासकर प्रगतिशील लेखक आंदोलन का, वह एक नया 'स्वर्णकाल' था! ऐसी यात्राओं, उनकी हँसी-दिल्लगी और ज़िन्दादिली के दुर्लभ आनन्द की आज आप कल्पना तक नहीं कर सकते। ख़ासकर, आजकल के पाखंडपूर्ण, ईर्ष्याजनित, दम्भी और अवसरवादी मौहाल में!

लेकिन शहडोल सम्मेलन के बाद भीष्मजी, त्रिलोचन शास्त्री से और बाद में

हमारे प्रिय साथी और प्यारे दोस्त खगेन्द्र ठाकुर के मामले में भी थोड़ी सावधानी और सतर्कता बरतने लगे थे। यदि त्रिलोचन साथ होते तो वे यह चालाकी ज़रूर बरतने लगे थे कि वे मेरे साथ ही कमरा 'शेयर' करें, उनके साथ नहीं, भले ही अन्य कोई भी साथी लेखक हो वह चल जाता! अब आने-जाने की ट्रेन यात्राओं में तो उनका कोई बस चल नहीं सकता था! शास्त्री भगवान के अलावा वे खगेन्द्र ठाकुर के साथ कमरा 'शेयर' करने के लिए किसी भी कीमत पर तैयार नहीं होते थे (बन्दापरवर, यह तो मैं भी करता हूँ। अभी भी!), अगर किसी बड़े हाल में फर्श पर सोना हो तो इस सामूहिक शयनकक्ष में उनका सदा यह सद्-प्रयास रहता कि उनका गद्दा खगेन्द्र ठाकुर के गद्दे से, उनके भरसक ज़्यादा-से-ज़्यादा दूर बिछा हो! इसमें कोई 'रहस्य' भी नहीं है। जब एक बार मैं, नवलजी, कमला पांडे (कमला प्रसाद तब पांडे भी हुआ करते थे!) और खगेन्द्र जी रात को मुरली बाबू (श्री मुरली मनोहर प्रसाद सिंह) के यहाँ रुके थे, तो इस 'रहस्य' के पर्दाफाश से मैं भी स्तम्भित और आतंकित हो गया था (मुरली बाबू आतिथेय थे, अतः क्षम्य हैं; पर अब इसे तो नन्दकिशोर नवल की हद दर्जे की बेईमानी ही कहेंगे न कि उन्होंने जरा भी मित्रता का निर्वाह नहीं किया जो पहले से सतर्क नहीं किया!)। पर अब यह 'रहस्य' कोई रहस्य भी नहीं रह गया है। प्रलेस के प्रायः सभी साथी जानते हैं कि खगेन्द्र ठाकुर के 'गड़गज्ज गर्जन में गूँजते' (यह 'ग-ग-ग' बतर्ज 'भगवान, भारत वर्ष में गूँजे हमारी भारती' यानी 'भ-भ-भ') 'आर्टिलरी' मार्का खर्राटों के चलते उनके आसपास दूर-दूर तक कोई नहीं सो सकता। खर्राटों की धुन के साथ ठाकुरजी के मध्यप्रदेश का तना हुआ विशाल तम्बू जिस स्वर-ताल-लय पर उठता-गिरता, इस मनोहर (मुरलीबाबू नहीं!) मनभावन मनमोहक मनोहारी दृश्य का वर्णन तो मेरे-जैसा अतुकान्त-छन्दमुक्त नया कवि नहीं, कोई 'हिन्दी के दद्दा' या एक भारतीय आत्मा-जैसा सिद्ध कवि ही कर सकता है! फिर कोढ़ में खाज यह कि अपानवायु की नियमित फुसकारियों को तो कोई प्राणायामी सिद्ध योगी ही शायद झेल पाने में समर्थ हो तो हो, मेरे-जैसे आलस्यावतार के बस की तो यह बिल्कुल नहीं! ऐसी हालात में फँस जाने पर मेरे-जैसे कायर तो ऊपरी मंजिल से कूदकर जान ही दे देंगे; या धरती का धरातल मिला तो आसपास कुँआ तलाशने लगेंगे।

बहरहाल, भीष्मजी के इस संस्मरण में यह मधुर-मनोहर-मर्यादाहीन वर्णन मेरी विवशता है। एक तो मेरा सच्चाई का नितान्त पक्षधर होना, फिर 'यथार्थवाद' का आग्रह; भले ही इसके लिए मुझे प्रिय दोस्त ठाकुरजी फाँसी दे दें (पर उनके 'बोफोर्स' के गोले कदापि नहीं! शान्तम् पापं!!)। इसके अतिरिक्त, यदि यह पृष्ठभूमि (कुछ विस्तार के लिए क्षमा करें) न होती तो मैं आपको उन वैज्ञानिक उपायों के बारे में कैसे समझा पाता जो एक बार भीष्मजी ने हमारी मंडली में सुझाए थे। शायद

राष्ट्रीय कमेटी की भोपाल बैठक में। नींद न आने पर देर रात 'शाकिर भवन' के नीचे चाय की गुमटी पर कड़क चाय-धूम्रपान के दौरान। जब हँसते-हँसते हमारे पेट में दर्द होने लगा था और पास के पेड़ों पर सोए पक्षी जागकर फड़फड़ाते और चीखते डरकर उड़ने लगे थे। आपने बच्चों की गुब्बारेवाली पीपनी तो देखी ही होगी; अपने बचपन में बजा-बजाकर बुजुर्गों की नींद हराम भी की होगी। मैंने तो खूब की थी। भीष्मजी की तजवीज़ थी कि ऐसी ही पीपनी लाकर मुँह में तथा 'बोफोर्स' में (तब 'बोफोर्स' नाम कोई नहीं जानता था, भीष्मजी उवाच सही शब्दों से 'अश्लीलता' का आरोप लग सकता है, क्योंकि वे असंसदीय हैं) लगा देनी चाहिए। तब यह भयानक और डरावनी आवाज़ें कुछ तो मधुर या संगीतमय हो सकेंगी। मेरे यह कहते ही कि चलो कल सुबह ही ठाकुरजी को महासचिव का सुझाव बताता हूँ, भीष्मजी चिल्ला पड़े : 'ओए यार, जूते पड़वाओगे!' मैंने दिलासा दिया : ठाकुरजी चप्पल पहिनते हैं। वह भी ख़ासी घिस चुकी है। ज़्यादा तकलीफ नहीं होगी! साहिबान, भीष्मजी जितने संकोची, गम्भीर और विनम्र थे, उतने ही ज़िन्दादिल, हँसी-मज़ाक और हास्य-व्यंग्य के उस्ताद भी थे। लेखन ही नहीं, जीवन में भी।

बड़ी से बड़ी बात पर भीष्मजी न तो कभी गुस्सा होते थे और न ही क्षुब्ध। इसके विपरीत, वे अपने विनम्र और सौम्य व्यवहार से बड़े से बड़े ज्वालामुखियों को भी शान्त कर देते थे। इतने वर्षों में मैंने उन्हें केवल तीन बार गुस्सा होते देखा है और केवल एक बार क्षुब्ध। शहडोल सम्मेलन के आख़िरी दिन, जाने से पहले। हुआ यह कि कमलेश्वर मुम्बई से भोपाल हवाई जहाज से आये थे (जहाँ उनके बेटी-दामाद थे)। भोपाल से वे आने-जाने और दो दिन रुकने का करके टैक्सी लाए थे। कमला प्रसाद ने आने-जाने के एयर टिकट, टैक्सी और खाने-पीने के खर्चे माँगे (जो बहुत बड़ी रकम थी) तो मास्टर साहब ने मना कर दिया कि प्रलेस की न तो यह परम्परा है और न ही संगठन के पास इतना पैसा है। हमने ऐसा कोई वायादा भी नहीं किया था। जब कमला प्रसाद ने इसे अपनी प्रतिष्ठा का सवाल बना लिया और कहा कि मैंने वादा किया था तो मास्टर साहब ने कहा कि हमसे बिना पूछे या कमेटी की मंजूरी लिए बगैर आपने आमन्त्रित किया, एयर फ़ेयर और टैक्सी-किराए के वादे किए, अब आप ही दीजिए। जब विवाद बढ़ गया तो मामला भीष्मजी के सामने पेश हुआ। मुझे भी तभी पता चला। यह मुझे पता था कि खर्च चन्दे की रकम से ख़ासा ज़्यादा हो गया था और बाकी सारी उधारी मास्टर साहब अपनी जेब से (वह भी किस्तों में) चुकाएँगे। आख़िर थे भी तो वे एक साधारण परिवार के मामूली स्कूल टीचर ही और बहुत बड़े परिवार की सारी भारी-भरकम जिम्मेदारियाँ। पहले तो भीष्मजी ने कमला प्रसाद को समझाने की कोशिश की पर जब वे नहीं माने, जिद पकड़ गये और मास्टर साहब से गरमा-गरमी में पद (वे कार्यकारी अध्यक्ष चुने गये थे) छोड़ने की धमकी देने लगे तो भीष्मजी भी गरम हो गये। मैंने पहली बार

उन्हें ऊँचा बोलते और गुस्से से काँपते देखा था। उन्होंने हाथ झटकते हुए फैसला सुना दिया कि आइन्दा हर बात कमेटी की सहमति से हो, ऐसी फिजूलखर्ची की ज़िम्मेदारी संगठन नहीं ले सकता तथा मोहनजी (मास्टर साहब) यह पैसा नहीं देंगे। कुछ दिन बाद प्रमोद पाण्डेय (कमला प्रसाद के छोटे भाई) दिल्ली आये तो उन्होंने बताया कि भैया ने सारे कमलेश्वर-भक्तों को लेकर ऐसा दबाव बनाया कि मोहनजी को उधार लेकर यह खर्चे देने पड़े। भीष्मजी यह जानकर बेहद दुखी हुए। कहना न होगा कि कमलेश्वर या ऐसे ही प्रभावशाली लोगों से बड़े-बड़े स्वार्थ सधते हैं!

दूसरा मौका दिल्ली में जेएनयू - यूजीसी की (प्रेमचन्द जन्म-शताब्दी पर) राष्ट्रीय संगोष्ठी का था। हंसराज रहबर भीष्मजी को बार-बार 'मिसकोट' करने लगे। भीष्मजी के शालीनता से 2-3 बार खंडन करने पर भी वे नहीं माने और भीष्मजी को अनाप-शनाप बोलने लगे, (भीष्मजी अध्यक्ष मंडल में थे) तो वे भी उठकर गुस्से में उन्हें जवाब देने लगे। तीसरी बार वे व्यासजी की कुछ गलतबयानी और भीष्मजी पर उनके गलत आरोपों पर (पार्टी की सीईसी की कल्चरल सब-कमेटी की बैठक के दौरान इमरजेंसी के बाद चुनाव में पार्टी के बुरी तरह पराजित होने के पश्चात संगठन द्वारा एक बयान और नया मेनिफेस्टो तैयार करने के सन्दर्भ में)। भीष्मजी के स्थिति स्पष्ट करने और मेरे तथा राजीव भाई के दृढ़ता से भीष्मजी के साथ खड़े होने के बाद, व्यासजी ने गलती मानी तथा कहा कि 'भई गलती हुई, मैं कान पकड़ता हूँ' तो भीष्मजी ने कहा 'तो पकड़िए, सबके सामने पकड़िये!' मैंने, राजीव सक्सेना और राजबहादुर गौड़ ने जब बजाप्ता व्यासजी से कान पकड़वाकर माफ़ी मँगवायी, तभी कार्यवाही आगे चली। अब भीष्मजी के एक बार क्षुब्ध होने की बात! इसमें कोई शक नहीं कि परसाई जी (वे म. प्र. प्रलेस के अध्यक्ष तथा राष्ट्रीय प्रगतिशील लेखक महासंघ के अध्यक्ष मंडल के सदस्य थे) के नेतृत्व में मध्यप्रदेश (आज का छत्तीसगढ़ शामिल) में प्रलेस का काम पूरे देश में सबसे बढ़ा-चढ़ा था। कोई माह ऐसा नहीं गुज़रता था जब कहीं न कहीं कोई आयोजन न होता हो। सेंटर (मुख्यालय : दिल्ली) की धन से भी सबसे ज़्यादा मदद म. प्र. राज्य इकाई ही करती थी। टूटी टाँग हमेशा के लिए न जुड़ पाने के कारण परसाईजी अब बाहर कहीं भी आ-जा नहीं सकते थे। सारी भागदौड़ राज्य इकाई के महासचिव ज्ञानरंजन और कार्यवाहक अध्यक्ष कमला ही करते थे। कमला को हक था कि वे 'सेंटर' की आलोचना करें। वे करते भी थे। पर जब अति हो गयी और हर कहीं उनकी सुई टूटे रिकार्ड पर एक ही जगह बजने लगी 'सेंटर कुछ नहीं करता, सेंटर कुछ नहीं करता' तो राष्ट्रीय समिति की भोपाल बैठक के दौरान भीष्मजी बड़े क्षुब्ध हो गये! नाराज या गुस्सा नहीं, लेकिन बड़े दुखी और क्षुब्ध हो गये! वे मीटिंग के बाद हर किसी के आगे बार-बार एक ही वाक्य हँस-हँसकर लगातार दोहराते रहे : 'सेंटर कुछ नहीं करता, सेंटर कुछ नहीं करता!' उनके चेहरे पर छाया रंज और क्षोभ साफ नज़र आ रहा था।

इसके बाद से ही भीष्म जी महासचिव-पद से मुक्त होने का बार-बार अनुरोध करने लगे थे। उधर व्यासजी से भी हम लोगों की पटरी नहीं बैठ रही थी। वे अपनी ही चलाते थे। राजीव भाई दोनों तरफ़ लुढ़कते रहते। उनकी नज़र शायद महासचिव पद पर थी, जो बाद में वे बने भी! अन्ततः जयपुर सम्मेलन से पहले 'कल्चरल सब-कमेटी' और पार्टी राइटर्स की मीटिंग में मेरे सख्त ऐतराजों और विरोध के बावजूद (कि ऐसा होने पर संगठन धीरे-धीरे खत्म हो जाएगा!) पार्टी ने तय कर लिया कि भीष्मजी का पद-मुक्ति का अनुरोध मानकर राजीव सक्सेना को अगला महासचिव चुना जाए। लेकिन जयपुर सम्मेलन ने भीष्मजी की एक नहीं सुनी और तथाकथित पार्टी मैंडेट की ऐसी-तैसी करते हुए, प्रगतिशील लेखकों ने पार्टी-फैसला उलटते हुए, एकमत से (जबलपुर के बाद) तीसरी बार भीष्म साहनी को ही महासचिव चुना।

प्रलेस की स्वर्णजयन्ती के सम्मेलन (लखनऊ) से पहले फिर पार्टी ने भीष्मजी की जगह राजीव सक्सेना के नाम पर फैसला किया। अब तो भीष्मजी भी और इस पद पर बने रहने को किसी भी कीमत पर राजी नहीं थे। वे 1975 से 1986 तक ग्यारह वर्षों से महासचिव थे और अब 'एफ्रो-एशियन राइटर्स' के भी या तो सेक्रेटरी-जनरल बन गये थे या शायद बनने वाले थे। मैं लखनऊ सम्मेलन में नहीं था। 'जनयुग' बन्द होने के बाद मैं दैनिक भास्कर समाचारपत्र समूह में सम्पादक होकर मध्यप्रदेश चला गया था। मुझे वहाँ मौजूद साथियों और लेखक मित्रों ने बताया कि उन्होंने पहली बार भीष्मजी को गुस्से में देखा। क़मर रईस के नेतृत्व में उर्दू-लेखकों के एक गुट ने वहाँ हिन्दी-उर्दू का सवाल इस तरह से उठाया कि भीष्मजी और क़मर रईस की मंच पर ही तू-तू मैं-मैं हो गयी। बहरहाल, इसे मीडिया ने भी अपने ढंग से बहुत उछाला।

जिन दिनों मैं सागर विश्वविद्यालय में (दिल्ली विश्वविद्यालय से 'लीयन' पर छुट्टी लेकर लगभग चार साल तक) जनसंचार एवं पत्रकारिता विभाग का प्रोफेसर एवं अध्यक्ष होकर चला गया था, तभी शीलाजी की मृत्यु हो गयी। मुझे उसी रात लौटना था, पर मैं दो दिन और रुक गया। फिर दोबारा दो दिन के लिए आया, जब ईस्ट पटेल नगर के आर्य समाज मन्दिर में शान्ति पाठ था। भीष्मजी पूरी तरह टूट चुके थे। उन्हें देख मुझे गहरा धक्का लगा! हमारा 'देवानन्द' एकाएक बेहद बूढ़ा, कमज़ोर और लगभग शैदाई दिखने लगा था। मुझे लगा कि वे अब शायद अधिक नहीं जी सकेंगे। शीलाजी के साथ ही जैसे उनकी दुनिया खत्म हो गयी! मेरे दिल्ली वापस लौटने के कुछ अर्से बाद ही उनका निधन भी हो गया। मैं उनके अन्तिम संस्कार में नहीं गया। छिपकर अकेला रोता और रुलाई रोकता रहा!!

2
सादगी का सौन्दर्यशास्त्र

मेरा जीवन सपाट, समतल मैदान है, जिसमें कहीं-कहीं गड्ढे तो हैं, पर पर्वतों, घने जंगलों, गहरी घाटियों और खंडहरों का स्थान नहीं है। जो सज्जन पहाड़ों की सैर के शौकीन हैं उन्हें तो निराशा ही होगी। **–प्रेमचन्द**

साहित्य के क्षेत्र में मेरे अनुभव वैसे ही सपाट और सीधे-सादे ही रहे हैं जैसे जीवन में। मैं समझता हूँ अपने से अलग साहित्य नाम की कोई चीज़ भी नहीं होती। जैसा मैं हूँ वैसी ही मैं रचनाएँ भी रच पाऊँगा मेरे संस्कार, अनुभव, मेरा व्यक्तित्व मेरी दृष्टि–सभी मिल कर रचना की सृष्टि करते हैं। **–भीष्म साहनी**

भीष्म साहनी और प्रेमचन्द, दोनों के उपर्युक्त कथन में कोई भी लगभग समानता को लक्षित कर सकता है। साहित्य और जीवन, दोनों में! भीष्मजी जीवन और साहित्य की एकता पर और भी बल देने के लिए आगे लिखते हैं :

लेखक का अपना सत्य जीवन के सत्य से निराला नहीं होता। न ही जीवन का सत्य और लेखक का सत्य दो अलग-अलग सत्य होते हैं। एक ही सत्य होता है और यह जीवन का सत्य होता है। उसको साहित्य वाणी देता है। (अपनी बात)

देश काल की दूरी और भिन्नता के बावजूद एक जैसी सादगी, विनम्रता और मित-कथन! लेकिन साथ ही जिंदादिली से भरा-पूरा दोनों मूर्धन्य लेखकों का निरभिमान व्यक्तित्व अपनी विलक्षण समानता से चकित कर देता है!

भीष्म जी के जीवन-व्यवहार की सहजता, भाषा-शैली और कला से लेकर उनके सम्पूर्ण रचना-कर्म में आद्यन्त व्याप्त नज़र आती है। बोलचाल की साधारण भाषा का निथरा हुआ साहित्यिक रूप। शैली भी सहज, सामान्य और एकदम पारदर्शी स्पष्टता से सजी-सँवरी। कहीं कोई रहस्यवादी उलटबाँसियाँ या दार्शनिक उलझावों के लटके-झटके और चामत्कारिक बाज़ीगरी नहीं। कोई बनावट या अतिरिक्त सजावट नहीं। बस, उर्दू और पंजाबी की हल्की-सी छौंक का स्वाभाविक स्वाद। सादगी का सौंदर्यशास्त्र इसे नहीं तो भला और किसे कहते हैं! शास्त्र और लोक के अनचाहे

अयाचित द्वन्द्व यहाँ कहीं नहीं। रूप और अन्तर्वस्तु के तनाव जहाँ कलात्मक सन्तुलन और संयोजन से अधिकतम सम्भव समाधान प्राप्त करते प्रतीत होते हैं। कहना न होगा कि इस सबके पीछे, या कहें कि इसके मूलाधार के रूप में अवस्थित है भीष्म जी की विचारधारा। बल्कि अधिक संगत होगा कि कहें, उनकी रचनाओं में से उभरती हुई उनकी 'विश्व-दृष्टि' (वर्ल्ड ऑउटलुक)।

लेखक के दृष्टिकोण या 'विश्व-दृष्टि' का अर्थ होता है किसी भी कलाकृति में अन्तर्निहित कलात्मक निर्णयों का सम्पूर्ण समुच्य। यानी एक 'ज्ञानात्मक साधारणीकरण' है, जो प्रमुख संघटनाओं, संघर्षों, चरित्रों, विषयवस्तु से लेकर लेखक के इंद्रियबोध, भावबोध, भाषा और कलात्मक पद्धति ('आर्टिस्टक मैथड') सबको समेटे हुए है; और जो रचनाकार के जीवन, प्रकृति और समाज के प्रति उसकी संवेदनात्मक प्रतिक्रियाओं का निचोड़ होती है। यह विश्वदृष्टि व्यापक, लचीली और 'विचारधारा' (आडियोलॉजी) की तुलना में अधिक क्षिप्र और गतिशील होती है। विचारधारा जितनी परोक्ष और अदृश्य होती है, कलाकृति उतनी ही श्रेष्ठ और सफल होती है। यह तभी सम्भव होता है जब किसी प्रतिबद्ध रचनाकार की विचारधारा कहीं भी आरोपित न दिखे, बल्कि कलाकृति में रची-बसी हुई हो। इसी बात को विश्वविख्यात कवि रसूल हमज़ातोव ने, 'मेरा दागिस्तान' में बड़ी खूबसूरती के साथ व्यक्त किया है : 'विचार (या विचारधारा) वह पानी नहीं है जो शोर मचाता हुआ पत्थरों पर दौड़ लगाता है, छींटे उड़ाता है, बल्कि वह पानी है जो अदृश्य रूप से मिट्टी को नम करता है और पेड़-पौधों की जड़ों को सींचता है।' चन्द अपवादों को नज़रन्दाज़ कर दें तो भीष्म साहनी की विचारधारा, जो घोषित रूप से मार्क्सवाद है, आरम्भ से ही, उनकी रचनाओं के खूबसूरत बाग की अत्यन्त उपजाऊ मिटी को इसी तरह से नम करती रही है। इस विशाल बाग के अत्यन्त विविधतापूर्ण, भाँति-भाँति के पेड़-पौधों की मजबूत जड़ों को सतत प्रवाहित सींच रही है। रचनाओं में से उभरते उनके यथार्थवादी, क्रान्तिकारी, विश्व-दृष्टिकोण के बावजूद, यदि बहुत लम्बे अर्से तक भीष्म जी को अपेक्षित साहित्यिक प्रतिष्ठा नहीं मिली तो उसका एक कारण उनकी रचनाओं की सहज सादगी और बनावटरहित स्वाभाविकता ही रही है। आज तक, तमस को साहित्य अकादेमी सम्मान और गोविन्द निहालाणी के अपार लोकप्रिय धारावाहिक के बाद भी, किसी आलोचक ने उनका वस्तनिष्ठ समग्र मूल्यांकन नहीं किया। उनके हमख़याल, सहयात्री और प्रलेस से जुड़े तमाम स्वनामधन्य समालोचकों ने भी नहीं। जुबानी जमा-खर्च की बात दीगर है। तमाम तारीफ़ों और धन्य-धन्य के बाद एक बहुत बड़ा 'लेकिन' सामने आ जाता है! कहना न होगा कि इस सादगी के सौंदर्य की यह उपेक्षा अथवा बेकदरी कोई नयी बात नहीं है।

कहते हैं कि पानी जितनी ज़्यादा गहराइयों से गुज़रता है उतना ही उसका

शोर कम सुनायी देता है! और यहाँ तो किसी किस्म का कोई शोर-शराबा बिल्कुल है ही नहीं! भीष्म जी ने लिखना तो बहुत पहले शुरू कर दिया था; लेकिन उनके कहानी-लेखन की गम्भीरतापूर्वक शुरुआत 1950-51 से मानी जा सकती है। सातवें दशक के तकरीबन मध्य तक उनके तीन कहानी-संग्रह छप चुके थे : भाग्य-रेखा, पहला पाठ और भटकती राख। बकौल डॉ. नामवर सिंह पहला पाठ नामक उनका एक संग्रह निकला था जिसे उन्होंने स्वयं छापा था। उसकी नोटिस तक नहीं ली गयी। एक और कहानी-संग्रह उन्हीं दिनों की कहानियों को लेकर उन्होंने छापा था, इसकी भी किसी ने नोटिस नहीं ली। विधिवत् भीष्म जी की नोटिस कायदे से ली तो मैंने ही ली थी। ('पहल'-पुस्तिका : 'कहानीः आज की कहानी')। नामवरजी का कहना है कि कहानीकार के रूप में भीष्म साहनी का पहला उल्लेख उन्होंने किया था; लेकिन (पहल पुस्तिका में) प्रश्नकर्ता सुरेश पांडेय का आरोप है कि नामवरजी ने निर्मल वर्मा के संग्रह, परिंदे को 'नयी कहानियों की पहली किताब' और 'इतिहास की विराट नियति से साक्षात्कार करने वाली कहानियाँ', कहा था, जबकि कथ्य, संरचना, भाषा, जीवन-दर्शन आदि तमाम दृष्टिकोण से निर्मल से एकदम भिन्न इस दौर के ('नयी कहानी' वाला दौर) दूसरे महत्वपूर्ण कहानीकार हैं भीष्म साहनी। भीष्म जी प्रारंभ से एक प्रगतिशील चेतना के लेखक रहे हैं। मार्क्सवादी जीवन-दर्शन और साहित्यिक मूल्यों के प्रति पूरी तरह प्रतिश्रुत। फिर भी नामवर जी ने अपनी पूरी पुस्तक (कहानी : नयी कहानी) में इनकी मात्र एक कहानी 'चीफ़ की दावत' की चर्चा की है। बाद में भी अपने इंटरव्यूज़ में इस दौर के जिन कहानीकारों की चर्चा उन्होंने की, भीष्म जी उनमें नहीं थे। सादगी के सौंदर्यशास्त्र को समझने के लिए और साथ ही भीष्म जी के महत्व को समझने के लिए भी, अतीत के इन सवालों को तो हमें न चाहते हुए भी खँगालना ही पड़ेगा। प्रसंगवश ही सही।

हैरानी यह पढ़कर होती है कि नामवरजी के मतानुसार, 'प्रेमचन्द की दूसरे दर्जे की कहानियों में जो एक सादगी, सरलता और सफाई मिलती है, वह भीष्म जी में मौजूद है' और वे उस 'पेचीदगी में नहीं जाते। बल्कि कहें कि कहीं-कहीं उस बारीकी में भी नहीं जाते।' इससे भी अधिक हैरानी यह पढ़कर होती है कि भीष्म जी की 'पहले की कहानियाँ ज़्यादा अच्छी हैं। बाद की कहानियाँ उतनी अच्छी नहीं हैं'। वे तो भीष्म जी के यथार्थबोध को भी 'किंचित पिछड़ा हुआ' बताकर उनमें 'प्रखरता और उत्ताप' का अभाव देखते हैं! (पूर्वोल्लिखित)। जबकि बात इससे एकदम उलट नज़र आती है। दूसरे, नामवरजी ने तो यह कहीं स्पष्ट नहीं किया है कि पहले की 'ज़्यादा अच्छी कहानियाँ कौन-सी हैं'? 'चीफ़ की दावत' ज़्यादा अच्छी है तभी तो उन्होंने उसे उल्लेख-योग्य समझा! और कौन-कौन सी 'पहले की' कहानियाँ ज़्यादा अच्छी हैं और न ही यह बताया कि 'बाद की कहानियों' से उनका आशय किनसे

है! यह पहले और बाद से क्या मतलब है? कब और कब? अगर नामवरजी के अनुसार 'पेचीदगी' में जाना और 'बारीक़निगारी' ही 'श्रेष्ठता' के मूल्य हैं, तब तो 'वाङ्चू', 'निमित्त', 'साग-मीट', 'त्रास', 'शोभायात्रा', 'अहं ब्रह्मास्मि', 'गलमुच्छे', 'रामचन्दानी' जैसी परवर्ती दौर की कहानियाँ (तमस के बाद की) किस तरह से (तमस से पहले की) 'चीफ की दावत' और उसके आस-पास की 'नया मकान', 'मौकापरस्त', 'ललक', 'रास्ता', 'पटरियाँ' और 'अमृतसर आ गया है...'—जैसी कहानियों से 'उतनी अच्छी' नहीं हैं! इस बात से शायद ही कोई सहमत हो। जबकि सच्चाई यह है कि (अगर सुविधा के लिए तमस को विभाजक-रेखा मानें तब भी) ये सभी कहानियाँ भीष्म जी की ज़्यादा अच्छी और श्रेष्ठ कहानियाँ हैं। चाहें तो इनमें 'गंगो का जाया', 'पिकनिक', 'राधा-अनुराधा' और 'लीला नन्दलाल की' जैसी चन्द और कहानियाँ भी जोड़ सकते हैं। इनमें कुछ भीष्म जी की ही नहीं, सम्पूर्ण 'नयी कहानी' कही जाने वाली कहानियों में सहज ही सर्वश्रेष्ठ कहानियाँ कही जा सकती हैं, जिनके आधार पर नन्दकिशोर नवल ने उन्हें 'नयी कहानी की परिणति' कहा है। ये ऐसी ही कहानियाँ हैं जैसी मिसाल के लिए, अमरकान्त की 'हत्यारे' 'गगन-विहारी' 'ज़िन्दगी और जोंक' 'डिप्टी कलेक्टरी' या 'दोपहर का भोजन 'और शेखर जोशी की 'बदबू'! गहराई में जाना (जहाँ डूबने पर कुछ हाथ-पल्ले न पड़े!) और बारीकी में जाना यदि निर्मल वर्मा की तरह अत्यन्त महीन सूत कातना हो तो बात दीगर है! कहना न होगा कि ऐसे लोग ज़्यादातर पहाड़ों की सैर के शौकीन होते हैं!

कई आलोचकों ने 'नयी कहानी' में भी 'नयी कविता' की तरह दो धाराओं का अस्तित्व स्वीकार किया है : पतनशील धारा और प्रगतिशील धारा। इसे अगर पतनशील न भी कहें तो यह धारा पश्चिमी अस्तित्ववाद से प्रभावित महानगरीय अकेलेपन, ऊब, संत्रास, सेक्स और स्त्री-पुरुष सम्बन्धों की 'शिल्पहीन' शिल्प में ढली नकली कहानियों की धारा थी। इसके प्रतिनिधि निर्मल वर्मा, परवर्ती मोहन राकेश और कृष्ण बलदेव वैद-जैसे कथाकार थे। दूसरी, प्रगतिशील या सामाजिक-यथार्थवादी धारा के प्रतिनिधि लेखक भीष्म साहनी, अमरकान्त और हरिशंकर परसाई-जैसे कहानीकार थे। जिन कहानियों के आधार पर नन्दकिशोर नवल ने भीष्म साहनी में नयी कहानी की प्रगतिशील परम्परा की 'सार्थक परिणिति' देखी है, उनमें से चन्द कहानियों का विश्लेषण यहाँ न करके, (यह विस्तृत विश्लेषण पुस्तक के कहानियों वाले सातवें अध्याय में है) हम उपर्युक्त लगभग डेढ़ दर्जन कहानियों के आधार पर भीष्म जी की चन्द उल्लेखनीय विशेषताओं की ओर संकेत करना चाहेंगे। 'चीफ की दावत' से लेकर 'त्रास' या 'वाङ्च' तक भीष्म जी ने अपनी अधिकांश कहानियों में मध्यवर्ग या परोपजीवी वर्ग के खोखलेपन, पाखण्ड, स्वार्थपरता और हृदयहीनता को व्यंग्य और विडम्बना के माध्यम से बड़ी बेरहमी के साथ उधेड़ा है। इनमें से ज़्यादातर कहानियों में निम्न कहे जाने वाले वर्ग के पात्रों के जरिये तनाव और

द्वन्द्व की सृष्टि करके, वे दोनों वर्गों के चारित्रिक भेद और मनोरचना एवं व्यवहार के छद्म का पर्दाफ़ाश करते हैं। ध्यान देने की बात यह है कि उनकी कहानियों में सामाजिक यथार्थ इकहरे रूप में नहीं, बल्कि अपने संश्लिष्ट रूप में, अपनी सारी पेचीदगियों के साथ आता है। अपने इस गहरे और संश्लिष्ट यथार्थबोध को वे जिस बारीकनिगारी के साथ चित्रांकित करते हैं, वह अनेक रूपों में प्रस्तुत होता है। कहीं वह 'निमित्त' या 'त्रास' में सीधे वर्णन के रूप में आता है, तो कहीं 'साग-मीट'—जैसी दहला देने वाली मार्मिक कहानी में एकालाप की शक्ल में। ऐसे ही 'वाङ्चू' या 'गलमुच्छे' में अगर यह संस्मरण की तरह आता है, तो 'ओ हरामजादे' या 'रामचन्दानी' में यात्रा-वृत्तांत के रूप में। 'निमित्त' के अलावा 'अमृतसर आ गया है' में भी वे बड़े मार्मिक ढंग से विभाजन की त्रासदी की पृष्ठभूमि में साम्प्रदायिक हैवानियत और मानवीय संवेदनशीलता के दो विरोधी रूपों को दिखाते हैं। 'गंगो का जाया', 'रास्ता', 'पिकनिक' और 'राधा-अनुरोध' जैसी कहानियों में सीधे-सीधे मेहनत-मज़दूरी करनेवाले निम्नवर्गीय लोगों, विशेष रूप से औरतों की जिजीविषा, साहस, फक्कड़पन, आत्मविश्वास और संघर्षशीलता का चित्रण करते हैं। रूप की दृष्टि से भी उनकी कहानियाँ सुगठित नज़र आती हैं। इनकी संरचना अन्तर्वस्तु और शिल्प के सृजनात्मक तनाव से कहीं भी लड़खड़ाती या खंडित होकर बिखरती नहीं दिखती। अपने समूचे विन्यास, भाषा और 'ट्रीटमेन्ट' में भीष्म जी की कहानी-कला एन्टोन चेख़व और कैथरीन मैन्सफील्ड के निकट होती हुई भी, अपने 'विज़न' या कथा-दृष्टि में उनसे आगे है।

भीष्म जी अपनी कहानियों में बिना किसी बनावट के किसी भी छोटी-से-छोटी घटना, स्थिति या चरित्र को जैसे बड़े ही सहज ढंग से उठाते हैं, वैसी ही खूबसूरती के साथ बड़े स्वाभाविक तरीके से उसका तार्किक निर्वाह करते हुए, उसे लक्षित परिणति तक पहुँचाते हैं। वे किसी एक प्रतिनिधि चरित्र के माध्यम से ज़िन्दगी के तीखे यथार्थ का पूरी सच्चाई के साथ चित्रांकन करते हुए वर्गों के धूप-छाँही द्वन्द्वों को सामने लाकर स्पष्ट तौर पर उभार देते हैं। यहाँ उनकी कथा-दृष्टि, उनका विज़न, उस परिप्रेक्ष्य का भी कहीं-कहीं बड़ा हल्का और धुंधला-सा संकेत देने से नहीं चूकते जो मनुष्य को उसके वर्तमान यथार्थ से और आगे, भावी यथार्थ की ओर ले जाने में सक्षम है। उनकी ये कहानियाँ इसी मानव नियति और व्यापक मानवीय संवेदनाओं की मार्मिक कहानियाँ हैं। भीष्म जी भी प्रेमचन्द की तरह किस्सागोई के उस्ताद कलाकार हैं। उनकी 'लीला नन्दलाल की'—जैसी कई कहानियाँ अगर अपने बिन्दास खिलन्दड़ेपन में ओ. हेनरी की तरह पाठक को विस्मयपूर्ण संवाद से गुदगुदा देती हैं, तो कई हेमेंग्वे की तरह विराट 'ह्यूमन कन्सर्न' में गहरे डूबकर मानव की ऐतिहासिक नियति के मार्मिक और कलात्मक बिंब में रूपान्तरित हो जाती हैं। वे मोपाँसा की तरह जीवन का नाट्यीकरण करती भी हैं, तो अपने चेखोवीयन 'ट्रीटमेन्ट'

के साथ अपने सूक्ष्म परिवेश-ज्ञान और कथा-शिल्प के संयोग से यथार्थ का तीखा दंश देकर, पाठक की संवेदना को जड़ों तक हिलाकर झकझोर देती हैं। गोर्की कहा करते थे कि रूसी कहानी का जन्म गोगोल के 'ओवरकोट' की जेब से हुआ है। हम कह सकते हैं कि हिन्दी कहानी का जन्म प्रेमचन्द की आत्मीय किस्सागोई और सामाजिक-यथार्थवादी कथा-दृष्टि के साथ ही गुलेरी जी की चुस्त शैल्पिक संरचना के विलक्षण संयोग के साथ हुआ था। भीष्म साहनी ने अपने विराट 'विज़न' के साथ प्रेमचन्द और गुलेरी जी की सादगी के सौन्दर्ययशास्त्र के साथ हिन्दी कहानी को आगे और विकसित किया है। उन्होंने कहानी के 'कहानीपन' की रक्षा करते हुए उसका आगे और कलात्मक एवं गुणात्मक विकास किया है!

'नयी कहानी' के कहानीकार जब मौन हुए अथवा उतार पर ढलने लगे, तब भी 'नयी कहानी' को उसकी सार्थक परिणति पर पहुँचाने वाले भीष्म जी एक से एक नयी और श्रेष्ठ कहानियाँ लिखते रहे। जब 'नयी-कहानी' के बाद दो-दो और तीन-तीन कथा-पीढ़ियों के वे कथाकार भी परिदृश्य से गायब होते गये जो नारों और आन्दोलनों या फ़ैशन और व्यावसायिक लटकों-झटकों से कभी सर्वाधिक चर्चित और लगभग 'ब्रांड' बनने की कोशिशों में मुब्तिला थे, भीष्म जी बिना किसी शोर-शराबे या प्रचार-प्रसार के अपनी कहानियों के बल पर सबसे सृजनशील और सशक्त कहानीकार के रूप में सुप्रतिष्ठित हुए। वकौल डॉ. नामवर सिंह, हर (श्रेष्ठ) कहानीकार का अपना एक सिग्नेचर होता है, एक सिग्नेचर ट्यून होती है। भीष्म जी की कहानियों में उनकी अपनी 'सिग्नेचर ट्यून' है। उनकी कहानियाँ एक सधे हुए कलाकार की कहानियाँ हैं। उनके नौ कहानी-संग्रहों में संकलित, तकरीबन सौ से ज़्यादा कहानियाँ तो होंगी ही! अपने बाद की तीन-तीन कथा-पीढ़ियों के साथ कदम-से-कदम मिलाते भीष्म जी के जैसा इतना लम्बा कथा-समय वह भी ऐसा सृजनशील, किसी और कहानीकार के रूप में नज़र नहीं आता। कहना न होगा कि उनका अवसान हिन्दी कथा-साहित्य के एक समूचे युग का अवसान है!

आख़िर में इस प्रसंग का समापन करने से पहले मैं कहानी-विधा की अपनी एक रूपगत या विधागत सीमा का उल्लेख अवश्य करना चाहूँगा। प्रेमचन्द ने कहानी को 'ध्रुपद की एक तान' कहा था और नामवरजी कहानी के 'फ़ार्म' को 'लिरिक का फ़ार्म' कहते हैं। इस 'फ़ार्म' की अपनी एक मर्यादा है। इसमें 'लिरिक' ही लिखा जा सकता है, महाकाव्य नहीं। इसीलिए हमें, भीष्म जी के विराट 'विज़न' और उनकी कला में 'सादगी के सौंदर्यशास्त्र' को मुकम्मिल तौर पर समझने के लिए उनके उपन्यासों की ओर जाना होगा। कहानी में यथार्थ का एक टुकड़ा-भर होता है। उसमें यथार्थ की एक झलक-भर मिलती है। संश्लिष्ट सामाजिक यथार्थ की समग्र तस्वीर, उसकी सारी पेचीदगियों और गतिशीलता के साथ हमें उपन्यास में ही मिल सकती है। या कहें कि किसी महाकाव्यात्मक उपन्यास या आख्यान ('नैरेटिव') में ही मिल

सकती है। जैसा कि भीष्म साहनी का आख्यानक उपन्यास 'मय्यादास की माड़ी' है।

भीष्म जी ने झरोखे (1967) से शुरू करके, कड़ियाँ (1970) तमस (1974) बसन्ती (1980), मय्यादास की माड़ी (1988), कुन्तो (1993) और नीलू नीलिमा नीलोफ़र (2000) कुल सात उपन्यास लिखें हैं। इनके अतिरिक्त हानूश, कबिरा खड़ा बज़ार में, माधवी, मुआवजे और आलमगीर नाटक भी लिखे हैं। लेकिन सात में से मुख्य और महत्वपूर्ण उनके तीन उपन्यास ही हैं तमस, बसन्ती और मय्यादास की माड़ी।

अपने 'संस्मरण' में भीष्म साहनी ने लिखा है : तमस के परिवेश में मार्च, 1947 में रावलपिंडी और आसपास के गाँवों में हुए हिन्दू-मुस्लिम दंगे हैं। ये दंगे लगभग पाँच-छह दिन रहे, और इन दंगों ने जिले के सैकड़ों गाँवों को अपनी लपेट में ले लिया। दंगे तो पाँच-छह दिन तक ही रहे, लेकिन वर्षों पहले से देश के वायुमंडल में हिन्दू-मुस्लिम तनाव पाया जाता था (आधुनिक हिन्दी उपन्यास-1)। इसी संस्मरण में वे आगे बड़ी महत्वपूर्ण बात कहते हैं कि 'आज मुड़कर देखने पर उन दिनों की स्थिति ज़्यादा साफ नज़र आती है। सन्' 42 के देशव्यापी 'भारत छोड़ो' आन्दोलन के बाद स्वतन्त्रता संघर्ष की रीढ़ तोड़ने का यह षड्यन्त्र था और अंग्रेज़ों के हाथ में साम्प्रदायिकता का हथियार ही सबसे बड़ा हथियार था।' (वही, पृ. 392)। वस्तुतः साम्प्रदायिकता ही इस उपन्यास की अन्तर्वस्तु (कन्टेन्ट) हैं; जिसके सभी ज़रूरी पहलुओं और परतों का रेशा-रेशा उधेड़ते हुए भीष्म जी ने मानव नियति का विडम्बनापूर्ण चित्रांकन किया है। इसे प्रामाणिक बनाते हैं विभिन्न पात्रों, परिस्थितियों, घटनाक्रम और उनके वास्तविक क्रिया-व्यापार के सूक्ष्म ब्यौरे। उस गहरी काली अँधेरी त्रासदी के यथार्थ चित्रण की पृष्ठभूमि में ही साम्प्रदायिकता का विद्रूप चेहरा अपने समूचे घिनौनेपन में उभरता है। किस तरह अंग्रेज़ साम्राज्यवादी सत्ता और उसकी निर्मम नौकरशाही हिन्दू और मुस्लिम, दोनों फिरकों के फिरकापरस्त नेताओं और राजनीतिक पार्टियों के नुमाइन्दों को कठपुतलियों की तरह नचाती है, भीष्म जी ने बड़ी तटस्थता के साथ, ज़रूरत पड़ने पर अपनी व्यंग्य-विद्रूप की शैली का सहारा लेते हुए भी, उसका यथार्थ चित्रण किया है। राष्ट्रीय स्वयं सेवक संघ और हिन्दू सभा के कारकून किस तरह से कच्ची बुद्धि के बालकों को निर्मम हत्यारों में बदलते हैं, इसका उपन्यास में बड़ा ही मार्मिक वर्णन हैं।

'घर बैठा रहा तो खाऊँगा कहाँ से?' इस मजबूरी के चलते जब बूढ़ा मुसलमान इत्रफ़रोश दंगों की मार-काट कुछ थमने और कर्फ़्यू में ढील के दौरान, सूनी गलियों में निकलता है तो 'म्लेच्छ' का पीछा करता है हिन्दू 'वीर सैनिक' इन्द्र। 'इत्रफ़रोश को लड़का मासूम-सा लगा, छोटी उम्र का, कोमल, बालक'। वह अपने संघ के गुरुजी (मास्टर देवव्रत) द्वारा प्रशिक्षित दस्ते का 'वीर सैनिक' है, जिसे रणवीर ने समझाया था : 'शत्रु (यानी, म्लेच्छ, मुसलमान) की छाती अथवा पीठ को कभी निशाना नहीं बनाओ। वार हमेशा कमर में करो या पेट में। और घुमावदार छुरा घोंपने के बाद

उसे अन्दर-ही-अन्दर थोड़ा मोड़ दो, इससे अन्तड़ियाँ बाहर आ जाएँगी।' वह पैंतरा बदलकर ठीक यही करता है! यह वर्णन और बूढ़े का आर्त्तनाद दहला देता है : 'ओ लोको मार डाला! मुझे मार डाला! ओ लोको!' इत्रफ़रोश 'कमर में लगे जख़्म से इतना नहीं मर रहा था जितना त्रास और भय से और भोले बालक द्वारा किये गये हमले से।' यह वर्णन जितना त्रासद और दिल दहलाने वाला है, उतना ही मार्मिक; और इन हत्यारे संगठनों और उनकी साम्प्रदायिक विचारधारा और घृणित कार्य-प्रणाली को बेनकाब करने वाला! कहना न होगा कि ऐसे संगठन, उनकी कार्य-प्रणाली और विषैली विचारधारा आज भी हैं, बस उनके हथियार बदलकर बहुत संघातिक और सामूहिक जन-संहारक बन चुके हैं! ऐसा ही मार्मिक प्रसंग शाहनवाज़ द्वारा विधर्मी लक्ष्मीनारायण और रघुनाथ के लिए जान पर खेलकर भी उनकी मदद करने, पर नौकर मिल्खी की अकारण हत्या कर डालने वाला प्रसंग है। भीष्म जी के ऐसे ही सूक्ष्म, निरपेक्ष और तटस्थ वर्णनों में उनका कलात्मक सधाव देखते ही बनता है।

अन्धविश्वासों और अज्ञान पर पलती हुई धार्मिक हिंसा और साम्प्रदायिकता का विष जिस गलत विचारधारा और राजनीति से खुराक ग्रहण कर रहा है, लेखक ने बड़े ही निर्मम ढंग से उन्हें बेनकाब किया है और जनता के व्यापकतम हिस्सों के इस आँधी और नफ़रत की बाढ़ में बह जाने का भी बड़ा सूक्ष्म और तटस्थ वर्णन किया है। इस उपन्यास की सबसे बड़ी विशेषता यह है कि इसमें विभाजन की पृष्ठभूमि, विभाजन की परिस्थितियों और साम्प्रदायिक दंगों को सामाजिक, आर्थिक (वर्गीय) और गहरे राजनीतिक दृष्टिकोण से देखा गया है और उसका बेबाक विश्लेषण किया गया है। वह भी पात्रों, उनके संवादों, मनोभावों और परिस्थितियों के यथार्थ चित्रण के माध्यम से। अंग्रेज़ साम्राज्यवादी नौकरशाही की भूमिका समझने के लिए डिप्टी कमिश्नर की बीवी लीज़ा के ये तीन वाक्य ही काफी हैं : 'बहुत चालाक नहीं बनो, रिचर्ड। मैं सब जानती हूँ। देश के नाम पर ये लोग तुम्हारे साथ लड़ते हैं और धर्म के नाम पर तुम इन्हें आपस में लड़ाते हो।' कांग्रेस के नेता बख़्शीजी भी सोचते हैं : फिसाद करवाने वाला भी अंग्रेज़, फिसाद रोकने वाला भी अंग्रेज़, भूखों मरने वाला भी अंग्रेज़, रोटी देने वाला भी अंग्रेज़!' उनका यह बारंबार दोहराया जाने वाला वाक्य भी बड़ा अर्थगर्भी है : 'चीलें उड़ेंगी, शहर पर चीलें उड़ेंगी!' उपन्यास का सर्वाधिक तेज़स्वी और अविस्मरणीय पात्र जरनैल है जो मारे जाने से पहले जगह-जगह अकेले तकरीरें करता फिरता है कि 'अंग्रेज़ हमें लड़वा रहा है। गाँधी जी ने कहा है, देश का बँटवारा मेरी लाश पर होगा।' हालात इतने बिगड़ जाते हैं कि मज़दूर इलाकों में भी दंगे भड़क उठते हैं। बकौल कम्युनिस्ट देवदत्त 'अगर मज़दूर आपस में लड़ सकते हैं तो यह विष बहुत गहरा असर कर चुका है।' इतना गहरा कि सैकड़ों गाँव उसमें जल उठते हैं। वहाँ के हालात सुधारने भेजे गये सोहनसिंह और मीरदाद, दोनों कम्युनिस्ट कार्यकर्ता मारे जाते हैं।

उपन्यास दो खण्डों में विभक्त है। पहले खण्ड में शहर है और दूसरे में गाँव। दोनों को जोड़ने वाले सूत्र हैं नत्थू और सरदार हरनाम सिंह। उपन्यास में एक बड़ा शातिर और रहस्यात्मक पात्र भी है, मुराद अली। वही नत्थू से सूअर मरवाता है और मस्ज़िद में उसकी लाश पाये जाने के बाद ही दंगे भड़क उठते हैं। यही मुराद अली अमन कमेटी की बस में 'हिन्दू-मुस्लिम भाई-भाई' के नारे लगाता दिखता है। उपन्यास में जिस विशेष बात की ओर संकेत किया गया है, वह है पड़ोसियों के बीच का आपसी विश्वास और सद्भाव। जहाँ भी दंगे या हमले हुए, वे ज़्यादातर बाहर से आये हुए लोगों ने ही किये। ख़ास कर गाँवों में। हरनाम सिंह के सन्दर्भ में यह बात और भी शिद्दत के साथ उजागर होती है। भीष्म जी खुद भी उन दंगों के बीच से गुज़र कर आये थे। अपने साक्षात्कार में वे ख़ास तौर पर तमस के सन्दर्भ में बात करते हुए अपने निजी अनुभवों का ज़िक्र करते हैं कि 'ऐसा नहीं था कि जिन लोगों ने हमें सुरक्षा दी थी वे गैर-साम्प्रदायिक थे। वे भयानक रूप से साम्प्रदायिक हो सकते थे। लेकिन हमारे साथ नहीं। वे हमारी रक्षा करते रहे क्योंकि जब पड़ोसियों का सवाल आता था तो एक और ही मूल्य व्यवस्था प्रबल हो उठती थी। लेकिन वही लोग दूसरे इलाके में जाकर हत्याएँ कर सकते थे।' कहना न होगा कि भीष्मजी इस यथार्थ के संशिलष्ट रूप का, उसके तमाम अन्तर्विरोधों और पेचदीगियों के साथ ही, मार्मिक और कलात्मक चित्रांकन करते हैं।

बसन्ती उनका एकदम भिन्न किस्म का उपन्यास है, जिसमें वे निम्नवर्गीय मटमैले जनों के धूसर जीवन को अपना कथा-परिवेश बनाते हैं। इस बरदंग ज़िन्दगी के अनोखे रंग, उनकी स्वाभाविक सादगी के साथ उन्होंने इस अन्दाज में उभारे हैं कि शहरी मध्यम वर्ग के भड़कीले जीवन के चटकीले रंगों का बनावटीपन और उनकी व्यर्थता का हम बेहद तीखा एहसास करते हैं। इस उपन्यास में जहाँ कहीं मध्यवर्गीय चरित्र आते भी हैं तो इस विरोधाभास और द्वन्द्व का और भी तीखा और गहन बोध कराने के लिए ही; जैसा कि हम उनकी कई कहानियों में देखते हैं, 'गंगों का जाया', 'पिकनिक' और 'राधा-अनुराधा' अथवा 'रास्ता'-जैसी कहानियों की तरह 'बसन्ती' में उन्होंने जिस निम्नवर्गीय समुदाय के जीवन-यथार्थ का चित्रण किया है, वे ऐसे लोग हैं जो गाँवों में सूखा, अकाल और भुखमरी की तबाहहाला ज़िन्दगी से टूटकर शहरों की ओर पलायन कर रहे हैं। असंगठित मज़दूरों की विराट सर्वहारा जमात की शक्ल में ये लोग शहरी तलछट की ज़िन्दगी बिताते हैं। भीष्मजी ने उजड़ते-बसते इस मेहनतकश समुदाय की त्रासद पृष्ठभूमि में ही बसन्ती की अद्भुत प्रेम-कहानी लिखी है। उन्होंने बसन्ती के रूप में हिन्दी कथा-साहित्य को एक ऐसा उदात्त और ममतामय, ऐसा संघर्षशील और शक्तिशाली नारी चरित्र प्रदान किया है जो जीवन में अपनी भरपूर मौजूदगी के बावजूद साहित्य और कला की दुनिया में प्रायः दुर्लभ था। प्रेमचन्द के गोदान की धनिया मानो आज के महानगरीय परिवेश में विंदास

बसन्ती के रूप में अवतरित हो गयी हो। इसके स्वभाव की निश्छल सरलता और परिस्थितियों के अनुरूप बड़ी जल्दी खुद को ढाल लेने की आदत और उसका दृढ़ आत्मविश्वास तथा तनकर खड़े होने का माद्दा ही उसे विशिष्ट बनाता है।

इस उपन्यास के जरिए भीष्म जी ने तमस के बाद अपने दृष्टिकोण और कलात्मक कौशल के बारे में नया आत्मविश्वास प्रदर्शित किया है। बसन्ती में उनका दृष्टिकोण भी बड़ी महीन बुनावट में बुना हुआ रचा-बसा आया। इसीलिए वे उपन्यास और इसके चरित्रों के माध्यम से सामाजिक सम्बन्धों में आयी नाजुक तब्दीलियों और उनकी जड़ों में घटित समाजिक संरचनागत परिवर्तनों का अत्यन्त कलात्मक कौशल के साथ सूक्ष्म चित्रांकन कर सके हैं। इस उपन्यास में वे स्पष्ट दिखाते हैं कि सामाजिक सम्बन्धों की उलझी हुई घनीभूत परतों के नीचे कौन-सी चीज़ कहाँ टूट रही है और कौन-सी नयी चीज़ कहाँ और कैसे बन रही है! इस टूटने-बनने और परिवर्तनों की गति और दिशा का यथार्थ चित्रण करते हुए वे अपनी सहानुभूति और पक्षधरता छिपाते भी नहीं। इस उपन्यास में उनकी सूक्ष्म व्यंग्य की धार और भी पैनी और भारक बनकर उभरती है। अपनी कहानियों की तरह इन दोनों उपन्यासों में भी भीष्म जी वर्णन करते हुए और संश्लिष्ट यथार्थ के कलात्मक चित्रांकन के दौरान तकरीबन तटस्थ, निरपेक्ष और निष्पक्ष दृष्टा की तरह एक-के-बाद एक भरे-पूरे चित्र आँकते जाते हैं। उनकी लगभग आत्मलोप की क्षमता ही उन्हें यथार्थ की तमाम भीतरी पर्तों के भीतर धँसकर, उनके अन्तर्विरोधी और जटिल चरित्र को अनावृत करते हुए, वास्तविकता के प्रामाणिक उद्घाटन में सक्षम और मनोविकारों को विश्वसनीय ढंग से पात्रों में ढालने में समर्थ बनाती है। स्थितियों की विडम्बना को वे अपने व्यंग्य की धार से उधेड़कर कुल-मिलाकर करुणा का ऐसा संचार कर देते हैं कि पाठक की संवेदनाएँ न केवल द्रवित होती हैं, बल्कि विवेक-प्रेरित होकर उसे सकर्मक भी बनाती हैं। हिन्दी साहित्य में हरिशंकर परसाई के बाद भीष्म जी में ही यह कीमियागिरी दिखती है।

मय्यादास की माड़ी न केवल भीष्म साहनी का एक महाकाव्यात्मक सर्वश्रेष्ठ उपन्यास है, बल्कि यह हिन्दी उपन्यास-साहित्य में एक मील का पत्थर कहा जा सकता है। इसमें उन्नीसवीं शताब्दी के पूवार्द्ध के पंजाब की कथा है जो उस शताब्दी के आख़िरी दशकों की सीमाएँ छूती हुई, पंजाबी जाति के एक कारुणिक महाकाव्यात्मक आख्यान में रूपांतरित हो गयी है। अगर इसे अतिशयोक्ति या बड़बोलापन न समझा जाये तो मुझे यह कहने में कतई कोई संकोच नहीं कि इस उपन्यास से भीष्म जी मार्ख़ेस और बोर्ख़ेस जैसे विश्व-विख्यात और तथाकथित 'जादुई यथार्थवाद' के कथाकारों की पंक्ति में सुप्रतिष्ठित हो गये हैं। इस उपन्यास में उनके नये किन्तु सार्थक शिल्प-प्रयोग भी तकरीबन इसी ओर संकेत करते हैं। कहना न होगा कि चाहे आज की 'फैंटास्टिक' वास्तविकता के चित्रण के लिए फैंटेसी का प्रयोग हो

या भाषा शैली के स्तर पर जिसे 'नेरेटिव प्रोज' अथवा 'नेरेटिव फिक्शन' कहा जा सकता है, वह कुल मिलाकर भीष्मजी के 'विज़न' या विश्व-दृष्टिकोण की साहित्यिक और कलात्मक अभिव्यक्ति ही है। इससे जोड़े बिना कोरे शिल्पवाद में फँसने का रूपवादी खतरा पैदा हो जाता है। इस उपन्यास की विराट अन्तर्वस्तु को उपन्यास के परम्परागत और प्रचलित ढाँचे में बाँधा ही नहीं जा सकता है। इस अर्थ में, एक विशेष काल खंड की पृष्ठभूमि में यह पंजाबी जाति के जातीय जीवन का महा-आख्यान है। उसके जातीय जीवन की ऐतिहासिक नियति का कलात्मक चित्रांकन है। मुख्यतः एक छोटे-से कस्बे की और उसमें दीवानों की तीन पीढ़ियों की कथा होते हुए भी, यह आख्यान आँग्ल-खालसा युद्धों (1845-46 और 1848-49) के बाद अंग्रेज़ों की अमलदारी कायम होने की प्रक्रिया और उस दौरान घटित होने वाले सूक्ष्म परिवर्तनों की पृष्ठभूमि में, बदलते जीवन-मूल्यों की महागाथा है। लेकिन इसके साथ ही यह बहुत धीरे-धीरे उभरते साम्राज्यवाद-विरोधी स्वरों और विकसित हो रहे जन-प्रतिरोधी आन्दोलन के शुरुआती उभार की भी गाथा है।

ध्यान देने की बात यह है कि उत्तर-आधुनिक कहे जाने वाले भूमंडलीकरण के दौर में जब 'विचारधारा के अन्त' (पढ़ें : मार्क्सवादी विचारधारा) और इतिहास के अन्त की घोषणाएँ बड़े ज़ोर-शोर से की जा रही थीं, तो भीष्म जी ने इस ऐतिहासिक महा-आख्यान की रचना करके इन तमाम नव-साम्राज्यवादी इतिहास-विरोधी अवधारणाओं का सार्थक-सर्जनात्मक निषेध और कलात्मक प्रतिरोध किया है। इसमें उन्होंने हिन्दी उपन्यास, बल्कि कह सकते हैं कि भारतीय उपन्यास की चौहद्दी का विस्तार तो किया ही है। ठीक इन्हीं अर्थों में मय्यादास की माड़ी एक 'ऐतिहासिक उपन्यास' भी है। इतिहास और वर्तमान के द्वन्द्वात्मक तनाव से उपजी इस कलाकृति में जिस तरह कई जगह फैंटेसी के शिल्प का प्रयोग किया गया है, उसमें 'फैंटास्टिक' वास्तविकता की सच्चाई को उसकी समूची संशिलष्टता और जटिलता में अनावृत करने में भरपूर सफलता मिली है। अपनी चिर-परिचित सादगी, निरावेग निरपेक्षता और तटस्थता के साथ।

रणजीत सिंह की मृत्यु (1839) तक तो अंग्रेज़ों की पंजाब की तरफ़ आँख उठाकर देखने की भी हिम्मत नहीं थी। सतलज पार न करने की सन्धि भी थी। लेकिन सत्ता के लिए खालसा दरबार के अन्दरूनी षड़यन्त्रों और गुटबाज़ी के फलस्वरूप जब सिक्खों की ताकत लगातार कमज़ोर होती गयी तो अंग्रेज़ों को पंजाब पर कब्जा करने का मौका मिल गया। अवध के छलपूर्वक विलय के बाद, पंजाब छोड़कर तकरीबन सारे देश पर अंग्रेज़ों का कब्जा हो चुका था। तीन बड़ी लड़ाइयों में खालसा सेना के दो सालारों—लालसिंह और तेज़ सिंह की अंग्रेज़ों से मिली-भगत और गद्दारी के फलस्वरूप अन्ततः 1848-49 में पंजाब पर भी अंग्रेज़ों का पूर्ण कब्जा हो गया। बालक दिलीप सिंह के 29 मार्च, 1849 में अन्तिम 'खालसा दरबार'

के बाद पेंशन के दस्तावेजों पर हस्ताक्षर से पंजाब का भी विलय मुकम्मल हो गया। इस प्रकार, सिक्खों के खालसा-राज की जगह अंग्रेज़ों की नयी अमलदारी कायम हो गयी। गद्दारों की बन आयी और वे गाँवों इलाकों, मुरब्बों के मालिक बन नये ज़मींदार-जागीदार बन बैठे। देखते-देखते लोगों की निष्ठाएँ, ईमानदारी और वफ़ादारियाँ भी बदलने लगीं। इस नयी अमलदारी में लोगों की वफ़ादारियाँ ही नहीं बदली थीं, बल्कि सारे जीवन-मूल्य ही बदलने लगे थे। धीरे-धीरे लोगों के मन में यह धारणा जमने लगी थी कि शक्तिशाली अंग्रेज़ी साम्राज्य को कोई हिला भी नहीं सकता। नया विकसित होता पढ़ा-लिखा अंग्रेज़परस्त मध्यवर्ग इन्हीं धारणाओं को बल देने वाला था। उसका गहरा असर जनसामान्य पर भी होने लगा था। पहले ग़दर (1857) के लोकगीत गाये जाते थे, वहीं अब अंग्रेज़ी राज की अकल्पनीय ताकत और रेलों-जैसे उसके नये-नये करिश्मों ने इन लोकगीतों में जगह बना ली थी—खिलंदड़ी लड़कियाँ नये-नये गीत गाने लगी थीं:

शाबा शाबा वे फिरंगिया, अटल होवी राज!
शाबा शाबा करमांवालिया वे, तूँ सभणा दा सरताज!

या फिर, 'गड्डी आयी, गड्डी आयी मंगोवाल दी; बुड्ढे दी दाढ़ी विच्च अग्ग बाल दी!'

लेकिन दीवान मय्यादास और अंग्रेज़ों से युद्ध करते-करते पराजित और जख़्मी होने वाले उनके भतीजे (जो उनका वारिस भी था) लेखराज-जैसे कुछ लोग थे जिन्होंने अपनी वफ़ादारियाँ नहीं बदली थीं और जो जीवन-पर्यन्त अंग्रेज़ों से संघर्ष करते रहे थे। लेखराज का ही मानो परिवर्तित और विकसित रूप वर्षों बाद का तिलकराज 'आज़ाद' है; जो उपन्यास के अन्तिम पृष्ठों में अंग्रेज़ी साम्राज्यवाद के खिलाफ जनता के जुलूसों और जन-संघर्षों का नेतृत्व करते हुए, भविष्य में गहरे होने वाले स्वतन्त्रता-संग्राम की झलक दिखा जाता है। दमन के बाद, दूसरे ही दिन तिलकराज 'आज़ाद' के नेतृत्व में और भी बड़ा जुलूस निकलता है: 'लोग सचमुच फिर से जुलूस के लिए जुटने लगे थे। सारा कस्बा जुटने लगा था। बहुत से कंठ एक साथ, दूर से गाते हुए आ रहे थे। उनकी आवाज़ कस्बे की पुरानी दीवारों के साथ टकरा-टकरा कर गूँज रही थी—

असां ते साईंया, साडा करम कमा दे,
साडा गुलामी कोलों देस छुड़ा दे।

इस गीत की गूँज के साथ ही उपन्यास समाप्त हो जाता है। सारे देश के साथ पंजाब और उसके मेहनती-मस्तानड़े जनसाधारण भी नयी करवटें ले रहे थे। इस महा-आख्यान में भीष्म साहनी ने नयी करवटों की ओर बढ़ते पंजाबी जातीय जीवन का कलात्मक चित्रांकन किया है।

3

साम्प्रदायिकता का तमस

असतो मा सद्गमय
तमसो मा ज्योतिर्गमय
मृत्योर्मा अमृतम्गमय!

भीष्म साहनी ने अपनी आत्मकथा 'आज के अतीत' में अपनी पसन्द की इस वैदिक ऋचा को उद्धृत करते हुए लिखा है कि 'हमारे धर्मग्रन्थों में बार-बार प्रकाश का, ज्योति का उल्लेख है, जगह-जगह प्रकाश की कामना की गयी हैः हमें असत् से सत् की ओर, अन्धकार से प्रकाश की ओर, मृत्यु से अमरत्व की ओर ले चल!' आगे लिखते हैं : 'प्रकाश पर्याय है जीवन का, आशा का, सद्बुद्धि का।'[1] उन्होंने अपने कालजयी उपन्यास 'तमस' का यह शीर्षक यहीं से उठाया है : तमसो मा ज्योतिर्गमय! अन्धकार से प्रकाश की ओर...! इसका ठीक उल्टा है वह अन्धकार, वह तमस, जो साम्प्रदायिकता का 'असत्' है, जो 'मृत्योर्मा' का तम है, तमस है! कहना न होगा कि यही—साम्प्रदायिकता का विषैला अन्धकार ही—इस उपन्यास की अन्तर्वस्तु (कन्टेंट) है!

साम्प्रदायिकता ही साम्राज्यवादी ब्रिटेन की औपनिवेशिक सत्ता के हाथ का वह अमोघ अस्त्र था, जिससे वे हमारे बेमिसाल स्वाधीनता-संग्राम को, उसके प्रत्येक कदम पर, परास्त करते रहे थे। इसी चट्टान से टकराकर आज़ादी के आंदोलन की हर लहर, पछाड़ खाकर समाप्त हो जाती थी। औपनिवेशिक सत्ता हर बार हमारे देश को वीभत्स साम्प्रदायिक दंगों की ज़हरीली ज्वालाओं में झुलसाकर ख़ून में डुबो देती थी। यहाँ तक कि अन्ततः जब हमें आज़ादी मिली भी, तो हिन्दू-मुस्लिम दंगों और भीषण नरसंहार के ख़ून में डूबी हुई। देश-विभाजन और दोनों तरफ़ की आबादी के विस्थापन के फलस्वरूप, करोड़ों तबाहहाल लोग इस ख़ून की नदी में डूबते-उतराते आर-पार गये। परिणामस्वरूप, दोनों तरफ़ की साम्प्रदायिक और कट्टरपन्थी, धर्मान्ध

शक्तियों और काले संगठनों को इससे नयी ख़ूराक मिली। इतनी कि आज हम कट्टरपन्थी हिन्दुत्ववादी संगठनों को 'संघ-परिवार' कहे जाने वाले तम्बू के नीचे गिरोहबन्द होकर, अर्ध-फ़ासिस्ट सत्ता कायम किए हुए देखते हैं; जहाँ असहिष्णुता का ऐसा 'तमस' तारी है कि अभिव्यक्ति-स्वातंत्र्य का गला घोंटा जाने लगा है। वैचारिक मतभेदों को नृशंस दमन और हत्याओं से मिटाया जा रहा है। मुझे लगता है कि भीष्म साहनी का यह उपन्यास, आँखों में उँगली डालकर सच्चाई से रूबरू कराने की अपनी शक्ति के कारण, नये सिरे से, और भी ज़्यादा प्रासंगिक हो उठा है! कट्टर हिन्दुत्ववादी साम्प्रदायिकता के फ़ासिस्टी तमस के मुकाबिले भीष्मजी का यह 'तमस'!!

विभाजन पर हिन्दी, उर्दू और पंजाबी में काफ़ी बड़े परिमाण में साहित्य-रचना हुई है। दोनों तरफ़। दशाब्दियों तक। इतना गहरा ज़ख़्म जो भरते-भरते भी, पूरी तरह नहीं भरता! ढेरों कविताएँ, कहानियाँ, नाटक और उपन्यास। गाहे-बगाहे, कमोबेश, अभी भी लिखे जाते हैं। लेकिन हिन्दी में ऐसी कालजयी कृतियाँ दो ही हैं : यशपाल का 'झूठा सच'—उसका पहला भाग 'वतन और देश' (1958) तथा भीष्म साहनी का 'तमस' (1974)। दोनों उपन्यासों के परिवेश और विषय-वस्तु (सब्जैक्ट मैटर) में बड़ी हद तक समानता और निकटता होते हुए भी, इनकी अन्तर्वस्तु (कन्टेंट) बिल्कुल भिन्न हैं। 'झूठा सच' (वतन और देश) की अन्तर्वस्तु साम्प्रदायिक दंगों की ख़ूनी पृष्ठभूमि में देश-विभाजन है, जबकि 'तमस' का परिवेश, उसकी पृष्ठभूमि और विषय-वस्तु हिन्दू-मुस्लिम दंगे तथा देश-विभाजन की भावी त्रासदी होते हुए भी, उसकी अन्तर्वस्तु साम्प्रदायिकता है। यानी, 'झूठा सच' विभाजन पर लिखा गया उपन्यास है और 'तमस' साम्प्रदायिकता पर।

दोनों ही लेखकों ने इस त्रासदी को उसके सामाजिक, आर्थिक और राजनीतिक विश्लेषण के साथ, ठीक इसी परिप्रेक्ष्य में चित्रांकित किया है। दोनों ही लेखकों ने इस ऐतिहासिक त्रासदी के भीतर के उन नाजुक और सूक्ष्म अन्तःसम्बन्धों तथा बहु-आयामी कारणों की, उनकी पेचीदगी में जाकर पड़ताल की है। कहना न होगा कि इस भिन्न अन्तर्वस्तु के कारण, भीष्मजी ने साम्प्रदायिकता के सामाजिक, आर्थिक और राजनीतिक आधारों के सूक्ष्म तन्तुओं को उघाड़ने के साथ ही, अंग्रेज़ों की विभाजनकारी नीतियों को भी बड़े विश्वसनीय और प्रामाणिक ढंग से बेपर्द किया है। अपने यथार्थवादी दृष्टिकोण और कलात्मक कौशल की परिपक्वता के कारण दोनों ही उपन्यास महान कलाकृतियाँ हैं। ठीक वैसे ही, 'तमस' पर गोविन्द निहलाणी की, इसी नाम की फ़िल्म भी (जो अपनी लंबी अवधि के कारण 'दूरदर्शन' पर धारावाहिक के रूप में दिखाई गयी थी) अपने-आप में एक अद्वितीय कलाकृति है, जिसका प्रभाव बड़ा व्यापक और गहरा पड़ता है! अपनी इसी भिन्न

अन्तर्वस्तु की वजह से भीष्मजी ने 'हिन्दूसभा' के नाम से राष्ट्रीय स्वयंसेवक संघ (आर.एस.एस.) और हिन्दू महासभा—या आज के मौजूदा हालात में कहें कि 'संघ परिवार'-जैसे कट्टरपन्थी धर्मांध और साम्प्रदायिक संगठन (या कई संगठनों के गिरोह) की फ़ासिस्ट और विभाजनकारी विचारधारा को बेपर्द किया है। उन्होंने इन संगठनों की अलोकतान्त्रिक तानाशाही और हिंसक कार्यप्रणाली को भी बड़े तर्कपूर्ण और विश्वसनीय ढंग से बेनकाब किया है। प्रसंगवश, दोनों कला-माध्यमों के अपने वैशिष्ट्य और फ़िल्म (या टेलीविज़न) के श्रव्य-दृश्य माध्यम की दृश्यात्मक भाषा की सीधी और प्रत्यक्ष मार के कारण, ये फ़ासिस्ट संगठन और इनकी हिंसक और हत्यारी हरकतें, अपनी समूची नृशंसता और वीभत्सता के साथ उजागर होती हैं। कहना न होगा कि 'तमस' (उपन्यास) में भीष्मजी की वर्णन और चित्रांकन की अद्भुत कला दृश्यात्मक माध्यमों के प्रभाव से होड़ लेती हैं!

'तमस' के लिखे जाने की पृष्ठभूमि और तात्कालिक 'प्रेरणा' का ज़िक्र करते हुए भीष्म जी अपनी आत्मकथा में बताते हैं कि 1970 में जब वे अपने बड़े भाई, विख्यात अभिनेता बलराज साहनी के पास गये हुए थे, तभी बम्बई के निकटवर्ती शहर भिवंडी में जो मुख्यतः गरीब, मेहनकश, मुस्लिम बुनकरों की बस्ती थी, भीषण हिन्दू-मुस्लिम दंगे हुए थे। वे भी बलराज जी और उनके साथियों के साथ भिवंडी के दौरे पर गये : 'भिवंडी में दाखिल हुआ तो मुझे लगा जैसे मैं उस नगर (की भीषण तबाही और आगजनी) का दृश्य कहीं (पहले भी) देख चुका हूँ।'[2] दरअसल, याद आने वाले वे दृश्य, आज़ादी से ठीक पहले, उनके अपने शहर रावलपिंडी और इर्द-गिर्द के करीब डेढ़ सौ गाँवों में हुए भयावह दंगों, आगजनी और नृशंस नरसंहार के थे; जो उनकी स्मृतियों में कैद थे। दिल्ली लौट आने के कुछ अर्से बाद, उनके अवचेतन के किसी कोने में लगभग चौथाई शताब्दी से दबे-पड़े, रावलपिंडी-दंगों के दहला देने वाले अमानवीय और वीभत्स दृश्य, भिवंडी के जघन्य दंगों से अचानक ताज़ा होकर उभर आये थेः 'यह सचमुच अचानक ही हुआ, पर जब कलम उठायी और काग़ज़ सामने रखा तो ध्यान रावलपिंडी के दंगों की ओर चला गया।'[3] भीष्मजी 'तमस' के बारे में अपने 'संस्मरण' में भी बताते हैं कि इस उपन्यास का 'परिवेश मार्च, 1947 में रावलपिंडी तथा आस-पास के गाँवों में हुए हिन्दू-मुस्लिम दंगे हैं। ये दंगे लगभग पाँच-छः दिन तक रहे, और जिले के सैकड़ों गाँवों को अपनी लपेट में ले लिया। दंगे तो पाँच-छः दिन तक ही रहे, लेकिन वर्षों पहले से देश के वायुमंडल में हिन्दू-मुस्लिम तनाव पाया जाता था।...आज पीछे मुड़कर देखने पर उन दिनों की स्थिति ज़्यादा साफ़ नज़र आती है। सन् 42 के देशव्यापी भारत-छोड़ो आंदोलन के बाद स्वतन्त्रता-संघर्ष की रीढ़ तोड़ने का यह षड़यन्त्र था; और अंग्रेज़ों के हाथ में साम्प्रदायिकता का हथियार ही सबसे बड़ा हथियार था।'[4] स्मरणीय है कि

डॉ. रामविलास शर्मा[5] ने प्रामाणिक दस्तावेज़ों के आधार पर बताया है कि सन् 1857 की महाक्रांति के समय हिन्दू और मुसलमान, सवर्ण, अवर्ण और दलित तथा अमीर-गरीब, किसान-ज़मींदार, सभी मिलकर अंग्रेज़ों से लड़े थे। इसीलिए, दंगे कराने के लिए दी गयी रकमें खर्च नहीं हो पाई थीं! एक भी साम्प्रदायिक दंगा नहीं हुआ था!

स्मरणीय है कि सन् सत्तावन के 'गदर' के बाद, औपनिवेशिक सत्ता के एक अत्यन्त उच्च-पदासीन नौकरशाह एलफिंस्टन ने कहा था कि भारत में हमारी मार्गदर्शक नीति, पुरानी रोमन कहावत होनी चाहिए : 'डिवाइड एट इम्पीरा वाज़ द ओल्ड रोमन मोटो—ऐज़ इट शुड बी आवर्स'; यानी, 'फूट डालो और राज को!' (डिवाइड ऐंड रूल)! कहना न होगा कि इस नीति की तार्किक परिणति हिन्दू-मुस्लिम भेदभाव, आपसी तनाव, घृणा और विद्वेष की साम्प्रदायिक नीति को अधिकाधिक बढ़ावा देते रहने में हुई थी। ज़ाहिर है कि इसका परिणाम हिन्दू-मुस्लिम दंगे ही हो सकते थे। राष्ट्रीय आंदोलन की प्रत्येक बड़ी लहर का जवाब था अंग्रेज़ों द्वारा प्रायोजित साम्प्रदायिक दंगे! ब्रिटिश औपनिवेशिक सत्ता ने बड़े सचेत तरीके से लगातार यही किया भी था। भीष्मजी ने इसी तथ्य को बड़ी शान्त, धीर, तटस्थ और व्यंग्य-विद्रूप वाली अपनी चिर-परिचित शैली में, बड़े ही सधे हुए ढंग से, अत्यन्त कलात्मकता के साथ चित्रांकित किया है। इसी क्रम में, अनेक स्थलों पर उनकी बारीकनिगारी देखते ही बनती है! वे विभिन्न प्रवृत्तियों, राजनीतिक दलों, गुटों, धार्मिक और साम्प्रदायिक संगठनों के विचारधारात्मक आधारों के साथ ही, विभिन्न वर्गीय स्थितियों के प्रतिनिधि चरित्रों की—उनकी पूरी जटिलता के साथ सृष्टि करते हैं। उनके विभिन्न क्रिया-कलापों का प्रामाणिक और विश्वसनीय चित्रांकन। वे कांग्रेस जिला कमेटी के एक सक्रिय कार्यकर्ता के रूप में दंगों से पहले अमन कमेटी में, फिर दंगों के दौरान, और अन्त में दंगों के बाद शरणार्थी शिविरों में, राहत-कार्यों में सक्रिय रहे थे। वे दंगों के बाद गाँवों में भी गये थे। राहत-शिविरों में 'आँकड़ा बाबू' के तौर पर भी उन्होंने बहुत सारी जानकारियाँ और कहानियाँ जमा की थीं। इस तरह, सीधे जीवन से उठाए गये पात्रों के साथ ही, वे अपनी सर्जनात्मक उद्देश्य-पूर्ति के लिए, अंग्रेज़ डिप्टी कमिश्नर रिचर्ड, उसकी पत्नी लीज़ा तथा दंगा कराने में सक्रिय भूमिका निभाने वाले सरकारी एजेंट मुराद अली और सूअर मारने वाले नत्थू-जैसे काल्पनिक पात्रों की भी बड़ी विश्वसनीय सृष्टि करते हैं।

विख्यात इतिहासकार प्रो. बिपिन चन्द्र ने साम्प्रदायिकता के इस विषवृक्ष की जड़ों तक जाकर गहरी पड़ताल की है : 'साम्प्रदायिकता और इसकी बढ़ोतरी उन्नीसवीं और बीसवीं सदी के दौरान भारत की सामाजिक, आर्थिक और राजनीतिक घटनाओं एवं परिस्थितियों का परिणाम था। आर्थिक पिछड़ापन, अर्धसामन्ती-जागदीरदारी वर्गों एवं संस्तरों के हितों, मध्यवर्गों की अस्थिर आर्थिक अवस्था, भारतीय समाज के भीतर

विभाजन तथा उसका असमान और अनेक पहलुओं वाला सांस्कृतिक स्वरूप एवं राष्ट्रवादी शक्तियों की विचारधारात्मक कमज़ोरी—इन सबने मिलकर साम्प्रदायिकता को बढ़ावा दिया। इसके विरुद्ध संघर्ष को क्षीण किया।'[6] सिर्फ़ इतना ही कहना एक तरह से अधूरी बात होगी। एक ज़्यादा जटिल और गहरी समस्या का सरलीकरण होगा। इकहरी सोच होगी। इसलिए बिपिनजी इसकी पेचीदगी में जाकर सभी गिरहें खोलते हैं। जैसे कि भीष्मजी भी अपने इस महान उपन्यास में अपने पात्रों, परिस्थितियों और घटनाक्रम के वास्तविक, विश्वनीय और कलात्मक चित्रण के माध्यम से करते हैं। बिपिनजी आगे सबसे महत्वपूर्ण बात यह कहते हैं कि 'सर्वोपरि, साम्प्रदायिकता की वृद्धि के लिए सामाजिक परिप्रेक्ष्य प्रदान किया उपनिवेशी अर्थव्यवस्था एवं शासन-प्रणाली ने। उपनिवेशवाद ही उस सामाजिक संरचना का आधार था जिसने साम्प्रदायिक विचारधारा और राजनीति को उत्पन्न करके, उसे आगे बढ़ाया।'[7] कहना न होगा कि भीष्मजी की यह कालजयी कृति न केवल साम्प्रदायिकता के इन सभी स्रोतों की ओर संकेत करती हुई तत्कालीन औपनिवेशिक व्यवस्था द्वारा थोपी गयी मानव-नियति की भयावह त्रासदी को उसकी सम्पूर्ण विडंबना में विचित्र करती है, बल्कि आज़ादी के बाद भी लगातार होते रहने वाले साम्प्रदायिक दंगों की रोशनी में लिखे जाने के कारण इसके प्रतिरोध की सकारात्मक प्रेरणा भी देती है। इसमें केवल इतिहास के एक त्रासद दौर की वस्तुस्थिति का तटस्थ चित्रण ही नहीं है, बल्कि अपने आज के, हमारे समकालीन यथार्थ के प्रतिरोध की सकर्मक दृष्टि भी संकेतित है! कोई भी महान रचना, बल्कि साहित्य-मात्र, इससे अधिक भला और क्या कर सकता है; और यह अपने-आप में क्या कम है!!

उपन्यास की शुरुआत ही नत्थू द्वारा सूअर मारने के दृश्य से होती है। वह पूरा दृश्य, कोठरी की दीवारों पर डोलते हुए साय और ज़हरीली सड़ाँध मानो भविष्य की भयावह त्रासदी का संकेत-जैसा देते लगते हैं। नत्थू को पाँच रुपए पेशगी देकर सूअर मारने की ज़िम्मेदारी 'कमेटी के कारिन्दे' मुराद अली ने सौंपी थी : 'हमारे सलोतरी साहिब (पशुचिकित्सक) को एक मरा हुआ सूअर चाहिए, डाक्टरी काम के लिए।'[8] वही मरा सूअर जब शहर की एक मस्ज़िद की सीढ़ियों पर पाया जाता है।[9] तो हिन्दुओं और मुसलमानों के मध्य पहले से मौजूद साम्प्रदायिक तनाव और भी बढ़ने लगता है, जिसकी परिणति अन्ततः भीषण दंगों में होती है। इस सारे घटनाक्रम की जानकारी पाठक को पहले तीन अध्यायों में ही हो जाती है। केवल 'जानकारी' मात्र नहीं, बल्कि इन घटनाओं के पीछे छिपे षडयन्त्रों, उन्हें अंजाम देनेवाली शक्तियों और उनके उद्देश्यों की भी। सारी जटिलताओं को उनकी पूरी पेचीदगी में प्रस्तुत करते हुए, लेखक अपने सधे हुए तटस्थ वर्णन और अत्यन्त स्वाभाविक एवं विश्वसनीय चित्रण से, बड़े सहज ढंग से भावी राष्ट्रीय त्रासदी और उसकी विडम्बनात्मक नियति

के संकेत भी सम्प्रेषित कर देता है। चौथे अध्याय से ही अंग्रेज़ नौकरशाही की भूमिका भी उजागर होने लगती है। जैसे-जैसे उपन्यास आगे बढ़ता है, सारे पत्ते बड़े स्वाभाविक ढंग से, धीरे-धीरे खुलते जाते हैं।

मुराद अली का चरित्र बड़ा रहस्यमय है : 'बड़े रख-रखाव वाला आदमी था मुराद अली, कमेटी का कारिन्दा होने के कारण बड़े-छोटे सभी लोगों को उससे काम पड़ता था।' उसके रहस्यमय चरित्र और दंगा करवाने में उसकी उपर्युक्त भूमिका के अनुरूप ही भीष्मजी ने उसका चरित्र गढ़ा है : 'शहर की कोई सड़क न थी जिसके बीचोंबीच लोगों ने मुराद अली को चलते न देखा हो। पतली बैंत की छड़ी झुलाता हुआ, ठिगना, काला मुराद अली, जगह-जगह घूमता था। शहर की किसी गली में, किसी सड़क पर वह किसी वक्त भी नमूदार हो जाता था। साँप की-सी छोटी-छोटी पैनी आँखें और कँटीली मूछें और घुटनों तक का लम्बा खाकी कोट और सलवार और सिर पर पगड़ी।'[10] मुराद अली ने नत्थू से कहा था कि वह सूअर की लाश उठवा देने के बाद वहीं, कोठरी में इन्तजार करे। आगे की घटनाओं से कोई भी यह अनुमान लगा सकता है कि वह रुका रहता तो दंगों में मारे जाने से पहले ही, सूअर मारने के बाद वहीं मार दिया जाता! सूअर की लाश मुँह-अँधेरे ईसाई जमादार कालू, के छकड़े में डालकर दिन निकलने पर वह चमारों की बस्ती में अपने घर जाने के लिए निकला। इमामदीन के मुहल्ले की गलियों का रुख करते ही 'उसे सहसा याद हो आया था कि मुराद अली कमेटी के मैदान के एक ओर कहीं रहता था...यों तो मुराद अली शहर-भर में घूमता था, अपनी पतली-सी छड़ी उठाए सड़कों के बीचों-बीच चलता, कभी किसी मुहले में तो कभी किसी मुहल्ले में नज़र आया करता था। उसकी घनी काली मूछों के बीच कभी भी उसके दाँत नज़र नहीं आते थे, हँसता भी, तब भी नज़र नहीं आते थे, केवल बाँछें खिल जाती थीं और उसके गोल-मटोल चेहरे में आँखें, छोटी-छोटी पैनी आँखें साँप की आँखों की तरह चमकती रहती थीं। क्या मालूम यहीं कहीं फिर से नज़र आ जाए।'[11] वह फिर से नज़र आता भी है! नत्थू के डरकर खिसक जाने के बाद, वहाँ, जहाँ दोनों पार्टियों के लोगों—काँग्रेस के प्रभात-फेरीवाले, 'तामीरी काम करने' निकले कार्यकर्ताओं और मुस्लिम लीग के समर्थकों में तनावपूर्ण गरमा-गर्म बहस चल रही होती है; और नारों तथा जवाबी नारों की प्रतियोगिता भी—

महात्मा गाँधी की—जय!

पाकिस्तान—ज़िन्दाबाद!

कायदे आज़म—ज़िन्दाबाद!

जब रूमी टोपी वाले महमूद साहिब (जो पहले काँग्रेस में ही थे) काँग्रेस की 'गान मंडली' को रोकते हैं कि 'आप इधर से मत जाइए, यह मुसलमानों का मुहल्ला

है।' तो काँग्रेस के वयोवृद्ध नेता बख़्शीजी कहते हैं : 'क्यों? आप सारे शहर में पाकिस्तान के नारे लगाते हैं, कोई आपको रोकता है, और हम तो सिर्फ़ हुब्बुलवतनी (देश-भक्ति, देश-प्रेम) के गीत गा रहे हैं।' इस पर रूमी टोपी वाला कुछ पिघल जाता है; पर साथ ही चेतावनी भी देता है : 'आप लोग जाना चाहते हैं तो जाइए, लेकिन हम इन कुत्तों को तो अपने मुहल्ले में नहीं घुसने देंगे।' और बाँहें फैलाकर रास्ता रोक लेता है। तभी नत्थू ने देखा रूमी टोपी वाले से थोड़ा हटकर पीछे की ओर मुराद अली खड़ा था।[12] हर नाजुक स्थिति और किसी भी महत्वपूर्ण घटनाक्रम में मुराद अली की रहस्यपूर्ण उपस्थिति अवश्य नज़र आती है : सूअर का शव मस्ज़िद की सीढ़ियों पर फिंकवाने में भी, और उपन्यास के अन्त में, दंगों के बाद, अमन कमेटी की बस में कौमी एकता के नारे लगाते हुए भी—

हिन्दू-मुस्लिम—एक हो!

हिन्दू-मुस्लिम इत्तहाद—ज़िन्दाबाद!

अमन कमेटी—ज़िन्दाबाद!

काँग्रेस और मुस्लिम लीग के झंडों से सजी 'अमन की बस' में जो सबसे पहले बैठकर आया था और ड्राइवर की सीट के साथ वाली सीट पर बैठा, हाथ में पकड़े हुए माइक्रोफ़ोन से नारे लगा रहा था, 'बहुत लोगों ने उसे नहीं पहचाना। कुछेक ने पहचान भी लिया। नत्थू (दंगों में) मर चुका था, वरना नत्थू वहाँ मौजूद होता तो उसे पहचाने में देर नहीं लगती। मुरादअली था।[13] मुराद अली और अंग्रेज़ डिप्टी कमिश्नर के सम्बन्ध यहाँ स्पष्ट उजागर हैं!

पूर्व-काँग्रेसी और मौजूदा लीगी महमूद साहिब ने जिन्हें 'कुत्ते' कहकर रोका था, वे काँग्रेस के मुसलमान कार्यकर्ता थे। वयोवृद्ध नेता बख़्शीजी प्रतिवाद करते हैं कि 'काँग्रेस सबकी जमात है। हिन्दुओं की, सिक्खों की, मुसलमानों की। आप अच्छी तरह जानते हैं महमूद साहिब, आप भी पहले हमारे साथ ही थे।' और वे आगे बढ़कर महमूद साहिब को बाँहों में भर लेते हैं। तनाव ढीला पड़ जाता है; और लीगी महमूद साहिब कहते हैं : 'यह सब हिन्दुओं की चालाकी है, बख़्शीजी, हम सब जानते हैं। आप चाहे जो कहें, काँग्रेस हिन्दुओं की जमात है और मुस्लिम लीग मुसलमानों की। काँग्रेस मुसलमानों की रहनुमाई नहीं कर सकती।' जवाब में जब बख़्शजी समझाते हैं कि 'वह देख लो, सिक्ख भी हैं, हिन्दू भी हैं, मुसलमान भी हैं। वह अज़ीज़ सामने खड़ा है, हकीमजी खड़े हैं—' तो बात काटकर लीगी महमूद फिर गुस्से से चिल्लाते हैं : 'अज़ीज़ और हकीम हिन्दुओं के कुत्ते हैं। हमें हिन्दुओं से नफ़रत नहीं, इनके कुत्तों से नफ़रत है।' हकीमजी और अज़ीज़ खिसिया जाते हैं। तनाव में जो कमी आयी थी, बख़्शीजी के व्यवहार से जो तनाव ढीला हुआ था, फिर गर्मा-गर्मी से बढ़ने लगा—

'मौलाना आज़ाद क्या हिन्दू है या मुसलमान? वह तो काँग्रेस का प्रेज़िडेंट है।'

'मौलाना आज़ाद हिन्दुओं का सबसे बड़ा कुत्ता है। गाँधी के पीछे दुम हिलाता फिरता है, जैसे ये कुत्ते आपके पीछे दुम हिलाते फिरते हैं।'

'आज़ादी सबके लिए है। सारे हिन्दुस्तान के लिए है।'

'हिन्दुस्तान की आज़ादी हिन्दुओं के लिए होगी, आज़ाद पाकिस्तान में ही मुसलमान आज़ाद होंगे।'

काँग्रेस की प्रभात फेरी और 'तामीरी काम' करने निकली 'गान मंडली' में से तभी एक दुबला-पतला सरदार, मैले-कुचैले कपड़े पहने और बगल में बेंत दाबे हुए आगे बढ़ आया और तीखी-आवाज़ में चिल्लाकर बोला : पाकिस्तान मेरी लाश पर!...गाँधीजी का फ़रमान है, पाकिस्तान उनकी लाश पर बनेगा, मैं भी पाकिस्तान नहीं बनने दूँगा....मुझे कोई चुप नहीं करा सकता। मैं नेताजी सुभाष बोस की फौज का आदमी हूँ। मैं सबको जानता हूँ।[14]

बख़्शीजी बड़ी मुश्किल से उसे शान्त करते हैं। यह जरनैल था, जिसे सब सनकी समझते थे! ऐसी तनावपूर्ण बहसें पूरे देश में चल रही थीं और हिन्दू-मुस्लिम साम्प्रदायिक तनाव लगातार पूर्व-नियोजित ढंग से बढ़ाकर दंगे कराने में अंग्रेज़ और उनके मुरादअली जैसे गुर्गे रात-दिन जुटे हुए थे। अगर ऐसे 'गुर्गे' पूरे देश में सक्रिय थे, तो बख़्शीजी जैसे देश-भक्त, ईमानदार और सच्चे गाँधीवादी नेता और जरनैल-जैसे जनूनी, आत्म-बलिदानी और आज़ादी के दीवाने, जुझारू कार्यकर्ता भी लगभग हर शहर, कस्बे और गाँव में थे। यह जरनैल रेणु के 'मैला आँचल' के गाँधीवादी बामनदास का जोड़ीदार था :

फटे जूते पहने, जिनका 'कुछ पता नहीं चलता था कि वे स्लीपर थे या जूते थे। जूतों के लगभग छः इंच ऊपर खाकी पतलून शुरू होती थी, उसके ऊपर खाकी कोट जिस पर गाँधी और नेहरू के जितने तमगे जरनैल को मिल सकते थे उसने लगा रखे थे, साथ में रंगीन थिगलियाँ, डोरे, सूखे हुए बुढ़ऊ शरीर पर मुचड़ा हुआ खाकी कोट लटक रहा था। ऊपर खसखस दाढ़ी नुची-खुची और सबसे ऊपर मूँगिया रंग की पगड़ी।' भीष्मजी के शब्दों में 'जरनैल ही एक ऐसा आदमी था जो आंदोलन हो या न हो, जेल जाता रहता था; जलसे हों या न हों, शहर में तकरीरें करता फिरता था, हर आये दिन शहर में कहीं-न-कहीं उसकी पिटाई हो जाया करती थी। बगल में छोटा-सा बेंत दबाए वह सदा कभी एक मुहल्ले में, कभी दूसरे मुहल्ले में घूमता नज़र आता था। मुनादी करने के लिए टाँगा निकलता तो टाँगे में बैठने वाले तीन आदमियों में से एक आदमी ज़रूर जरनैल हुआ करता था। जलसा शुरू होने पर सबसे पहले जरनैल की तकरीर होती थी, जिसमें उसकी खोखली फुसफुसाती आवाज़ केवल आगे बैठे चन्द आदमियों तक ही पहुँच पाती थी।[15] अंग्रेज़ों की चालों उनकी कठपुतली

मुस्लिम लीग और व्यापक हिन्दू-मुस्लिम साम्प्रदायिक विद्वेष, आपसी अविश्वास और इस खाई को ज़्यादा गहरी, ज़्यादा चौड़ी, लगभग उलंघ्य बनाने में जुटे लीगी दंगाइयों तथा हिन्दू महासभा और राष्ट्रीय स्वयंसेवक संघ (आर. एस. एस.) जैसी हिन्दुत्ववादी, दंगाई, फ़ासिस्ट जमातों की एक-दूसरे को लाभ पहुँचाने वाली रणनीति के कारण, काँग्रेस न तो दंगे रोक पाई और न ही देश-विभाजन!

दूसरे, काँग्रेस संगठन में भी तरह-तरह के ढुलमुल-यकीन अवसरवादियों, संगठन में पदों और लाभ के अवसरों को हथियाने में लगे विभिन्न गुटों की घृणित गुटबाज़ी तथा काँग्रेस के ऊपरी आवरण के नीचे दक्षिणपन्थी हिन्दुत्ववादी लोगों की बड़ी तादाद, ख़ास तौर से हर स्तर के नेतृत्व-तबकों में, काँग्रेस की जड़ों को खोखली और कमज़ोर करके, उसे घुटनों के बल झुकाकर, आत्मसमर्पण की ओर ठेल रहे थे। लेकिन, यह भी सच है कि काँग्रेस में जिला कमेटी के महामन्त्री बख़्शीजी और हकीम अब्दुल गनी-जैसे ईमानदार, कर्मठ और सिद्धान्तनिष्ठ गाँधीवादी, अज़ीज अहमद जैसे कम्युनिस्टों के सहयोगी और जरनैल-जैसे जुझारू और साहसी लोग भी थे। भले ही कम हों। लेकिन स्थानीय स्तरों पर ज़्यादा प्रभावशाली मेहता-जैसे लोग अवसरवादी थे, जिन्हें बख़्शीजी सरेआम फटकारते हैं : 'डूब मरो मेहताजी, डूब मरो। यही वक्त होता है जब आदमी के विश्वास परखे जाते हैं। तुमने बहुत माया इकट्ठी कर ली है। तुम्हारी अक्ल पर चरबी चढ़ती गयी है।[16] बख़्शीजी जरनैल को लेकर सूअर की लाश मस्ज़िद की सीढ़ियों से हटाते हैं; लेकिन मेहताजी और उन जैसे कायर जान बचाकर वहाँ से भाग खड़े होने की कोशिश करते हैं और दूसरों को भी यही सुझाव देते हैं। उसी समय एक गाय भी भागती आती है और उसके पीछे मुँडासेवाला और तवीज़ पहने एक मुसलमान। दंगे शुरू हो जाते हैं। बख़्शीजी क्षुब्ध होकर कहते हैं: 'मेहताजी, आप क्या कह रहे हैं? हम चुपचाप यहाँ से निकल जाएँ और तनाव बढ़ने दें?'[17] वे बड़े दुख और अफ़सोस के साथ बार-बार दोहराते हैं : लगता है शहर पर चीलें उडेंगी। आसार बहुत बुरे हैं!!

सूअर की घटना और गौकुशी के बाद दंगे शुरू हो जाते हैं : दिन के उजाले में शहर अधमरा-सा पड़ा था, मानों उसे साँप सूँघ गया हो। मंडी अभी भी जल रही थी, म्युनिसपैलिटी के फ़ायर ब्रिगेड ने उसके साथ जूझना कब का छोड़ दिया था। उसमें से उठने वाले धुएँ से आसमान में कालिमा पुत रही थी, जबकि रात के वक्त आसमान लाल हो रहा था।[18] शहर में जगह-जगह हिन्दुओं और मुसलमानों की लाशें मिलती हैं। लेकिन मरने वाले सभी गरीब लोग ही थे, शहर का कारोबार, स्कूल, कालिज, दफ़्तर सभी ठप्प हो गये थे। सभी सार्वजनिक काम भी ठप्प हो गये थे। काँग्रेस की प्रभात-फेरी, तामीरी काम और सभी कार्यक्रम ख़त्म हो गये थे। लेकिन, 'हस्ब मामूल जरनैल जैसे-तैसे सड़कें लाँघता काँग्रेस के दफ़्तर के सामने पहुँच गया

था। वहाँ पर ताला चढ़ा देखकर वह पौ फटने तक साथियों का इन्तजार करता रहा, और जब वे नहीं आये तो नाली के ऊपर बने चबूतरे पर खड़े होकर उसने छोटी-सी तकरीर की और वहाँ से रवाना हो गया'—

'साहिबान, चूँकि आज सभी बुजदिल चूहों की तरह घरों में घुसे बैठे हैं, मुझे अफ़सोस से कहना पड़ता है, कि आज प्रभातफेरी नहीं होगी, मैं आप सबसे माफ़ी चाहता हूँ और दरख़्वास्त करता हूँ कि आप सब शहर में अमन बनाए रहें। यह सब शरारत अंग्रेज़ की है जो भाई-भाई को आपस में लड़ाता है। जय हिन्द!'[19] मस्ज़िद की सीढ़ियों पर सूअर की लाश देखकर भी उसने चिल्लाकर कहा था कि अंग्रेज़ की शरारत है। मैं जानता हूँ।....मैं उसका भंडाफोड़ करूँगा। बख़्शीजी ने बड़ी मुश्किल से उत्तेजित जरनैल को शान्त किया था!

दंगे रुकते नहीं। उनकी विभीषिका लगातार बढ़ती जाती है! हत्याओं, आग़जनी और मौतों के साय शहर की फ़िज़ाँ पर मँडराते रहते हैं : भरी-दोपहरी एक और मौत होती है—जरनैल मारा गया : बगल में छड़ी दबाए, लेफ्ट-राइट करता हुआ दंगा रोकने निकल पड़ा।' वह निकला और जगह-जगह सड़क के किनारे कभी एक चबूतरे पर तो कभी दूसरे चबूतरे पर, खड़ा होकर लेक्चर देने लगा—'साहिबान, मैं आपको इत्तला देना चाहता हूँ कि श्री जवाहरलाल नेहरू जी ने रावी के किनारे पूर्ण-स्वराज्य की शपथ ली थी।....हम सबने शपथ ली थी।....साहिबान, गाँधीजी ने कहा है कि हिन्दू-मुसलमान भाई-भाई हैं। इन्हें आपस में नहीं लड़ता चाहिए। ...आपस में लड़ना बन्द कर दें। इससे मुल्क को नुकसान पहुँचता है। देश की दौलत इंगलिस्तान जाती है;...हमारा दुश्मन अंग्रेज़ है। गाँधीजी कहते हैं कि वही हमें लड़ाता है।...गाँधीजी का फ़र्माना है कि पाकिस्तान मेरी लाश पर बनेगा। मैं भी कहता हूँ, पाकिस्तान मेरी लाश पर बनेगा, हम एक हैं, हम भाई-भाई हैं, हम मिलकर रहेंगे.. .।'[20] गलियाँ, सड़कें लाँघता, तकरीरें करता वह किस मुहल्ले में आ पहुँचा था, कहाँ था, उसे यह भी नहीं मालूम था; जहाँ कुछ मनचले आकर खड़े हो गये थे: 'तेरी माँ की—'आसपास खड़े लोगों में से एक ने कहा और लाठी के एक ही भरपूर वार से जरनैल की खोपड़ी फोड़ दी : 'छड़ी कहाँ गयी, और फटी हुई मूँगिया पगड़ी कहाँ गयी और फ़िकरा ख़तम किए बिना ही जहाँ जरनैल खड़ा था वहीं ढेर हो गया।'[21] कहना न होगा कि नरनैल के रूप में भीष्मजी ने एक अविस्मरणीय पात्र की सृष्टि की है! जरनैल की मौत पाठक को गहरे अवसाद से भर देती है! भारी बोझ से जैसे दिल डूबने लगता है, किन्हीं अतल गहराइयों में...

काँग्रेस के अलावा दूसरी राजनीतिक पार्टी, जो साम्प्रदायिकता और उसके लिए ज़िम्मेदार अंग्रेज़ी शासन से जूझ रही थी, और प्राणपण से दंगे रोकने के प्रयास कर रही थी, वह थी कम्युनिस्ट पार्टी! पार्टी क्या थी, कमरेड देवदत्त के नेतृत्व में

आठ-दस नौजवानों की टीम थी। जिस दिन ढलती दुपहर में जरनैल मारा गया था, उसी दिन सुबह-सुबह घर से निकलते हुए कामरेड देवदत्त अपनी कार्य-सूची तैयार कर रहा था : 'देवदत्त के दिमाग में डायरी थी।...डायरी में एक के बाद एक काम टाँक रहा था। रत्तेवाले साथी से रिपोर्ट नहीं आ पाएगी, रत्ते में गड़बड़ है। किसी साथी को वहाँ भेजना होगा।' रत्ते का इलाका, यानी मज़दूरों की बस्ती; जहाँ कम्युनिस्ट अभी तक दंगों की लपटें पहुँचने से रोकने में सफल रहे थे। पर वहाँ भी स्थिति हर दिन बिगड़ रही थी! वह सोचता है कि 'शहर में दंगों को रोकने के लिए एक बार फिर काँग्रेस और मुस्लिम लीग के लीडरों को इकट्ठा करना होगा। हयातबख़्श और बख़्शी को आपस में मिलाना होगा।'[22] आख़िरकार, जब वह पार्टी आफ़िस पहुँचता है तो 'वहाँ झंडे ही झंडे थे, आदमी ले-देकर तीन बैठे थे। कम्यून में कुल आठ आदमी थे। इस समय पाँच ड्यूटी पर थे।' एक बुरी ख़बर भी थी : एक मुसलमान कामरेड का विश्वास उठ चुका था और वह कम्यून छोड़कर जा रहा था। अपनी बात कहते-कहते उसके होंठ काँप-काँप जाते थे और वह गुस्से से आग-बबूला हो रहा था–

'अंग्रेज़ की शरारत, अंग्रेज़ की शरारत, इसमें अंग्रेज़ कहाँ से आ गया। मस्जिद के साामने सूअर फेंकते हैं, मेरी आँखों के सामने तीन गरीब मुसलमानों को काटा है। हटाओ जी, सब बकवास है।' बौखलाए हुए इस कामरेड से देवदत्त सिर्फ इतना ही कह पाता है कि 'जल्दबाज़ी में कोई काम नहीं करो साथी, हम मध्यवर्ग के लोग हैं, पुराने संस्कारों का हम पर गहरा प्रभाव है। मज़दूर वर्ग के होते तो हिन्दू-मुसलमान का सवाल तुम्हें परेशान नहीं करता।' लेकिन 'मध्य वर्ग' का साथी अपना बुचका उठाकर कम्यून छोड़कर चला जाता है![23] जहाँ तक 'मज़दूर वर्ग' का सवाल है तो वह भी दो सिक्ख बढ़इयों की हत्या के बाद इस आग के दरिया में बह जाता है और रत्ते की मज़दूर बस्ती भी दंगे की चपेट में आ जाती है। जब देवदत्त को यह ख़बर मिली तो 'उसका सिर झुक गया, और उसे लगा कि अगर मज़दूर आपस में लड़ सकते हैं तो यह विष बहुत गहरा असर कर चुका है।'[24] वह यह सोचकर कि शायद मेरे पहुँचने से स्थिति बेहतर हो जाए, मज़दूर आपस में न लड़ें, अकेले साथी जगदीश के बस की बात अब नहीं रह गयी; जान जोख़िम में डाल तत्काल रत्ते की ओर चल देता है!

मुस्लिम लीग, काँग्रेस और कम्युनिस्ट पार्टी–इन तीन मुख्य राजनीतिक पार्टियों के अलावा, बल्कि इन तीनों के विरुद्ध, हिन्दुत्ववादी संगठन था। भीष्मजी ने हालाँकि, इन अलग-अलग हिन्दू संगठनों को उनके सीधे नाम देने से परहेज किया है। लेकिन उनके ज़हरीले विचारों, घृणित भाषा-शैली, साम्प्रदायिक दुष्प्रचार, उनके 'गण-वेश' हत्याओं की कार्यप्रणाली और भोले-भाले कम-उम्र और कमसिन बालकों की मासूमियत

को नष्ट करके, उन्हें निर्मम हत्यारों में बदलने की 'ट्रेनिंग' और 'दीक्षा' आदि का ऐसा यथार्थ वर्णन, उनकी ख़ास शब्दावली में किया गया है कि पाठक को इन्हें पहचानने में पल-भर भी नहीं लगता! यहाँ तक कि जिन्हें जरा-सा भी भ्रम अथवा शक या शुबहा होगा, गोविन्द निहलाणी का 'तमस' पर इसी नाम का धारावाहिक (फ़िल्म) देख कर, वह भी तत्काल दूर हो जाता है! देश-विभाजन के बाद से अब तक, हरेक साम्प्रदायिक दंगे में इन्हीं काले संगठनों की प्रमुख भूमिका रही है; जिसकी ओर प्रायः सभी जाँच आयेगों या अन्य विभिन्न जाँच एजेंसियों की रिपोर्टों में उँगली उठाई गयी है कि साम्प्रदायिक दंगों में राष्ट्रीय स्वयंसेवक संघ और उसके 'राजनीतिक मुखौटे' जनसंघ (अब बदले नाम में 'भारतीय जनता पार्टी'—भाजपा) का ही हाथ रहा है! गाँधीजी के हत्यारे नाथूराम गोड़से के आरएसएस के सम्बन्धों के कारण ही देश के पहले उप-प्रधानमन्त्री और गृहमन्त्री सरदार पटेल ने आरएसएस पर प्रतिबन्ध लगाया था। अब इस 'संघ-परिवार' नामधारी तम्बू के नीचे आर.एस.एस. के रिमोट कन्ट्रोल से नियन्त्रित, भाजपा-जैसी साम्प्रदायिक राजनीतिक पार्टी समेत दर्जनों हिन्दुत्ववादी संगठन और अर्ध-सैनिक 'सेनाएँ' तथा 'भगवा' आतंकवादी संगठन हैं। देश पर अर्ध-फ़ासिस्ट सत्ता के दौर में तो आजकल असहिष्णुता का ऐसा दौर आ गया है कि वैचारिक मतभेद और असहमति को मिटाने के लिए हत्याएँ तक की जा रही हैं! ऐसे दौर में, आज भीष्मजी का यह कालजयी उपन्यास और भी प्रासंगिक हो उठा है। साथ ही, तमाम फ़ासिस्ट-विरोधी और साम्प्रदायिकता-विरोधी, लोकतान्त्रिक शक्तियों के हाथ में प्रतिरोध का एक कारगर वैचारिक अस्त्र भी!!

उपन्यास में मासूम-कमसिन बच्चों के दिल-ओ-दिमाग में अन्ध-राष्ट्रवादी और हिन्दुत्व की साम्प्रदायिक विचारधारा के विष-बीज बोते हुए और जघन्य फ़ासिस्ट हत्यारों में उनका रूपान्तरण करते इन काले संगठनों और इनकी समूची कार्यप्रणाली के वास्तविक विवरण पढ़ते हुए, एकाएक जूलियस फूचिक की जेल-डॉयरी 'फाँसी के तख़्ते से' सहज ही याद आ जाती है! इसमें हिटलर की नाज़ी पार्टी की सत्ता में ऐसे ही फ़ासिस्ट संगठनों की ठीक इसी तरह की कार्यप्रणाली के बारे में फूचिक ने बड़े अफ़सोस के साथ लिखा था कि 'यह कैसी विषैली फ़सल तैयार की जा रही है!' उपन्यास में यह विषबीज बोकर ज़हरीली फसल तैयार करने वाले हिन्दुत्व के 'सहकारी फ़ार्म' के संचालक या प्रधान 'पुण्यात्मा वानप्रस्थी जी हैं, जो साप्ताहिक संत्संग में अपने मन्त्रपाठ को इस यज्ञ की 'अन्तिम आहुति' कहा करते हैं। ज़ाहिर है कि वह पहली सीढ़ी है, जो साहसी दीक्षितों को नरमेघ के अन्तिम उच्च सोपान तक भी ले जाती है! भीष्मजी लिखते हैं : पुण्यात्मा जी के आग्रह पर सत्संग में परम्परागत आरती का गायन बहुत कम कर दिया गया था, क्योंकि उसमें 'मैं मूरख खल कामी' जैसे शब्दों का प्रयोग किया गया था, जो वानप्रस्थी जी के विचारानुसार

हीन भावना पैदा करते थे। उसी तरह 'हम सब ही पुत्त कपुत्त तेरे' भी वानप्रस्थजी को मंजूर नहीं था। सभा में पहले अखिल विश्व में जड़-चेतन, सभी के लिए जहाँ 'ऊँ द्यौ शान्ति पृथ्वी शान्तिरापः/शान्तिरौषधयः, शान्ति वनस्पतिः' वाला 'शान्तिपाठ' किया गया था, अब सभा-विसर्जन से पहले पुण्यात्मा वानप्रस्थीजी ने 'आवाज़ ऊँची उठाकर मर्म भेदी आवाज़ में ये पंक्तियाँ पढ़ी थीं :

फैलाए घोर पाप यहाँ मुसलमीन ने
नेअमत फ़लक ने छीन ली, दौलत, ज़मीन ने।'[25]

इन सभी साम्प्रदायिक संगठनों का मुख्यालय (पुण्यात्माजी की पुण्य-स्थली) सात दरवाजों वाला एक विशाल मन्दिर था। मन्दिर आने वाले 'भक्त-जनों' के व्यक्तिगत चरित्र पर इन पंक्तियों से बड़ा मनोरंजक प्रभाव पड़ता है : 'कुछ लोग मन्दिर में प्रवेश करते समय जानबूझकर दाएँ पैर का जूता एक दरवाजे के सामने और बाएँ पैर का जूता तीसरे या चौथे दरवाजे के सामने छोड़ देते थे, ताकि सत्संग के बाद जूतों का पुनः मिल जाना सुनिश्चित हो सके।'[26] विसर्जन के बाद 'अन्तरंग सभा' के सदस्यों की गोपनीय बैठक होती है, जिसमें अन्य हिन्दू धार्मिक संस्थाओं के गण्यमान्य अधिकारी हैं, जिन्हें न्योता दिया गया था। इस 'अन्तरंग सभा' में बताया जाता है कि जामा मस्ज़िद में लाठियाँ, भाले और तरह-तरह का असला बहुत दिनों से इकट्ठा किया जा रहा है, जिस पर पुण्यात्माजी रक्षा-प्रबन्ध में बताते हैं कि अपने-अपने घर में एक-एक कनस्तर कड़वे तेल का रखें, एक-एक बोरी कच्चा या पक्का कोयला रखें। उबलता तेल शत्रु पर डाला जा सकता है, जलते अंगारे छत पर से फेंके जा सकते हैं... साथ ही रेत और पानी का इंतजाम करने तथा 'वालंटियर कोर' और 'मुहल्ला कमेटियाँ' बनाने के सुझाव भी दिए जाते हैं। रक्षा-प्रबन्ध के बाद आक्रमण की ट्रेनिंग के लिए दो सौ लाठियाँ 'युवक समाज' के सदस्यों में फ़ौरन बाँटकर उन्हें लाठी चलाने का प्रशिक्षण देने की ज़िम्मेदारी अखाड़ा संचालक देवव्रत जी को सौंपी जाती है, जो 'मास्टरजी' (गुरूजी) भी कहलाते थे।[27] उनका प्रशिक्षण सिर्फ़ लाठी भाँजने तक नहीं, बल्कि नेजा-तलवार और छूरा चलाने तथा 'मलेच्छ' (मुसलमान) का वध करने की ''युद्ध-कला' तक था!

सभा के 'दानवीर प्रधानजी' लाला लक्ष्मी नारायण का निहायत कम-उम्र का बालक रणवीर मन्त्रमुग्ध होकर 'मास्टरजी' से वे सब 'प्रेरणादायी' कहानियाँ सुनता है और सीखता है कि 'म्लेच्छ तो गंदे लोग होते हैं, मलेच्छ नहाते नहीं, पाखाना करके हाथ नहीं धोते, एक-दूसरे का झूठा खा लेते हैं, समय पर शौच नहीं जाते, आदि। उसकी आँखों के सामने 'गन्दे म्लेच्छ' घूम जाते हैं : 'पड़ोस में सड़क के किनारे बैठा मोची मलेच्छ है, घर के सामने टाँगा हाँकने वाला गाड़ीवान मलेच्छ है, मेरी ही कक्षा में पढ़ने वाला हमीद मलेच्छ है, गली में मंजीफ़ा माँगनेवाला फ़कीर मलेच्छ है।

पड़ोस में रहनेवाला परिवार मलेच्छों का है।' यह विष-बीज बोते; घृणा और द्वेष का पाठ पढ़ाते तथा शस्त्र-विद्या और कत्ल की बारीकियाँ सिखाते मास्टर देवव्रत को, उनके इस 'गण-वेश' से भी भली भाँति पहचाना जा सकता है : 'वह ख़ाकी निक्कर के नीचे काले रंग के डबल बूट पहनते थे, और कड़कती आवाज़ में बोलते थे, और किसी को भी धुन सकते थे।' उनका 'प्रशिक्षण गुप्त था, केवल दीक्षित युवक ही इसके बारे में कुछ जानते थे, और वे कभी भी इसके रहस्य नहीं बतलाते थे।'[28] लेकिन 'दीक्षा' से पहले 'आर्य युवकों के लिए मनसा वाचा कर्मणा, तीनों प्रकार की दृढ़ता' और 'संकल्प-शक्ति' की एक ज़रूरी 'परीक्षा' देना अनिवार्य होता है। उसमें उत्तीर्ण होने पर ही कोई 'आर्य' बालक या युवक दीक्षा का अधिकारी बनता है।

रणवीर को 'दीक्षित' करने (यानी फ़ासिस्ट दस्ते का हत्यारा 'वीर सैनिक' बनाने) से पहले इस वीभत्स 'परीक्षा' का भीष्मजी ने बड़ा विस्तृत वर्णन किया है : मास्टर जी उसे एक छुरा और मुर्गी देकर कहते हैं कि इधर दीवार के पास बैठ जाओ रणवीर, और इस मुर्गी को काटो। दीक्षा से पहले तुम्हें अपनी मानसिक दृढ़ता का परिचय देना होगा। जब वे मुर्गी को पकड़ कर कहते हैं कि 'चलाओ छुरी' तो रणवीर के पीले पड़े चेहरे पर पसीना आ गया। मास्टरजी समझ गये कि उसे मितली आने वाली है। वे उसके एक ज़ोरदार थप्पड़ मारकर कहते हैं : 'इसमें कुछ भी मुश्किल नहीं है। लो, मैं तुम्हें दिखाता हूँ': मुर्गी के पैर दाएँ बूट के नीचे दबाकर 'उसका गला अपने बाएँ हाथ में लिया और छुरी को केवल एक ही बार उसके गले पर फेर दिया। खून की धार फूट पड़ी।...मुर्गी का सिर तो अलग होकर उनके बूट के पास ही पड़ा था, लेकिन मास्टर जी बाएँ हाथ से उसकी गर्दन की नली को नीचे की ओर दबाए रहे। सफ़ेद-सी नली बाहर आने के लिए उछल रही थी जिसे मास्टर जी अपने बाएँ हाथ के अँगूठे से दबाए हुए थे। रणवीर कै कर देता है और अपना सिर पकड़कर हाँफ़ता रहता है। देवव्रत उसे दूसरी मुर्गी देकर पाँच मिनट का 'एक और अवसर' देता है : 'जो युवक एक मुर्गी को नहीं मार सकता, वह शत्रु को कैसे मार सकता है।' अन्ततः रणवीर मुर्गी की चोंच से घाव खाकर भी, किसी तरह हिलती गर्दन पर छुरा चला देता है; उसे पूरी तरह काट नहीं पाता। खून की धार के साथ अधमरी मुर्गी बार-बार ज़मीन पर उछल रही थी। देवव्रत खून से उसके माथे पर टीका लगाकर उसे 'उत्तीर्ण' (भले ही 'ग्रेस मार्क्स' से) घोषित करके[29] 'दीक्षा' का अधिकारी बना देता है।

संगठन के नायक बोधराज के नेतृत्व में 'युवा संघ' का जो 'शस्त्रागार' (जिसे बड़े-बड़े अक्षरों में दरवाज़े पर रणवीर ने लिखा था) बना, उसमें अन्य सभी चीज़ों का प्रबन्ध कर लिया गया था, पर तेल उबालने के लिए बड़ी कड़ाही नहीं थी। नायक के आदेश पर धर्मवीर के साथ रणवीर हलवाई की दूकान का ताला तोड़कर

बड़ी कड़ाही लेने जाता है। पर दुकान ज़रा-सी खुली थी और हलवाई भी वहाँ था : 'उठा लो वह कड़ाही', रणवीर ने धर्मदेव को हुक्म दिया; और हलवाई की समझ में यह बात न आने पर कि 'जाति की रक्षा के लिए कड़ाही ले जाई जा रही है', वह हुज्ज़त करने लगा। तब रणवीर अपने कुर्ते की जेब में हाथ डालकर उछलता है; और 'पेश्तर इसके कि हलवाई कुछ कहे उसके दाएँ गाल पर से खून की धार बह रही थी।...इस बात का किसी को पता नहीं चले, वरना कत्ल कर दिए जाओगे', रणवीर दबंगयी से कहता है और वीर 'आर्य सैनिक' कड़ाही लेकर हाय-हाय करते हलवाई से दूर भाग जाते हैं : 'रणवीर सोच रहा था, मारना मुश्किल नहीं है। इसे मैं आसानी से कत्ल कर सकता था। हाथ उठाया और बस! हाँ, लड़ना मुश्किल होता है। वह भी जब अगला आदमी मुकाबला करने के लिए खड़ा हो जाए। पर छुरा घोंपकर मार डालना आसान काम है, इसमें कोई मुश्किल नहीं।' अपने दुस्साहस, दबंगयी और 'आसान काम' में निपुणता के कारण शीघ्र ही रणवीर को छोटे 'वीर बालकों' के एक अन्य 'शस्त्रागार' का नायक बना दिया जाता है। इस तरह, एक मुर्गी काटने में भी असमर्थ और डर से काँपते, उल्टियाँ करते, एक मासूम और कमसिन बालक को 'दीक्षित' करके, निर्मम हत्यारे में बदल दिया जाता है! आज के मौजूदा दौर में तो कट्टर हिन्दुत्व की ऐसी 'ज़हरीली फ़सल' तैयार की गयी है जिसके लिए ट्रेन उड़ाना, एके-47 से नरसंहार करना और बम-विस्फोट करना और सत्ता पर काबिज़ हों, तो 'फ़ेक एनकाँउटरों' में लोगों की हत्याएँ तथा 'राज्य-प्रायोजित' दंगों में हज़ारों के कत्ले-आम या आग में ज़िन्दा जलाने के बड़े 'आसान काम' आम हो गये हैं! फिर, अब तो, जब सैंया भए कोतवाल तो डर काहे का...! 'डोमा जी' उस्ताद के चेले-चपाटियों के ख़िलाफ़ 'जाँच एजेंसियाँ' पुख़्ता सबूत नहीं जुटा पातीं; और 'अदालतें' भी उन्हें 'पुख़्ता सबूत के अभाव' में बरी कर देती हैं!!

जिस 'शस्त्रागार' का नायक या 'सरदार' रणवीर था, वह दोमंजिले घर की खाली पड़ी ऊपरी मंजिल पर था। निचली मंजिल पर शम्भू के बूढ़े दादा-दादी रहते थे। शम्भू, मनोहर और इन्द्र के साथ रणवीर छज्जे पर निकलकर सड़क और सड़क के आस-पास के इलाके का जायजा लेता है और सभी वैसा ही महसूस कर रहे थे जैसे चट्टानों की आड़ में खड़े राजपूत नीचे हल्दी घाटी में आने वाले मलेच्छों का इंतजार करते हुए महसूस करते रहे होंगे। मलेच्छों पर टूट पड़ने का वक्त आ गया था। लेकिन सरदार के लिए 'राणा प्रताप' की भूमिका में एक ही दिक्कत थी कि 'रणवीर क़द का छोटा था, इसलिए वह मन-ही-मन शिवाजी की भूमिका में अपने को देखा करता था।'[31] रणवीर ने अपने तीनों योद्धाओं को 'शस्त्रागार' में इकट्ठा करके, रणनीति पर विचार किया : 'शत्रु पर उबलता तेल डालने का समय अभी नहीं आया है। उबलता तेल उस समय डाला जाता है जब शत्रु आपके दुर्ग पर

हमला कर दे और आप हथियारों से उसका मुकाबला न कर सकते हों।...यहाँ केवल छुरा चलेगा, कमानीदार छुरा।' फिर वह इन्द्र के साथ 'पैंतरा करने' के अभ्यास के दौरान समझाता है कि शत्रु की छाती अथवा पीठ को कभी भी निशाना नहीं बनाओ। वार हमेशा कमर में करो या पेट में। और घुमावदार छुरा घोंपने के बाद उसे अन्दर-ही-अन्दर थोड़ा-मोड़ दो, इससे अन्तड़ियाँ बाहर आ जाएँगी।'[32] रणवीर वही कुछ बता रहा था जो उसने मास्टर देवव्रत से सीखा था। इन्द्र 'पैंतरा' बदलकर 'मलेच्छ' की हत्या ठीक इसी तरह करता है!

भीष्मजी ने इन 'आर्य वीरों' के शिकार मलेच्छों की आर्थिक-सामाजिक स्थिति पर भी सूक्ष्म दृष्टि डाली है। ताँगे से उतरते सफ़ेद तुर्रे, चढ़ी मूँछों और दमकते चेहरे वाले 'नवाबज़ादा जलालख़ान' को वे छोड़ देते हैं क्योंकि बक़ौल शम्भू वह 'हमारे मुहल्ले का बहुत बड़ा रईस है। डिप्टी-कमिश्नर से मिलने जाता है।' दूसरे, 'वह यों भी कद में बहुत ऊँचा-लम्बा था', जिससे 'तीनों सहम-से गये थे।'[33] उनका शिकार बनता है जूते पटपटाते आता एक ग़रीब, बूढ़ा मुसलमान : 'इत्र-फुलेल बेचता है। दूर कहीं रहता है, इस वक़्त रोज़ इधर से गुज़रता है। मलेच्छ है।' इशारा पाकर इन्द्र पीछे लपकता है : 'बौना छोटा-सा इन्द्र, उससे कुछ दूर, उसके पीछे-पीछे चलता जा रहा था। इन्द्र का हाथ कुरते के जेब में था' और 'गली का मोड़ मुड़ने पर सहसा इत्रफ़रोश की नज़र बालक पर पड़ गयी।...किधर जा रहे हो बेटे इस वक़्त? उसने कहा और मुसकराते हुए अपना हाथ बढ़ाकर इन्द्र के सिर पर रख दिया।' इन्द्र बूढ़े को देखता है : मास्टर जी ने एक बार कहा था कि 'फूले हुए गालों वाले लोग बुजदिल होते हैं और उनका मेदा ख़राब होता है और वे भाग नहीं सकते, जल्दी हाँफने लगते हैं। और यह आदमी सचमुच हाँफ रहा था।' इन्द्र 'शिकार' पर झपटने के लिए अपने पैर तौल रहा था, जब 'इत्रफ़रोश को लड़का मासूम-सा लगा, छोटी उम्र का, कोमल-सा जो शायद आश्रय खोजता हुआ उसके पीछे-पीछे चला आया था। शायद डरा हुआ था, शहर में आज सभी लोग डरे हुए थे।' यह आगजनी और कई जगह दंगों के बाद का दिन था—

> 'कहाँ रहते हो? चलो, मेरे साथ आते जाओ। आज के दिन बाहर अकेले नहीं घूमना चाहिए।...तेली मुहल्ले तक मैं तुम्हें पहुँचा दूँगा। आगे कहीं जाना हुआ तो तुम्हें किसी के सुपुर्द कर दूँगा। आज शहर में गड़बड़ है।'
>
> इन्द्र चुपचाप इत्रफ़रोश को एकटक घूरे जा रहा था। इत्रफ़रोश अपने-आप ही बोले जा रहा था : 'मुझे भी आज फेरी पर नहीं निकलना चाहिए था।...पर मैंने सोचा, घर पर बैठकर क्या करूँगा, दो-चार आने का जुगाड़ हो जाए तो क्या बुरा है, दुकानदार घर पर बैठा रहे तो खाएगा कहाँ से?' कहकर हँस दिया। सहसा इन्द्र लपका और उसने पैंतरा मारा : 'इत्रफ़रोश को लगा जैसे उसके

बाएँ हाथ कोई चीज़ चमकी भी है। पर वह खड़ा होकर घूमकर देखे कि क्या बात है, तब तक उसे थैले के नीचे तीखी चुभन का-सा भास हुआ। इन्द्र का निशाना ठीक बैठा था। वार करने के बाद सरदार के आदेशानुसार उसने चाकू को थोड़ा मोड़ भी दिया था और अन्तड़ियों के जाल में फँसा भी दिया था...

'इत्रफ़रोश अभी पूरी तरह से मुड़ नहीं पाया था कि उसने देखा, लड़का पीछे की ओर भागा जा रहा है। उसे फिर भी समझ में नहीं आया कि क्या हुआ है! उसकी इच्छा हुई कि लड़के को आवज़ देकर बुला ले, लेकिन तभी उसे अपने पैरों पर बहता खून नज़र आया और कमर में कुछ कराहता, कुछ डूबता-सा महसूस हुआ। मीठा-सा दर्द उठा, फिर तेज़ नश्तर-सा दर्द और वह डर के मारे बदहवास हो गया :

'ओ लोको मार डाला! मुझे मार डाला! ओ लोको!...

...'वह कमर में लगे जख़्म से इतना नहीं मर रहा था जितना त्रास और भय से, और भोले बालक द्वारा किए गये हमले से।'[34]

कहना न होगा कि कोमल मन के मासूम बच्चों को विश्वासघाती और जघन्य हत्यारों में बदलने वाले संगठन और ऐसी हत्यारी विचारधाराओं के विध्वंसक दौर, हिटलर के 'एस. एस.' और 'गेस्टापो'-जैसे हत्यारे नाज़ी दस्तों और मुसोलिनी के 'काली कुर्ती' वाले फ़ासिस्ट 'स्ट्राम-ट्रूपर्स' के रूप में, दुनिया पहले भी देख चुकी थी! बूढ़े इत्रफ़रोश को इन्द्र ने जैसे मारा था, यह वर्णन पढ़कर लगता है जैसे उसने विश्वास, भरोसे, दया, स्नेह और सामान्य संवेदनशीलता की ही हत्या कर दी है! इस अत्यन्त मार्मिक दृश्य के यथार्थ चित्रांकन से पाठक का भी दिल डूबने लगता है; लेकिन साथ ही ऐसे संगठनों के और ऐसी विचारधारा के प्रति उसका दिल नफ़रत और गुस्से से भर उठता है! यही है भीष्म साहनी की सकर्मक कला की असरदार भूमिका!!

सूअर वाली घटना और गौकुशी के बाद से शहर में जब लगातार तनाव बढ़ने लगा तो नागरिकों का शिष्ट-मंडल डिप्टी-कमिश्नर रिचर्ड से मिलने पहुँचता है। रिचर्ड के चरित्र के माध्यम से भीष्मजी ने अविभाजित हिन्दुस्तान के सभी जिलों में बैठाए गये उन नौकरशाहों की कुटिल भूमिका का अत्यन्त विश्वसनीय और सूक्ष्म चित्रांकन किया है, जो ब्रिटिश उपनिवेशवादी सत्ता की नीतियों को बड़े ही निरपेक्ष, निर्मम और सधे हुए ढंग से अमल में उतार रहे थे। भीष्मजी ने भी ऐतिहासिक वास्तविकता की सच्चाई को ठीक वैसी ही निरपेक्ष, निरावेग, निर्द्वन्द्व वर्णन की अपनी तटस्थ शैली में चित्रित करके, सम्पूर्ण विश्वसनीयता प्रदान की है! कहना न होगा कि यह अत्यन्त कठिन चुनौती थी और भीष्मजी ने पूरी कलात्मक सफलता के साथ इसका सामना किया है! उनका सूक्ष्म परिवेक्षण, पेचीदगी में जाने की उनकी

द्वन्द्वात्मक दृष्टि और मामूली से मामूली ब्यौरों में जाकर वाँछित प्रभाव पैदा करने की क्षमता, उनकी सर्जनात्मक कल्पना के साथ मिलकर, इस 'फूट डालो और राज करो', और न कर पाओ तो जाते-जाते 'इस मुल्क के टुकड़े-टुकड़े करते जाओ' की साम्राज्यवादी नीति के रेशे-रेशे को उधेड़कर रख देती है! अंग्रेज़ नौकरशाही अपनी पूरी चालाकी के साथ, हिन्दू-मुस्लिम साम्प्रदायिक पार्टियों, विभिन्न जातिगत संगठनों और देशी रियायतों के तथाकथित प्रतिनिधियों को कठपुतलियों की तरह नचाकर, अपने इन मोहरों की सहायता से, सर्वोपरि, अपने 'गुर्गों' की मदद से, साम्प्रदायिक दंगे कराकर, काँग्रेस को धीरे-धीरे ठेलते हुए 'देशविभाजन' की ओर ला रही थी! रिचर्ड की इस नागरिक प्रतिनिधिमंडल से मुलाकात और बातचीत इस सन्दर्भ में अत्यन्त महत्वपूर्ण है; और साथ ही भीष्मजी की कलात्मक परिपक्वता का जीवन्त प्रमाण भी! मुलाहिज़ा कीजिए—

मस्ज़िद के आगे सूअर की लाश की घटना से तनाव बढ़ने और छिट-पुट घटनाओं से दंगों की शुरुआत से वयोवृद्ध काँग्रेस नेता बख़्शीजी सुबह से ही अत्यन्त चिंतित, क्षुब्ध और उत्तेजित थे : 'अपनी पहलकदमी पर पहले वे लीग के प्रधान के घर गये थे, फिर वहाँ बेरुखी देखकर, उन्होंने डिप्टी-कमिश्नर के पास शिष्ट-मंडल ले जाने का निश्चय किया था, और एक-एक सदस्य को घर से पकड़-पकड़कर इकट्ठा किया था और अपने साथ लाए थे। डिप्टी-कमिश्नर के पास आने में किसी को एतराज नहीं था।' रिचर्ड शिष्ट-मंडल की बनावट से ही आश्वस्त हो जाता है कि इनसे निबटना कठिन नहीं होगा : चार आदमी पगड़ियों वाले थे, एक रूमी टोपी वाला और दो गाँधी टोपी पहने। रिचर्ड बख़्शी जी की ओर मुखातिब होता है, 'मुझे ख़बर मिली है कि शहर के अन्दर तनाव पाया जाता है।' बख़्शी जी उत्तेजित होकर कहते हैं कि 'हम इसी सिलसिले में आपसे मिलने आये हैं।...सरकार की तरफ़ से फ़ौरन ऐसी कार्रवाई की जानी चाहिए जिससे स्थिति काबू में आ जाए। वरना...वरना इस शहर पर चीलें मँडराएँगी!'[35] रिचर्ड व्यंग्य से कहता हैः 'सरकार तो बदनाम है। मैं अंग्रेज़ अफ़सर हूँ। ब्रिटिश सरकार पर तो आपको विश्वास नहीं है, उसकी बात को आप कहाँ सुनेंगे!' बख़्शी जी की ठुड्डी काँप जाती है और उत्तेजना से उनका चेहरा पीला पड़ जाता है : 'मगर ताकत तो ब्रिटिश सरकार के हाथ में है और आप ब्रिटिश सरकार के नुमाइन्दे हैं। शहर की रक्षा तो आप ही की ज़िम्मेदारी है।' चालाक रिचर्ड पहले तो मुस्कराकर धीमे से यह कहता है कि 'ताकत तो इस वक्त पंडित नेहरू के हाथ में है', और फिर बख़्शी जी की तरफ़ देखकर बोला : 'आप लोग ब्रिटिश सरकार के ख़िलाफ़ हैं तो भी दोष ब्रिटिश सरकार का, और जो आपस में लड़ें तो भी दोष ब्रिटिश सरकार का।' तीखी और व्यंग्यात्मक बातें कहते हुए भी एक सधी हुई मुस्कान बराबर उसके चेहरे पर बनी रहती है। फिर तत्काल ही सम्भलकर बोला :

'कहिए, हमें इस मसले को मिलकर सुलझाना चाहिए।'[36] और बड़े अर्थपूर्ण ढंग से मुस्लिम लीग के प्रधान हयातबख़्श की ओर देखता है!

हयातबख़्श शुरू हो जाता है : 'अगर पुलिस मोहतात रहे तो कुछ नहीं होगा। यों मस्ज़िद के सामने जो कुछ पाया गया है, उसके पीछे हिन्दुओं की बहुत बड़ी शरारत है।' दानवीर लक्ष्मीनारायण (रणवीर के पिता) उछलकर बोले कि 'आप कैसे कह सकते हैं कि इसमें हिन्दुओं की शरारत है?' उनकी आवाज़ ऊँची होती जाती है। रिचर्ड के लिए सारा मामला अपने-आप सुलझता जा रहा था। हिन्दुओं और मुसलमानों के आपस में लड़ने से अंग्रेज़ सुरक्षित थे। वे आज़ादी के लिए अंग्रेज़ों से लड़ने की बजाए आपस में ही लड़ मरें—यही तो साम्राज्यवादी नीति थी, जिसका भीष्मजी यहाँ बड़े विश्वसनीय ढंग से अपने पात्रों के माध्यम से चित्रांकन करते हैं! अंग्रेज़ों की दिलचस्पी दंगा-फ़िसाद कराने में थी, रोकने में बिल्कुल नहीं। चालाक डिप्टी-कमिश्नर कैसे बड़ी सफ़ाई से अपनी ज़िम्मेदारी से बच निकलता है, यह रिचर्ड और बख़्शीजी के कथोपकथन से स्पष्ट उजागर हो जाता है—

बख़्शीजी रिचर्ड से कहते हैं : 'अगर शहर में पुलिस गश्त करने लगे, जगह-जगह फ़ौज की चौकियाँ बिछा दी जाएँ तो दंगा-फ़िसाद नहीं होगा, स्थिति काबू में आ जाएगी।'

रिचर्ड : 'मैं डिप्टी कमिश्नर हूँ, फ़ौज का इंतज़ाम तो मेरे हाथ में नहीं है। यहाँ पर छावनी तो है, पर इसका यह मतलब नहीं कि फ़ौज मेरे हुक्म से काम करती है।'

बख़्शी जी : 'छावनी भी ब्रिटिश सरकार की है और हुकूमत भी ब्रिटिश सरकार की है।...आप फ़ौज नहीं बैठा सकते तो शहर में कर्फ़्यू लगा दें। इसी से स्थिति सँभल जाएगी। पुलिस की ही चौकियाँ बैठा दें।'

रिचर्ड के जवाब से उसकी मंशा साफ़ हो जाती है; और साथ ही अंग्रेज़ों की साम्राज्यवादी नीति का चेहरा भी बेनक़ाब हो जाता है : 'इस छोटी-सी बात को लेकर कर्फ़्यू लगा देने से क्या शहर में घबराहट और ज़्यादा नहीं फैलेगी?'

बख़्शीजी सब समझ रहे थे! जब काँग्रेस के और लीग के नेताओं तथा सरदार जी को लेकर 'अमन कमेटी' बनाने की बात चलती है तो बख़्शीजी फिर बड़ी अधीरता से उत्तेजित स्वर में कहते हैं कि 'वह तो हम करेंगे ही। मगर इस वक़्त हालत नाज़ुक है।...अगर एक हवाई जहाज ही शहर के ऊपर उड़ जाए तो...फ़िसाद को रोकने के लिए इतना भी काफ़ी होगा।'

रिचर्ड : 'हवाई जहाजों का महकमा भी मेरे अधीन नहीं है।'

बख़्शीजी जब यह कहते हैं कि 'आपके अधीन सब कुछ है, साहब, अगर आप कुछ करना चाहें', तो वह खिल्ली-सी उड़ाते हुए हँसकर कहता है : 'वास्तव में

आपका मेरे पास शिकायत लेकर आना ही गलत था। आप को तो पंडित नेहरू या डिफ़ेंस-मिनिस्टर सरदार बलदेव सिंह के पास जाना चाहिए था। सरकार की बागडोर तो उनके हाथ में है।'[37]

डिप्टी-कमिश्नर का रुख देख-समझकर बाकी सभी लोग चुप रहे आते हैं, पर बख़्शीजी उत्तेजित होकर लगातार उलझते रहते हैं। तब तक, जब तक कि शहर में दंगा शुरू हो जाने की ख़बर से मची अफ़रा-तफ़री के बीच सभा विसर्जित नहीं हो जाती! रिचर्ड को सभी ख़बरें पहले ही मिल चुकी थीं। जान जाने के डर से सभी कट्टर हिन्दू-मुस्लिम साम्प्रदायिकतावादियों में अद्‌भुत 'एकता' और 'भाईचारा' कायम हो जाता है—मुस्लिम आबादी का क्षेत्र हिन्दू नेता किसी मुस्लिम नेता की मदद से पार करते हैं और मुस्लिम नेता हिन्दू आबादी वाला इलाका हिन्दू नेता की सहायता से! भीष्मजी ने इसका अपनी व्यंग्यात्मक शैली में बड़ा दिलचस्प वर्णन किया है : लाला लक्ष्मीनारायण तेज़ी से आगे बढ़कर हयातबख़्श के साथ हो लेते हैं, क्योंकि यह इलाका मुस्लिम आबादी का था। हयातबख़्श का भी इसी में हित था, क्योंकि पुल पार करने के बाद हिन्दुओं का मुहल्ला शुरू हो जाता था और उसे तो अपने घर उससे भी आगे जाना था। एकमात्र टाँगा लेकर मेहताजी चलते हैं तो वे बख़्शीजी को भी बिठा लेते हैं। जब वे कुछ और लोगों को भी बिठाने को कहते हैं तो मेहताजी मना कर देते हैं और टाँगा बाएँ मुड़वाकर निकल जाते हैं। अपराध-बोध से बख़्शीजी को लगता है कि जैसे टाँगे में बैठकर वे भूल कर बैठे हैं। यहाँ इकट्ठे आये थे, इकट्ठे ही जाना चाहिए था। वे फिर बड़े विचलित होकर कहते हैं : चीलें उड़ेंगी, मेहता जी, शहर पर चीलें उड़ेंगी। ऐसे नेता उस समय भी काँग्रेस में कम ही थे!

रिचर्ड के माध्यम से भीष्मजी साम्राज्यवादी नीति का बड़े तटस्थ किन्तु साथ ही अत्यंन्त विश्वसनीय रूप में प्रभावशाली पर्दाफ़ाश करते हैं। जो डिप्टी-कमिश्नर पहले फ़ौज की चौकियाँ बैठाने से मना कर देता है, शहर के ऊपर से हवाई जहाज उड़वाने से मना कर देता है; यहाँ तक कि पुलिस की चौकियाँ बैठाने और कर्फ़्यू लगाने से भी तरह-तरह के बहानों से जान-बूझकर कतराता रहता है—दंगों को अच्छी तरह के भड़कने देता है, बड़े पैमाने पर आगजनी, सम्पत्ति नष्ट होने और अपार जनहानि के बाद, सैकड़ों गाँवों तक दंगा-फ़िसाद पहुँचने और मार-काट के बाद चौकियाँ भी बिठाता है, कर्फ़्यू भी लगाता है; यहाँ तक कि हवाई जहाज भी उड़वाता है! जिस-जिस गाँव के ऊपर से आसमान में हवाई जहाज उड़ता हुआ गुज़रता है, वहीं-वहीं दंगे रुकते जाते हैं।

नागरिक शिष्ट-मंडल के जाते-जाते जो मार-काट और दंगे शुरु हुए थे, वे देर रात तक अपनी भरपूर भीषता तक पहुँच जाते हैं। मंडी की आग में दूकानें धू-धू कर जलने लगती हैं और मन्दिर के घड़ियाल की डरावनी आवाज़ के साथ ही

'अल्ला-हो-अकबर' और 'हर-हर महादेव' का शोर उठता है। इसी भीषण शोर से जागकर रिचर्ड की पत्नी लीज़ा उसे भी जगा देती है तो पूछने पर वह बड़े शान्त लहज़े में कहता है कि 'शहर में हिन्दुओं और मुसलमानों के बीच फ़िसाद हो गया है।' लीज़ा के यह पूछने पर कि 'तुम्हारे रहते फ़िसाद हो गया है?' वह उत्तर देता है कि 'हम इनके धार्मिक झगड़ों में दख़ल नहीं देते।' वह फिर पूछती है कि 'तुमने इसे बन्द क्यों नहीं करवा दिया?' वह अनमना-सा रहता है, लेकिन उसका मस्तिष्क फिर से बड़ी तेज़ी से सोचने लगा था कि इस स्थिति में उसे क्या करना होगा और सरकार की नीति को किस तरह से लागू करना होगा! जब लीज़ा फिर पूछती है कि 'ये लोग आपस में लड़ें, क्या यह अच्छी बात है?' और 'ये लोग लड़ेंगे तो तुम्हारी जान को भी तो ख़तरा है, रिचर्ड!' तो वह हँस पड़ता है : 'क्या यह अच्छी बात होगी कि वे लोग मेरे ख़िलाफ़ लड़ें, मेरा ख़ून करें?'[38] उपन्यास के शुरुआती, चौथे अध्याय में भी जब रिचर्ड और लीज़ा के काल्पनिक पात्र पहली बार उपन्यास के पृष्ठों पर अवतरित होते हैं तो भीष्मजी ने लीज़ा के माध्यम से इसी 'फूट डालो और राज करो' की नीति का उद्‌घाटन किया था। रिचर्ड लगभग एक-डेढ़ माह पहले ही यहाँ डिप्टी-कमिश्नर के पद पर आया था। लीज़ा छह माह इंग्लैंड में बिताकर करीब हफ़्ता-भर पहले ही रावलपिंडी पहुँची थी।

रिचर्ड लीज़ा को यहाँ के हालात और हिन्दुस्तानियों के बारे में बताते हुए कहता है कि सभी न्दिुस्तानी चिड़चिड़े मिज़ाज के होते हैं, छोटे से उकसावे पर भड़क उठने वाले, धर्म के नाम पर ख़ून करने वाले, सभी व्यक्तिवादी होते हैं, तो वह आशंकित होकर पूछती है : 'क्या गड़बड़ होगी? फिर जंग होगी?...ये लोग आपस में लड़ेंगे? लन्दन में तो तुम कहते थे कि ये लोग तुम्हारे ख़िलाफ़ लड़ रहे थे।' यानी, अँग्रेज़ों के ख़िलाफ़, ब्रिटिश सरकार के ख़िलाफ़ लड़ रहे थे। ये औपनिवेशिक सत्ता से अपने देश की आज़ादी के लिए संघर्ष कर रहे थे। वह लीज़ा को आश्वस्त करता है कि कोई जंग नहीं होने वाली : 'नहीं, मगर हिन्दुओं और मुसलमानों के बीच तनातनी बढ़ रही है, शायद फ़िसाद होंगे।' और ये लोग दअरसल 'धर्म के नाम पर आपस में लड़ते हैं, देश के नाम पर हमारे साथ लड़ते हैं।' लीज़ा ठीक यहीं अपने कथन से, आपसी बातचीत की रौ में, ब्रिटिश साम्राज्यवादियों और उनकी नौकरशाही के सत्य को स्पष्ट उजागर कर देती है : **'बहुत चालाक नहीं बनो, रिचर्ड मैं सब जानती हूँ। देश के नाम पर ये लोग तुम्हारे साथ लड़ते हैं और धर्म के नाम पर तुम इन्हें आपस में लड़ाते हो।'**[39] (बल जोड़ा गया है)। और धर्म के नाम पर भारतवासियों को आपस में लड़ाने के लिए, उनकी आज़ादी की हर लहर को, प्रत्येक एकजुट संघर्ष को परास्त करने के लिए, अंग्रेज़ अफ़सरशाही मुराद अली-जैसे अपने गुर्गों तथा लीगी हयातबख़्श, मौलादाद और उनके दंगाई दस्तों एवं 'पुन्यात्मा वानप्रस्थजी', दानवीर

प्रधानजी लाला लक्ष्मीनारायण, मास्टर देवव्रत और उनकी हत्यारी टोली-जैसे सभी कट्टर, धर्मांध और साम्प्रदायिक तत्वों का भरपूर सहारा ले रही थी। अंग्रेज़ आपसी भेदभावों का फ़ायदा उठा रहे थे, जहाँ नहीं थे उन्हें पैदा कर रहे थे। साम्प्रदायिक दंगों की आग को और भड़काने का काम कर रहे थे, जहाँ दंगे नहीं हो रहे थे, पैदा कर रहे थे, उनकी सम्भावनाएँ तलाश रहे थे। रिचर्ड अपनी पूर्वोल्लिखित बातचीत में लीज़ा से यह भी कहता है कि 'डार्लिंग, हुकूमत करने वाले यह नहीं देखते कि प्रजा में कौन-सी समानता पाई जाती हैं, और फिर अगर हिन्दुओं और मुसलमानों के बीच तनाव पाया जाता है तो मैं क्या कर सकता हूँ?...अगर प्रजा आपस में लड़े तो शासक को किस बात का ख़तरा है।'[42] उनकी 'दिलचस्पी तो यह देखने में होती है कि वे किन-किन बातों में एक-दूसरे से अलग हैं।'[40] यही साम्राज्यवादियों की नीति का सत्य है; और भारत सहित दुनिया-भर में, अंग्रेज़ या दूसरे कोई भी अन्य यूरोपीय साम्राज्यवादी जहाँ-कहीं गये, उन्होंने अपने शोषण, दमन और सत्तासीन बने रहने के लिए यही किया! कहना न होगा कि इस कालजयी कृति में भीष्मजी ने रिचर्ड-लीज़ा प्रसंग में इसी सत्य को, उसकी समूची ऐतिहासिक प्रामाणिकता और विश्वसनीयता के साथ, बड़े तटस्थ और कलात्मक ढंग से चित्रित किया है! मुझे नहीं लगता कि किसी भी अन्य उपन्यास में इस बात को ऐसी ख़ूबसूरती से चित्रांकित किया गया हो! यशपाल के 'झूठा सच' में भी नहीं! यह अकेला उपन्यास है जो साम्प्रदायिकता के सभी पहलुओं को, उसकी समूची पेचीदगी के साथ ऐसे कलात्मक, सर्जनात्मक और विश्वसनीय रूप में सामने लाता है। इसीलिए, यह कालजयी कृति आज और भी ज़्यादा प्रासंगिक हो उठी है!!

भीष्मजी ने रिचर्ड की सृष्टि एक ऐसे इतिहास-प्रेमी बुद्धिजीवी प्रशासक के रूप में की है जो भारत, उसके प्राचीन इतिहास और संस्कृति पर एक पुस्तक लिखना चाहता है। लेकिन वह साथ ही यह भी कहता है कि 'यहाँ के लोग कुछ नहीं जानते। वे वही कुछ जानते हैं जो हम इन्हें बताते हैं।...ये लोग अपने इतिहास को जानते नहीं है, ये केवल उसे जीते-भर हैं।'[42] वह लीज़ा को घुड़सवारी के दौरान पहाड़ों के पीछे की घाटी और लगभग सतरह मील की दूरी पर स्थित, प्राचीन तक्षशिला विश्वविद्यालय (टेक्सिला) के खंडहरों के बारे में और वहाँ मौजूद म्यूज़ियम (संग्रहालय) के बारे में बताते हुए कहता है कि 'यह बड़ी ऐतिहासिक घाटी है। हिन्दुस्तान में आने वाले सभी हमलावर इसी रास्ते से आये थे। मध्य एशिया से आने वाले भी और मंगोलिया से आने वाले भी। अलेक्सान्डर भी इसी रास्ते हिन्दुस्तान आया था।...इसी रास्ते सौदागर लोग भी और बुद्ध धर्म के प्रचारक भी दूर-दूर तक जाते थे। बड़ा ऐतिहासिक इलाका है। मैं तो पिछले महीने-भर से इसमें घूम रहा हूँ। इतिहासकार के लिए तो यह इलाका बेशकीमत है।' जब लीज़ा हँसकर कहती है कि 'तुम तो

रिचर्ड यों बातें कर रहे हो जैसे यह तुम्हारा अपना देश हो!' तो वह बड़े तटस्थ ढंग से बात साफ़ करता है कि 'देश अपना नहीं है लीज़ा पर इतिहास का विषय तो अपना है!'[43] इसीलिए उसने अपने बँगले के एक बड़े कमरे में भी छोटा-मोटा संग्रहालय और आल्मारियों में ठसाठस-भरी किताबों से पुस्तकालय बना रखा था। भीष्मजी ने बड़ी कुशलता के साथ इतिहास-प्रेमी बौद्धिक रिचर्ड और ब्रिटिश सरकार की नीतियों को लागू करनेवाले कुटिल और तटस्थ प्रशासक डिप्टी-कमिश्नर रिचर्ड का फ़र्क दिखाया है।

इस फ़र्क को बड़ी ख़ूबसूरती और पूरी विश्वसनीयता के साथ उभारते हुए अपने वर्णन और चित्रांकनों के बाद, भीष्मजी लिखते हैं कि इन कमरों में घूमते रिचर्ड को देखकर कोई नहीं कह सकता था कि वह जिले का सबसे बड़ा अफ़सर है। यहाँ पर तो वह भारतीय इतिहास का मर्मज्ञ था, भारतीय कला का पारखी था। हाँ, जब वह प्रशासक की कुर्सी पर बैठता तो वह ब्रिटिश साम्राज्य का प्रतिनिधि था, और उन नीतियों को क्रियान्वित करता था जो लंदन से निर्मित होकर आती थीं। एक काम को दूसरे काम से अलग रखना, एक भावना को दूसरी भावना से अलग रखना, उसके प्रशिक्षण की, उसके स्वभाव की विशिष्टता थी। वह एक तरह के काम से बिल्कुल दूसरी तरह के काम में बड़ी आसानी से अपने को ढाल लेता था। वह निजी रुचियों को सरकारी काम से अलग रख सकता था, अलग से देख सकता था। एक क्षेत्र के विचार और भावनाएँ दूसरे क्षेत्र में उलझ नहीं पाती थीं और वह कभी भी द्विविधा का शिकार नहीं होता था। उसके अपने विश्वास क्या हैं, धारणाएँ क्या हैं, इनके बारे में निश्चय से कुछ भी कह पाना कठिन था। और जब कभी द्विविधा उठती तो वह अपने संवेदन को, अपने विचारों को अपनी डायरी में उँडेल देता था, प्रशासन के क्षेत्र में उसकी निजी मान्यताओं का कोई दख़ल नहीं था, बल्कि वे असंगत थीं।[44] भीष्मजी के शब्दों में, 'यह विचार कि हमारा आचरण हमारी मान्यताओं के अनुरूप होना चाहिए, एक ऐसा भोंडा आदर्शवाद है, जिससे सिविल सर्विस में नाम लिखाते ही अफ़सर अपना पिंड छुड़ा लेता है।'[45] कहना न होगा कि हमारी 'देशी' नौकरशाही इस ब्रिटिश औपनिवेशवादी दृष्टि और सोच की भोंडी और सड़ी हुई विरासत है, जिसे एक बुनियादी फ़र्क के साथ, हम आज़ादी के बाद से ढोते आ रहे हैं! फ़र्क यह है कि हमारी यह सर्वाधिक भ्रष्ट, निकम्मी और चालाक नौकरशाही, अशोक वाजपेयी, सीताकांत महापात्र और प्रियदर्शी ठाकुर ('ख़्याल')-जैसे चन्द दुर्लभ अपवादों को छोड़कर निहायत अपढ़, अबौद्धिक, ज्ञान-विरोधी और संवेदना-शून्य प्रजाति है!!

उपन्यास दो भाग में है। पहले भाग में शहर (रावलपिंडी) है और दूसरे भाग में गाँव। दोनों को जोड़ने वाला सूत्र है सरदार हरनाम सिंह। हरनाम सिंह की गाँव के बाहर सड़क पर चाय की दुकान थी, जहाँ आने-जाने वाली सभी बसें रुकती थीं।

उसकी पत्नी बंतो हालात देखते हुए पहले ही कहने लगी थी कि यहाँ से निकल चलो। उन दोनों को छोड़कर बाकी सारा गाँव मुसलमानों का था। लेकिन हरनाम सिंह नहीं मानता था कि चलती दूकान छोड़कर कैसे भाग जाए, और पीछे से किसी ने दूकान लूट ली तो खाएँगे कहाँ से? उनके लड़के इकबाल सिंह की बीस मील दूर मीरपुर गाँव में बजाजी की दूकान थी, जहाँ वह अकेला रहता था। लड़की जसबीर कौर कुछ दूर एक बड़े गाँव में ब्याही थी, जहाँ सिक्ख संगत भी काफी बड़ी थी। वे वहाँ के बड़े गुरुद्वारे में शरण ले सकते थे।

जब सुबह से अकेले बैठे-बैठे दोपहर ढलने तक, न शहर की तरफ़ से एक भी बस आयी और न ही ख़ानपुर की ओर से; और न ही गाँव से एक भी आदमी वहाँ आया तो फिर हरनाम सिंह का भी दिल बैठने लगा। शाम होते-होते उसे अपना दोस्त करीम ख़ान नज़र आया, जो रुका तो नहीं, पर खखारने के बहाने बुदबुदाता हुआ निकल गया कि 'हालत अच्छी नहीं हरनाम सिंह, तू चला जा।' फिर कुछ दूर जाकर वापस लौटते हुए, पहले की तरह हाँफते-खखारते यह कहता हुआ चला गया कि 'गाँव वाले ताँ तेरे वल अक्ख वी नहीं चुक्कणगे, पर बाहरी लोकाँ दे आण दा डर है। उन्हाँ नूँ रोकणा साडे बस दा नहीं।' करीम ख़ान जाते-जाते यह भी कह जाता है कि 'देर न कर हरनाम सिंह, हालत चंगी नहीं, बाहरों बलवाइयाँ दे आणदा डर है।'[46] हरनाम सिंह के 'विश्वास की टेक' पहली बार बुरी तरह से हिल जाती है। करीम ख़ान रुका नहीं और जैसे बुदबुदाते हुए निकल गया तो सचमुच ख़तरा है; और वह खुद भी बड़ा भारी जोख़म उठाकर ही आया होगा!

हरनाम सिंह पीछे कोठरी में जाकर बंतो को सारी बात बताकर फ़ौरन चल पड़ने को कहता है। उधर शाम के झुटपुटे में दूर कहीं ढोल बजने और 'या अली!' और 'अल्लाह-ओ-अकबर!' के नारों की आवाज़ भी सुनाई देने लगती है। बलवाइयों की भीड़ ढोल-नगाड़ों और नारेबाज़ी के साथ ख़ानपुर की तरफ़ से आती जान पड़ती है। हरनाम सिंह और बंतो जब छिपते-छिपाते कुछ दूर निकल गये तो मुड़कर देखने पर उन्हें दूर अपनी दूकान और घर जलते हुए नज़र आते हैं। रात-भर छिपते-छिपाते हुए वे पौ फटने के समय, कुछ देर एक छोटे से झरने के पास बैठ कर, दोनों निकटवर्ती गाँव ढोक मुरीदपुर के बाहर पहले ही घर के दरवाजे पर ठिठक गये। कुछ देर की दुविधा के बाद आख़िरकार हरनाम सिंह साँकल खटखटाता है। अन्दर से 'घर पर नहीं हैं, मर्द बाहर गये हैं' सुनकर अबकी बंतो साँकल खटखटा कर कहती है कि 'करमावालियों दरवाजा खोलो, असीं मुसीबत दे मारे आये हाँ।' दरवाजा खुलता है। प्रौढ़ स्त्री के पूछने पर बंतो बताती है कि हम लोग 'बदनसीब हैं, ढोक इलाही बख़्श से आये हैं। वहाँ बलवाई आ गये थे। हमारा घर-बाहर लूट लिया है। रात-भर चलते रहे हैं।' वह उन्हें भीतर बुलाकर बैठाती है; लेकिन हरनाम सिंह के इस सवाल

पर कोई उत्तर नहीं देती कि 'मर्द कहाँ पर गये हैं?' हरनाम सिंह को सहसा समझ में आ जाता है कि मर्द कहाँ गये होंगे।[47] खौफ़ और दहशत से उसका सारा शरीर झलझना उठता है!

बंतो बोली : 'हम तो इन दो कपड़ों में निकल आये हैं। सलामत रहे करीम ख़ान, उसने हमारी जान बचा दी। और सलामत रहो तुम बहन, जिसने आसरा दिया है।' जब वह स्त्री दोनों को लस्सी के कटोरे देती है कि 'लो लस्सी पी लो, रात-भर के थके हो' तो हरनाम सिंह फफक-फफक कर रो पड़ा : 'रात-भर की थकान, उत्तेजना और दबी भावनाएँ एकाएक फूटकर निकल आईं और वह बच्चों की तरह बिलख उठा।' उस स्त्री के यह कहने पर कि 'यहाँ ऊँचा-ऊँचा रोवो नहीं सरदारजी, गली-मुहल्ले वाले सुनेंगे तो दौड़े आएँगे, हरनाम सिंह सिसकियाँ दबाकर चुप हो जाता है। लस्सी के कटोरे हाथों में लिए बैठे देखकर वह औरत उनकी झिझक और असमंजस समझकर कहती है कि 'तुम्हारे पास अपना कोई बर्तन हो तो उसमें डाल लो। इधर गाँव में एक पंडित की दूकान है। अगर वह घर पर हुआ तो मैं उससे तुम्हारे लिए दो बर्तन ले आऊँगी। पर क्या मालूम वह मिलता है या नहीं। हमारे हाथ का नहीं ले सकते, पर दिन भर भूखे कहाँ पड़े रहोगे?' लेकिन यह कहकर कि 'तेरे हाथ का दिया अमृत बराबर है, बहन, हम तुम्हारा किया कभी - नहीं उतार सकते',[48] दोनों लस्सी पी लेते हैं।

अपनी पुत्रवधू अकराँ के विरोध के बावजूद उसकी सास राजो उन्हें पिछले कमरे की मियानी में ऊपर छिपा देती है। दिन चढ़े जब मर्द लौट आते हैं तो अकराँ का ससुर और अकराँ एक बड़ा-सा काला ट्रंक उठाकर लाते है। हरनाम सिंह हाथ बढ़ाकर बंतों के घुटने छूकर कहता है, 'हमारा ट्रक है, बड़ा वाला ट्रक। हमारी दूकान लूटते रहे हैं।' वह फिर कहता है, 'एहसान अली है। मैं इसे जानता हूँ। इसका मेरे साथ लेन-देन रहा है।' जब अकराँ ट्रक का ताला तोड़ने की कोशिश करती है तो हरनाम सिंह ऊपर से ताकी (खिड़की) खोलकर कहता है : 'ताला क्यों तोड़ती हो बेटी, यह लो चाभी, यह हमारा ही ट्रक है। एहसान अली, मैं हरनाम सिंह हूँ, तुम्हारी घरवाली ने हमें यहाँ पनाह दी है। गुरु महाराज तुम्हें सलामत रखें। यह ट्रंक हमारा है, पर अब इसे तुम अपना ही समझो। अच्छा हुआ जो यह तुम्हारे हाथ लगा, किसी दूसरे के हाथ नहीं लगा।' एहसान अली झेंप जाता है। फिर हरनाम सिंह और बंतों को नीचे बुलाकर कहता है कि 'मैं तो तुम्हें कुछ नहीं कहूँगा, हरनाम सिंह, तुम मेरे घर आये हो, पर...मेरे बेटे को पता चल गया कि तुम यहाँ पर हो तो वह तुम्हारे साथ अच्छा सुलूक नहीं करेगा। गाँव वालों को भी पता चले कि हमने तुम्हें पनाह दी है तो हमारे लिए बहुत बुरा होगा।' एहसान अली और राजो उन्हें भूसे वाली कोठरी में छिपाकर बाहर से ताला लगा देती है।[49] दोनों को रोटी खाकर और लस्सी पीकर झपकी भी आ जाती है।

हरनाम सिंह और बंतो की नींद किसी के चिल्लाने और दरवाजे पर कुल्हाड़े की लगातार चोटों से खुल जाती है : 'तुम्हारी काफ़िरों की मैं... ।' राजो की आवाज़ भी सुनाई देती है : 'क्यों भौंक रहा है तू? क्या हुआ है? किधर है यह चुड़ैल? तेरी मैं जीभ न खींच लूँ तो कहना, हरामज़ादी तुझे मना किया था, इसे नहीं बताना, क्यों बताया है? तेरे पेट में बात नहीं पचती?' फिर अपने बेटे से : 'तू क्या चाहता है रमज़ाना? घर में खून करेगा? घर में पनाह लेने वाले को मारेगा? यह आदमी हमारी जान-पहचान का है। हम इसके देनदार रहे हैं।' दो और प्रहारों में ही कुंडा टूट जाता है और हरनाम सिंह बाहर आकर खोखली-सी आवाज़ में कहता है 'मार डाल... ।' रमज़ान ने भी उसे पहचान लिया था और दो-तीन बार उसने अपनी कुल्हाड़ी उठाने की कोशिश भी की, पर कुल्हाड़ी वाला हाथ उठ नहीं सका। काफ़िर को मारना और बात है, अपने घर के अन्दर जान-पहचान के पनाहगज़ीन को मारना दूसरी बात! भीष्मजी के शब्दों में, 'उसको ख़ून करना पहाड़ की चोटी पार करने से भी ज़्यादा कठिन हो रहा था। मज़हबी ज़नून और नफ़रत के इस माहौल में एक पतली-सी लकीर कहीं पर अभी भी खिंची थी जिसे पार करना बहुत ही मुश्किल था।'[50] रमज़ान भी उसे पार नहीं कर पा रहा था। जो इस दौर से, उन घटनाओं के बीच से नहीं गुज़रा, जिसने इन्सानियत का यह रूप नहीं देखा, जिसको ऐसे भयावह हालात के बीच भी मनुष्य की 'मनुष्यता' में पुख़्ता विश्वास नहीं, उसे ही ये दृश्य 'गढ़े हुए' और अस्वाभाविक लग सकते हैं; जैसा कि कुछ समीक्षकों को लगे भी थे!

हरनाम सिंह वास्तविक चरित्र है। और उसकी कहानी भी सच्ची है। उसने काँग्रेस के शरणार्थी शिविर में भीष्मजी को ('आँकड़ा बाबू' के रूप में काम करते हुए) खुद यह कहानी सुनाई थी, जिसका उन्होंने उल्लेख भी किया है। यह कोई अकेली और अनोखी घटना भी नहीं थी। प्रो. आलोक भल्ला को दिये अपने इंटरव्यू में भी भीष्मजी बताते हैं कि 'ऐसा नहीं था कि जिन लोगों ने हमें सुरक्षा दी थी वे गैर-साम्प्रदायिक थे। वे भयानक रूप से साम्प्रदायिक हो सकते थे। लेकिन हमारे साथ नहीं। वे हमारी रक्षा करते रहे क्योंकि जब पड़ोसियों का सवाल आता था तो एक और ही मूल्य-व्यवस्था प्रबल हो उठती थी। लेकिन वही लोग दूसरे इलाकों में जाकर हत्याएँ कर सकते थे।'[51] प्रो. भल्ला ने उनसे पूछा था कि आपने जिक्र किया है कि आपके मुस्लिम पड़ोसियों ने आप लोगों की हिफ़ाजत की और आपका परिवार सुरक्षित महसूस करता रहा...ज़्यादातर सन्दर्भ इस बात को पुष्ट करते हैं ख़तरा हमेशा बाहर की तरफ़ से आया। उन लोगों की ओर से जो पास-पड़ोस के नहीं थे। क्या यह सच है? क्या आपस में एक-दूसरे को जानने वाले लोगों ने हमले नहीं किए थे? (उपर्युक्त)। करीब आधी रात को राजो हरनाम सिंह और बंतो को गाँव के बाहर झुरमुट के छोर तक छोड़ती है : 'जाओ हुण, रब्ब राखा। सीधे किनारे-किनारे

चले जाओ। आगे जो तुम्हारी किस्मत'। फिर बन्दूक और सफ़ेद कपड़े में लिपटी पोटली देकर कहती है 'यह तुसादे सन्दूक विचों मिले हन। तुसा-डे ऊपर औखा वेला आया है, जेवर कोल होए ताँ सहारा होवेगा।'[52] (ये तुम्हारे ट्रंक से मिले हैं, तुम्हारे गहने हैं। तुम्हारे आगे कठिन समय आया है, पास में गहने हुए तो सहारा होगा)। थोड़ी दूर जाकर ढलान उतरे हुए वे मुड़ कर देखते हैं, राजो अभी भी टीले पर खड़ी उन्हें देखती रही थी! दंगों की भीषण आँधी के बीच 'तमस' में ऐसे कई दिये टिमटिमाते दिखते हैं...

दंगों के दौरान साम्प्रदायिक संगठनों की सुनियोजित मार-काट के अलावा, अज्ञान और धार्मिक अन्धविश्वास पर पलनेवाली हिंसा का कुछ अलग ही मनोविज्ञान होता है। हरनाम सिंह का घर लूट कर लौट रही भीड़ के हाथ उसका लड़का इकबाल सिंह लग जाता है जो छिपता-छिपाता शायद अपने माँ-बाप की खोज-ख़बर लेने आ रहा था। दंगाइयों की भीड़ उसे पत्थर मार-मार कर किसी जानवर की तरह खदेड़ती है। आख़िरकार जब इकबाल उनके हत्थे चढ़ जाता है तो एहसान अली के लड़के रमज़ान के नेतृत्व में ही उसके आगे यह विकल्प रखा जाता है कि वह इस्लाम कबूल कर ले तो उसकी जान-बख़्शी होगी। उसके इस्लाम कबूल करने की बात मान लेने पर सारी 'सिक्खी' की अलामतों से उसे मुक्त करके एक समारोह में उसकी सुन्नत होती है, वह कलमा पढ़ता है, उसे नये पकड़े पहनाकर, अपनी बिरादरी में शामिल करके, सभी बड़े प्रेमपूर्वक उसके बगलगीर होते हैं। जो लोग पहले उससे घृणा करते हुए प्रहार कर रहे थे, फिर उसकी खिल्ली उड़ा रहे थे, वही अब उसे गले लगाते हैं। दूसरी तरफ़, दंगों का फ़ायदा उठाकर अल्लाहरक्खा, जो चोरी-चोरी प्रकाशों को देखा करता था, उसे उठाकर अँधेरी कोठरी में ला पटकता है। वह मन-ही-मन पहले ही से उससे एकतरफ़ा प्यार करता था। इसीलिए उस पर कोई अत्याचार नहीं करता, बल्कि अपने व्यवहार से उसके दिल में भी प्यार उत्पन्न कर देता है। उधर बदलदेव सिंह अपनी बूढ़ी माँ की सम्भावित हत्या की आशंका से बौखलाया हुआ गुरुद्वारे से नंगी तलवार लेकर बाहर भागता है और प्रतिहिंसा की भावनाओं से पागल होकर बेकसूर बूढ़े करीमबख़्श को काटकर रख देता है।

इन सबसे विपरीत, पढ़ा-लिखा और सम्पन्न व्यापारी शाहनवाज़ अपने मित्र रघुनाथ के परिवार को ही नहीं, बल्कि उसके रिश्तेदार लाला लक्ष्मीनारायण के परिवार को भी बचाता है। यही नहीं, अपनी जान जोख़िम में डालकर उसकी पत्नी का जेवरों का डब्बा भी निकालकर ला देता है। वह न तो उस साम्प्रदायिक विचारधारा का है और न ही मुस्लिम लीग का समर्थक, लेकिन जेवर लाते समय पड़ोस में दंगों में मारे गये गरीब मुसलमान की लाश पर विलाप करते लोगों के दुख से प्रभावित होकर या सीढ़ियाँ उतरते समय आगे चल रहे उनके नौकर मिलखी के सिर पर हिलती हुई

चुटिया से भड़कर, उसे लात मारकर सीढ़ियों से नीचे धकेल देता है, जिससे उसकी मौत हो जाती है। ऐसी तमाम घटनाओं का कोई सीधा तर्कपूर्ण विश्लेषण लगभग कठिन होता है, चाहे वह दंगाई भीड़ का सामूहिक मनोविज्ञान हो या फिर किसी क्षण-विशेष में किसी व्यक्ति-विशेष पर आवेशजनित पागलपन का दौरा। ऐसी बहुत सारी अलग-अलग घटनाएँ सुनियोजित साम्प्रदायिक हिंसा की घटनाएँ न होती हुई भी, साम्प्रदायिक दंगों के समय, विषाक्त हुए आम माहौल से प्रभावित हिंसात्मक आवेग-जनित हत्याएँ होती हैं। भीष्मजी की ख़ूबी यह है कि उन्होंने इस माहौल में भी विभिन्न सामाजिक-आर्थिक वर्गों के अलग-अलग मनोविज्ञान को बड़ी सूक्ष्मता से पकड़कर इन घटनाओं को चित्रित किया है।

उसी समय बड़े गुरुद्वारे में सिक्ख संगत, जिसमें हरनाम सिंह और बंतों की बेटी जसबीर कौर भी थी, तन्मयता से गाते हुए रागियों को सुन रही थीं : 'तुम बिन कौन मेरे गोसाईं...।' भीष्मजी सिक्ख संगत का वर्णन करते हुए लिखते हैं : 'यह कुर्बानी की आवाज़ शताब्दियों के फ़ासले लाँघकर फिर से गूँज रही थी। तीन सौ साल पहले भी ऐसा ही गीत दुश्मन से लोहा लेने से पहले गाया जाता था। इस विलक्षण क्षण में उनकी आत्मा अपने पुरखों की आत्मा से जा मिली थी, वे फिर से जैसे अतीत में जा पहुँचे थे। तुर्कों के साथ लोहा लेने का फिर से समय आ गया था। उनकी चेतना फिर से शताब्दियों पहले के वायुमंडल में साँस लेने लगी थी।'[53] इधर गुरुद्वारे में गलियों के दाएँ और बाएँ दो-दो बन्दूकों का मोर्चा कायम किया हुआ था। लेकिन दायाँ मोर्चा नकारा साबित हुआ था, जब सरदार हरीसिंह हमसायों पर अन्त तक गोली चलाने से कतराता रहा। शेख़ गुलाम रसूल के अलावा तेलियों के घर भी असला जमा हो रहा था। दोनों पक्ष बाहरी मदद के लिए भी अपने अपने दूत बाहर भेज रहे थे।

उधर सभी मुसलमान—किसान, तेली, नानबाई अब मुजाहिद बनकर काफ़िरों के ख़िलाफ़ ज़िहाद की तैयारियाँ कर रहे थे। दोनों पक्ष कुर्बानी के जज़्बे के साथ अपने-अपने 'अतीत के प्रेत' जगा रहे थे। भीष्मजी के शब्दों में, सब कुछ था पर 'जो नहीं था तो उनकी चेतना में अँग्रेज नहीं था। कस्बे से पच्चासेक मील की दूरी पर अंग्रेज़ों की देशभर में सबसे बड़ी (रावलपिंडी) छावनी थी, उस छावनी की ओर उनका ध्यान नहीं जा रहा था। शहर और प्रान्त में बैठे अंग्रेज़ अधिकारियों की ओर भी नहीं, मानो देश में उनका कोई अस्तित्व ही न हो, अस्तित्व था तो तुर्क का, या खालसा का।'[54] लेकिन तीन नौजवान कम्युनिस्टों—पहले से मौजूद हरबंस सिंह, और बाद में उसकी मदद के लिए देवदत्त द्वारा भेजे गये मीरदाद और सोहन सिंह—के लिए सबसे बड़ा अस्तित्व 'अंग्रेज़' का ही था जो दंगे करा रहे थे, उन्हें रोकने की कोई कोशिश नहीं कर रहे थे और उनके गुर्गे दंगे रोकने के ऐसे सारे प्रयासों को

नाकाम किए दे रहे थे। इन तीनों कामरेडों को गाँवों में दंगा-फ़िसाद रोकने और अमन कायम करने के लिए पार्टी द्वारा भेजा गया था।

लेकिन जैसे बख़्शीजी और उनके-जैसे चन्द कर्मठ और ईमानदार काँग्रेसी नेता और देवदत्त और उसके मुट्ठी-भर नौजवान कम्युनिस्ट साथी शहर में दंगा और मार-काट नहीं रोक पाए थे, ऐसे ही गाँवों में भेजे गये हरबंस सिंह, मीरदाद और सोहन सिंह नाकाम रहते हैं। तीनों मारे जाते हैं। जरनैल की तरह उनकी कुर्बानी भी व्यर्थ जाती है! अन्त में एक अवसर पर काँग्रेस के राहत शिविर में 'आँकड़ा बाबू' (भीष्म साहनी) के पास, हिंसा-अहिंसा की बहस में पड़े काँग्रेस के अपने साथियों, कश्मीरी लाल, मास्टर रामदास, शंकर और जीत सिंह आदि की बातें सुनते रहने के बाद बख़्शीजी अपनी भर्राई हुई धीमी आवाज़ में कहते हैं : 'सुनो बरख़ुरदार, जरनैल को इस किस्म की कोई दुविधा नहीं थी। उसे अपने बचाव के कारण कभी परेशानी नहीं हुई। जरनैल सनकी था, अनपढ़ था, लेकिन उसे इस बात ने कभी परेशान नहीं किया कि अगर किसी ने उस पर हमला किया तो वह क्या करेगा?...'[55] सभी चुप हो जाते हैं। जरनैल की मौत से सभी को गहरा सदमा लगा था और सभी के दिल को बड़ी ठेस पहुँची थी।

आँकड़ा बाबू इसके बाद उठकर आगे बढ़ जाता है, क्योंकि फ़िसादों के बाद उसे सचमुच यह बहस बड़ी बेतुकी लगती है! कामरेड देवदत्त उसका रजिस्टर हाथ में लेकर, उसके पन्ने उलट-पलटकर, फिर उसे लौटाते हुए कहता है : 'पन्नों पर एक खाना और जोड़ दो। गरीब कितने मरे और खाते-पीते लोग कितने मरे।... यह भी एक पहलू है आँकड़े इकट्ठे करने का। इससे भी तुम्हें कई बातों का पता चलेगा।'[56] आज़ादी के बाद भी, भारत में साम्प्रदायिक दंगों का यह सिलसिला कभी रुका नहीं! मुझे नहीं मालूम कि भीष्मजी के इस उपन्यास के इस कम्युनिस्ट पात्र, देवदत्त के इस पहलू पर कभी किसी ने अमल किया है या नहीं!!

गुरुद्वारे में जो हमलावर तुर्क आये, वे पड़ोस के गाँव से आये थे। उनके ज़ेहन में भी यही था कि वे अपने पुराने दुश्मनों पर सिक्खों पर हमला बोल रहे हैं। उधर सिक्खों के जेहन में भी वे दो सौ साल पुराने तुर्क थे जिनसे ख़ालसा लोहा लिया करता था। भीष्मजी के शब्दों में, **'यह लड़ाई ऐतिहासिक लड़ाइयों की शृंखला में ही एक कड़ी थी। लड़ने वालों के पाँव बीसवीं सदी में थे, सिर मध्य युग में।**[57] (बल जोड़ा गया है) कहना न होगा कि भीष्म साहनी के इस कालजयी उपन्यास 'तमस' के लिखे जाने के लगभग चार दशक बाद; और गोविंद निहलाणी की महान फ़िल्म 'तमस' के प्रदर्शन के भी लगभग तीन दशक बाद, आज ऐसे ही लोग केवल देश की शासन व्यवस्था पर ही नहीं, बल्कि हमारे सार्वजनिक और निजी जीवन में भी, तमाम लोकतान्त्रिक मूल्यों को तहस-नहस करते और अभिव्यक्ति-स्वातंत्र्य को कुचलते

तथा साहित्य-कला-संस्कृति की तमाम उपलब्धियों को पैरों-तले रौंदते नज़र आ रहे हैं, जिनके पाँव इक्कीसवीं सदी में हैं, सिर मध्य युग में! मुझे नहीं लगता कि कोई और भी ऐसी महान् कृति है जो इन्हें, इनकी सारी चरित्रगत विशेषताओं के साथ, हमारे सामने ऐसी शिद्दत के साथ उजागर करते हुए कटघरे में खड़ी करती हो—भीष्म साहनी के 'तमस' और गोविन्द निहलाणी के 'तमस' के अलावा!!

गुरुद्वारे में जब गुरु के सिघों का असला चुक जाता है, और वे बाल खोल नंगी कृपाणें और नेजे लेकर निहंगों के साथ अन्तिम मुठभेड़ के लिए निकल पड़ते हैं, तो उसी वक्त 'गुरुद्वारे में उजले कपड़ों में मबलूस स्त्रियों की एक डार-सी निकली। आगे-आगे जसबीर कौर थी,...किसी को उस समय ध्यान नहीं आया कि वे कहाँ जा रही हैं, क्यों जा रही हैं। छिटकी चाँदनी में कुएँ पर जैसे अप्सराएँ उतरती आ रही हों। सबसे पहले जसबीर कौर कुएँ में कूद गयी...केवल वाहे गुरु कहा और कूद गयी। उसके कूदते ही कुएँ की जगत पर कितनी ही स्त्रियाँ चढ़ गयीं।...देखते-ही-देखते दसियों औरतें अपने बच्चों को लेकर कुएँ में कूद गयीं।'[58] जब हमलावर लाशों को रौंदते हुए गुरुद्वारे की ओर बढ़ने लगे तो 'अल्लाह-हो-अकबर' और 'सतसिरी अकाल' के नारों के साथ कुएँ में डूबती औरतों और बच्चों की चीखें भी मिल गयी थीं। लड़ाई अभी चल ही रही थी कि आसमान से हवाई जहाज की गड़गड़ाहट गूँजने लगी। गाँव के ऊपर से उड़ता हुआ हवाई जहाज और भी नीचे आ गया—इतना कि उसका गोरा चालक मुस्कराता हुआ दिखा। वह गोरा फौजी मुस्कराते हुए अपना सफ़ेद दस्ताने वाला हाथ भी हिलाता दिखा! सभी हाथ थम गये। जहाँ-जहाँ पर हवाई जहाज गया, वहीं-वहीं तत्काल दंगे रुक गये!!

दंगे रुकने के बाद, शहर में रिलीफ़ कमेटी के दफ़्तर में तमाम गणमाण्य नागरिकों को, कमिश्नर रिचर्ड इंतजाम और सहायता के ब्यौरे देने के बाद चला जाता है, तो बख़्शीजी बड़ी तल्ख़ी के साथ कहते हैं कि 'फ़िसाद कराने वाला भी अंग्रेज़, फ़िसाद रोकने वाला भी अंग्रेज़, भूखों मारने वाला भी अंग्रेज़, रोटी देने वाला भी अंग्रेज़, घर से बेघर करने वाला भी अंग्रेज़, घरों में बसाने वाला भी अंग्रेज़...' पर जब से फ़िसाद शुरु हुए थे, 'बख़्शीजी के दिमाग में धूल-सी उड़ने लगी थी, बस केवल इतना भर ही बार-बार कहते रहे, अँगेज फिर बाज़ी ले गया। अंग्रेज़ फिर बाज़ी ले गया...'

बख़्शीजी के इन शब्दों में हताशा नहीं है, क्योंकि उन्हें 'अंग्रेज़' की अन्तिम पराजय और देश की निर्णायक विजय में पूरा विश्वास था। न उनकी आस्था में कभी आयी थी, और न ही देवदत्त और उसके साथियों की संघर्ष-चेतना में! अन्तिम अध्याय में जब सभी 'अमन की बस' में बैठने लगते हैं तो मनोहरलाल बिगड़ जाता है 'इस बस में या मैं बैठूँगा या कम्युनिस्ट बैठेगा।' यह मनोहरलाल भी मुराद अली का ही जोड़ीदार था। बस, फ़र्क इतना ही था कि मुराद अली के दुष्कृत्य छिपकर होते

थे और मनोहर लाल हर अच्छे आयोजन या सुझाव को अपनी सार्वजनिक बकवास से बर्बाद करने में कोई कसर नहीं छोड़ता था। भीष्मजी ने उसके बारे में लिखा है कि वह 'काँग्रेस में भी था, सोशलिस्ट पार्टी में भी था और सी. आई. डी. (खुफिया पुलिस) में भी था।'[60] वह 'अमन की बस' बैठते हुए फिर हंगामा कर देता है : 'इस बस में या मैं बैठूँगा या कम्युनिस्ट बैठेगा। मैं मुल्क के गद्दार के साथ हरगिज नहीं बैठ सकता।' बस के पायदान पर खड़ा 'अमन कमेटी' का सर्वसम्मत जनरल सेक्रेटरी कामरेड देवदत्त बड़े शान्त लहज़े में कहता है : 'मनोहरलाल साहब, पर्दे के पीछे हम कोई बात नहीं करते।...हम पेशेवर क्रान्तिकारी हैं। शहर में अमन कायम करना ज़रूरी है और इसके लिए ज़रूरी है कि सभी पार्टियों के लीडरों को इकट्ठा किया जाए। आपकी पार्टी के भी, जिसके लीडर भी आप ही हैं और जनता भी आप ही हैं।...इस वक्त शहर में अमन के लिए इन्हें एक प्लेटफ़ार्म पर लाना ज़रूरी है।'[61] इसलिए, देवदत्त के ये शब्द और उसी के प्रयासों से बनी 'अमन कमेटी' तथा उसके तीन अध्यक्षों में से एक सदर, बख़्शजी के ये शब्द कि 'अंग्रेज़ फिर बाज़ी ले गया' हताश या निराश नहीं करते!

क्या इन शब्दों के पीछे से, प्रेमचन्द के उपन्यास 'रंगभूमि' के सूरदास की इस पुकार के स्वर नहीं सुन पड़ते : 'फिर खेलेंगे, जरा दम लेने दो।' और 'हम हारे तो क्या, मैदान से भागे तो नहीं,...फिर खेलेंगे, जरा दम ले लेन दो...एक-न-एक दिन हमारी जीत होगी, अवश्य होगी।' आज फिर संघर्ष के मैदान में साम्प्रदायिक, फ़ासिस्ट और लोकतन्त्र-विरोधी विचारों और संगठनों से फिर खुल-खेलने और उन्हें परास्त करने की ज़रूरत है! भीष्म साहनी के उपन्यास 'तमस' का यही सकर्मक सन्देश और प्रभाव है!!

सन्दर्भ

1. भीष्म साहनी, 'आज के अतीत'; राजकमल प्रकाशन, नयी दिल्ली, पृष्ठ, 2, 88.
2. उपर्युक्त, पृ. 225
3. उप. पृ. 227
4. 'आधुनिक हिन्दी उपन्यास-1' (सं.) भीष्म साहनी एवं अन्य, राजकमल, पृ. 392
5. रामविलास शर्मा, देखिएः 'सन् सत्तावन की राज्य क्रान्ति और मार्क्सवाद'; लोकभारती, इलाहाबाद।
6. बिपिनचन्द्र, 'आधुनिक भारत में साम्प्रदायिकता; हिन्दी माध्यम निदेशालय, दिल्ली वि. वि. पृ. 219
7. उपर्युक्त।
8. भीष्म साहनी 'तमस', राजकमल पृ. 10
9. उप. पृ. 60

10. उप. पृ. 11
11. उप. पृ. 33
12. उप. पृ. 35-36
13. उप. पृ. 282
14. उप. पृ. 35
15. उप. पृ. 20
16. उप. पृ. 89
17. उप. पृ. 62-63
18. उप. पृ. 135
19. उप. पृ. 136
20. उप. पृ. 56-57
21. उप. पृ. 157
22. उप. पृ. 149
23. उप. पृ. 152
24. उप. पृ. 155
25. उप. पृ. 64-65
26. उप. पृ. 65 एवं 70
27. उप. पृ. 66-67
28. उप. पृ. 70
29. उप. पृ. 74-75
30. उप. पृ. 78-79
31. उप. पृ. 66-67
32. उप. पृ. 160-61
33. उप. पृ. 161-62
34. उप. पृ. 163-66
35. उप. पृ. 80-81
36. उप. पृ. 81
37. उप. पृ. 81-83
38. उप. पृ. 122
39. उप. पृ. 48
40. उप. पृ. 49
41. उप. पृ. पृ. 51
42. उप. पृ. 40
43. उप. पृ. 38
44. उप. पृ. 44-45
45. उप. पृ. 45
46. उप. पृ. 181

47. उप. पृ. 208-09
48. उप. पृ. 209-11
49. उप. पृ. 216-18
50. उप. पृ. 219
51. 'अक्षर पर्व' (रायपुर) का 'भीष्म साहनी शतवार्षिकी अंक (जून, 2015)
52. 'तमस', पृ. 221-22
53. उप. पृ. 190
54. उप. पृ. 191-93
55. उप. पृ. 265
56. उप. पृ. 263
57. उप. पृ. 231
58. उप. पृ. 238-39
59. उप. पृ. 250
60. उप. पृ. 248
61. उप. पृ. 283

4
तलछट के इन्क़लाब

भीष्म साहनी का ताज़ा उपन्यास 'बसन्ती' उनके पिछले तीनों उपन्यासों ('झरोखे', 'कड़ियाँ' और 'तमस') से कई मायनों में भिन्न है। भिन्न ही नहीं, शायद उनके विकास की अगली महत्वपूर्ण कड़ी भी है। 'तमस' के माध्यम से भीष्मजी ने निहायत सादगी के साथ अपनी महत्त्वपूर्ण उपस्थिति का अहसास-भर कराया था। लेकिन 'बसन्ती' में वे इस अहसास को गहरा ही नहीं, व्यापक भी बनाते हैं। यही नहीं, इस उपन्यास के जरिये उन्होंने अपने दृष्टिकोण और कलात्मक-कौशल के बारे में एक नया विश्वास पैदा किया है।

'तमस' हमारे राष्ट्रीय जीवन की एक ऐसी भयावह त्रासदी की तरह था, जिसमें मानवीय सम्बन्धों की पहचान साम्प्रदायिक नफ़रत की भीषण लपटों में झुलस कर बार-बार खो जाती थी। उसे खोजना एक तरह से जलते जंगल में पगडंडी तलाशने की अबोध कोशिश की तरह था। भीष्म जी ने 'तमस' में पगडंडी तलाशने का यह जोख़िम उठाया है। इस कोशिश में अगर उनकी राजनीतिक प्रतिबद्धता कुछ मुखर हो उठी तो उन्होंने इसकी भी कोई परवाह नहीं की। लेकिन 'बसन्ती' में उनका दृष्टिकोण बड़ी महीन बुनावट में बुना हुआ आया है। शायद इसीलिए वे इस उपन्यास और इसके चरित्रों के माध्यम से सामाजिक सम्बन्धों में आयी नाज़ुक तब्दीलियों का, और इस बदलाव की जड़ में घटित सामाजिक संरचनागत परिवर्तनों का अत्यन्त कलात्मक कौशल के साथ सूक्ष्म चित्रांकन कर सके हैं। इस उपन्यास में वे स्पष्ट देखते हैं कि सामाजिक सम्बन्धों की उलझी हुई घनीभूत परतों के नीचे कौन-सी चीज़ कहाँ टूट रही है और कौन-सी चीज़ कैसे बन रही है। इस टूटने-बनने और परिवर्तनों की गति और दिशा का यथार्थ चित्रांकन करते हुए वे अपनी सहानुभूति और पक्षधरता भी नहीं छिपाते।

नयी कहानी के अन्य अनेक रचनाकारों की तरह भीष्म जी ने भी अपना कथा-परिवेश ज़्यादातर शहरी मध्यवर्ग के जीवन को ही बनाया है। मध्यवर्ग के उच्चमध्यवर्गीय और निम्नमध्यवर्गीय—दोनों तबकों और उनके सूक्ष्मतर स्तरों और

संस्तरों को! यह विविधता और सूक्ष्मदर्शिता उनके समकालीन कथाकारों के यहाँ प्रायः दुर्लभ है। साथ ही, यहाँ यह भी नहीं भूलना चाहिए कि किसी उपन्यास या कहानी में मध्यवर्गीय जीवन का कथा-परिवेश मात्र होने से उसकी अन्तर्वस्तु मध्यवर्गीय नहीं हो जाती। यह भी हो सकता है कि मध्यवर्गीय कथा-परिवेश वाली किसी रचना की अन्तर्वस्तु क्रांतिकारी और सर्वहारावर्ग की हो। इसके विपरीत, यह भी एकदम सम्भव है कि क्रांतिकारी और सर्वहारा कथा-परिवेश वाली किसी रचना की अन्तर्वस्तु निरी सुधारवादी हो! यहाँ देखना यह चाहिए कि लेखक ने किस वर्ग या वर्गों का चित्रण किस वर्ग के दृष्टिकोण से किया है। प्रसंगवश, रचना से उभरने वाला यह विश्व-दृष्टिकोण लेखक के अपने जन्मजात वर्ग अथवा घोषित विचारधारा से भिन्न और कभी-कभी तो उसके विरुद्ध भी हो सकता है। इस विश्व-दृष्टिकोण की अन्तर्वस्तु के चुनाव और उसके सफलतापूर्वक कलात्मक चित्रांकन में निर्णायक भूमिका होती है। अन्तर्वस्तु को कथा-परिवेश अथवा विषयवस्तु (सब्जैक्ट मैटर) का पर्याय भी नहीं समझना चाहिए। ये दोनों वस्तुतः अन्तर्वस्तु के ही अभिन्न अंग हैं, उसी के अन्तर्गत आते हैं, लेकिन स्वयं अन्तर्वस्तु के पर्याय नहीं हैं।

भीष्म जी की खूबी यह है कि कथा-परिवेश, और यहाँ तक कि विषयवस्तु भी मध्यवर्गीय होने के बावजूद उसकी अन्तर्वस्तु किसी भी तरह से मध्यवर्गीय या सुधारवादी नहीं होने पाती। इसकी वजह यह है कि मध्यवर्ग का चित्रण करते हुए भी उनकी दृष्टि कहीं भी मध्यवर्गीय सीमाओं की शिकार नहीं होती। इसके विपरीत वे मध्यवर्गीय पाखंड, कायरता और निष्क्रय स्वप्नशीलता की बड़ी बेरहमी के साथ अत्यन्त पैनी आलोचना करते हैं। इससे उनके यथार्थवादी विश्व-दृष्टिकोण की प्रगतिशीलता सिद्ध होती है। भीष्म जी की एक अन्य विशेषता यह रही है कि मध्यवर्गीय कथा-परिवेश के बीच भी वे सर्वहारावर्ग के कई ऐसे अविस्मरणीय चरित्र दे जाते हैं जो अपनी हल्की-सी मौजूदगी मात्र से एक तीखा विरोधाभास खड़ा कर देते हैं। मध्यवर्ग की कठोर आलोचना और तीखे विरोधाभास के जरिये यह तीव्र द्वन्द्व पैदा करने की कला ही उनको नयी कहानी आंदोलन के आधुनिकतावादी कथाकारों से अलग और विशिष्ट बनाती है—साथ ही सार्थक भी।

'बसन्ती' उपन्यास की एक उल्लेखनीय विशेषता यह भी है कि इसमें भीष्म जी ने पहली बार निम्नवर्गीय मटमैले जनों के धूसर जीवन को अपना कथा-परिवेश बनाया है। इस बदरंग ज़िन्दगी के अनोखे रंग, उनकी स्वाभाविक सादगी के साथ उन्होंने कुछ इस अन्दाज में उभारे हैं कि वे शहरी मध्यवर्ग के भड़कीले जीवन के चटकीले रंगों का बनावटीपन और उनकी व्यर्थता का बेहद तीखा अहसास कराते हैं। इस उपन्यास में जहाँ-कहीं मध्यवर्गीय चरित्र आते भी हैं तो प्रसंगवश; इस विरोधाभास और इस द्वन्द्व का और भी तीव्र बोध कराने के लिए ही। भीष्म जी

ने इस उपन्यास में जिस निम्नवर्गीय समुदाय के जीवन का चित्रण किया है, वे ऐसे लोग हैं जो गाँवों में सूखा, अकाल और भूखमरी की तबाह-हाल ज़िन्दगी छोड़ कर शहरों में भाग आये हैं। असंगतिठ मज़दूरों की विराट सर्वहारा जमात की शक्ल में ये लोग दो पीढ़ियों से शहरी तलछट की ज़िन्दगी बिताते आ रहे हैं। इस तबके की ओर अभी मज़दूरों को संगठित करने वाली ट्रेड यूनियनों का भी बहुत ध्यान नहीं गया है। भीष्म जी इस उजड़ते-बसते मेहनतकश समुदाय और उसकी देहाती पृष्ठभूमि का वर्णन करते हुए लिखते हैं:

"बस्ती क्या थी, दिल्ली की ही एक सड़क के किनारे छोटा-सा राजस्थान बना हुआ था। आज़ादी के बाद, दिल्ली शहर फैलने लगा था। नयी-नयी बस्तियों की उसारी होने लगी थी और उन बस्तियों को बनाने के लिए जगह-जगह से राज-मज़दूर खिंचे आने लगे थे। दिल्ली से दूर, जहाँ कहीं सूखा पड़ता, या बाढ़ आती, वहीं से लोग उठ-उठ कर दिल्ली की ओर भागने लगते। कहीं परिवार-के-परिवार चले आये, कहीं अकेले मर्द, कहीं छोटी उम्र के लोंडे-लड़के भी। कहीं राजस्थान से तो कहीं हरयाणा और पंजाब के गाँवों से, और कहीं तो दूर दक्षिण से भी; पर राज-मज़दूर ही नहीं, धोबी, नाई, चायपान वाले और भी तरह-तरह के धंधे करने वाले लोग दिल्ली पहुँचने लगे। कहीं नये मकानों की नीवें खोदी जाने लगतीं तो कहीं आस-पास के राज-मज़दूरों की छोटी-छोटी अनगिनत झोंपड़ियाँ खड़ी हो जातीं, लोहा-सीमेंट-ईंट-पत्थर के ढेरों के बीच, इन झोपड़ियों में मोटी-मोटी रोटियाँ सेंकी जाने लगतीं, बच्चे रेत-मिट्टी के ढेरों पर खेलने-सोने लगते, और मज़दूरी के काम से निबट कर स्त्रियों की टोलियाँ गाती हुई अपनी-अपनी झोंपड़ियों में लौटने लगतीं। गारे-मिट्टी की अधकचरी झोंपड़ियों में भी स्निग्धता आ जाती। पर ज्यों ही पक्के मकानों का मुहल्ला बन कर तैयार हो जाता, तो झोंपड़े वहाँ से उठ जाते, राज-मज़दूर हट जाते, जहाँ उनकी झोंपड़ियाँ थीं वहाँ सड़क की पटरियाँ बिछ जातीं, आँगनों की दीवारें खींच जातीं, और पता भी नहीं चल पाता कि कभी वहाँ झोंपड़ियों की पाँतें भी रही होंगी।" (पृ. 13)।

दिल्ली के फैलने-विकसित होने और उसके समानांतर इन मेहनतकशों के बार-बार बस कर उजड़ने की त्रासदी के विरोधाभास के माध्यम से भीष्मजी जैसे हमारे देश में पूँजीवाद के विस्तार और विकास की निर्मम कहानी भी कह रहे हैं। पक्की इमारतें बनते ही हर बार ये अधकचरी झोंपड़ियों की बस्तियाँ उजड़ जाती थीं, "पर जब रमेश नगर बना, और बन कर तैयार भी हो गया, तो राज-मज़दूरों के झोंपड़े, ज्यों के त्यों बने रहे। कारण, ये झोंपड़े बस्ती से सट कर नहीं बनाये गये थे। इन्हें बस्ती से थोड़ा हट कर बड़ी सड़क के किनारे एक वीरान टीले पर बनाया गया था, जो दो तिरछी सड़कों के बीच अलग-अलग-सा खड़ा था।" (पृ. 13)। लेकिन यह झोंपड़े फिर भी नहीं बचते। हाकिम के हुक्म से, पुलिस की मदद से तोड़ दिये जाते हैं।

बसन्ती की निगाह से भीष्म जी इसका बड़ा मर्मस्पर्शी वर्णन करते हैं : "कुछ पुलिस वालों के कन्धों से लकड़ी के जालीदार चौखटे लटक रहे थे। उनकी वर्दियाँ पानी से तर हो रही थीं और पानी उनकी टोपियों से भी चू रहा था। सिपाहियों की पाँत के पीछे जगह-जगह ऊँचे-ऊँचे बाँस और बल्ले और लट्ठ नज़र आ रहे थे, और कीच और मलबे का ढेर भी। बसन्ती के लिए पहचानना कठिन हो रहा था कि कौन-सी कोठरी किसकी थी। ऐन सामने वाली कोठरी के बाहर, जमीन पर तीन-चार डिब्बे लुढ़के हुए थे। एक डिब्बे में से थोड़े-से चावल निकल कर कीच पर छितरे हुए थे। कोठरी की दीवार टूटी पड़ी थी, पर दरवाज़ा अभी भी टेढ़ा होकर झूल रहा था। कोठरी के बाहर चूल्हा भी टूटा पड़ा था। बसन्ती ने आँख उठा कर देखा। दायें हाथ, एक कोठरी की दीवार पर दो सिपाही खड़े थे और छैनियों से छत को तोड़ रहे थे। एक और सिपाही नीचे से कोठरी के बाहर पहुँचा था। उसने छैनी उठा कर सबसे पहले चूल्हे को तोड़ा और फिर कोठरी की दीवार पर छैनी मारने लगा। दीवार पर नीले रंग से दो सुन्दर, बड़े-बड़े मोर बने हुए थे। यह बिश्नू की कोठरी थी। उसी की दीवार पर नाचते मोर बने थे, नहीं तो और लोगों की दीवारों पर कहीं घोड़ा तो कहीं हाथी के चित्र थे।" (पृ. 24)।

बस्ती तोड़ने के काम में जब बस्ती वालों में से भी कुछ मज़दूर शामिल हो जाते हैं तो एक औरत उन्हें फटकारती है : "अपनी ही बस्ती के घर तोड़ रहा है, हरामजादे। सारी सरम बेच खाई है। तुझे कोढ़ पड़े।"

"अब अपनी कहाँ है। सरकार की है।"

इस पर भीड़ में से एक आदमी चिल्लाया, "तैने भी तो अपनी कोठरी बनाई थी।"

"बनाई थी, तो बनाई थी," ऊपर से जवाब आया, "सरकार तो इन्हें तोड़ेगी ही। हम अपनी मजूरी क्यों छोड़ें। हम नहीं तोड़ेंगे तो कोई दूसरा आकर तोड़ेगा।" (पृ. 25)।

इस सारे प्रकरण पर उपन्यासकार की टिप्पणी है कि "पुलिस के बड़े अधिकारी जानते थे कि इतनी बड़ी बस्ती एक दिन में नहीं गिराई जा सकती। पर जितना जल्दी हो सके, शुरू के तीस-चालीस घरों को तोड़ डालना ज़रूरी था, ताकि बस्ती रहने के लिए नकारा हो जाये और लोग यहाँ से निकल जाएँ, बस्ती खाली कर दें। इसीलिए उन्होंने बीस-बीस रुपये मजूरी देने का प्रलोभन देकर उसी बस्ती के कुछेक राज-मज़दूरों को पकड़ लिया था। बहुत-से लोगों ने तो इनकार कर दिया था, लेकिन मेहरु जैसे कुछ बेरोज़गार लालच में आ गये थे।" (पृ. 25)।

यहाँ भीष्म जी बड़े खामोश ढंग से इस तथ्य को उजागर कर रहे हैं कि पूँजीवादी व्यवस्था में किस तरह श्रमिक पहले खुद एक वस्तु में बदलता है, अर्थात् दूसरों की शर्तों पर अपना श्रम बेचने के लिए मजबूर होता है, और फिर अपने श्रम और

श्रम के उपकरणों के प्रति धीरे-धीरे 'अजनबीपन' (एलियेनेशन) का शिकार होकर अन्ततः अपने समूचे घर-बार और परिवेश के प्रति भी पराया होने लगता है। इस तरह निजी परायापन एक सामाजिक अजनबीयत में बदलने लगता है। एक तरफ़ रंग-बिरंगे मोर-हाथी-घोड़ों से चित्रित अपने घरों की मोह-ममता और दूसरी तरफ़ बेरोज़गारी के शिकार लोगों में इस मोह-ममता के सारे मानवीय और नाजुक रिश्तों को तोड़ता हुआ पूँजीवादी निज़ाम और उसका क्रूर अमला। भीष्म जी के कई पात्र अमानवीयकरण की इस प्रक्रिया के ख़िलाफ़ सार्थक प्रतिरोध भी करते हैं। वे इस प्रक्रिया का घटित होना भी बड़ी बारीकी से चित्रित करते हैं। मज़दूर पहले खुद एक मानवीय इकाई से 'वस्तु' में परिवर्तित होता है और फिर उस 'वस्तु' की अन्य 'वस्तुओं' और यहाँ तक कि अपने निजी आत्मीय परिवेश से विच्छिन्न होते जाने की निर्मम विवशता भी सामने आती है। दूसरी ओर खुद 'वस्तु' बनने और अन्य वस्तुओं से विच्छिन्न होते जाने का प्रतिरोध भी है।

यह विरोधाभास और द्वन्द्व एक ही वर्ग के बीच है। इस विरोधाभास को जैसे और भी तीव्र ढंग से उद्‌घाटित करने और इस वर्ग से भी अधिक अमानवीय वर्ग को सामने लाने के लिए ही भीष्म जी, इन उजड़ते हुए मेहनतकशों की ढ़हती हुई बस्ती के ठीक पड़ोस में बसने वाले, सम्भ्रांत मध्यवर्गीय लोगों को ला खड़ा करते हैं। इससे इन मेहनतकश निम्नवर्गीय जनों की मजबूरी और तकलीफ़ जैसे और भी गहरी त्रासदी के रंग में डूब जाती है। लेकिन साथ ही भीष्मजी के व्यंग्यात्मक लहजे की एक खामोश पैनी अन्तर्धारा भी उनके तटस्थ-जैसे दिखते हुए वर्णन के नीचे लगातार प्रवाहित होती रहती है, जो इन मजबूर, पस्त और हारे हुए प्रतीत होने वाले लोगों में उदात्त और अपराजेय चरित्र की भी सृष्टि करती है। व्यंग्य की यह धारा अमानवीयकरण की पूँजीवादी प्रक्रिया से लड़ते हुए मेहनतकश जनों के चरित्र की मानवीयता को भी (मध्यवर्ग की तुलना में) सफलतापूर्वक सामने ले आती है। रमेश नगर के मध्यवर्गीय चरित्रों से इनके विरोधाभास के बिना यह शायद इतने बेहतर ढंग से सम्भव भी नहीं था।

"सड़क के पार, रमेश नगर में रहने वाले बहुत-से बाबू लोग आकर खड़े हो गये थे। कुछ ने बस्ती के अनेक मर्द-औरतों को पहचान भी लिया था, क्योंकि इन्हीं घरों में बहुत-सी औरतें चौका-बर्तन करती थीं और आदमी रंग-रौगन और सफेदी करने आते थे। वे भी बस्ती के तोड़े जाने का तमाशा देख रहे थे। बसन्ती बहुत-से लोगों को पहचानती थी, कुछेक के घरों में काम भी कर चुकी थी,...

"कानून कानून है, क्या किया जाये!" चार नम्बर ब्लाक वाले अहूजा साहिब कह रहे थे, "मैंने मूलराज से कहा भी था। मैंने कहा, मूलराज, तुम कोठरियाँ पक्की नहीं करो। पक्की कोठरियाँ बनाना गैरकानूनी है।"

"पक्की कोठरियाँ बनाना ही नहीं, सरकारी जमीन पर कब्जा करना ही गैर-कानूनी है। बैठे-बैठाये मुफ्त में अपनी कोठरियाँ खड़ी कर लीं।" (पृष्ठ 28)

इन लोगों ने यहाँ अपनी पक्की कोठरियाँ ही नहीं खड़ी कर लीं, बल्कि "यहीं पर शदियाँ-ब्याह होने लगे, यहीं पर राज-मज़दूरों ने अपनी पंचायतें बना लीं।" (पृ. 14)। ये पंचायतें देहाती अतीत के स्मृति-चिन्ह जैसी ही रह गयी थीं अब, क्योंकि पूँजीवादी शहरी माहौल में उनकी उपयोगिता लगभग समाप्त हो चुकी थी। उनकी एकता और आत्मीयता के तानेबाने तो पहले ही उधड़ने लगे थे, बस्ती टूटने के बाद तो जैसे पंचायत का समूचा ढाँचा भी टूट कर बिखर गया था और "यों अब पंचायत किसी नुचे-खुचे, फटे-पुराने, चिथड़े-सी रह गयी थी।" (पृ. 64)। शहरी वातावरण में पली-बढ़ी नयी पीढ़ी की तो पहले ही इन पंचायतों में कोई आस्था नहीं थी। यही नहीं इस पीढ़ी के लिए जाति और समुदाय के सामन्ती अर्थ भी व्यर्थ हो चुके थे। चौधरी नाई को उसके अड्डे पर नाई का धंधा करने वाला राजपूत युवक कहता हैः "मंगलू राजपूत का बेटा हूँ, चाचा, पर दिल्ली में जात नहीं चलती। जात गाँव में चलती है। तुमने पूछा तो हमने बता दिया। दिल्ली में अहीर बहुत हैं, राजपूत भी बहुत हैं।" (पृ. 44)।

नयीं पीढ़ी की तरह ही पुरानी पंचायत के चौधरियों में से भी कई के लिए ये पंचायतें अब व्यर्थ हो चुकी थीं। पंचायत का एक पंच बोधराज चौधरी मूलराज पर झल्लाता हैः "सुबह भनचोद सात बजे निकलते हैं, साइकिल पर पैडल पर पैडल मार-मार कर भनचोद, सात मील दूर काम को जाते हैं, अब थके-मांदे लौटे हैं तो इसकी लनतरानियाँ सुनो" (पृ. 66)। बोधराज को ट्रेड यूनियनों की शक्ति का पता भले अभी न चला हो, पर इन पंचायतों की व्यर्थता का पूरा बोध है। वह जानता है कि उनके पुनर्वास की समस्या को लेकर पंचायत सरकार के आगे कुछ नहीं कर सकतीः "क्या कर लिया पंचायत ने? उधर बस्ती टूटी क्या किया पंचायत ने? तब भी छः-छः चक्कर लगाता था मूलराज। और अब क्या कर लेगी? जब सरकार की मर्जी होगी करेगी, तुम और हम कुछ नहीं कर सकते।" (पृ. 66)।

जब मतिराम उसे समझाता है कि "यह तो हम भी जानते हैं कि कुछ नहीं कर सकते। पर मिल बैठते तो हैं, अपने-अपने सुख-दुःख की बात तो करते हैं।" तो बोधराज फिर झल्लाता हैः "रामू की बेटी भाग गयी ड्राइवर के साथ। क्या कर लिया पंचायत ने?" (पृ. 66) पंचायत की यह व्यर्थता और असहायता अमानवीयता की सीमाएँ भी छूने लगती है जब वह लंगड़े बुलाकी के साथ क्रूर परिहास करते हुए भी बसन्ती के साथ उसकी शादी कराने का समर्थन करती है। यहाँ उपन्यासकार की टिप्पणी है कि "बीड़ी के कश खींचते हुए, बस्ती के लोग, मुँह में लड्डुओं की मिठास के चटखारे लेते हुए चौधरी और बुलाकी पर टिप्पणियाँ कसते रहे, पर किसी

एक ने भी मज़ाक तक में इस तरह की टिप्पणी नहीं की कि चौदह बरस की छोकरी के साथ साठ बरस का बुलाकी क्यों ब्याह करने जा रहा है? यहाँ तक कि बोधराज ने भी कुछ नहीं कहा।" (पृ. 72)।

पूँजीवादी शोषण और नौकरशाही अफ़सरों और पुलिस-दमन के शिकार इन बार-बार उजड़ते लोगों के साथ अपनी सहानुभूति दिखाते हुए भी भीष्मजी उनकी पंचायतों के सामन्ती और नकारा चरित्र के माध्यम से उनके दिलो-दिमाग में छाये हुए, सामन्तवादी-रूढ़िवादी मूल्यों पर उँगली रखने से नहीं चूकते। इनमें अभी भी आपस में ऊँचनीच, जात-पाँत और बिरादरी आदि की सामुदायिक और सामन्ती दीवारें खिंची हुई हैं। स्त्री-पुरुष सम्बन्धों पर भी पुरानी सामन्ती दासता और यौन-शोषण के सख्त खोल चढ़े हुए हैं और अभी भी जवान लड़कियों को बेचा जाता है। पुरानी और नयी पीढ़ियों तथा देहाती और शहरी वातावरण के विरोधाभासों के माध्यम से भीष्म जी एक ओर जहाँ पूँजीवादी विकास के साथ कबीलाई सामुदायिक सम्बन्धों के अवशेषों और सामन्ती मूल्यों को टूटते हुए दिखाते हैं, वहीं दूसरी ओर वे यह भी चित्रित करते हैं कि इस विध्वंस के बाद पूँजीवाद किसी स्वर्गलोक में नहीं ले जाता, बल्कि वह पहले से भी अधिक निर्मम और अमानवीय यातना के महीन शोषणचक्र में पिसने के लिए ढकेल देता है। यहाँ तक कि वह प्राचीन सामुदायिक और सामन्ती सम्बन्धों के उन अनेक मार्मिक और उदात्त पहलुओं को भी दौलत की चट्टानों पर पटक कर तोड़ डालता है जो अत्यन्त नाज़ुक और बेहद आत्मीय होते हैं। पूँजीवाद की सकारात्मक और नकारात्मक, दोनों तरह की भूमिकाओं का मार्क्स और एँगेल्स ने 'कम्युनिस्ट घोषणापत्र' में इन शब्दों में वर्णन किया है : "पूँजीपति वर्ग ने, जहाँ पर भी उसका पलड़ा भारी हुआ, वहाँ सभी सामन्ती, पितृसत्तात्मक और काव्यात्मक सम्बन्धों का अन्त कर दिया। उसने मनुष्य को अपने स्वाभाविक बड़ों के साथ बाँध रखने वाले नाना प्रकार के सामन्ती सम्बन्धों को निर्ममता से तोड़ डाला; और नग्न स्वार्थ के, नगद पैसे-कौड़ी के हृदयशून्य व्यवहार के सिवा मनुष्यों के बीच और कोई दूसरा सम्बन्ध बाकी नहीं रहने दिया। धार्मिक श्रद्धा के स्वर्गोपम आनन्दातिरेक को, वीरोचित उत्साह और कूपमंडूकतापूर्ण भावुकता को उसने आना-पाई के स्वार्थी हिसाब-किताब के बर्फीले पानी में डुबा दिया है। मनुष्य के वैयक्तिक मूल्य को उसने विनिमय मूल्य बना दिया है...एक अन्तःकरणशून्य स्वातन्त्र्य की स्थापना की है...।" (पृ. 38-39, प्रगति प्रकाशन, मास्को) इस एक नरक के विध्वंस के बाद दूसरे नरक में ढकेले जाने की निर्मम पृष्ठभूमि पर ही भीष्म जी ने बसन्ती की त्रासदीय प्रेमकथा का अद्भुत चित्रांकन किया है।

राजस्थानी राज-मज़दूरों की इसी बस्ती का एक अंग बन चुका है नाई का धंधा करने वाला हरियाणा का अहीर चौधरी नौवा जो अपनी 14 साल की लड़की

बसन्ती को लंगड़े दर्जी 60 साल के बुलाकीराम के हाथ बेचना चाहता है। चौधरी इसे "ब्याह" करना ही कहता है, बेचना नहीं बसन्ती इस बस्ती की ऐसी नयी पौध थी जिसके बारे में उपन्यासकार ने लिखा है कि "दो-दो पीढ़ियाँ बस्ती में उम्र लाँघने लगीं। ऐसे छोकरे-छोकरियाँ...बस्ती और बस्ती के बाहर रमेश नगर की सड़कों पर घूमती-दौड़ती फिरतीं। लड़कियाँ बिन्दी-लिपस्टिक लगातीं, फोटो खिंचवाती और शहर में टेलीविज़न आ जाने पर शाम को किसी-न-किसी घर की खिड़की में झाँक-झाँक कर टेलीविज़न देखतीं। उनकी बस्ती में रेडियो और ट्रांजिस्टरों पर फ़िल्मी गाने गूँजते। नयी पौघ को दिल्ली की हवा लगने लगी थी।" (पृ. 14) यह नयी पौध ही पुराने सामन्ती मूल्यों की जकड़न तोड़ कर नयी हवा में कुलाँचे भरना चाहती है। बसन्ती 60 साल के लंगड़े दर्जी के साथ ब्याह नहीं करना चाहती। फ़िल्में देख कर उसके अन्दर ऐसी रूढ़ियों और दासता के बन्धनों के ख़िलाफ़ एक ज़बर्दस्त विद्रोह की, साथ ही अल्हड़ प्रेम की कोमल कल्पनाओं की भी, नयी-नयी भावनाएँ जड़ जमाने लगती हैं।

यहाँ मुझे भीष्म जी के 'वाङ्चू' संग्रह की एक कहानी 'राधा-अनुराधा' याद आने लगती है। इसे अभी दोबारा पढ़ने पर यह स्पष्ट नज़र आता है कि यह कहानी 'बसन्ती' उपन्यास के कच्चे माल या उसके रफ़-प्रारूप का ही एक हिस्सा है। थोड़े-बहुत परिवेश और नामों के हेर-फेर से यह 'बसन्ती' का ही एक भाग है। उपन्यास की बसन्ती ही इस कहानी की राधा है जो बूढ़े के हाथ बेचे जाने के विरोध में पहले चूहे मारने वाली गोलियाँ खाकर आत्महत्या की विफल कोशिश करती है, फिर लड़कों के होस्टल में काम करने वाले एक जवान के साथ भाग जाती है। अपनी शादी के बारे में श्यामा बीबी जी को संशय की नज़र से देखते पाकर वह उन्हें बताती है कि "हमारी कोठरी के पीछे जो बरामदा है ना, बीबी जी, वहाँ आले में भगवान जी की मूर्ति रखी है। उसी के सामने हम दोनों खड़े हो गये और ब्याह करवा लिया।"

"पंडित कोई नहीं था?"

"पंडित किसलिए बीबीजी? हम दोनों ने मूर्ति के सामने हाथ जोड़ कर ब्याह करवा लिया। अनुराधा फ़िल्म में भी तो ऐसे ही हुआ था, आपको याद नहीं? टेलीविज़न पर आप ही के घर में तो देखी थी। बस, वैसे ही हमने भी ब्याह करवा लिया।" (वाङ्चू, पृ. 145-6)।

भीष्म जी शायद हिन्दी के पहले ऐसे लेखक हैं जिन्होंने फ़िल्मों के इस नये पहलू की तरफ़ भी हमारा ध्यान खींचा है। सस्ती भावुकता और पूँजीवादी संस्कृति के भौंड़े प्रचार के बावजूद रूमानी हिन्दी फ़िल्में निम्नवर्ग में पैदा हुई बसन्ती (कहानी की राधा) जैसी मेहनतकश अल्हड़ लड़कियों में सामाजिक विद्रोह की चिन्गारियाँ भी फूँक सकती हैं, इससे पहले शायद किसी ने नहीं सोचा था। कम से कम इसका

चित्रण तो किसी हिन्दी लेखक ने नहीं किया होगा। यह कहीं न कहीं फ़िल्मों का ही असर था कि बसन्ती बूढ़े बुलाकी के हाथ बेचे जाने को चुपचाप स्वीकार न करके अपनी पसन्द के युवक दीनू के साथ भाग जाती है। वह जब श्यामा बीबीजी को बताती है कि "हमारा बापू बेटियाँ बेचता है।" तो कहीं न कहीं उसके मन में इसके ख़िलाफ़ नफ़रत और विद्रोह भी भड़क रहा होता है। इसीलिए जब वह यह कहती है कि "सच, बीबी जी, मेरी बड़ी बहिन का ब्याह भी गाँव में किसी बूढ़े के साथ कर दिया। उससे आठ सौ रुपए लिए। वह गाँव में बैठी घास छीलती है।" तो बसन्ती यह भी स्पष्ट कर देती है कि इस स्थिति को वह कभी भी स्वीकार नहीं करेगी। वह सीधी चुनौती देती है: "करके तो देखे, बीबीजी, मैं उसे करने ही नहीं दूँगी। मैं फिर से चूहे मारने वाली गोलियाँ खा लूँगी।" (पृ. 38)।

बसन्ती जब सरदार लड़के की वेश-भूषा में दीनू के साथ साइकिल पर भागती है तो उसे लगता है कि "यह वैसा तो नहीं था जैसा फ़िल्मों में होता है, लेकिन कुछ-कुछ फ़िल्मों से मिलता भी था।" (पृ. 47) यह अन्तर ही वास्तव में बसन्ती के जीवन की जैसे सबसे बड़ी त्रासदी भी है। नैरेटर के रूप में यहाँ उपन्यासकार की टिप्पणी है: "बसन्ती जैसे नाटक खेल रही थी। और वह स्वयं नाटक की एकमात्र दर्शक भी थी और अभिनेत्री भी। जो कुछ घट रहा था वह सच भी था और उसमें नाटक देखने और खेलने की उत्तेजना भी थी।...फ़िल्म की अभिनेत्री और बसन्ती में अन्तर यही था कि फ़िल्मों की अभिनेत्री का साहस झूठा होता है, उसका जोख़िम झूठा होता है, जबकि अपने को अभिनेत्री मान कर व्यवहार करने वाली बसन्ती का साहस सच्चा था, और उसका जोख़िम भी सच्चा था जिसके पीछे अनेक ख़तरे मँडरा रहे थे।" (पृ. 47)।

दीनू के साथ भागने का जोख़िम उठाते हुए अल्हड़ बसन्ती के मन में हिन्दी फ़िल्मों के सुखद अन्त की तरह अपने भावी दाम्पत्य जीवन की मधुर कल्पनाएँ भी होंगी, क्योंकि खुद को अभिनेत्री मान कर व्यवहार करने वाली बसन्ती दीनू को भी फ़िल्मों के आदर्श नायक के रूप में ही मानती रही होगी। दीनू की तरफ़ वह आकर्षित भी उसके उस समय के फुर्तीले मेहनती स्वभाव और स्वच्छ रखरखाव के कारण ही हुई थी। दीनू वैसा नहीं था, जैसा लगा था। लेकिन दीनू की एक ब्याहता पत्नी गाँव में थी और वह एक निहायत दुनियादार और निठल्ला किस्म का इन्सान था जो बसन्ती की तरह भावनाओं के झूले पर नहीं झूलता रहता था। उसने कभी भी बसन्ती को अपनी विवाहिता पत्नी-जैसा नहीं समझा। वह आगे चल कर एक बार बसन्ती से कहता भी है कि "मैंने दूसरी शादी नहीं की है। तू मेरे साथ भाग आयी है, मैंने मना नहीं किया।" (पृ. 79-80) लेकिन बसन्ती ने उसके साथ "ब्याह" किया था, भले ही समाज और यहाँ तक कि स्वयं दीनू भी उस ब्याह को मान्यता न दे।

दीनू की कोठरी में जाने के बाद उसी रात वह ब्याह की 'रस्म' भी पूरी करती है: "भगवान जी के सामने हम दोनों खड़े होंगे। हाथ जोड़ कर। सिर नवायेंगे। ऐसे ब्याह करेंगे। तू मेरे माथे पर टीका लगाना, मैं तेरे माथे पर टीका लगाऊँगी। है तेरे पास भगवान जी की तस्वीर?" (पृ. 61) उपन्यास के नैरेटर के शब्दों में "न जाने इसकी प्रेरणा बसन्ती को फ़िल्मों से मिली थी या उसकी अन्तःप्रेरणा ही उसे मजबूर कर रही थी, पर वह अपनी ओर से ब्याह की पूरी रस्म निभा रही थी।" (पृ. 62) भले ही "बसन्ती को बाँहों में भर पाने के लिए उतावला" हो रहे दीनू के लिए यह सब "ऊल-जलूल" खेल था और वह "इस खिलवाड़ से ऊब" भी रहा था और एक तरह से "इन व्यवधानों से खीझ" रहा था, लेकिन बसन्ती के लिए, "यह अभिनय भी था, खिलवाड़ भी था, विवाह भी था, विवाह का स्वाँग भी था और भावी दाम्पत्य जीवन के लिए नारी-हृदय की सहमी-सहमी-सी भाव-विह्वल प्रार्थना भी।" (पृ. 63)। इसीलिए दीनू की आस्तीन पकड़ कर और उसके पास सट कर बसन्ती धीरे-से बोली भी थी, "अब हाथ पकड़ा है तो छोड़ना मत!" (पृ. 63) लेकिन "बसन्ती जिस भविष्य की कल्पना करने लगी थी उसमें दीनू का स्थान उसने ठीक ढंग से नहीं आँका था।" (पृ. 136) जिस दीनू के साथ वह बूढ़े बुलाकी के हाथ बेचे जाने से बचने के लिए अपना घर-बार छोड़ कर भागी थी, वही उसे बाद में तीन सौ रुपए में अपने दोस्त बरडू के पास बेच कर, अपनी ब्याहता बीवी के पास गाँव भाग जाता है। उसके बाद गर्भवती बसन्ती लंगड़े बुलाकी के साथ ब्याह दी जाती है, जिसे विश्वास था कि "मैं कहूँ बसन्ती रानी आयेगी, एक दिन ज़रूर आयेगी...।" (पृ. 103) लेकिन जब दीनू अपनी पत्नी के साथ दिल्ली लौट आता है तो बसन्ती अपने बच्चे के साथ एक बार फिर उसके पास भाग जाती है। पहले भी उसने एक बार दीनू से कहा था कि वह अपनी पत्नी को गाँव से ले आये, "हम सब मिल कर रहेंगे" और "मैं सब काम कर लूँगी। उसे सब कुछ सिखा दूँगी। तू उसे यहाँ ले आ। हम अलग से कहीं कमरा लेकर रह लेंगे।" (पृ. 80)।

बसन्ती के स्वभाव की यह निश्छल सरलता और परिस्थितियों के अनुसार बहुत जल्दी खुद को ढाल लेने की आदत ही उसे विशिष्ट भी बनाती है। सभी के लिए, यहाँ तक कि अपने से बुराई करने वाले के प्रति भी उसके मन में प्यार और ममता के सोते लहराते रहते थे। उसकी "भीगी-भीगी ममता जो एक बार फूटी तो फिर थम नहीं" पाती थी और "उसी में उसका सारा द्वेष, सारी घृणा, सारी ईर्ष्या बह" जाती थी: "यों भी बसन्ती भावनाओं के झूले पर झूलने वाला जीव थी। अन्दर से ज्वार उठता तो वह नाचने लगती, प्रियजनों से लिपटने लगती, हँसने-बोलने लगती। उसका स्वभाव ही ऐसा था।" (पृ. 159) यह हँसमुख स्वभाव और अल्हड़ निडरता उसमें कूट-कूट कर भरी हुई थी : "किस-किस से डर कर रहूँ, बीबीजी?

बापू से? माँ से? आप से? भगवान से?" बसन्ती कहती है और "श्यामा बसन्ती की ओर देख-देख कर हैरान हो रही थी कि इस लड़की के अन्दर भगवान ने हँसी के कैसे सोते डाल रखे हैं। बात-बात पर इसकी हँसी फूटने लगती है। भगवान ने शरीर तो इसे लड़की का दिया है, पर आत्मा जैसे पक्षी की, तभी यह सारा वक्त फुदकती-चहकती फिरती है।" (पृ. 34)। प्रसंगवश, 'कुन्तो' में भी जयदेव कुन्तो के लिए ठीक ऐसा ही कहता है!

"इतने धोखे खा चुकी है, पर तू फिर भी होश में नहीं आयी। तू ज़िन्दगी में बहुत दुःखी होगी बसन्ती।" श्यामा बीबी ने दाँतों-तले होंठ दबा कर सिर हिलाते हुए कहा।

"ज़िन्दगी क्या होती है बीबीजी?" बसन्ती ने कहा और हँस दी। उसकी हँसी में पहले जैसी गूँज फिर से सुनाई पड़ी। (पृ. 94)।

भीष्म जी ने इस उपन्यास के माध्यम से हिन्दी कथा-साहित्य को एक ऐसा उदात्त और ममतामय, ऐसा संघर्षशील और शक्तिशाली 'टाइप' चरित्र प्रदान किया है, जो जीवन में अपनी भरपूर मौजूदगी के बावज़ूद साहित्य और कला की दुनिया में प्रायः दुर्लभ था। बसन्ती की अल्हड़ता, बेफिक्री और "तो क्या हुआ, बीबीजी" कह कर हर बड़ी से बड़ी और गहरी चोट को सह जाने की ताकत उसे अपने निश्चित 'टाइप' में ढालती है, लेकिन यह सह जाना भी कहीं न कहीं एक ऐसे 'रिवोल्ट' का भीतर ही भीतर सुलगता पतीला छोड़ जाता है कि बसन्ती जब तन कर खड़ी हो जाती है तो भरपूर चोट भी करती है:

सहसा बसन्ती भभक कर उठ बैठी–

"तूने बरडू से पैसे लिये थे?"

"कौन-से पैसे? क्या बक रही है?"

"तीन सौ रुपये? बोल, लिये थे तीन सौ रुपये?"

दीनू को इतने तीखे प्रश्न की आशा नहीं थी।

"तुम्हें बोल जो दिया मैंने उसे साइकिल बेची थी।"

"और उसने सत्तर में साइकिल लौटा दी?"

"बाकी पैसे उसे फिर दूँगा। अब बक-बक नहीं कर।"

"वह कहता था तू मुझे उसके हाथ बेच गया था।"

दीनू चुप रहा। बसन्ती का पारा चढ़ता जा रहा था।

"बोल, बोलता क्यों नहीं? तू मुझे उसकी रखैल बना गया था?"

"चुप रह, चुप रह, चिल्ला नहीं। नहीं, एक झापड़ दूँगा, सारे दाँत बाहर आ जाएँगे।"

पर बसन्ती मानों आपे से बाहर होती जा रही थी, "तू भी हरामी, वह भी हरामी। ख़बरदार जो मेरे बच्चे को हाथ लगाया। बड़ा आया बेचने वाला। मेरे पेट में अपना बच्चा देकर मुझे बेचने चला था, हरामी, बेशर्म, बदजात!" (पृ. 140) दीनू जब फिर

झापड़ मारने की बात कह कर उसे धमकाता है तो वह गरजती है: "मैं तेरी आँतें खींच लूँगी, तू समझता क्या है? लगा तो हाथ मुझे।" (पृ. 141)।

हो सकता है कि किसी को बसन्ती के चोट करने के इस अन्दाज में कोई जुझारूपन या विद्रोह न भी दिखाई दे, बल्कि गरज-बरस कर भी सब कुछ सहते जाने के पीछे निहायत मासूमियत और असहायता ही नज़र आये। लेकिन यही भीष्म जी के कलाकार का कमाल है कि वे 'टाइप' को अपनी इच्छित दिशा में बड़ी खूबी और बारीकी के साथ डालते तो हैं, पर उस पर अपना दृष्टिकोण कहीं भी आरोपित नहीं करते। सामाजिक अन्तर्विरोधों पर अपनी पैनी दृष्टि के कारण वे अपने चरित्रों के पैर ज़मीन से ऊपर नहीं उठने देते। इसीलिए उनके चरित्र सामाजिक जीवन की घनीभूत सतहों के नीचे बदलते हुए सम्बन्धों की पर्तें तो बखूबी खोलते चले जाते हैं और सुलगते हुए बारूद के पलीते की चमक भी फेंकते हैं, पर वैसा विस्फोट नहीं करते जिसके इन्तजार में, लेकिन साथ ही जिसकी ओर, हमारा समूचा सामाजिक जीवन, हमारे उत्पादन सम्बन्ध और हमारी पूरी आर्थिक-सामाजिक संरचना गतिशील है।

हिन्दी कथा-साहित्य में प्रेमचन्द के बाद के ज़्यादातर नारी चरित्र न केवल मध्यवर्ग की शहरी दुनिया से ही लिये गये हैं, बल्कि वे मध्यवर्गीय दायरों में निम्न-पूँजीवादी दृष्टिकोण के वाहक भी रहे हैं। अगर कुछ कथाकारों ने गाँवों की ओर रुख किया भी तो आँचलिक लटकों-झटकों या आरोपित मुद्राओं के कारण, वे जीवन्त 'टाइप' चरित्रों की सफलतापूर्वक सृष्टि नहीं कर सके। ऐसी स्थिति में उनके प्रसंग में ''प्रतिनिधि परिस्थितियों में प्रतिनिधि चरित्रों का सच्चा चित्रांकन'' करने की बात ही उठना बेमानी होगा। भीष्म जी की खूबी यह है कि उन्होंने इस बात को सर्जनात्मक धरातल पर सिद्ध कर दिया है कि प्रेमचन्द की परम्परा का अर्थ न तो ''गाँवों की ओर अभियान'' ही है और न ही सादगी के नाम पर सपाट कलाविहीनता! शहरों-महानगरों में भी देहात के इन बिखरे हुए टुकड़ों में जिन निम्नजनों और उनकी तबाहहाल ज़िन्दगी के विविध पहलुओं को इस उपन्यास में जिस खूबी से समेटा गया है, वह अन्यतम है। लेकिन उपन्यासकार ने इन बिखरी हुई जमातों के यथार्थ जीवन के मटमैले चित्र ही नहीं दिये हैं, उनकी शहरों में पली-बढ़ी नयी पौध के बीच ढलने वाले बसन्ती-जैसे विद्रोही चरित्रों को भी उनकी समूची जीवन्तता के साथ उभारा है।

भीष्म जी ने बसन्ती के जीवन में आये इस क्रान्तिकारी परिवर्तन को भी बड़ी बारीकी से नोट किया है: ''कल तक बात-बात पर दीनू का मुँह जोहनेवाली बसन्ती, आज अपने आप ही घर-मालिकिन की तरह व्यवहार करने लगी थी, जैसे उसने अपने को पहचान लिया हो, जैसे उसने यह भी समझ लिया हो कि घर टूट नहीं सकता, इसे बनाये रखने में ही कुशल है।...रुक्मी अब उसे सौत नज़र नहीं आ रही थी, जो उसकी कमाई खाती थी। बसन्ती की नज़र में एक सन्तुलन-सा आ गया

था, और सन्तुलन आते ही अपनी स्थिति पर उसकी पकड़ मजबूत हो गयी थी। दबती तो वह पहले भी नहीं थी, करती भी सदा मनमानी ही थी। पर अब मानों उसने अपनी स्थिति का भेद पा लिया हो और निस्सहायता, संशय और अनिश्चय का भाव, शरद के सूखे पत्तों की तरह झर गया हो।" (पृ. 142-43) जब श्यामा बीबी उस से कहती है कि "पप्पू को इतने अच्छे कपड़े पहनायेगी तो कोई तुझे घर में घुसने नहीं देगा। सब तुझे चोर समझेंगे।" तो वह बड़े सपाट ढंग से उत्तर देती है : "बच्चे को अच्छे कपड़े पहनाओं तो भी चोर! अपने पैसे से खरीद कर पहनाओ तो भी चोर!" (पृ. 146)

बसन्ती, जिसे अपने हाथ की कमाई पर नाज़ है और जो खुद किसी पर कभी आश्रित नहीं रही, बल्कि घरों में चौका-बर्तन करके स्वयं दूसरों को पालने वाली औरत है, सारे सामन्ती और पूँजीवादी मूल्यों और संस्कारों पर बेरहमी और साहस के साथ प्रहार करती है। मर्द और औरत के रिश्तों और परिवार तथा सामुदायिक जीवन के शोषण और तमाम दमनकारी शक्तियों को बसन्ती जैसी दृढ़ता के साथ चुनौती देती है, वह हिन्दुस्तान में एक सर्वथा नयी औरत की उभरती हुई शक्ल है—सारे पतनशील सामाजिक सम्बन्धों और आर्थिक दासता के बन्धनों को तोड़ती हुई बराबरी के दावेदार के रूप में। लेकिन इस चट्टानी दृढ़ता के नीचे बसन्ती एक निहायत कोमल और अपनी जड़ों तक मानवीय चरित्र भी है, जिसकी सभी खूबियों का भीष्म जी ने अपनी पूरी कलात्मक सामर्थ्य और सर्जनात्मक प्रतिभा के साथ सफल चित्रांकन किया है।

बसन्ती को भीष्मजी ने 'मित्रो मरजानी' की मित्रो की तरह न तो उसके खिलन्दड़ेपन में उभारा है और न ही अन्त में मित्रो के नाटकीय ढंग से परिवर्तित हो जाने जैसा कहीं कोई बाहरी 'ट्रीटमेन्ट' ही दिया है। मित्रों जिस वर्ग और जिस सामाजिक तबके की प्रतिनिधि है, उसके लिए हो सकता है कि वैसा चित्रण अनुकूल भी हो, लेकिन बसन्ती जिस संघर्षशील दुनिया से आयी है वहाँ इसकी कोई गुंजाइश नहीं है। दीनू के साथ बसन्ती के भाग जाने और फिर शादी के बाद बुलाकी को छोड़ कर पुनः भाग जाने को लेकर कोई भी बसन्ती के चरित्र को 'अस्थिर' बता कर 'नैतिकता' के तमाम तरह के सवाल उठा सकता है। उपन्यास के अन्य मध्यवर्गीय चरित्रों में से कई उसे 'आवारा औरत' कहते भी हैं। लेकिन यहाँ इस तथ्य को नज़रंदाज नहीं करना चाहिए कि वर्गसमाज में नैतिकता भी वर्गीय नैतिकता ही होती है। बसन्ती के चरित्र पर लगाये जाने वाले तथाकथित 'अनैतिकता' के आक्षेपों पर विचार करने के सन्दर्भ में, हमें 'विवाह' की संस्था के वर्गीय स्वरूप पर भी विचार करना होगा।

एँगेल्स अपनी कृति 'परिवार, व्यक्तिगत सम्पत्ति और राजसत्ता की उत्पत्ति' (पी. पी. एच., नयी दिल्ली) में बताते हैं कि मानव विकास के तीन मुख्य युगों के

अनुरूप विवाह के भी तीन मुख्य रूप मिलते हैं : जांगल युग में यूथ-विवाह, बर्बर युग में युग्म-विवाह और सभ्यता के युग में एकनिष्ठ विवाह; साथ ही उससे जुड़ा हुआ व्यभिचार और वेश्यावृत्ति का कलंक! एँगेल्स लिखते हैं कि "बर्बर युग की उन्नत अवस्था में, युग्म-परिवार तथा एकनिष्ठ परिवार के बीच के दौर में, हम पुरुषों को दासियों पर शासन करते और बहुत-सी पत्नियों से सम्भोग करते हुए पाते हैं।" (पृ. 100) एँगेल्स के अनुसार "स्त्रियों से तो यूथ-विवाह के काल की यौन-स्वतन्त्रता अधिकाधिक छिनती जाती है, पर पुरुषों से वह नहीं छिनती। पुरुषों के लिए तो, वास्तव में, आज भी यूथ-विवाह प्रचलित है।" (पृ. 100) इस प्रकार हम देखते हैं कि पूँजीवादी एकनिष्ठ विवाह की संस्था के अनतर्गत "आधुनिक व्यक्तिगत परिवार, नारी की खुली या छिपी हुई घरेलू दासता पर आधारित" होता है और "परिवार में पति, पूँजीपति होता है; पत्नी सर्वहारा की स्थिति में होती है।" (पृ. 99)। अतः इन मानदण्डों से निर्धारित पूँजीवादी नैतिकता का बहिष्कार किसी भी तरह से अनैतिक नहीं कहा जा सकता। बसन्ती पूँजीवादी और सामन्ती नैतिकता के बन्धन कहीं भी स्वीकार नहीं करती। वह स्वतन्त्र रहना चाहती है और अपनी मुक्ति के लिए निरन्तर संघर्ष करती हुई ही दिखायी भी देती है—यह संघर्ष भी कोई उस जैसी मेहनतकश औरत ही कर सकती है।

बसन्ती दीनू से प्रेम करती है, जो वस्तुतः "यौन-प्रेम" का ही रूप है और उससे उसका विवाह भी इसी यौन-प्रेम पर आधारित विवाह है, भले ही पूँजीवादी समाज में निम्न-पूँजीवादी और लम्पट प्रवृत्तियों के लोग और बर्बर-युग के अवशेषों का प्रतीक दीनू इसे मान्यता न दे। पूँजीवादी एकनिष्ठ विवाह की दासता की तुलना में यौन-प्रेम पर आधारित विवाह निस्सन्देह सच्चा, स्वतन्त्र और वास्तव में नैतिक है। इसीलिए बसन्ती बूढ़े बुलाकी के साथ अपने विवाह को कभी स्वीकार नहीं करती और दीनू के साथ फिर भाग जाती है। दीनू को पहचानने या समझने में उससे भूल होती है, लेकिन अपनी वर्गीय नैतिकता और मुक्ति को पहचान कर उसके लिए संघर्ष करने में उससे कहीं चूक नहीं होती। यौन-प्रेम के महत्व को समझाते हुए एँगेल्स अपनी पूर्वोल्लिखित कृति में ही लिखते हैं कि "पति-पत्नी के बीच यौन-प्रेम एक नियम के रूप में केवल पीड़ित वर्गों में, अर्थात् आजकल के केवल सर्वहारा वर्ग में ही, सम्भव हो सकता है, और होता है—चाहे इस सम्बन्ध को समाज माने या न माने। परन्तु यहाँ मूल एकनिष्ठ विवाह की सारी बुनियाद ही ढह जाती है।...इसलिए, वहाँ पुरुष का आधिपत्य बनाये रखने के लिए कोई कारण बाकी नहीं रहता। इससे भी बड़ी बात यह है कि पुरुष के पास अपना आधिपत्य जमाने के लिए कोई साधन नहीं रहता।" (पृ. 95) पूरी नारी जाति के फिर से सार्वजनिक उद्योग में प्रवेश करने को औरतों की मुक्ति की पहली शर्त बताते हुए एँगेल्स लिखते हैं कि "बड़े पैमाने के

उद्योगों ने चूँकि नारी को घर से निकाल कर श्रम के बाज़ार में और कारख़ाने में ला खड़ा कर दिया है, और आम तौर पर परिवार की जीविका कमाने वाला बना दिया है, इसलिए मज़दूरों के घर में पुरुष के आधिपत्य के आख़िरी अवशेषों का आधार भी पूरी तरह ख़त्म हो जाता है। यदि कुछ बच रहता है तो स्त्रियों के प्रति वह निर्मम और पाशविक व्यवहार, जो एकनिष्ठ विवाह की स्थापना के बाद से पुरुष की प्रकृति का एक अंग बन गया है।'' (पृ. 96) एँगेल्स के अनुसार, मज़दूर-परिवार में एकनिष्ठ परिवार का शुद्ध रूप नहीं रहता और सामाजिक क्रान्ति के बाद भी वस्तुतः एकनिष्ठता मिट नहीं जाती, बल्कि पहली बार अपनी पूर्णता और वास्तविकता को प्राप्त करती है तथा औरतों के साथ ही पहली बार पुरुषों पर भी लागू होने लगती है। दरअसल, इस सामाजिक क्रान्ति के सम्पन्न हो जाने के बाद ही बसन्ती और उस जैसी मेहनतकश औरतों का व्यक्तित्व अपनी वास्तविक पूर्णता को हासिल कर सकेगा और दीनू जैसे लोग भी तभी बसन्ती जैसा उदात्त चरित्र उपलब्ध कर सकेंगे—ऐसा नहीं, जैसा कि वह उपन्यास में चित्रित है : सामन्ती रूढ़ियों, लम्पट निठल्लेपन और धोखेबाज़ निम्न-पूँजीवादी तलछट के रूप में।

प्रसंगवश, यहाँ सर्वहारा वर्ग में पति-पत्नी के अलग होने के सवाल पर भी एँगेल्स के इन शब्दों का स्मरण उल्लेखनीय होगा कि ''यहाँ नारी ने वास्तव में पति से अलग हो जाने का अधिकार फिर से प्राप्त कर लिया है, और जब पुरुष और स्त्री को लगता है कि अब वे साथ-साथ नहीं रह सकते, तो वे अलग हो जाते हैं। सारांश यह कि सर्वहारावर्ग में शब्द-रचना के नियमों के अनुसार तो विवाह एकनिष्ठ होता है, परन्तु इतिहास की दृष्टि से वह वैसा नहीं होता।'' (पृ. 96) बसन्ती अलग होने के अपनै नैतिक अधिकार का उपयोग, अपनी मुक्ति के संघर्ष के सन्दर्भ में ही करती है, जबकि दीनू उसे छोड़ते हुए एक लम्पट धोखेबाज़ की भूमिका निभाता है। जिस अधिकार का इस्तेमाल मेहनतकश बसन्ती स्वतन्त्रतापूर्वक कर सकती है, रुक्मी उसकी कल्पना भी नहीं कर सकती। वह अपने पति के ऊपर दासता की हद तक आश्रित है—ऐसे पति पर जो खुद भी अपने निठल्लेपन के कारण पाई-पाई के लिए बसन्ती के ऊपर पूरी तरह से निर्भर है। इस समूची परिस्थिति के बीच बसन्ती का उदात्त सर्वहारा चरित्र और भी अधिक निखर कर सामने आता है। बसन्ती हिन्दुस्तान की उस नयी औरत की प्रतीक है जो अभी असंगठित मज़दूरों की जमात के रूप में ही एक बिखरी हुई ताकत है। एक दिन बड़े पैमाने के सार्वजनिक उद्योग के संसर्ग में आकार इसी जमात में से वर्गचेतना से लैस संगठित सर्वहारा के क्रान्तिकारी नारी-चरित्र ढलेंगे, इसमें भी कोई सन्देह नहीं। भीष्म जी ने इस उपन्यास में बसन्ती के रूप में एक ऐसे ही विकासशील चरित्र की सार्थक सृष्टि करके हमारा ध्यान उसकी ओर खींचा है।

इस उपन्यास में अनेक मध्यवर्गीय चरित्र भी आते हैं जो अपने पाखंड और भावनाशून्य हृदयहीनता के कारण निम्नवर्गीय चरित्रों को और भी बेहतर ढंग से उभारने में मदद करते हैं। इनके चित्रांकन में भी भीष्म जी ने गजब की बारीकनिगारी का परिचय दिया है। कहीं-कहीं उनका व्यंग्यात्मक लहजा इस विरोधाभास को और भी तीव्र कर देता है। बस्ती टूटने के समय रमेश नगर के मध्यवर्गीय बाबू लोगों की टीका-टिप्पणियों का उल्लेख पहले किया जा चुका है। ऐसे ही लोगों में से एक है श्यामा बीबी, जिनके यहाँ बसन्ती काम करती है। वे बसन्ती के प्रति बहुत सहानुभूति प्रदर्शित करती हैं तथा भरसक उसकी सहायता करने का प्रयास करती हैं। इसकी वजह यह थी कि श्यामा बीबी के गुरु महाराज ने उसे आदेश दिया था कि वह "किसी एक मनुख की सेवा" करे जो सबसे पहले उसके सामने पड़े "और दूसरे दिन प्रातः जब श्यामा ने घर का दरवाजा खोलकर बाहर की ओर झाँका तो वही कलमुँही बसन्ती उधर से गुज़र रही थी, और श्यामा ने आगे बढ़ कर उसका हाथ थाम लिया था।...श्यामा ने उसे इस बात का भास नहीं होने दिया कि गुरु महाराज के आदेश से उसने बसन्ती को काम पर लगाया है...बसन्ती को एक सहारा मिल गया था जबकि श्यामा पुण्य कमा रही थी।" (पृ. 33) श्यामा को इस "सेवा" के चमत्कार का प्रमाण भी बहुत जल्दी मिल गया जब दस साल तक छाती पर चढ़ कर बैठे उसके सास-ससुर अपने-आप अपना बोरिया-बिस्तर बाँधकर चलते बने; इसीलिए "कभी-कभी बसन्ती बहुत ज़्यादा मनमानी करती तो श्यामा खीझ उठती, उसका मन चाहता, उसे निकाल बाहर करे, पर गुरु महाराज के डर से कुछ कर नहीं पाती थी।" (पृ. 33)।

बसन्ती जिसे सहज स्नेह और आत्मीयता समझती थी, वह दरअसल धर्मभीरूता और पाखण्ड ही था। श्यामा बीबी को बसन्ती से सहानुभूति उतनी नहीं थी, जितना आदमी के बारे में अपनी परख सही होने का और बसन्ती के दुर्भाग्य की अपनी भविष्यवाणी के सच्ची निकलने का सन्तोष था : "बसन्ती को सदा श्यामा की आवाज़ में सद्भावना की भनक मिला करती थी, और वह अपने दिल की सब बातें उसके सामने उड़ेल कर रख देती थी। इसलिए श्यामा बीबी के घर को वह अपना घर समझती थी। पर आज पहली बार उसे लगा जैसे श्यामा बीबी को इस बात से अधिक सन्तोष मिल रहा है कि दीनू अच्छा आदमी नहीं निकला और उसका कहा सच निकला" (पृ. 83)। जब गर्भवती बसन्ती का बाप और बरडू प्रेतों की तरह उसका पीछा कर रहे होते हैं और उसे आश्रय देने का सवाल सामने आता है तो श्यामा बीबी के पाखण्ड की एक परत और खुलती है : "दोनों फिर एक-दूसरे के सामने बैठी थीं। श्यामा की आँखों में दूरी आने लगी थी, बसन्ती उसकी आँखों से दूर होती जा रही थी। एक तरह का परायापन उसकी आँखों में उतरने लगा था,

जबकि बसन्ती की आँखों में आत्मीयता हिलोरें ले रही थी।'' (पृ. 95) श्यामा बीबी उसे आश्रय नहीं देती और वह अपनी खाट उठा कर जाने लगी कि तभी श्यामा बीबी को ''अपने गुरु महाराज याद हो आए उसे सहसा इस बात का वहम होने लगा कि बसन्ती की खाट आँगन में से उठ गयी तो गुरु महाराज को दिया वचन भंग हो सकता है, उस पर कोई मुसीबत आ सकती है, कोई अनिष्ट हो सकता है।'' (पृ. 17) श्यामा बीबी बसन्ती को रोक कर उसके सोने की व्यवस्था अपनी सत्रह नम्बर वाली सहेली श्रीमती सूरी के यहाँ कर देती है।

यह सूरी-दम्पत्ति भी मध्यमवर्गीय पाखण्ड और हृदयहीनता के जीते-जागते नमूने हैं। सूरी साहब बसन्ती को वहाँ सुलाने के सख़्त ख़िलाफ़ थे और जब वह पकड़ ली जाती है तो वे एक तरह से सन्तुष्ट ही होते हैं तथा उनके 'नीतिसम्मत तर्कों' में यह पाखण्ड साफ दिखायी देता है। उपन्यास के नैरेटर के शब्दों में ''बसन्ती को लेकर जब सूरी साहब का झगड़ा अपनी पत्नी के साथ हुआ था तो उन्होंने दूसरा तर्क पेश किया था। आवारा लड़की है, गुण्डे उसके पीछे घूमते हैं, जिसके साथ भागी थी वह भी गुण्डा था, जिसके हाथ इसे वह बेच गया, वह भी गुण्डा है और इसकी टोह में घूम रहा है।'' (पृ. 100) सूरी साहिब को इस तर्क ने तनिक भी प्रभावित नहीं किया था कि लड़की गर्भवती है। पर बसन्ती के बाप के सामने उनका तर्क दूसरा था, ''इसकी हालत देखते हो? क्या इस हालत में हम इसे घर से निकाल देते? हम इंसान हैं या कसाई?''

सूरी साहिब की आवाज़ में नैतिकता की गूँज आ गयी थी, ''तुमने तो कभी यह भी नहीं जाना कि जीती है या मर गयी। क्या हम भी इसे दर-दर की ठोकरें खाने के लिए छोड़ देते?''

सूरी साहिब ख़ुद भी अपने नीतिसम्मत तर्कों से प्रभावित होते जा रहे थे, ''वह हमारी क्या लगती है? हमें क्या फर्क पड़ता है कि वह कहाँ रहती है, कहाँ सोती है, कहाँ भटकती फिरती है? मगर नहीं। हमें इस बात से गैरत आती है, पर तुम्हें नहीं आती।'' (पृ. 100) सूरी साहब का पाखंडी, संशयी और हृदयहीन चरित्र तब पूरी तरह से बेनकाब हो जाता है जब वे बसन्ती के जाने के फ़ौरन बाद अपनी पत्नी से कहते हैं कि ''अपनी चीज़ों को देख-सँभाल लिया है ना? इन लोगों का कोई भरोसा नहीं। जिस बर्तन में पीते है, उसी में छेद करते हैं। कहीं कुछ उठा कर ही चम्पत न हो गयी हो।'' (पृ. 102) सूरी लोग पंजाबी होते हैं। पंजाबियों में भी मैंने जिस बर्तन में खाने, उसी में छेद करने का मुहावरा ही सुना है, ''पीने'' वाला नहीं। हिन्दी में भी ''खाने''वाला मुहावरा ही होता है, कहीं-कहीं ''बर्तन'' का स्थान ''थाली'' अथवा ''पत्तल'' अवश्य ले लेता है!

सूरी-दम्पत्ति बसन्ती को चोर समझते हैं। श्यामा बीबी पप्पू को अच्छे कपड़े

पहनाने से लोगों द्वारा चोर समझे जाने के प्रति सावधान ही नहीं करती, बाद में खुद भी उसे चोर समझती है। बच्चे को बाँहों में लेकर बसन्ती ने अपना थैला उठाया, सीढ़ियों की ओर बढ़ रही थी कि श्यामा बीबी को शक हो गयाः

''थैले में क्या कुछ उठाये घूम रही है, बसन्ती? दिखा तो इसमें क्या है?''

''कुछ भी नहीं बीबीजी, पप्पू के कपड़े हैं।''

''देखूँ तो।" और श्यामा ने आगे बढ़कर उसके थैले में हाथ डाल दिया।

थैले के अन्दर एक बड़े-से-डिब्बे पर उसका हाथ लगा, "यह क्या है?" श्यामा बीबी ने कहा और उसे बाहर निकाल लिया। बड़ा-सा हार्लिक्स का दूध का डिब्बा था : "यह कहाँ से उठा लाई है, बसन्ती?"

"बाज़ार से लिया है बीबीजी, पूरे ग्यारह रुपये लग गये हैं। घर में कभी पप्पू को दूध मिलता है, कभी नहीं मिलता। मैं यह ले आयी।"

श्यामा बीबी बसन्ती के चेहरे की ओर देखकर, फिर डिब्बे को वापिस थैले में रखते हुए बोली," "आगे से आओ तो अपना थैला नीचे आँगन में रख कर आया करना बसन्ती।..." और कमरे की ओर घूम गयी। (पृ. 148-49)।

हिन्दी फ़िल्मों की अभिनेत्रियों की तरह मध्यमवर्गीय बाबू लोगों की ये औरतें भी बसन्ती के लिए कहीं न कहीं आदर्श अवश्य थीं। उसके सर्वहारा चरित्र के साथ इस थोथे आदर्श का द्वन्द्व भी हमें स्पष्ट दिखाई देता है। बसन्ती इनकी तरह "टा-टा" और "बाई-बाई" ही नहीं करती, उनकी तरह अच्छे-अच्छे कपड़े पहनने, बाल बनाने और क्रीम पाउडर-लिपिस्टिक लगाने की भी उसके मन में साध थी। बाद में उसकी ये सारी आकांक्षाएँ अपने बच्चे के इर्द-गिर्द ही सिमट आती हैं। बुलाकी के खोखे में "उसे लगा जैसे उसके बच्चे को कोई ठिकाना मिल गया है, जैसे सुषमा बीबी के बच्चे की तरह वह भी अपने बच्चे को बोतल से दूध पिला सकेगी, उसके सामने रंग-रंगीले खिलौने रख सकेगी, उसे पालने में झुला सकेगी।" (पृ. 109) अपनी ऐसी ही नन्हीं-नन्हीं मासूम आकांक्षाएँ पूरी करने के लिए वह पप्पू को अच्छे कपड़े पहनाती है, बूट-जुराबें पहनाती है और हार्लिक्स के डिब्बे वाला दूध पिलाती है। बसन्ती जिस वर्ग से आयी है, वहाँ ये तमाम वस्तुएँ दुर्लभ होती हैं—यहाँ तक कि वहाँ कोका-कोला पीना भी एक नियामत की तरह ही होता है। भीष्म जी ने बसन्ती की विदाई के दृश्य में, अपने ख़ास व्यंग्यात्मक लहजे के साथ, इसे बड़ी बारीकी से उभरा है :

"...चौधरी ने भर्राइ आवाज़ में जोड़ा, "तैने जल्दबाज़ी की बुलाकीराम, हम बेटी को ढंग से विदा ही नहीं कर पाए। दो-तीन दिन का वक्त मिल जाता तो घर में ढोलक बजती, बैण्ड-बाज़ा बजवाते, इसकी बहनें आतीं, बारात का खाना करते। उन्हें कोका-कोला पिलाते।"

"इस पर बसन्ती की माँ दाहड़ मार कर रो पड़ी थी और बसन्ती को बाँहों में लेती हुई और पल्ले से नाक पोंछती हुई बोली थी, "इसकी किस्मत में कोका-कोला होगा तो अपने घर में जाकर भी पिएगी।"

"और जवाब में लंगड़ा बुलाकी रुआँसी आवाज़ में सिर हिला-हिला कर बोला था, "पिएगी, पिएगी, बसन्ती की माँ, यह कोका-कोला पिएगी।" (पृ. 107)।

विदाई के इस दृश्य के सूक्ष्म चित्रांकन में और उससे पहले बसन्ती के बाप और बुलाकी के बीच हुई आख़िरी "सौदेबाज़ी" के वर्णन में भीष्म जी का पैना व्यंग्य विशेष रूप से दर्शनीय हैः

"बेटी की विदाई के समय बैण्ड-बाज़ा हो या न हो, मित्र-सम्बन्धी हों या न हों, इनके बिना जैसे-तैसे विदाई हो सकती है, पर आँसू न हों तो विदाई कैसी? इस वक्त सचमुच बसन्ती की माँ रो रही थी और मान रही थी कि उसने अपनी बेटी को बड़े लाड़-प्यार से पाला है, और बसन्ती माँ-बाप की आँख का तारा है।"

पर पिछले ही दिन बुलाकी और चौधरी के बीच आख़िरी सौदा हुआ था, और उसे निपट व्यावहारिक स्तर पर, बिना किसी लाग-लपेट या भावुकता के पक्का किया गया था :

"रुपए पाँच सौ तेरी तरफ़ निकलते हैं, बुलाकीराम, वह रकम दे दे और अपनी चीज़ ले जा।" चौधरी ने कहा था।

"पाँच सौ किस बात के? बारह सौ पर बात हुई थी। नौ सौ ले चुका है, बाकी तीन सौ मेरी तरफ़ निकलते हैं।"

"तीन सौ पिछले और दो सौ पेट के बच्चे के। तुम्हें बसी-बसाई गिरस्ती मिल रही है। इसके क्या दो सौ ज़्यादा हैं।"

इस पर बुलाकी झल्लाया था, "पेट वाली लड़की को ब्याह कर ले जाएँगे तो लोग हमारे मुँह पर थूकेंगे नहीं। हमने कहा, कोई बात नहीं, सुन लेंगे जो कोई बुरा-भला कहेगा, पर दो सौ किस बात के?"

जवाब में चौधरी ने दो-टूक कह दिया था, "हमसे क्या छिपाते हो बुलाकीराम, तीन-तीन ब्याह रचा चुके हो, बच्चा एक नहीं हुआ। सभी लुगाइयाँ भाग गयीं। हमने तो सिर्फ दो सौ माँगे हैं। कोई और होता तो पाँच सौ-हज़ार माँगता। घर में बच्चा खेलेगा तो तेरी जात-बिरादरी में सभी का मुँह बन्द हो जाएगा।" और बुलाकी लाजवाब होकर बगलें झाँकने लगा था और चौधरी पूरे पाँच सौ रुपए खींचने में सफल हो गया था।

"पर अब बेटी को विदा करते समय माँ और बाप दोनों, बसन्ती के सिर पर बार-बार हाथ फेरते हुए उसके चिरायु और सुखी दाम्पत्य जीवन की कामना कर रहे थे—दूधों नहाओ, पूतों फलो!" (पृ. 102) शादी के वक्त यही पत्थर जैसे कलेजे

वाला चौधरी भी पिघलता हुआ दिखाई देता है: "लड़की अब तेरी है, बुलाकीराम, तेरे साथ जुबान की थी, सो पूरी कर दी।" चौधरी ने कहा, और फिर भर्राई आवाज़ में बोला, "कलेजे पर पत्थर रख कर बेटी को भेज रहे हैं। सच मान..." (पृ. 107)।

यह दोनों ही बातें सच हैं, एक ही सच्चाई के दो पहलू हैं। यह नहीं कहा जा सकता कि किसी माँ-बाप को अपनी सन्तान से प्रेम नहीं होता अथवा वे उसके सुखी जीवन की सच्ची कामना कर नहीं सकते—ऐसे माँ-बाप भी जो अपनी बेटियाँ पैसे लेकर बूढ़ों को ब्याहते हैं। इसकी जड़ में क्या कारण हैं, हम सभी जानते हैं। उपन्यास में भीष्म जी ने वे अंश नहीं लिए जो 'राधा अनुराधा' कहानी में इस प्रकार हैं: "क्यों बीबीजी, जवान लड़के के साथ मेरा ब्याह करेगा, तो उसे जेब से पैसे देने पड़ेंगे, बूढ़े के साथ करेगा, तो उल्टे उसे पैसे मिलेंगे। बस, सीधी-सी बात है।" (वाङ्चू, पृ. 136)।

चौधरी के चरित्र पर बसन्ती के इस कथन से भी ख़ासी रोशनी पड़ती है कि "माँ कहती है तभी से बापू गुस्सैल हो गया है और उसकी आँखें लाल रहने लगी हैं।" (पृ. 37) तभी से, अर्थात् जब दिल्ली आते हुए उसका लड़का (बसन्ती का भाई) ट्रेन से खो गया था; रास्ते में ट्रेन से किसी लड़के की दोनो टाँगें कट गयी थीं। चौधरी कई बार कह कर भी उस स्टेशन तक उसे देखने नहीं जाता। बकौल बसन्ती "क्या मालूम बीबीजी, उसने सोचा हो, अगर मेरा बेटा है और स्टेशन पर ही पड़ा रहा है तो उसे यहाँ लाकर क्या करूँगा। यहाँ लाऊँगा तो वह सड़कों पर रेंगेगा। हमारी आँखों के सामने भीख माँगेगा।" (पृ. 37) फिर जिस सामाजिक तबके का चौधरी है, वहाँ स्त्री-पुरुष में, और इसीलिए लड़की और लड़के में भी समानता नहीं है। यह बसन्ती और लड़के रामू के प्रति उसके व्यवहार में "अन्तर" से भी स्पष्ट है। यह अन्तर चौधरी ने अपने आप नहीं गढ़ा था, परम्परा से ग्रहण किया था, और बहुत-सी रूढ़ियों-कुरीतियों और गरीबी के साथ ही—उस पम्परा से जो उसे सामाजिक व्यवस्था के जरिये पीढ़ी-दर-पीढ़ी प्राप्त हुई थी।

भीष्म जी सूक्ष्म समाज-दृष्टा लेखक हैं। वे समाज के गहरे अन्तर्विरोधों को तो उद्घाटित करते ही हैं, साथ ही उन कारणों की जड़ों तक जाते हैं और उन्हें बड़े पैने तरीके से उजागर करते हैं। इस प्रक्रिया में न तो निम्नवर्गीय लोगों के प्रति उनकी हार्दिक सहानुभूति ही छिपी रहती है और न ही वे उन निर्मम वर्गीय-शक्तियों को बेनकाब करने में किसी किस्म का कोई संकोच बरतते हैं जो मानवीय सम्बन्धों को सच्चे आत्मीय मानवीय सम्बन्ध नहीं बने रहने देना चाहतीं। यह समूची प्रक्रिया भी वे अपनी पूरी कलात्मकता के साथ बड़े सहज और स्वाभाविक ढंग से ही चित्रांकित करते हैं; बिना किन्हीं आग्रहों या पूर्वाग्रहों के। इसलिए कब भीष्म जी के व्यंग्य की धार किस ओर है, इसे बड़ी सावधानी से देखने और परखने की ज़रूरत पड़ती है।

उनका व्यंग्य कोरा व्यंग्य नहीं, बल्कि प्रेमचन्द और हरिशंकर परसाई की तरह करुणा की अथाह गहराईयों में से उपजा हुआ व्यंग्य है, जिसकी सामाजिक सोद्देश्यता को समझने में कभी भी भूल नहीं करनी चाहिए। करुणा से उपजी हुई आत्मीयता और इस व्यंग्य के दोधारे पर चलते हुए ही वे गज़ब के कलात्मक सन्तुलन का भी परिचय देते हैं, जो उनके जैसे प्रतिबद्ध और पक्षधर लेखक से अपेक्षित भी है। उनका व्यंग्य कब आत्मीय करुणा में डूब जाता है और कब इस करुणा से उपजी हुई उनकी आत्मीयता व्यंग्य में परिवर्तित हो जाती है, इसे बड़ी बारीकी के साथ परखने की ज़रूरत है। उनका निरन्तर विकासशील सामाजिक-यथार्थवादी और आलोचनात्मक दृष्टिकोण ही उनमें सही चित्रांकन की अपार क्षमता पैदा करता है।

भीष्म जी के व्यंग्य का एक स्तर यह है, जब वे विदाई और लड़की को एक तरह से बेचने की सौदेबाज़ी का वर्णन करते हैं; और इससे एकदम भिन्न स्तर वह है जब वे बसन्ती की निगाहों से उस पार्क का वर्णन करते हैं, जहाँ रिटायर्ड बूढ़े दिन-भर एक ही अखबार बार-बार पढ़ते रहते हैं या फिर आपस में "वाकयात" पर और स्वास्थ्य पर वार्तालाप करते हैं; जहाँ बेरोज़गार युवक अपना वक्त काटते हैं; और जहाँ बुढ़िया सासें-माँएँ भगवत्-भजन करते हुए अपनी बहुओं और बेटों के दुर्व्यवहार की आपस में शिकायतें करती हैं। अपनी उपेक्षित स्थिति और अपनी तकलीफों का रोना रोती हुईं वे सचमुच रो भी पड़ती हैं और फिर पोते-पोतियों को देख कर पुनः संसार की "मोह-माया के जाल में" फँस जाती हैं और उनके लिए मानो "स्वर्ग उतर आता, झुर्रियों में ममतामयी मुस्कानें काँपने लगतीं और आतुर बाँहें बच्चे को खींच कर छाती से लगा लेती" हैं। जब वे श्यामा बीबी और सूरी-दम्पत्ति पर टिप्पणियाँ करते हैं तो वहाँ उनके व्यंग्य का एक और ही स्तर दिखाई देता है। यहाँ हमारे आगे समूचा पूँजीवादी समाज अपनी सारी निमर्मता और हैवानियत के साथ साक्षात् आ खड़ा होता है, जो सारे मानवीय और पारिवारिक रिश्तों को तोड़ता और सारे आत्मीय सम्बन्धों को उनकी वास्तविक मानवीय गरिमा से नीचे गिरा कर, स्वार्थपूर्ण भावना-शून्य आर्थिक सम्बन्धों की भारी चट्टानों तले रौंदता हुआ नज़र आता है। कई जगह भीष्म जी इस टूटते हुए मानवीय ताने-बाने को सूक्ष्म लेकिन मजबूत धागों से जोड़ते हुए भी दिखाई देते हैं—ऐसा करके वे सामन्ती और पूँजीवादी मूल्यों को सार्थक सृजनात्मक चुनौती देते हैं।

बसन्ती का चरित्र निस्सन्देह उपन्यास का केन्द्रीय चरित्र है और उसका निश्छल व्यक्तित्व पूरे उपन्यास में एक ऐसे निर्मल आईने की तरह से बार-बार कौंधता सामने आ खड़ा होता है कि बाकी के सभी पात्रों की वास्तविक शक्ल उसी एक स्वच्छ आईने में प्रतिबिम्बित होती है। लेकिन इसका यह अर्थ नहीं है कि उपन्यास के शेष चरित्रों का अपना कोई स्वतन्त्र व्यक्तित्व ही नहीं है। भीष्म जी ने हरेक चरित्र को

उसकी समूची खूबियों के साथ, उसकी अपनी निजता में ही उभरा है। उन चरित्रों की एक पूरी सामाजिक पृष्ठभूमि और जटिल मनोरचना होती है। सभी चरित्र अपने वर्गों, उन वर्गों के विशेष तबकों, और एक ही वर्ग या तबके की विभिन्न मनोदशाओं और सामाजिक-सांस्कृतिक चेतना के विभिन्न स्तरों के प्रतिनिधि होते हैं। स्पष्ट ही इस वैभिन्य और अन्तर्विरोधों के निश्चित सामाजिक-सांस्कृतिक वस्तुगत कारण भी हमारी समाज-व्यवस्था के असमान ढाँचे में होते हैं, जिनका भीष्मजी ने बड़ी कलात्मक बारीकी के साथ चित्रांकन किया है। इसीलिए उनके उपन्यास के सभी चरित्र प्रतिनिधि (टाइप) और सामान्य होने के साथ ही अपने निजी और स्वतन्त्र अस्तित्व के कारण, उसी दौरान विशिष्ट भी हैं।

उपन्यास का एक अत्यन्त दिलचस्प पात्र है : बुलाकीराम। यह जितना दिलचस्प चरित्र है, उतना ही जटिल भी है। बुलाकी उपन्यास के अन्य अधिकांश पात्रों के लिए प्रायः मनोरंजन और उपहास की भी वस्तु है। सभी उससे परिहास करते हैं। कभी-कभी तो यह परिहास क्रूरता की हदें तक छूने लगता है। लेकिन उपन्यास के नैरेटर के रूप में भीष्म जी जहाँ कहीं भी अपनी अनुपस्थित मौजूदगी के साथ उपस्थित हैं, वे कहीं भी बुलाकी को मनोरंजन या परिहास की वस्तु नहीं समझते। बुलाकी की जटिल मानसिकता का बेबाक विश्लेषण करते और अपने विशिष्ट व्यंग्यात्मक लहजे के साथ उसके लंगड़-मारते व्यक्तित्व के 'बाँकपन' का चित्रांकन करते हुए वे गजब की तटस्थता का परिचय देते हैं। यह 'तटस्थता' एक तरह से वस्तुनिष्ठता की ही पर्याय है जो अनगिनती मानव-चरित्रों के सूक्ष्म अध्ययन और उनकी विविध मनोरचना के जटिल तन्तुओं की पैनी पकड़ के बाद ही अर्जित की जा सकती हे। इसीलिए भीष्म जी बुलाकी का चित्रांकन भी उसी आत्मीय तल्लीनता और वस्तुनिष्ठता के साथ करते हैं, जैसा कि अन्य सभी निम्नवर्गीय पात्रों का। स्वयं उन्हीं के शब्दों में–

"दर्जी पिछले तीस बरस से, जब से सीतला माई के कोप से उसकी एक आँख जाती रही थी, अपनी कल्पना के सहारे अपने सूने घर को आबाद करता रहा था। उसे अपने घर के आँगन में बहू के पैरों के नुपुर सुनाई देने लगते, दरवाजे के बाहर उसके बल खाते घाघरे और उड़ते पल्ले की झलक मिलने लगती, कोने-कोने से उसकी हँसी सुनाई देने लगती। बुलाकी बेताब हो उठता और कस्बे में अपने ब्याह की बात चलाता।" (पृ. 105)। एक बार नायन से बात चली भी तो बुलाकी के उतावलेपन और अटपटे व्यवहार से "अन्त में नायन कस्बा छोड़ कर चली गयी। और बुलाकी के पहले अभिसार का यह अन्त हुआ!" (पृ. 105)

सभी उसे बेवकूफ़ भी बनाते, "कभी एक सब्जबाग दिखाता तो कभी दूसरा। बुलाकी से पैसे अलग झाड़ लेते। हर बार वह झाँसे में आ जाता। बुढ़ापे की दहलीज तक पहुँच जाने पर भी न तो दर्जी का घर आबाद हुआ और न ही दिल की ललक

शान्त हुई। सारा वक्त उसका घर गृहिणी के लिए सजा रहता; सुहाग-सेज सजी रहती, गृहिणी के लिए चटकीले रंगों और बढ़िया काट वाले कपड़े अलगनियों पर टँगे रहते, दरवाज़े पर बंदनवार लगा रहता, कौन जाने किस-वक्त किस्मत खुल जाए और अर्द्धांगिनी पायल बजाती घर के अन्दर प्रवेश कर जाये!" (पृ. 105)।

भीष्म जी अपने अत्यन्त सूक्ष्म चित्रांकन में इस तथ्य को भी नज़रअन्दाज नहीं करते कि "बुलाकी के दिल की लालसा तो पूरी न हुई, पर दर्जी के नाते औरतों के कपड़े सीने में बुलाकी के हाथ में सफाई आ गयी। इस हुनर में वह माहिर हो गया।" (पृ. 105) कहने की आवश्यकता नहीं कि भीष्म जी भी अपने हुनर में माहिर हैं। उनका खींचा हुआ बुलाकी का नख-शिख-वर्णन दर्शनीय हैः "स्वयं भी बन-ठन कर रहता, आँखों में काजल की लकीर लगी रहती, और चटकीले रंगों का अंगरखा पहन कर सारा वक्त दूल्हा बना घूमता। भावी पत्नी के लिए कभी प्रसाधन का सामान—बिन्दी, सुर्खी, काजल, तो कभी मोतियों के हार और क्लिप और परान्दे इकट्ठे करता रहता। इतना ही नहीं, जिस कोठरी में बैठ कर कपड़े सीता था, वहाँ पर उसने बच्चे का पालना भी रख छोड़ा था, पीले और लाल रंग का, जिस पर कागज के रंग-बिरंगे फूल टाँक दिए थे और पीतल की छोटी-छोटी घण्टियाँ टुन-टुनाती रहतीं।" (पृ. 106) अपनी जड़ों तक मानवीय और परदुःखकातर इस चरित्र के साथ शीतलामाई के इस कोप को घोर अन्याय ही कहा जाएगा कि उसने बुलाकीराम की एक आँख ही नहीं ले ली थी, उस बेचारे का "पुरुषत्व" भी छीन लिया था।

कहीं से किसी "अर्द्धांगिनी" के और फिर नन्हें से बच्चे की आस के "इंतजार में तीस बरस बीत गये थे। और आशा का टिमटिमाता दीपक अभी तक बुझ नहीं पाया था। दिल्ली आने के बाद भी दो-एक जगह बात चली, पर यहाँ भी मसखरियाँ होने लगीं। फिर उसे चौधरी मिल गया, जिससे उसकी पुरानी जान-पहचान थी, और जो या तो पैसे ऐंठने की गरज से, या सचमुच बेसरो-सामान होने के कारण अपनी तीसरी बेटी से पिंड छुड़ाने की गरज से, उसके साथ ब्याह की बात करने लगा था।" (पृ. 106) यह कोरा "वर्णन" मात्र नहीं है। इस चित्रांकन के माध्यम से भीष्म जी जहाँ बुलाकी के चरित्र की समूची जटिलताएँ परत-दर-परत खोलते चले गये हैं, वहीं इस वर्णन से "बेसरो-सामान" चौधरी के चरित्र पर भी और अधिक रोशनी पड़ती है तथा अपनी निरीह विपन्नावस्था में वह पहले की अपेक्षा और भी मानवीय होकर हमारे सामने आता है। बुलाकी और चौधरी की दबी हुई मानवीयता और उनके जटिल व्यक्तित्वों के साथ ही उनकी निरीहता और मज़बूरियाँ उजागर करने का काम ही इस उपन्यास में शायद सबसे अधिक चुनौतीपूर्ण था; शायद बसन्ती के चित्रांकन से भी अधिक—और कहना न होगा कि भीष्म जी इस काम में बेहतरीन ढंग से सफल हुए हैं।

बुलाकी लंगड़ा है, "पुरुषत्व" से रहित है, और फिर भी 60 साल की उम्र में "गिरस्ती बसाना" चाहता है। उसके व्यक्तित्व की यह "कमी", भोलेपन की हद तक उसकी अव्यावहारिकता और एक तरह के अटपटेपन के साथ मिल कर एक निरीह उदारता और परदुःखकातर भावविह्वलता से पूरी होती है। लुगाई घर आने की कल्पना मात्र से वह "पुलक" उठता है : "आज ही लुगाई घर आ जाएगी?" लंगड़े बुलाकी ने फिर से पुकारते हुए कहा, और उसके बदन ने टेढ़ी-सी अंगड़ाई ली और उसमें उत्तेजना की हिलोर-सी दौड़ गयी।

"आ जाएगी। कहेगा तो घण्टे-भर में आ जाएगी।"

"पक्का?" और बुलाकी के कण्ठ में से फिर से विचित्र-सी आवाज़ निकली। (पृ. 16) चौधरी के प्रति संशय और अविश्वास के बावजूद उसके मुँह से लार बहने लगती है। आख़िरकार, गर्भवती बसन्ती से उसकी शादी हो ही जाती है। बसन्ती के दीनू के साथ भाग जाने और गर्भवती होने पर भी, उससे शादी करने के पीछे बुलाकी की अपनी "अपूर्णता" से उपजी निरीहता और असहायता ही नहीं है, बल्कि कहीं न कहीं उसकी उदारता और विशाल-हृदयता का एक दुर्लभ गुण भी है। अपनी उम्र के प्रति या अपनी "अपूर्णता" के बारे में और लंगड़ेपन के प्रति उसमें कहीं ज़बर्दस्त अपराधबोध का भाव इसलिए नज़र नहीं आता या खुल कर व्यक्त नहीं हो पाता, क्योंकि उसकी दुनिया में, और जिस सामाजिक तबके का वह तथा अन्य लोग प्रतिनिधि हैं उसमें, यह बात अनहोनी भी नहीं है। न ही बुलाकी कोई जागरूक समाज-सुधारक ही है—बल्कि ऐसे किसी 'क्रांतिदर्शी' से बुलाकी और उन-जैसों का शायद साक्षात्कार भी नहीं हो पाता कि वे उसे "बदल" दें या "व्यक्तित्वांतरित" कर दें। बुलाकी, चौधरी और बसन्ती के वर्ग के लोग खुद बदल रहे हैं और एक दिन पूरी दुनिया को भी वही बदलेंगे। भीष्म जी ने इस बदलने की प्रक्रिया को बड़ी बारीकी के साथ दिखाया है। बुलाकी की ख़ूबी यह है कि उसका चरित्र कहीं भी दोहरा, बनावटी या धोखा देने वाला नहीं है। कोई छद्म या पाखंड उसमें नहीं दिखता। अगर कुछ है तो उसकी अपनी सनक है, और है अपना अज्ञान का घना अन्धकार, जो सामाजिक व्यवस्था से पीढ़ी-दर-पीढ़ी उसे मिलता आया है। उसे किसी से शिकायत नहीं होती। होती भी है तो वह बड़ी जल्दी उसे भूल भी जाता है। बसन्ती अगर भावनाओं में झूलने वाला जीव है तो बुलाकी भी कम भावुक नहीं है। बसन्ती को ब्याह कर ले जाते हुए विदाई के समय भी उसकी भावुकता उफ़न कर हिलोरें लेने लगती है :

"इस पर बुलाकी का भी गला भर आया था, और लंगड़ मार कर लाठी के सहारे खड़ा होकर बोला, "बेटी को विदा करते समय माँ-बाप को दर्द तो होता ही है, पर तू समझ, चौधरी तेरी बेटी अपने ही घर जा रही है।" (पृ. 107) वह चौधरी

से यह भी कहता है कि “तेरी बेटी को फूलों की सेज पर रखूँगा, चौधरी खातिर जिमा रख।” (पृ. 106) बुलाकी की ये भावनाएँ एकदम सच्ची हैं। वह अपनी ‘अपूर्णता’ के कारण “पति” तो नहीं बन सका, लेकिन बसन्ती का खयाल रखने में उसने कोई कसर नहीं छोड़ी। इसकी वजह उसकी अपनी कमी थी तो कहीं न कहीं उसके भीतर की ममता भी थी। विदा के समय ही बसन्ती के लिए “दूधों नहाओ, पूतों फलो” की आशीषें सुनते हुए भी ‘बुलाकी पास में खड़ा गद्‌गद् हुआ जा रहा था।’ (पृ. 108) बुलाकी जानता था कि बसन्ती दीनू के साथ भाग चुकी है और उसके गर्भ में दीनू का बच्चा भी है। जब वह अपने खोखे में ले जाकर बसन्ती को बच्चे के छोटे-छोटे कपड़े दिखाता है तो बसन्ती की आँखें फैल जाती हैं। बुलाकी के व्यवहार से “बसन्ती को अच्छा लगा। उसे लगा जैसे उसके बच्चे को कोई ठिकाना मिल गया” है और उसके “शरीर में से तनाव ढीला पड़ने लगा।” (पृ. 109) बुलाकी के खोखे की खिड़की में से बाहर ताकते हुए “बसन्ती को लगा जैसे वह जीवन में पहली बार आकाश के अथाह असीम को देख रही है।” (पृ. 111)। बसन्ती को ब्याह कर लाने पर बुलाकी पुलकते हुए प्रलाप-जैसा करता है :

“मैं कहूँ बसन्ती रानी आयेगी, एक दिन ज़रूर आयेगी...” और भाव-विह्वल बुलाकी का गला बार-बार रुँध रहा था। अत्यधिक भावावेश में जब कोई बात कहता तो उसके गले में से गक्-गक् जैसी अजीब-सी आवाज़ निकलती और किसी-किसी वक्त मुँह से लार तक टपक जाती थी।” (पृ. 103) वह बसन्ती से एकदम अटपटा व्यवहार करता है, जिसकी बसन्ती को उससे कतई उम्मीद नहीं थीः

“मैं बारि-बारि जाऊँ,” बसन्ती के पैर सहलाते हुए उसने कहा और ज़ोर-ज़ोर से उसका सिर दायें-बायें झूलने लगा।

“सुबक-सुबक पैर! मेरी रानी के सुबक-सुबक पैर!” (पृ. 193)।

“बसन्ती को इस तरह के अटपटे व्यवहार की आशा नहीं थी। वह समझे बैठी थी कि एक बार बुलाकी के साथ बाँध दिए जाने पर, वह आदमी वैसे ही व्यवहार करेगा जैसे उसकी जात-बिरादरी के सभी मर्द करते हैं, उस पर हुक्म चलाएगा, अपना अधिकार दिखाएगा। पर यह तो उसके तलवे सहला रहा है।” (पृ. 104) बसन्ती के उसे छोड़ कर चले जाने की आशंका मात्र से बुलाकी दहल उठता है : “मुझे छोड़ कर नहीं जाना, बसन्ती रानी। मुझे छोड़ कर नहीं जाना।” (पृ. 110) इसके एकदम विपरीत है दीनू जैसा धोखेबाज़, स्वार्थी और लम्पट व्यक्ति जो एक बार बसन्ती को बरडू के हाथ बेच कर भाग जाता है और दूसरी बार बसन्ती और उसके अपने बेटे पप्पू को छोड़ कर, फिर एकदम ही चला जाता है तथा जिसके “व्यवहार में उसे किसी कोमल भावना का, किसी आत्मीयता या अपनेपन का भास मिला हो, ऐसा न था। दीनू तब भी उसका शरीर ही निचोड़ता था।” (पृ. 132) वह जब भी मना करती तो वह तमक कर बोलताः “एक झाँपड़ दूँगा। तुझे लाया

किसलिए हूँ?" (पृ. 76)।

पहली बार दीनू के उसे छोड़ कर जाने के बाद भी बसन्ती को आशा थी कि "वह आयेगा, बीबीजी, वह ज़रूर आयेगा।" (पृ. 95) श्यामा बीबी को भी उसके इस विश्वास पर हैरानी होती है: "इतना कुछ देखने-समझने के बाद भी यह अनजान बनी हुई है? क्या यह कोई फ़िल्मी स्वाँग तो नहीं रच रही है, जैसे पहले रचा करती थी; एक तरह का मन-भुलावा कि वह इस कहानी की विरहिणी नायिका है, जो तरह-तरह की मुसीबतें झेल रही है, इस विश्वास के साथ कि उसका वीर नायक एक दिन ज़रूर लौटेगा।" (पृ. 93)। बुलाकी को छोड़ कर जब वह दोबारा दीनू के पास जाती है तो इसकी वजह सिर्फ यही नहीं थी कि "बसन्ती को उसके सामीप्य से ही असीम सुख मिलता था।" (पृ. 132) इसके साथ ही इस बार वह अपने बच्चे के बाप से अपना अधिकार हासिल करने भी गयी थी। दीनू उसका पति ही नहीं, उसके बच्चे का पिता भी था। एक बार फिर वह सुखी दाम्पत्य जीवन के सपने देखने लगती है। लेकिन "अजब यह था—और बसन्ती के जीवन की विडम्बना भी इसी में थी—कि न तो विषमताएँ बसन्ती का पीछा छोड़ती थीं और न बसन्ती का सपने देखने वाला स्वभाव ही बदल पाता था।" (पृ. 136-37) बसन्ती और पप्पू को छोड़ कर दीनू और रुक्मी के अपने बच्चे को लेकर अन्तिम तौर पर चले जाने के साथ ही इस विडंबना का भी जैसे अन्त हो जाता है और बसन्ती के पास देखने के लिए अब कोई सपना नहीं बचता—उसे शायद अब इसकी ज़रूरत भी नहीं थी। उसकी एक ज़बर्दस्त खूबी यह थी कि "बसन्ती, अपने स्वभावानुसार, बड़ी जल्दी नयी परिस्थिति की अभ्यस्त हो गयी। उसके अनुरूप अपने को ढालने में उसे देर भी नहीं लगती थी।" (पृ. 136)।

उपन्यास में शुरू में बस्ती तोड़ने का भयानक दृश्य था। उपन्यास के अन्त में भी बस्ती उजाड़ू दस्ते पटरी वालों की दूकानें लूटते, ठेले वालों के फल गिराते, खोंमचे वालों के बर्तन फोड़ते दिखाई देते हैं। वे बसन्ती का तन्दूर भी तोड़ जाते हैं। लेकिन न तो वे बसन्ती का आत्मविश्वास तोड़ पाते हैं और न ही उसका मनोबल। वह पप्पू को लेकर एक नयी दृढ़ता के साथ अपने माँ-बाप की तरफ़ जाती है, जो एक बार फिर पुलिस के इस उजाड़ू दस्ते के अत्याचार के शिकार हो गये थे। इस पहली तबाही से लेकर दूसरी तबाही के दृश्यों के बीच ही फैली हुई है त्रासदी के गहरे मटमैले रंगों में चित्रित बसन्ती की यह अद्‌भुत प्रेमकहानी—अगर इसे प्रेमकहानी कहा जा सके!!

भीष्म जी की एक उल्लेखनीय खूबी यह भी है कि वे अपनी कहानियों की तरह उपन्यासों में भी पहले पृष्ठ के पहले पैराग्राफ से ही एकदम मन बाँध लेने वाला वर्णन करते हैं। 'तमस' के शुरू में भी सूअर को मारने वाला ऐसा ही एकदम सधा हुआ सूक्ष्म वर्णन था। 'बसन्ती' में भी प्रारम्भ से ही यह दृश्याँकन एकदम

मन को बाँध लेता है :

"सुबह सबेरे जब चौधरी अपनी कोठरी से निकला तो हवा में कोहरा छाया था—नील-मायल धुंधला-सा कोहरा, जो किसी दिन सुबह उठो तो अकारण ही चारों ओर नज़र आने लगता है। और साथ ही सुइयाँ चुभोती ठण्डी हवा। उसने आँख उठा कर ऊपर की ओर देखा—मटमैले बादल, जैसे रात ही रात में नीचे उतर आये थे। इसी कारण सवेरा हो जाने पर भी दिन का गुमान नहीं होता था। बरसेगा, आज जरुर बरसेगा, चौधरी बुदबुदाया"—इन पंक्तियों से शुरू होकर जैसे यह ठंडा-सर्द वातावरण भी आगे आने वाले दुर्भाग्य की एक पूर्व-सूचना सी दे जाता है; ठीक वैसे ही जैसे 'तमस' में सूअर का वध भावी साम्प्रदायिक दंगों और भीषण मारकाट की पूर्व-सूचना देता हुआ-सा लगता है। सूअर को मारने का जैसा सधा हुआ वर्णन भीष्म जी ने किया है, वह उनकी सूक्ष्मदर्शिता और चित्रांकन की अद्‌भुत क्षमता का बेहतरीन उदाहरण है, साथ ही उनके गद्य की शक्तिमत्ता की मिसाल भी। इस उपन्यास में भी वैसा ही, सूअर के वध जैसा, सूक्ष्म चित्रांकन हुआ है—लेकिन यहाँ वध मेमने का होता है:

"जब दीनू चबूतरे के पास पहुँचा तो चबूतरे के एक सिरे पर एक अधनंगा आदमी हाथ में गंडासा लिए खड़ा था। मन्दिर के छोकरे ने आगे बढ़ कर मेमने को चबूतरे के बीचों-बीच खड़ा कर दिया। फिर, बड़े दक्ष, सधे हाथों से मेमने की पिछली दो टाँगें थोड़ी-थोड़ी पीछे तथा दायें-बायें खींच दीं। ऐसा कर देने से मेमना उछल-कूद नहीं सकता था। उसके लिए टाँगें समेट पाना या उछल पाना असम्भव हो गया था। मेमना था भी छोटा-सा, अपनी ही टाँगों पर वह अभी ठीक तरह खड़ा नहीं हो पाता था। यों खड़ा कर देने पर मेमना वहीं जम कर रह गया। केवल मेमने की मटमैली, कोमल खाल पर कँपकँपी के लहरिये बार-बार उठ रहे थे।" (पृ. 115) इन लहरियों को भीष्म जी जैसा सूक्ष्मदर्शी और सिद्धहस्त कलाकार ही देख और चित्रित कर सकता था।

इस प्रकार, हम देखते हैं कि चाहे मानव-चरित्रों का चित्रण हो या उनके वार्तालाप, क्रिया-व्यापार अथवा उनकी मनोदशाओं का चित्रण तथा चाहे वातावरण का चित्रांकन हो या किसी घटना का वर्णन, भीष्म जी की सधी हुई प्रवाहपूर्ण भाषा अपनी पूरी सादगी और सृजनशीलता के साथ गतिशील दिखाई देती है। इसके माध्यम से वे यथार्थ के अनेक अँधेरे कोनों को तो रोशन करते ही हैं, साथ ही हमारी जानी-समझी वास्तविकता को और भी अधिक पहचानी हुई बना देते हैं। भीष्म जी की भाषा की सबसे बड़ी खूबी है उसकी सादगी। इस सादगी का अर्थ सरल और सपाट भाषा कतई नहीं है जो अपनी कलाविहीनता के कारण अखबारी भाषा का एक जड़ रूप होती है। उनकी सादगी में भी जैसी कलात्मक वक्रता और जैसी गतिशील तरलता

है, वह उनके समकालीनों में बहुत कम देखने को मिलेगी। उनकी भाषा का सबसे शक्तिशाली पक्ष यह है कि वह एकदम जन-साधारण के वार्तालाप के बीच से उठाई हुई भाषा का अत्यन्त संवदेनशील और सृजनात्मक रूप है। यह बात इस अध्याय में उद्धृत अनेक स्थलों को देखने से भी साबित हो जाती है।

भीष्म जी एकदम बोलचाल के सामान्य लहजे में कुछ शब्दों को दोहरा कर कथन में जैसी भंगिमा चाहते हैं, सफलतापूर्वक पैदा कर देते हैं : "बरसेगा, आज ज़रूर बरसेगा" या "बोलो तो मीठा, भाई हमारे साथ बोलो तो मीठा" अथवा "पिएगी, पिएगी, बसन्ती की माँ, यह कोका-कोला पिएगी"-जैसे अनेक संवादों में साधारण बातचीत के इस लहजे की सृजनात्मक परिणति देखी जा सकती है। ख़ास तौर से जहाँ उनका लहजा व्यंग्यात्मक होता है, वहाँ उनकी भाषा में एकदम बोलचाल के लहजे और तद्भव शब्दों के बीच "नूपुर" या "अर्द्धांगिनी" जैसे तत्सम शब्द न केवल आसानी से और सफलतापूर्वक खप ही जाते हैं, बल्कि वे व्यंग्य की धार को भी और तेज़ कर देते हैं। इसी तरह वे पात्रानुकूल जनपदीय बोलियों के स्पर्श से अपनी भाषा में गज़ब की चमक और अपनापन पैदा कर देते हैं। वैसे भी भीष्म जी की हिन्दी में हल्का-सा गुलाबी उर्दू का स्पर्श और पंजाबी लहजे की आत्मीय तरलता घुली-मिली हुई रहती है। इस उपन्यास में परिवेश और पात्रों के अनुकूल ही राजस्थानी की मामूली-सी छौंक उनकी भाषा को और भी आकर्षक बना देती है। मिसाल के लिए "खिमा कर दो" या "अपणे अपणे होते हैं" जैसे अनेक प्रयोग।

वातावरण के चित्रण में तो भीष्म जी कहीं-कहीं कवि होने का भ्रम पैदा करने में भी सफल हो जाते हैं। कोई आश्चर्य नहीं कि कभी छायावाद के बाद और उसके प्रभाव में उन्होंने भी अपने प्रारंभिक साहित्यिक जीवन में कविताएँ लिखी हों! जिन्हें मेरी बात पर यकीन न हो वे स्वयं उनसे पूछ लें। मैं तो अपनी ओर से उनके उपन्यास से सिर्फ एक ही ऐसा अंश उद्धृत कर रहा हूँ: "सभी कुछ था, और आकाश में चाँद भी खिला था जो जीवन की प्रत्येक वास्तविकता को अपने आँचल में लेकर जादुई और रहस्यपूर्ण बना देता है।" भाषा के इतने विविध स्तर और सभी जगह उनका इतना सधा हुआ प्रयोग भीष्म जी के यहाँ देखने को मिलता है कि उनकी अद्भुत कलात्मक सिद्धहस्तता का कायल होना पड़ता है। इसमें सन्देह नहीं कि बोलचाल के अत्यन्त सृजनशील रूप को उजागर करने वाली उनकी भाषा हिन्दी के लहजे, उसके वाक्य-विन्यास, उसकी कलात्मक वक्रता और उसकी तरलता में और भी वृद्धि और विस्तार करने वाली है। इस दृष्टि से भी यह उपन्यास भीष्म जी के साहित्यिक जीवन में एक आगे बढ़ा हुआ कदम दिखाई देता है।

भीष्म जी की एक अन्य खूबी यह है कि वे बहुत संयत और संक्षिप्त वर्णन करते हैं। उनमें कही भी अनावश्यक विस्तार और कृत्रिम फैलाव नहीं दिखायी देता।

वे वास्तविकता को ऐसे दुर्लभ कोण से और विशिष्ट दृष्टि के साथ देखते हैं कि उसका सम्पूर्णतम और सर्वाधिक महत्वपूर्ण हिस्सा उनकी पकड़ में आ जाता है। फिर वे अपनी पैनी निगाह के साथ उसके रेशे को अत्यन्त संक्षिप्त, संयत और सधी हुई भाषा में इस तरह उभारते हैं कि उस वास्तविकता के सभी पहलू, सारे अन्तराल आलोकित हो उठते हैं। लेखक का यथार्थवादी दृष्टिकोण सिर्फ चित्रण-पद्धति में ही अपना रंग नहीं दिखाता, बल्कि यथार्थवाद "चयन" भी करता है, यह इस उपन्यास को देख कर सहज ही समझ में आ जाता है। भीष्म जी ने अपनी इस कलाकृति में जीवन-यथार्थ के जिस टुकड़े को चुना है उसे खंड-खंड नहीं, बल्कि उसकी सम्पूर्णता और संश्लिष्टता में ही चित्रित किया है। जो लोग प्रेमचन्द की परंपरा का अर्थ सिर्फ गाँवों के बारे में लिखने को ही समझते हैं, उन्हें देखना चाहिए कि इस उपन्यास में किस तरह महानगरों में भी सतह के एकदम नीचे तलछट के रूप में जीने वाले "गाँवों" और झुग्गी-झोपड़ियों के मेहनतकश लोगों के दारुण जीवन को लेकर लिखते हुए, लेखक ने निम्न वर्ग से उभर रही हिन्दुस्तान की एक बिल्कुल नयी औरत की यथार्थ मूर्ति गढ़ी है। बसन्ती हिन्दी कथा-साहित्य की एक चिरस्मरणीय देन होगी, भीष्म जी की तो यह एक कलात्मक उपलब्धि है ही!!

5
एक ख़मोश सैलाब

'मय्यादास की माड़ी' भीष्म साहनी का सर्वश्रेष्ठ उपन्यास है। उनकी कला का चर्मोत्कर्ष! इससे हिन्दी उपन्यास की चौहद्दी कुछ और चौड़ी हुई है। स्वांतत्र्योत्तर भारतीय उपन्यासों में एक मील का पत्थर! अपने इस महाकाव्यात्मक आख्यान से भीष्म जी सहज ही दुनिया के चोटी के कथाकारों में शामिल हो जाते हैं। इसमें सन्देह नहीं कि इस महाख्यानक उपन्यास की रचना करके वे गाब्रिएल गार्सिया मार्केस और होर्ख़े लुई बोर्ख़ेस-जैसे तीसरी दुनिया के उन विश्व-विख्यात कथाकारों की पंक्ति में सुप्रतिष्ठित हो जाएँगे जिन्हें प्रायः 'जादुई यथार्थवाद' के रचनाकार कहा जाता है। इस उपन्यास में उन्होंने पंजाबी जाति के जातीय जीवन और मनोरचना का चित्रांकन करते हुए जिस तरह से मिथकों, लोक कथाओं, लोक विश्वासों और लोकगीतों का सर्जनात्मक उपयोग किया है और जैसे नये एवं सार्थक शिल्प-प्रयोग किये हैं, वे सब इसी ओर संकेत करते हैं।

फ़ैंटास्टिक वास्तविकता के चित्रांकन में फ़ैंटेसी का प्रयोग हो या शैली के स्तर पर 'नेरेटिव फ़िक्शन' अथवा 'नेरेटिव प्रोज़' का 'फ़ार्म', कुलमिलाकर यह भीष्मजी के विराट् 'विज़न' या विश्व-दृष्टिकोण की ही कलात्मक अभिव्यक्ति है। सूक्ष्म से सूक्ष्म ब्यौरों का अत्यन्त बारीक़निग़ारी के साथ सधा हुआ वर्णन और अपनी चिर-परिचित क़िस्साग़ोई की बाँध लेने वाली क्षमता यहाँ अपने चरम पर दृष्टिगोचर होती है। विभिन्न गतिशील बिम्बों को गूँथकर, एक ही विराट् बिम्ब में संकेंद्रित कर, पुंजीभूत प्रभाव उत्पन्न करने की उनकी कला चकित कर देती है! ठोस वास्तविकता से कल्पना में और फ़ैंटेसी से यथार्थ में सन्तरण; और लौकिक से अलौकिक और अलौकिक से लौकिक वास्तविकता में आवागमन के धूप-छाँही खेल में उनके वर्णन और चित्रांकन की विश्वसनीयता कहीं भी खण्डित नहीं होती। बल्कि इस लीला का लालित्य उसे और भी वास्तविक, मूर्त और तीखा बनाकर ग्राह्य और विश्वसनीयता का ठोस आधार प्रदान करता है। कहना न होगा कि इससे उनकी अन्तर्वस्तु (कन्टेंट) और भी आलोकित होकर प्रज्जवलित हो उठती है!

इस उपन्यास की संरचना (स्ट्रक्चर) और ताने-बाने या बुनावट (टैक्सचर) को भीष्मजी की विश्व-दृष्टि से जोड़कर ही विश्लेषित किया जा सकता है। इसके बिना कोरे 'शिल्पवाद' में उलझ जाने का रूपवादी ख़तरा पैदा हो जाता है। फ़्लॉबेयर के इस सुपरिचित कथन का भी क्या पुनःस्मरण कराने की ज़रूरत बच रहती है कि ऐसी कृतियाँ जिनकी शैली और रूप-विधान पर आवश्यकता से अधिक ध्यान दिया गया हो, अक़सर द्वितीय श्रेणी की रचनाएँ ही होती हैं![1] प्रेमचन्द के उपन्यासों के सन्दर्भ में डॉ. नामवर सिंह ने इसी बात की ओर इशारा करते हुए लिखा है कि 'कालजयी कृतियाँ एक निश्चित देश-काल के बिना नहीं समझी जा सकतीं। समझने के लिए ज़रूरी है—उसका टेक्स्ट और कॉन्टेक्स्ट।'[2] इन तथ्यों को नज़रन्दाज करने की वजह से ही प्रेमचन्द के उपन्यासों, विशेष रूप से 'रंगभूमि', फणीश्वरनाथ रेणु के 'मैला आँचल', कृष्णा सोबती के 'ज़िन्दगीनामा' और भीष्म साहनी के इस उपन्यास की संरचना, बुनावट और रचाव को सही परिप्रेक्ष्य में नहीं समझा गया। हैरानी तो इस बात से होती है कि इन उपन्यासों का महत्व स्वीकारते हुए, उनके नतसिर प्रशंसक, कई बड़े आलोचक और रचनाकार इनके शिल्प को ढीला-ढाला और विश्रृंखलित तथा कथा-वस्तु को अराजक बिखराव की शिकार बताते रहे हैं। मजे की बात तो यह है कि 'रंगभूमि' की संरचना से अपेक्षाकृत सुगठित 'गोदान' की ऐसी कमियों की ओर बारम्बार संकेत करते हुए उसके फ़ार्म को भी निशाना बनाया जाता रहा है। कहना न होगा कि इसमें अज्ञेय से लेकर निर्मल वर्मा तक तमाम आधुनिकतावादी दृष्टि से प्रभावित कथाकार और आलोचक ही नहीं, नेमिचन्द्र जैन और श्रीपत राय-जैसे भिन्न दृष्टिकोण के आलोचक भी एक या दूसरे उपन्यास के सन्दर्भ में शामिल रहे हैं। मिसाल के लिए, निर्मल वर्मा 'गोदान' को जहाँ एक ओर 'उत्कृष्ट उपन्यास' कहते हैं, वहीं दूसरी साँस में ही उसे अत्यन्त कमज़ोर रचना भी करार दे देते हैं! उनके मतानुसार, 'गोदान' की 'समूची औपन्यासिक संरचना के केन्द्र में' ही कमज़ोरी है। यह कमज़ोरी उसके सम्पूर्ण 'फ़ार्म' में है।[3] इतिहास में जाएँ तो प्रसंगवश, ऐसी ही कमियाँ और संरचनागत दोष तोल्सतोय के विश्व-विख्यात उपन्यास 'युद्ध और शान्ति' की कथा-वस्तु और उसके फ़ार्म में भी देखे गये थे। ऐसी ही कई कमियाँ और दोष 'मय्यादास की माड़ी' में भी कहे और लिखे जाते रहे हैं। उनके द्वारा भी, जो इसे भीष्म साहनी की सर्वोत्कृष्ट रचना मानते और कहते नहीं अघाते!

अमेरिका के सुप्रसिद्ध मार्क्सवादी आलोचक फ़्रेडरिक जेम्सन ने जब भारत सहित तीसरी दुनिया के सभी देशों में लिखे जाने वाले (महान्) उपन्यासों को 'नेशनल एलीगरी' (राष्ट्रीय रूपक) और विकासशील एशियाई, अफ़्रीकी और लेटिन अमेरिकी देशों में 'कथा-सृजन का स्वधर्म' कहा था, तो निस्सन्देह, उनके ज़ेहन में कोलंबियाई उपन्यासकार मार्केस, अर्जेन्टाइनी कहानीकार बोर्ख़ेस और अफ़्रीका के नाइज़ीरियाई

कथाकार चिनुआ अचेबा-जैसे समकालीन रचनाकार थे। बल्कि मुझे तो लगता है कि इसकी ऐतिहासिक पृष्ठभूमि के रूप में, लगभग अर्ध-एशियाई और पिछड़े हुए रूस के क्लासिक कथाकार तोल्सतोय (ख़ास तौर से उनका महान् उपन्यास 'युद्ध और शान्ति') भी रहे होंगे! अगर उनकी पहुँच में प्रेमचन्द और लूशुन के अंग्रेज़ी अनुवाद रहे हों, तो कोई शक़ नहीं कि उनके ज़ेहन में तोल्सतोय के साथ ये दोनों महान् कथाकार भी होंगे! फ़्रेडरिक जेम्सन ने इस 'नेशनल एलिगरी' या राष्ट्रीय रूपक को उस 'नेशन' (राष्ट्र या जाति) के 'जातीय समूह की अन्तर्कथा' भी कहा है।[4] कहना न होगा कि भीष्म साहनी का यह 'महा-आख्यानक' (ग्रेट नेरेटिव) उपन्यास पंजाबी जाति का 'जातीय रूपक' तो है ही, मिसाल के लिए, जैसा कि कृष्णा सोबती का 'ज़िन्दगीनामा' भी है; लेकिन साथ ही, 'मय्यादास की माड़ी' पंजाबी जातीय समूह की एक ऐसी मार्मिक अन्तर्कथा है, जो एक अन्य अर्थ में एक विराट् 'ट्रेजिक विज़न' की कलात्मक सृष्टि भी है! कहना न होगा कि ऐसी 'जातीय समूहों की अन्तर्कथाएँ' अपना रूप-विधान भी अपनी इस विराट् अन्तर्वस्तु के अनुरूप ही चुनती हैं, जो सही मायनों में उनके 'जातीय रूपक' के रूप में उभर सकें! यहाँ यह कहना भी कतई आवश्यक नहीं होना चाहिए कि 'फ़ार्म' का यह सही चुनाव और उसका सार्थक और सफल सन्धान अन्ततः रचनाकार के विश्व-दृष्टिकोण पर भी बहुत-कुछ निर्भर करता है। भीष्मजी और उनका सर्जनात्मक 'विज़न' इस दृष्टि से विलक्षण उदाहरण कहे जा सकते हैं। विशेष रूप से उनका यह उपन्यास!

यह जातीय रूपक और उस कौम (जाति) के सामूहिक अनुभवों की जातीय अन्तर्कथा किसी 'महा-आख्यान' के रूप में ही लिखी जा सकती है! यह उस 'फ़ार्म' में, उस बने-बनाए और सहज उपलब्ध ढाँचे में तो बिल्कुल भी नहीं, मिसाल के तौर पर जिसे तथाकथित 'यूरोपीय ढंग का नॉवेल' कहा जाता रहा है। इसीलिए, ऐसे 'आख्यान' या 'नेरेटिव' इस 'यूरोपीय ढंग के उपन्यास' के बँधे-बँधाए प्रचलित 'फ़ार्म' से भिन्न और ज़्यादा से ज़्यादा परे होते जाते हैं। निस्सन्देह, अपनी नितान्त भिन्न अन्तर्वस्तु के कारण। यह भी सुज्ञात है कि 'वस्तु' अपना 'रूप' स्वयं चुनती है; क्योंकि 'रूप' अन्ततः किसी 'वस्तु' का होता है। कहना न होगा कि दोनों में पारस्परिक निर्भरता और द्वन्द्वात्मकता के सम्बन्ध होते हैं जिससे दोनों एक-दूसरे को केवल प्रभावित ही नहीं करते,बल्कि दोनों में एक तरह का तनाव भी होता है। इस तनाव का सार्थक और सर्जनात्मक समाधान भी भीष्म साहनी-जैसे महान् कथाकार ही कर पाते हैं, जिनकी विलक्षण कला, वास्तव में कला होते हुए भी अलग से कहीं 'कला' नहीं दिखती और जिनका यथार्थवादी दृष्टिकोण किसी आरोपित या घोषित विचारधारा (आइडियोलोज़ी) का भौंपू या साईनबोर्ड नहीं होता! रूप-विधान या 'फ़ार्म' भी लेखक की रचनाओं में से उभरने वाले इस 'विज़न' या विश्व-दृष्टिकोण का इसी

तरह एक अभिन्न अंग होता है! इसीलिए, चाहे 'युद्ध और शान्ति' हो या 'एकान्त के सौ वर्ष' अथवा 'ज़िन्दगीनामा' हो या 'मय्यादास की माड़ी', इनका रूप-विधान भी परम्परागत उपन्यास का न होकर 'आख्यान' का है! अब कोई इनके सम्पूर्ण गठन को चाहे ढीला-ढाला कहे या 'फ़ार्म' को विश्रृंखलित अथवा पूरे रूप-विधान को बिखरा हुआ या अराजक। दरअसल, ऐसा मानने वालों के ज़ेहन में यूरोपीय ढंग के उपन्यास का एक बना-बनाया ढाँचा, बल्कि साँचा जमा हुआ है। ऐसे लोग इस ढाँचे और साँचे की सीमाओं से बाहर निकल कर न तो कुछ देख या महसूस कर पाते हैं और न ही उसके शिंकजे से मुक्त हो पाते हैं। तब फिर शिल्पविधान-वाद या रूपवाद और किसे कहते हैं!

'मय्यादास की माड़ी' भीष्म साहनी का अत्यन्त महत्वाकांक्षी उपन्यास है। 'माड़ी' दरअसल, पश्चिमी पंजाब में उस विशाल हवेली को कहा जाता था जो प्रायः जागीरदारों या राजे-रजवाड़ों और नवाबों की रिहायश और कचहरी हुआ करती थी। इस माड़ी का इतिहास (उपन्यास में वर्णित कालखंड के अनुरूप, सौ+पच्चीस-तीस) लगभग सवा सौ साल से ज़्यादा था। यानी उपन्यास के तकरीबन आख़िरी पृष्ठों में वर्णित कालखण्ड तक; जब जोगा पाँच-छः साल का बालक था। यही बालक बड़ा होकर (अनुमानतः लगभग 20-25 वर्ष बाद) याद करता है : 'वहाँ जोगे को, (माड़ी की दुमंजिले की छत पर) ऊपर छतरी के नीचे, एक उल्लू बैठा नज़र आया था' और अब वर्षों बाद 'उस दिन की बड़ी धूमिल-सी याद जोगा के मन में बनी हुई है। ...कस्बे में पहला बड़ा जुलूस निकला था।'[5] बाद में जब जोगा अपने घर में 'माड़ी पर उल्लू बैठा' देखने की बात करता है तो 'आज़ाद' चाचा कहते हैं कि 'अब वहाँ उल्लू ही बैठेंगे, और क्या होगा?' फिर जोगा के पिता और आज़ाद' चाचा में बहस छिड़ जाती है। माड़ी जो पहले जनसाधारण के संरक्षण, सहायता और सम्मान की प्रतीक थी, अब उसके वर्तमान अवैध मालिकों, अंग्रेज़परस्त धनपत और उसके बेटे बैरिस्टर हुकूमत राय के अधीन षड्यन्त्रों, क्रूर दमन और निर्मम सत्ता की प्रतीक बन चुकी है! जब जोगा का पिता कहता है कि 'इस तरह (यानी जलसों और जुलूसों से) अंग्रेज़ यहाँ से चले जाएँगे? अंग्रेज़ों को निकालना खाला जी का घर समझ रखा है क्या?' तो 'आज़ाद' चाचा खाना छोड़कर उठ खड़े होते हैं और रुँधे कंठ से कहते हैं कि 'क्या कुसूर था उसका जो उसे 'छः साल तक जेलखाने में रखा, उसे क्यों जेल खाने में रखा था।...इनका बेड़ा गरक हो, इन्होंने ही उसे मार डाला है।'[6] जोगा की माँ भी (मृतक के बारे में) कहती हैः 'था तो बड़ा आदमी। दूसरों के लिए अपनी जान दे गया है।'[7] यहाँ ज़िक्र दीवान मय्यादास के भतीजे और माड़ी के वैध उत्तराधिकारी लेखराज का है।

लेखराज, जो आँग्ल-ख़ालसा युद्धों (1845-46 और 1848-49) में पराजित और

घायल होने के बाद 'कूका' विद्रोहियों से मिल गया था और उनके अन्त के बाद, वापस लौटकर लोगों में अंग्रेज़ों की नयी अमलदारी के ख़िलाफ़ स्वाधीन चेतना पैदा करते-करते अन्ततः जेल में घुट-घुटकर मारा जाता है। लेखराज का ही प्रतिरूप मानो जोगा के तिलकराज 'आज़ाद' चाचा हैं, जो कस्बे में जुलूसों, सभाओं और मुज़ाहिरों के नेता हैं : 'बरसों बाद भी जोगे को उस जुलूसवाले दिन की याद आती तो उसकी आँखों के सामने कस्बे के लोगों की भीड़ और गूँजते नारे, और इधर से उधर जाते आज़ाद चाचा और उनके साथी आ जाते थे। उन दिनों—कस्बे में आये दिन ढोल बजता, काबुली दरवाजे के बाहरवाले मैदान में जलसे होते। कभी-कभी 'आज़ाद' चाचा की टोली तड़के, सुबह-सवेरे गीत गाती हुई गलियों में घूमने लगती। जोगा उस वक्त सो रहा होता, पर गीत की आवाज़ उसे जगा देती—

असाँ ते सइयाँ साडा करम कमा दे,
साड़ा गुलामी कोलों देस छुड़ा दे!'[8]

इस उपन्यास में एक परिवार की—'मय्यादास की माड़ी' के बदलते मालिकों की—कहानी के बहाने पंजाबी जाति की विडम्बनात्मक नियति की त्रासदीय कथा कही गयी है। पंजाबी जाति के लगभग आधी शताब्दी से ज़्यादा अवधि के संक्रमण-काल की—आँग्ल-ख़ालसा युद्धों में ख़ालसा की अन्तिम पराजय (1849) और अंग्रेज़ों की नयी अमलदारी से लेकर बीसवीं शताब्दी के आरम्भिक एक-डेढ़ दशक तक के संक्रमण-काल की त्रासद कथा! साथ ही अँग्रेज़ों की नयी अमलदारी और उसके नये कानूनों और दमन के ख़िलाफ़ लोगों में धीरे-धीरे बढ़ते हुए असन्तोष, गुस्से और एकदम आरम्भिक जन-प्रतिरोध के शुरुआती संकेतों की कथा! विशेष रूप से, पृष्ठभूमि में ख़ालसा-राज के दौरान जातीय जीवन की झाँकियों, तत्कालीन मूल्यों तथा मुग़लों और नादिरशाही आक्रामकों के विरुद्ध प्रतिरोध की, सिक्ख गुरुओं की महान परम्परा से धुले-मिले जातीय स्वाभिमान की कथा। हर तरह की गुलामी और जुल्मत के ख़िलाफ़ स्वातंत्र्यचेता संघर्ष-चेतना के कलात्मक बिम्बों से बुना हुआ एक विलक्षण स्मृति-आख्यान।

लेखराज की दादी माँ की कहानियों में यही परम्परा और इतिहास जैसे जीवित हो उठता है : 'अक्सर शाम को, दिया-बाती के समय, दादी माँ की कोठरी में ही जमाव होता था—जब खाट पर बैठी दादी माँ के आस-पास ज़मीन पर बहुत-से-बच्चे जुट जाया करते थे, और दादी माँ के हिलते जबड़े पर आँखें गड़ाए, उनके होठों में से निकलने वाला एक-एक शब्द दत्तचित्त होकर सुना करते थे। दादी माँ के मुँह से एक-एक शब्द जैसे एक-एक चित्र बनकर निकलता था, और लेखराज की आँखों के सामने एक चित्रमाला-सी बनती जाती थी, जिसमें लेखराज की अपनी कल्पना तरह-तरह के रंग भरती रहती थी। और उन कहानियों में कुछ ऐसा था जो अदृश्य

रूप से उसके दिल को उद्वेलित कर देता था।'[9] कहना न होगा कि यहाँ 'दादी माँ' भी भीष्मजी हैं जिनकी लेखनी से एक-एक शब्द जैसे एक-एक चित्र बनकर निकलता है; और 'लेखराज' भी वही हैं जिसमें उनकी अद्भुत कल्पना तरह-तरह के रंग भरती जा रही है! ऐसे अंशों में भीष्मजी की विलक्षण क़िस्सागोई की कला के श्रेष्ठतम रूप के दर्शन होते हैं। ऐसी दो कथाओं के कुछ अंश भीष्मजी के ही शब्दों में, क्योंकि इसके बिना उनकी इस कला का आनन्द उठाया ही नहीं जा सकता—

> ...आततताइयों ने पहले गुरु महाराज के तीनों साथियों को मारा, फिर उनका सिर काटकर उनकी देह के साथ सड़क पर फेंक दिया!...फिर क्या होना था? गुरु महाराज का धड़ और सिर धूल-मिट्टी में लथपथ चौक में पड़े रहे। किसी में साहस नहीं था कि उनके पास जाए।...वहाँ जैता नाम का एक आदमी खड़ा था। वह गुरु महाराज का भक्त था। उसने जब देखा कि ज़ोरों की आँधी आयी है तो वह भागकर आँधी के बवंडर के अन्दर घुस गया और झट-से गुरु महाराज का सिर उठा लाया और अपनी चादर में छिपा लिया। किसी का ध्यान उसकी ओर नहीं गया। फिर वहाँ से निकल आया और सीधा आनन्दपुर साहिब की ओर रवाना हो गया...[10]

गुरु महाराज, यानी, ख़ालसा के संस्थापक दसवें गुरु श्री गोविंद सिंह जी! अब आगे आनन्दपुर साहिब का वर्णन—

> फिर रात के अँधेरे में तीन आदमी माई गुज़री के घर में आये। एक के हाथ में चाँदी की थाली थी। उसे सफेद कपड़े से ढका हुआ था। थाली को उठाए वे धीरे-धीरे चलते हुए, अँधेरे में से निकलकर दीवार में लगी मशाल की रोशनी में माई गुज़री के सामने आकर खड़े हो गये। तीनों चुप थे, तीनों की पलकें झुकी हुई थीं। गुरु महाराज की माँ भी चुप थी। मानो सभी जानते हों कि कपड़े के नीचे थाली में क्या रखा है। फिर उसने कपड़े को उठाया। नीचे गुरु महाराज का कटा हुआ सिर रखा था...!
>
> ...फिर क्या होना था? ...जैते ने सिर तो उठा लिया, दादी माँ सुना रही थी, अब सुनो धड़ का क्या हुआ।...वहाँ चौक के पास एक व्यापारी का घर था। लखीदास नाम था उसका। अपने घर के छज्जे पर खड़ा यह सारा दृश्य देख रहा था। वह भी बड़े जीवट वाला आदमी था। उसने क्या किया? उसने अपना ठेला लिया, उस पर कुछ सामान रखा और अन्धड़ में ठेला खींचता हुआ उस जगह आ पहुँचा जहाँ गुरु का धड़ पड़ा था। ठेला खड़ा करके उसने गुरु महाराज का धड़ उठाया, और सामान के बीचों-बीच रखकर ठेला खींचाता हुआ अपने घर ले गया। ज़ोरों की आँधी चल ही रही थी, उसकी ओर किसी का ध्यान नहीं गया। पहरेदारों ने समझा कि कोई ठेलेवाला सौदागरी का अपना सामान लिए

ठेला खींचता चला जा रहा है।

फिर? फिर दादी माँ? लेखराज दम साधे सुन रहा था।

लखीदास ठेले को सीधा घर ले गया। पर अब क्या करे? गुरु महाराज के शरीर को वह घर पर तो नहीं रख सकता था। उसका दाहकर्म करना था, उसे कहीं पहुँचाना था। लखीदास ने क्या किया, गुरु महाराज के शरीर को घर के अन्दर ले गया और अपने घर को आग लगा दी।...इस तरह से महाराज का दाहकर्म किया![11]

ये वर्णन पढ़ते हुए 'सातेक बरस' का लेखराज ही नहीं, पाठक भी 'दम साधे सुन रहा' होता है। 'बच्चों को जलते घर में से धू-धू करके उठते शोले नज़र आने लगे थे और उनकी प्रत्येक कहानी किसी शोभायात्रा के विवरण-जैसी' लगती। लेखराज के 'कान दादी माँ के होठों पर लगे रहते और आंखें मानो अपने सामने उस शोभायात्रा को देखे जा रही होतीं। कम, बहुत ही कम लेखकों की भाषा और उनकी कला में यह विलक्षण क्षमता होती है कि आप उनके वर्णन पढ़ते हुए 'सुनने' लगते हैं। उनकी इस शक्ति का कमाल तो यह होता है कि आपको सिर्फ़ सुनाई ही नहीं देता, चलचित्र की भाँति सारे दृश्य लगातार आपकी आँखों के आगे घटित होते चले जाते हैं; सुनने के साथ-साथ आप 'देखने' भी लगते हैं! प्रेमचन्द, अमृतलाल नागर, यशपाल, रेणु और हरिशंकर परसाई की भाषा और कला में यह क्षमता भरपूर रही है। कहीं-कहीं जैनेन्द्र और निर्मल वर्मा में भी। कहना न होगा कि यह कलात्मक क्षमता भीष्मजी में भी है; और भरपूर है! इस उपन्यास में ऐसे जीवन्त वर्णन और कलात्मक चित्रांकन से युक्त अनेक कथाएँ, उनके अंश या वर्णनात्मक परिदृश्य कई जगह हैं। कहीं वास्तविकता को और गहरा एवं ठोस मूर्तता का रूप देते हुए, और अधिक आलोकित करते हुए, कहीं ऐसी 'फ्लड लाईट' के विपरीत किसी एक ही जगह तेज़ 'सपॉट लाईट' फेंकते हुए! कहीं उसे फ़ैंटेसी में बदलते हुए स्मृति-आख्यान अथवा स्वप्न-कथा की बिम्बमालाओं में पिरोते हुए! इस तरह भीष्मजी अनेक कलात्मक पद्धतियों के सार्थक विलयन से यथार्थ को और भी ज़्यादा तीखा, और भी अधिक प्रवेगमय एवं क्षिप्र बनाते हुए चित्रित करते हैं। गहरी अँधेरी रात और घने कोहरे को चीरती-बढ़ती, फलड लाईट से सामने दूर तक तीखा 'फोकस' करती तेज़ रफ़्तार बुलेट ट्रेन की तरह! ऐसा ही अद्भुत वर्णन है दसवीं पद-पातशाही, दशम गुरु श्री गोविंद सिंह जी द्वारा आनन्दपुर साहिब में 'ख़ालसा' के जन्म का; जब वे एक-एक करके पाँच 'सिर' माँगते हैं और हर बार खून टपकती तलवार लिए खेमे से बाहर आते हैं। यही पाँचों 'महाराज मेरा सिर हाज़िर है!' कहने वाले, आत्म-बलिदानी वीर, गुरु महाराज के 'पंज प्यारे' बनते हैं, जो खेमे से जीवित निकलकर संगत के सामने आते हैं : लाहौर का खत्री दयाराम, हस्तिनापुर का जाट धरनदास, द्वारका का

व्यापारी मोहकमचन्द, जगन्नाथपुरी का हिम्मत और बीदर का रहने वाला साहिबचन्द![12] यह कहानियाँ सुनते हुए 'सभी बच्चे भाव-विह्वहल' हो उठते हैं, पर लेखराज इस कहानी से 'सबसे अधिक उद्वेलित हुआ था। उसका गला रुँध-रुँध जाता था।' ऐसी ही कहानी थी बन्दा वीर बैरागी की, जिसे बच्चों के बार-बार आग्रह करने पर दादी माँ सुनाती थी; जिससे 'लेखराज की आँखों के सामने एक और शोभायात्रा के पट खुलने' लगते हैं। कभी दादी माँ गुनगुनाने लगती तो कभी कवित्त सुनाती और कभी ताली बजा बजाकर अपनी खरज आवाज़ में गाने लगती। सात साल का बालक लेखराज दादी माँ के और भी निकट सटकर बैठ जाता–

> ...दादी माँ के मैले दुपट्टे में से भीनी-भीनी सी महक आती थी, सोंधी-सी, स्नेहपूर्ण। भयानक जंग के दिनों में भी उसे कई बार दादी माँ याद हो आया करती थी और साथ ही उसके कपड़ों से आनेवाली महक का भी उसे भास होने लगता था।...अतीत के साथ उसकी नन्हीं चेतना को जोड़ने वाला सूक्ष्म, सुनहरा तन्तु–दादी माँ स्वयं भी मानो इतिहास के धुँधलके में से ही निकलकर आयी हो। उसकी कहानियाँ सुनते हुए, उसी धुँधलके में घोड़े भागने लगते, लश्कर आगे बढ़ने लगते, और तरह-तरह के चित्र उभरकर प्रगट होने लगते। अतीत जाग उठता था, उसमें जीवन की धड़कन आ जाती थी।[13]

भीष्म साहनी के इस उपन्यास में भी अतीत जाग उठता है–पंजाब के रँगारंग जातीय जीवन की धूप-छाँही झाँकियों और एक अद्भुत प्रेम-कहानी के रूप में : रुक्मण ी और कल्ले की विलक्षण प्रेम-कहानी के रूप में तथा स्वातन्त्र्यचेता जुझारू पंजाबी कौम के संघर्षों और स्वतन्त्रता-संग्राम के अनेकानेक युद्धों के भीषण जंगी-चित्रों के रूप में! इतिहास, मिथकों और जातीय आख्यानकों की जीवन्त धड़कनों के रूप में! बचपन से सुनते आ रहे दादी माँ की इन कहानियों, पंजाब के वीरों की शौर्य-गाथाओं और अपने ताऊ जी, बड़े दीवान मय्यादास की ईमानदारी, निष्ठा और अंग्रेज़ों से युद्ध के लिए ख़ालसा दरबार को अपना सर्वस्व न्यौछावर करके पूरी तरह कंगाल हो जाने पर भी, अंग्रेज़ों की 'नयी अमलदारी' में सिर न झुकाने की आत्म-सम्मानी, गौरवशाली परम्परा का लेखराज पर गहरा असर पड़ा था। जंग का डंका बजते ही अट्ठारह-उन्नीस साल का तरुण लेखराज भरती में अपना नाम लिखा आता है। वही तो अब बड़े दीवान जी का, वृद्ध मय्यादास के एकमात्र नौजवान पुत्र हरगोविन्द की अकाल मृत्यु के बाद अकेला वारिस, उनका जानशीन और 'माड़ी' का उत्तराधिकारी बचा था।

दीवान साहिब हालाँकि मन-ही-मन उसकी दिलेरी और हुब्बुलवतनी की सराहना भी करते हैं, लेकिन कुछ क्षुब्ध भी होते हैं कि लड़का आवेश और भावुकता में नाम लिखा आया है : 'तूँ क्या लड़ेगा। तेरे मुँह पर तो अभी रोएँ भी नहीं फूटे

हैं।' लेकिन वह पीछे नहीं हटता। लेखराज की माँ बहुत बिलखी, बहुत चिल्लाई। उसने भी बहुत वास्ते डाले—अपने वैधव्य के, अपने अकेलेपन के, अपने बुढ़ापे के; पर जब दीवानजी उसे नहीं रोक पाए तो वह क्या रोक पाती। लेखराज को जंग में जाने से अगर किसी ने नहीं रोका तो वह उसकी दादी माँ थी, जिसके मुँह से वह अपने बचपन से आत्म-बलिदान की गाथाएँ और क़िस्से-कहानियाँ सुनाता जा रहा था 'रब्ब सुख रखे, जाओ बेटा, जाओ। बाप-दादा का नाम रोशन करना, कसबे का नाम रोशन करना। सूरमा बनकर आना।'[14] और वह अपने बाल-मित्र, हँसोड़ और लापरवाह मनोहर के साथ जंग में हिसा लेने चला जाता है। लेखराज ख़ुद बड़े गम्भीर और ठहरे हुए स्वभाव का था। इस तरुणावस्था में भी।

जब हरनारायण की नातिन रुकमणी 'माड़ी' में दुल्हन बनकर आती है तो दिवंगत मय्यादास का बूढ़ा टहलुवा उसे पुश्तैनी माड़ी के गौरवपूर्ण अतीत का, दीवानों का और जंग के दिनों का इतिहास सुनता है : जैसे अतीत के टुकड़े पानी की सतह पर बह-बहकर आ रहे हों। वे कहीं पर जुड़ नहीं पा रहे हैं, कहीं पर भी अतीत का समूचा आकार ग्रहण नहीं कर पा रहे हैं, पर बहते हुए प्रत्येक टुकड़ा कोई संकेत-सा देता हुआ आगे बढ़ जाता है।...पर ज्यों ही वह किसी व्यक्ति से जुड़ता है, किसी नाम से, किसी घटना से तो जैसे वह रूप ग्रहण कर लेता है। कुछ हैं जो बहते हुए आते हैं और वर्तमान तक पहुँचते-पहुँचते ही सतत प्रवाह में डूब जाते हैं।[15] जंग के दिनों के बारे में रुक्मणी ने अपने नाना हरनारायण के मुँह से बहुत कुछ सुना थाः उसके नाना स्वयं जंग में जाने वाले थे पर उसकी नानी माँ के रोक लेने पर नहीं जा पाए थे। रुक्मों ने नाना से अनेक नाम सुने थे—मनोहर, पिशौरी, दयाराम, लेखराज। ये सभी नाना के हमजोली थे। उनमें से कोई भी जंग से लौटकर नहीं आया। नाना बताया करते थे कि सिर्फ लेखराज अभी ज़िन्दा है, पर कस्बे में वह भी वापस नहीं आया। बूढ़ा टहलुवा भी कहता है कि 'अगर लेखराज लौट आता तो क्या मालूम आज वही इस माड़ी का मालिक होता।' रुक्मों के लिए ये सभी लोग 'परछाइयों-जैसे थे और अतीत केवल झुटपुटा-सा था, जिसमें ये परछाइयाँ, कभी डोलती' नज़र आती थीं। वह भावुक और वाचाल टहलुवा माड़ी के ऊपरी मंजिल के एक धूल-भरे लंबे विशाल कमरे में बिखरे अतीत के टुकड़ों को जोड़ने, एक सन्दर्भ देने की कोशिशें करता है, किसी आकर में उन्हें जोड़ने की कोशिशें करता है। रुक्मों के लिए कभी कहीं कोई धूमिल-सा आकार उभरता भी है पर शीघ्र धुँधली परछाई में बदल जाता है : या फिर वह धुँधलका-सा है, जिसमें कुछ लोगों की परछाइयाँ उसे डोलती नज़र आती थीं : रुक्मो को कहीं बड़े मालिक (मय्यादास) हाथी पर चढ़कर शीशमहल की ओर जाते नज़र आते तो कहीं बड़ी मालकिन (जो युवा पुत्र हरगोबिन्द की अकाल मृत्यु के बाद एक वीतराग संन्यासिनी-जैसी बन गयी थीं) चौकी के सामने बैठी जाप

करती नज़र आती और कहीं लेखराज नाम का कोई आदमी अपने साथियों के साथ, धूल उड़ाता जंग के मैदान की ओर जाता नज़र आता! पर शीघ्र ही वे सब एक-एक करके अतीत के धुँधलके में खो जाते, कहीं डूब जाते! यह उपन्यास जातीय जीवन की 'अन्तर्कथा' के साथ ही इस 'मय्यादास की माड़ी' की भी कहानी है : उसकी तीन पीढ़ियों की विडम्बनापूर्ण नियति की कहानी! टहलुवा अन्त में फ़िरंगी फ़ौजों के सतलज पार करके बढ़ते आने और जंग की मनादी के ज़िक्र से गाने लगता है: अपनी बूढ़ी लड़खड़ाती आवाज़ में कोई पुराना गीत, जो सम्भवतः उन दिनों लोगों की ज़बान पर रहा होगा—

सूरा सो ही, सूरा सो ही
जो लड़े दीन के हेत
सूरा सो ही...
पुर्ज़ा-पुर्ज़ा कट मरै, पुर्ज़ा-पुर्ज़ा कट मरै
कब्हों न छाँड़े खेत,
सूरा सो ही...सूरा सोही...
गगन दमामा बाजियो, गगन दमामा बाजियो
पडियो निशाने घाव,
सूरा सो ही...सूरा सो ही...
सूरा सो पहिचानिये, सूरा सो पहिचानिये
जो लड़े दीन के हेत, सूरा सो ही, सूरा सो ही...[16]

महाराजा रणजीत सिंह के जीवित रहते अंग्रेज़ों की सतलज पार करने की हिम्मत नहीं पड़ी। वैसे भी सतलज पार न करने की दोनों पक्षों में सन्धि थी। रणजीत सिंह की 1839 ई. में मृत्यु के बाद अंग्रेज़ों को मौका मिल गया। काबुल से ख़ालसा दरबार के पैर उखड़ जाने के बाद सिक्ख वैसे भी कमज़ोर पड़ गये थे। फिर उत्तराधिकार के लिए षडयन्त्रों में फँसा लाहौर दरबार और भी खोखला होने लगा था। आख़िरकार बालक दिलीप सिंह को गद्दी पर बिठाकर उसकी माँ महारानी ज़िन्दा ख़ुद 'रीजेंट' के रूप में शासन कर रही थी, जब लार्ड हार्डिंग ने 13 दिसम्बर 1845 को युद्ध की घोषणा कर मोर्चेबन्दियाँ कायम कर लीं। रणजीत सिंह का एक पूर्व-सेनानायक और जागीरदार गुलाब सिंह तथा दो वर्तमान सालार लाल सिंह और तेज़ सिंह अपने साथियों के साथ अंग्रेज़ों से मिले हुए थे। उपन्यास में यह पूरी ऐतिहासिक पृष्ठभूमि तो वर्णित नहीं है, पर पंजाब के इतिहास से परिचित प्रायः सभी लोग इन तमाम तथ्यों से परिचित हैं। दो बड़ी लड़ाइयों (1845-46 और 1848-49) में ख़ालसा की शिकस्त के बाद पंजाब पर अंग्रेज़ों का मुकम्मल कब्ज़ा हो गया था। उपन्यास में इन दोनों बड़ी लड़ाइयों की, कई उन मोर्चों की झड़पों का वर्णन है जिनमें लेखराज

बड़ी बहादुरी से हिस्सा लेता है और उसकी आँखों के सामने उसका दोस्त मनोहर मारा जाता है। उसे बाद में यह भी पता चलता है कि सिक्ख सेना के दोनों सालार (लाल सिंह और तेज़ सिंह) अन्दर-ही-अन्दर गुप्त रूप से फिरंगियों से मिले हुए थे। मुदकी की लड़ाई से ठीक पहले सालार लाल सिंह जान-बूझकर गायब हो गया। सिक्ख सेना को हमले के आदेश नहीं दिए गये। अंग्रेज़ों ने ज़ोरदार धावा बोला। उस समय सालार तेज़ सिंह फिरंगी छावनी से कुछ ही दूर पूरे छः दिन तक अपनी फौज लिए निष्क्रिय खड़ा रहा था।...वह भी अन्दर से फिरंगियों के साथ मिला हुआ था।[17] परिणामस्वरूप सालार के मैदान से निकल जाने के बावजूद सिक्ख सैनिक फिरंगी फ़ौज से लोहा लेते रहे थे, कट-कटकर मरते रहे थे। आधी रात तक जंग चलती रही थी।...इस लड़ाई में ख़ालसा फ़ौज के आठ हज़ार सैनिक मारे गये थे। जिस समय सैनिक जान हथेली पर रख कर जूझ रहे थे, उस समय सिक्ख सेना के कुछ सालार नाटक खेल रहे थे।[18] कहना न होगा कि इस उपन्यास को लिखने से पूर्व भीष्मजी ने पंजाब के इतिहास का, विशेषकर आँग्ल-ख़ालसा युद्धों का बड़ी बारीकी से गहरा अध्ययन किया था। यहाँ वे एक पाद-टिप्पणी में लिखते हैं कि बीसियों बरस बाद एक फिरंगी इतिहासकार ने बता दिया था :

> ...जंग से दो दिन पहले, सरदार ल.—ने अपने गुप्तचर शम्सुद्दीन के हाथ, फिरंगी मेजर लारेंस को पूरा-पूरा ब्यौरा भेज दिया था कि हमारी फ़ौज कैसे तैनात होगी, और साहिब बहादुर, आप जब हमला करें तो दाएँ बाज़ू हमला करना, क्योंकि वहाँ कोई रोक-रुकावट नहीं होगी, वहाँ बालू के ढूह हैं और झाड़ियाँ हैं।...वहाँ हम तोपें भी खड़ी नहीं कर पाएँगे।...
>
> दसियों साल बाद, फिरंगी इतिहासकार ने लिखा कि फिरंगी फ़ौज की तो जान पर बन आयी थी, वह तो खदेड़ी जाने लगी थी। फिरंगियों के बड़े लाट ने तो अपनी आख़िरी हिदायतें भी दे डाली थीं।[19] अपने सामान की वसीयत तक कर दी थी!

स्मरणीय है कि 1845 में मुदकी-फ़िरोज़शाह की पहली चारों मुठभेड़ें, 'सरदार ल.—' यानी, लाल सिंह और उसके साथी सरदार तेज़ सिंह की गद्दारी के बावजूद अनिर्णीत रही थीं। फिर भी, हज़ारों सिक्ख सैनिकों के आत्म-बलिदान के बावजूद ख़ालसा दरबार के गुलाबसिंह जैसे अंग्रेज़परस्तों और लालसिंह-तेज़सिंह-जैसे गद्दारों के दबाव पर, मार्च 1845 में अंग्रेज़ों से उस समय ऐसी सन्धि की गयी जब उनके पैर उखड़ने लगे थे और जिससे उन्हें दोआबे का क्षेत्र (सतलज-ब्यास के बीच का इलाका) और जालंधर सौंप दिया गया। अंग्रेज़ों ने अपने मोर्चे मजबूत करके 1846 के शुरु में इस सन्धि की धज्जियाँ उड़ाते हुए, भारी कुमुक आ जाने पर एक बार फिर ज़ोरदार आक्रमण कर दिया। एक बार फिर गद्दारों के भेद बताने और अपनी

ही सेना की पीठ में छुरा भोंकने के कारण, सिक्ख सैनिकों की अद्‌भुत बहादुरी और भारी आत्म-बलिदान के बावजूद, फरवरी 1846 को सबराहों की पराजय के बाद, फिरंगियों का लाहौर पर कब्जा हो गया। फिरंगियों ने धीरे-धीरे पूरे पंजाब में अपने पैर मज़बूती के साथ जमाने के बाद 22 दिसम्बर, 1846 में एक और अपमानजनक सन्धि—भैरोंवाल की सन्धि थोपी। इसमें नाबालिग दिलीप सिंह को (जो 1854 में बालिग होता) नाम-मात्र को गद्दी पर रखकर, सारे अधिकार हथियाकर, अंग्रेज़ों ने सत्ता अपने हाथ में ले ली। एक 'रिजेंसी' परिषद बनाकर महारानी ज़िंदाँ को (जो तब रिज़ेंट थीं) पद-मुक्त कर पेंशन दे दी गयी। सरदार लाल सिंह प्रधान मन्त्री और तेज़ सिंह प्रधान सेनापति बना दिए गये। गुलाब सिंह को, एक करोड़ लेकर, जम्मू-कश्मीर का 'अधीनस्थ राजा' बना दिया गया।

लेकिन, सिक्ख सेना के अधिकांश सैनिकों और रंजीत सिंह के दौर के वफ़ादार अधिकारियों ने फिरंगियों और गद्दारों की इस सत्ता को कभी स्वीकार नहीं किया। जनता में भी उनके नये कानून-कायदों, लूट-खसोट तथा अपमान और दमन से धीरे-धीरे कई जगह विद्रोह की आग सुलगने लगी थी। इससे दूसरे सिक्ख-अंग्रेज़ युद्ध की भूमिका तैयार हो गयी। अंग्रेज़ों द्वारा मुलतान के दीवान (गवर्नर) मूलराज को पद से हटाने के बाद सम्पूर्ण मुलतान में 1848 की गर्मियों में ज़बर्दस्त विद्रोह फूट पड़ा। शीघ्र ही इस विद्रोह में मदद करने के आरोप में हजारा के गवर्नर सरदार छतर सिंह अटवाल को भी पद-मुक्त कर दिया गया। दोनों के नेतृत्व में पूरे पंजाब में विद्रोह फैल गया और फिरंगी सत्ता और उनके गद्दार समर्थकों के पाँव उखड़ने लगे। सिक्ख सैनिकों के लाहौर पर कब्जे के लिए आगे बढ़ने के दौरान ही, नवंबर 1848 में सेनापति गोल्फ़ एक विशाल सेना लेकर, सतलज नदी पार करके, फिरंगी सेना से आ मिला। गुज़रात में दो बड़ी लड़ाइयाँ हुईं : चिलियाँवाला में अंग्रेज़ों की हार हुई, लेकिन एक बार फिर गुज़रात की दूसरी बड़ी लड़ाई में (1849 में) विश्वासघात के कारण खालसा की अपार जनहानि के साथ, अन्तिम तौर पर पराजय हुई। अंग्रेज़ों की इस निर्णायक जीत के बाद दिलीप सिंह द्वारा 29 मार्च, 1849 को अपने 'अन्तिम दरबार' में पंजाब के 'ब्रिटिश-राज' में पूर्ण विलयन के दस्तावेज़ों पर हस्ताक्षर के बाद, पंजाब को भी 'अंग्रेज़ी-राज' में मिला लिया गया। अंग्रेज़ों की नयी अमलदारी कायम हो गयी।

भीष्म साहनी ने अपने उपन्यास में इस पूरे इतिहास, सभी लड़ाइयों और तारीखों का उल्लेख नहीं किया है, जो इन पंक्तियों के लेखक ने पंजाब के इतिहास से सम्बंधित पुस्तकों और दस्तावेज़ों के आधार पर, अपने भरसक संक्षिप्ततम रूप में प्रस्तुत किया है। यह इसलिए कि पाठक को इस ऐतिहासिक पृष्ठभूमि की भी जानकारी हो सके; ख़ासकर हिन्दी-भाषी पाठकों को जो इस घटनाक्रम से पूरी तरह से

परिचित नहीं भी हो सकते! भीष्मजी के लिए यह ज़रूरी भी नहीं था। कुछ समीक्षकों ने इस बात पर ऐतराज़ उठाया था कि उपन्यास में देश-काल का ठीक पता नहीं चलता और सन् अथवा तारीखें या तो भीष्म जी ने दीं नहीं, अथवा अधूरी दीं। ये ऐतराज़ उपन्यास के 'फ़ार्म' या रूपविधान पर की गयीं व्यर्थ की आपत्तियों की तरह ही, हास्यास्पद और अनावश्यक ही कहे जाएँगे; क्योंकि यहाँ सवाल न तिथिक्रम का है, न ही 'फ़ार्म' या रूपविधान का। असली सवाल ऐतिहासिक चेतना का है। ऐसे विद्वान यह समझने में असमर्थ प्रतीत होते हैं कि इतिहास और सांस्कृतिक उत्पादन की अन्तःक्रिया द्वन्द्वात्मक होती है और 'मय्यादास की माड़ी' उस प्रचलित अर्थ में 'ऐतिहासिक उपन्यास' भी नहीं है, जिसकी बद्धमूल अवधारणा ऐसे लोगों के दिमाग में जमी हुई है। बहरहाल।

भीष्मजी लिखते हैं कि 'तीन बड़ी लड़ाईयों के बाद ख़ालसा की कमर टूट गयी थी। सालारों ने हथियार डाल दिए थे। फिरंगी की फ़तह हुई थी। पंजाब, अंग्रेज़ों के कब्जे में आ गया था।'[20] लेखराज अन्त तक सभी लड़ाइयों में बड़ी बहादुरी से लड़ा था : अपने बाएँ हाथ की दो अँगुलियाँ कटवाकर और दाईं टाँग में गहरा जख़्म लेकर, इन लड़ाइयों के बाद, लेखराज बहुत दिन तक निरुद्देश्य घूमता, भटकता रहा था। अब वह बालक नहीं रहा था, जवान हो गया था। मसें कब की भींग चुकी थीं। आँखों में दूरी आ गयी थी और उसके अन्दर कहीं कुछ टूट गया था जो जुड़ नहीं पा रहा था। इसमें कोई सन्देह नहीं कि अन्य लोगों की तरह उसे भी सालारों की गद्दारी की धीरे-धीरे पूरी जानकारी, और घटनाक्रम के विश्लेषण के बाद, उसकी पुष्टि होते जाने से गहरा आघात पहुँचा था।[21] जंग की अन्तिम मुठभेड़ एक छावनी के निकट हुई थी जहाँ घायल लेखराज ने अर्धचेतनावस्था में दीवान धनपत को फिरंगी अफ़सरों के पास जाते देखा था।

लेखराज बचपन में रोज़ शाम को दादी माँ की कहानियाँ तो सुना ही करता था, लेकिन एक शाम की याद उसके मानस-पटल पर गहरे अंकित हो गयी थी : एक ढलती दोपहर में वह देर तक गोलियाँ खेलने के बाद घर लौट रहा था तो 'काबुली दरवाज़ा लाँघते समय उसकी नज़र एक घुड़सवार पर पड़ी थी,...लेखराज चौंक-सा गया था, मानो उस सरदार को उसने पहले कभी देखा हो, और फिर मन्त्रमुग्ध-सा उसकी ओर देखता रह गया था। सालार ने नीले रंग का रेशमी बाना पहन रखा था और सिर पर केसरी रंग की दस्तार थी, कमर पर से झूलती हरे रंग की म्यान और गले में मोतियों के हार थे।...बाद में, बरसों बाद भी बार-बार उस सरदार की छवि लेखराज की आँखों के सामने आती रही थी। यहाँ तक कि जंग के मैदान में भी जब वह जख़्मी हुआ था, और बहुत-सा खून बह जाने पर उनींदा-सा पड़ा था, तो भी अनेक अटपटे चित्रों के बीच, घोड़े पर बैठे उस सरदार की छवि उभरी थी, और

उस हालत में भी वह उसे मनमोहक लगा था और वह उसे मन्त्रमुग्ध-सा देखता रह गया था। कुछ चेहरे, कुछ छवियाँ संस्कार बनकर अन्दर समा जाती हैं, हमारे अन्तस में रच-बस जाती हैं। उसकी कलगी, उसकी तनी छाती, उसकी बड़ी-बड़ी आँखें, दमकता चेहरा और हल्के नीले रंग का रेशमी जामा—जैसे दादी माँ की कहानियों के नायकों के शौर्य-साहस के साथ मिलकर, उस सालार की छवि के साथ-साथ, घूमने लगा था।[22] ऐसे ही एक रात जब ज़ख़्मी लेखराज एक पेड़ के नीचे थका-हारा सोया हुआ था तो वह कई आधे-अधूरे सपने देखता है : मनोहर का मारा जाना, पतला-सा बेंत जाँघों पर मारता हुआ छोटी-छोटी फड़कती मूँछों वाला फिरंगी और कई अस्त-व्यस्त धूमिल-से सपने। अर्द्धजाग्रत अवस्था में अचानक उसे घोड़े की टापें सुनाई देती हैं, फिर गली का मोड़ काटकर घोड़े पर सवार वही कलगीवाला सरदार... अचानक वह चौंक जाता है : 'अरे! उस पर कलगी-वाले सरदार की बजाय धनपत बैठा है, मुचड़ा हुआ अंगारखा पहने, सिर पर केसरी रंग का पग्गड़ रखे, और गली में खड़े लोगों से कह रहा है—मैंने कहा था या नहीं?[23] यही धनपत था, जो 'नयी अमलदारी' में सर्वाधिक फ़ायदा उठाने वाले कुटिल और अवसरवादी चरित्रों में से एक है, निहायत ही निर्मम, क्रूर और षड़यन्त्रकारी!

बीसेक साल का युवा धनपत अर्सा पहले मय्यादास की अनुपस्थिति में आकर 'माड़ी' में रुक जाता है और आने पर जब दीवान मय्यादास उससे दरयाफ़्त करते हैं कि 'तुम चन्द्रा के बेटे हो?' तो वह बड़े ठसके से कहता है कि 'अपने घर आया हूँ। दीवान धनपत वल्द-ए-दीवान गोकुलदास...!' दीवान मय्यादास समझ जाते हैं कि 'ज़मीन-जायदाद को लेकर अब बखेड़ा खड़ा होगा।' धनपत उनके छोटे भाई गोकुलदास से उसकी रखैल चन्द्रा का बेटा था। गोकुलदास ने गर्भवती चन्द्रा को लगभग बीस साल पहले निकाल दिया था। उसके लगभग पाँच साल बाद उसकी अपनी पत्नी से उसे बेटा हुआ था; लेखराज, जो फिरंगियों के ख़िलाफ़ लड़ाई में जाने के बाद से नहीं लौटा था। गोकुलदास की मौत के भी दस साल बाद धनपत कहीं से कस्बे में नमूदार हुआ था और आकर मय्यादास को आँखें दिखाने लगा था : 'दीवान जी सीधे हाथ से दोगे तो भी लूँगा, और उल्टे हाथ से दोगे तो भी लूँगा। मैं माड़ी का अपना हिस्सा छोड़ने वाला नहीं हूँ। मैं भी दीवान हूँ'। लेकिन जब वह मय्यादास की अनुपस्थिति में धन्धा करने वाली मोतिया को माड़ी में ले आता है तो मय्यादास उसका सामान बाहर फिंकवाकर, उसे माड़ी से निकाल देते हैं।[24] धनपत अपनी अटपटी वेशभूषा और हरकतों के कारण 'रंगीला दीवान' या 'पगला दीवान' और बाद में लड़ाई के दौरान अंग्रेज़ों की छावनियों में ऊँट-सप्लायर के तौर पर, मुर्दा ऊँटों की दुमें काट-काटकर जमा करने के कारण 'दुमकटा दीवान' कहलाने लगा था। कस्बे के लोगों के लिए वह एक विदूषक था, हर किसी के लिए हँसी-मज़ाक

का पात्र! जब वह जंग के बाद केसरिया पग्गड़ और ढीले-ढाले पीले अँगरखे में अपने मरियल टट्टू पर वापस कस्बे में आया तो उसकी धज कुछ ऐसी थी : 'दीवान धनपत लाम पर से कुछ दुबला होकर लौटा था। देह पिचक गयी थी, जिस कारण अँगरखा, लगता, खम्भे पर खोल चढ़ा हो। छाती भी अन्दर को धँस गयी थी। पर मूँछों में दम था। आन-बान पहले से ज़्यादा बढ़ गयी थी। मरियल टट्टू पर भी बैठा महसूस कर रहा था जैसे हाथी पर बैठा है। और पीछे-पीछे हँसते, मसखरियाँ करते बच्चे और कस्बे के मनचले...उसे लगता जैसे सचमुच ही उसकी शोभायात्रा चली जा रही है।'[25] मसखरियाँ करते मनचलों में से एक, बांशी फिकरा कसता है, 'ऊँटों की दुमें फिरंगियों की छावनी में पहुँचाते रहे हो, एक दुम अपने लिए भी रख लेते!' और फिर पीछे से आवाज़ मारता है : 'काली कुकड़ी दा चोर ई!' हँसी-ठहाकों के बीच फिर आवाज़ आती है : 'एह नहीं, कोई होर ई!' यानी, काली मुर्गी का चोर आया है,...अरे, नहीं-नहीं कोई और दूसरा है!

धनपत आगे जाकर मिरासियों से ढोल बजवाता और तालियाँ बजाते हिजड़ों को नचवाता, इस फूहड़ और मसखरे जुलूस के साथ मानो मय्यादास को चिढ़ाने, उसकी खिल्ली उड़ाने, माड़ी की तरफ़ जाता है। यह सोचते हुए कि अब तो अमलदारी बदल गयी है, अब न तो सिक्खों के लाहौर-दरबार की चल सकती है, और न ही 'बड़े दीवान' मय्यादास और शीशमहल के बौने राजा अमीरचन्द की। कस्बे के लोग भी टिप्पणियाँ करते हैं कि 'दीवान मय्यादास का पानी उतारने गया था, उसे ज़लील करने' और 'सब वक़्त-वक़्त की बात है, नहीं तो किसकी हिम्मत थी कि दीवान मय्यादास को आँखें दिखाए।' लोग यह आशंका भी व्यक्त करते हैं कि 'बड़ा छिछोरा आदमी है, न जाने आगे क्या करेगा।' फिरंगियों की जीत और नयी अमलदारी कायम होने के साथ ही जैसे मय्यादास की माड़ी पर अँधेरा छा गया था। इस लाम में मय्यादास का दीवाला पिट गया था। वह बिल्कुल कंगाल हो गया था। उसने जंग के लिए अपनी सारी पूँजी लाहौर-दरबार को दे दी थी। पहली पराजय के बाद जब ख़ालसा-राज के लिए संकट की घड़ी आयी तो उसने अपने घर का सारा सोना-चाँदी भी दे डाला था। जंग ख़त्म होते-न-होते एक माड़ी और उससे लगी हवेली के अलावा सब-कुछ डूब चुका था।

भीष्म जी के शब्दों में, दीवान मय्यादास 'छः महीनों के अन्दर ही मानो बुढ़ा गये थे। बदन ढीला पड़ने लगा था और कंधे झुक गये थे'; कस्बे की गलियों में चलते हुए 'अब वह छाया-से प्रतीत होते थे, किसी बीते गौरव की छाया-से। वह न तो वर्तमान के साथ कहीं जुड़ते नज़र आते थे; न भविष्य के साथ। उन्हें देख कर लगता जैसे कोई व्यक्ति किसी प्रवाह में से छिटककर बाहर फेंक दिया गया हो, और वह उत्तरोत्तर पीछे छूटता जा रहा हो। हर दिन घटने वाली नयी-नयी घटनाओं में

उनका कहीं कोई स्थान नहीं था। नयी अमलदारी, अपनी क़दरें-कीमतें लेकर अपने नये किरदार, तौर-तरीके लेकर कस्बे की ओर बढ़ती आ रही थी। उसके अपने आग्रह थे, दबाव थे।' लेकिन इस-सबके बावजूद बड़े दीवान जी अभी भी जब कस्बे में निकलते तो लोग उठ-उठकर उनका 'नतमस्तक अभिवादन' करते; वे अभी भी 'बड़े मुदब्बर, बड़े गम्भीर, और रोबीले' नज़र आते थे। सब कुछ खो बैठने पर भी उनके माथे पर शिकन नहीं आयी थी, उनकी पुरानी वज़ह, पहले का बड़प्पन अभी भी कायम था।[26] दूसरे तमाम राजे-रजवाड़ों, जागीरदारों, सेठ-साहूकारों और रईसों की निष्ठाएँ और वफ़ादारियाँ भले ही अमलदारी बदलते ही परिवर्तित हो गयी हों, बड़े दीवान मय्यादास की निष्ठा और आत्मसम्मान कायम रहे!

इन रईस, रजवाड़ों और साहूकारों के इस निष्ठा-परिवर्तन के साथ ही भीष्म जी ने जनसाधारण की मानसिकता में होने वाले उस सूक्ष्म बदलाव का भी बड़े स्वाभाविक ढंग से चित्रांकन किया है, जब ज़्यादातर लोगों के दिमाग में धीरे-धीरे यह बात मज़बूती के साथ जड़ जमाने लगती है कि अंग्रेज़ी-राज अटल है और शक्तिशाली फिरंगियों का विरोध करना व्यर्थ है! उनकी मानसिकता में आये इस परिवर्तन के लिए नये उभरते मध्यवर्ग के उन अवसरवादी तबकों की भूमिका का भी भीष्म जी ने कुछ चरित्रों के माध्यम से बड़ा सूक्ष्म, सटीक और प्रामाणिक चित्रण किया है : चाहे वह दीवान धनपत राय-जैसा अंग्रेज़ी-राज का नया ज़मींदार हो या उसका इंग्लैंड-पलट बेटा बैरिस्टर हुकूमत राय, अथवा नयी अमलदारी में विलायती सामानों की एजेन्टी करने वाला और फिरंगी छावनियों की ठेकेदारी से धनाढ्य बना नौदौलतिया मलिक मंसाराम हो या चरम अवसरवादी और धूर्त रामजवाया! बाद में उसका एक जोड़ीदार केसर सिंह कहता भी है कि जब से रामजवाया विलायती माल का 'कमीशन-एजंट बना है, फिरंगियों का सबसे बड़ा ख़ैरव्वाह बन' बैठा है! अनजाने ही धीरे-धीरे जनसामान्य की मानसिकता में इतनी ज़बर्दस्त तब्दीली आ जाती है कि अटल अंग्रेज़ी-राज और रेलों-जैसी उसकी तमाम आधुनिक नियामतें लोकगीतों का हिस्सा बन जाती हैं, जैसे कभी सन् सत्तावन की क्रांति (1857 का 'गदर') के बारे में उत्तर भारत की विभिन्न लोकभाषाओं में अंग्रेज़ी-राज के ख़िलाफ़ सैकड़ों लोकगीत प्रचलित हो गये थे। यहाँ, तत्कालीन पंजाब में नज़ारा यह था कि उस छोटे-से कस्बे की लड़कियाँ पूरे भारत में अंग्रेज़ों के निर्मम दमन और लूट के बावजूद भी, अपनी पहली रेल-यात्रा के दौरान, रेल के डिब्बे में ताली बजा-बजाकर नाच रही थीं और जोश में भरकर गीत गाए जा रही थीं—

शाबा शाबा वे फिरंगिया,
अटल होवी राज!
शाबा करमाँवालिया वे,

तूँ सभणा दा सरताज!
शाबा शाबा वे फिरंगिया,
अटल होवी राज!

भीष्म जी की सबसे बड़ी खूबी यह है कि वे न तो किसी नुस्ख़े या फ़ार्मूले का यांत्रिक ढंग से इस्तेमाल करते हैं, और न ही अपनी विचारधारा और इच्छित मनोनुकूल दिशा अपने पात्रों, परिस्थितियों या चित्रित घटनाओं पर थोपते हैं। जनसामान्य के ज़ेहन और व्यवहार में आने वाली किसी भी मानसिक तब्दीली या घटनाक्रम की गति और परिस्थितियों के ठोस ऐतिहासिक सन्दर्भ को पकड़कर, वे बड़ी ही प्रामाणिकता से उसका स्वाभाविक और यथार्थ वर्णन या चित्रण करते हैं। इसके लिए वे तमाम सूक्ष्म ब्यौरों में जाते हैं; और किसी भी परिवर्तन को उसके समूचे देश-काल के सभी आवश्यक ऐतिहासिक सन्दर्भों और भावी परिप्रेक्ष्य के साथ पकड़कर, उसे उसकी स्वाभाविक, धीमी और वास्तविक प्रक्रिया में ही चित्रित करते हैं। वे हथेली पर सरसों उगाने की हड़बड़ी कभी नहीं दिखाते! इसीलिए वे स्वाभावोक्ति के बड़े कलाकार हैं! फिर चाहे लोगों की बदलती मानसिकता की सूक्ष्म मनोवैज्ञानिक प्रक्रिया हो, अथवा फिर परिस्थितियों या घटनाक्रम में घटित होने वाले विभिन्न उतार-चढ़ाव और घुमाव या मोड़! अतिरिक्त 'क्रांतिकारी' उत्साह या जोश में वे कोई अस्वाभाविक वर्णन या अतिरेक नहीं दिखाते और कभी भी अपने चित्रांकन में किसी भी तरह की मनोनुकूल रंगामेज़ी भी नहीं करते! भीष्म जी की किसी भी रचना में, वह कहानी हो या उपन्यास, आप ज़रा-सा भी बड़बोलापन नहीं पा सकते; उनके शान्त, स्वाभाविक और सौम्य जीवन-व्यवहार की तरह ही! अपनी तमाम कृतियों में भीष्म जी स्वाभावोक्ति के विलक्षण कलाकार की तरह ही, जैसाकि मेरे अंग्रेज़ और गुरुभाई ललित सुरजन ने उन्हें कहा है, वे 'अल्पोक्ति के कलाकार' भी हैं : अतिशयोक्ति के विरुद्ध अल्पोक्ति के कलाकार—अंग्रेज़ी में जिसे कहेंगे 'आर्टिस्ट ऑफ़ अंडर-स्टेटमेंट'! अपने प्रिय कवि विनोद कुमार शुक्ल के एक संग्रह के शीर्षक में कहूँ तो कहीं भी, कभी भी, कुछ भी 'अतिरिक्त नहीं'!

इस उपन्यास के सर्वाधिक जटिल और अत्यन्त पेचीदा दो चरित्र हैं : दीवान धनपतराय और उसका मुसाहिब, पुरोहित रामदास। जटिल ही नहीं, हददर्ज़ा कुटिल, क्रूर, और कमीनेपन की अद्भुत मिसाल! कमाल के षड़यन्त्रकारी! इनका चरित्र-चित्रण इस उपन्यास में भीष्म जी के लिए सबसे बड़ी और कठिन चुनौती थी। कहना न होगा कि भीष्म जी ने इन दोनों पात्रों का एकदम स्वाभाविक और जीवन्त चरित्र गढ़ने में बला की महारत दिखाई है! उन्होंने बिना किसी अतिरेक या आन्तरिक घृणा और द्वेष के, बड़ी तटस्थता के साथ, इन दोनों खल पात्रों का एकदम यथार्थ चरित्र-चित्रण किया है। वह भी कहीं-कहीं अपने चिरपरिचित हास्य-व्यंग्य और ख़ासे

मनोरंजक ढंग से। बक़ौल भीष्म जी, 'दोनों ही व्यक्ति जीवन के ऐसे चरण में पहुँच चुके थे जब चेहरे को देखकर मन के भाव का अन्दाजा लगा पाना इतना आसान नहीं रह जाता।'[28] उपन्यास का पहिला ही पृष्ठ इन दोनों षड़यन्त्रकारी खल पात्रों के कथोपकथन से शुरू होता है; भावी साज़िशों का संकेत देता हुआ-सा और दोनों के कुटिल चरित्र की परत-दर-परत खोलता हुआ-सा!

पुरोहित रामदास जब दीवान धनपतराय से यह कहता है कि 'सुना है लेखराज कस्बे में लौट रहा है' और दीवान के उसे थोड़ा-सा घिसते ही वह मिमियाने लगता है: 'उड़ती-उड़ती ख़बर सुनी है महाराज'; तब भी 'दीवान की आँखें पुरोहित के चेहरे पर लगी थीं। पुरोहित भी बूढ़ा हो चला है। उसके घिसे-पिटे, झुर्रियों-भरे चेहरे को देखते हुए दीवान सोच रहा था कि इस आदमी का कुछ पता नहीं चलता। जितना ज़मीन के ऊपर है, उससे दुगना ज़मीन के नीचे है। दीवान अपनी पैनी आँखों से देर तक उसके चेहरे को पढ़ पाने की कोशिश करता रहा', और पुरोहित के दोबारा यह कहने पर कि 'हाँ, ग़रीबनवाज़, यह तो उड़ती-उड़ती ख़बर ही सुनी है', वह प्रत्युत्तर में गहरी टिप्पणी करता है : 'तू तो उड़ते पक्षी को भी हाथ बढ़ाकर पकड़ लेता है, पुरोहित, तेरे लिए क्या मुश्किल है।' चापलूस और स्वार्थवश दब्बू बना पुरोहित घिघियाने लगता है, 'ग़रीबनवाज़, जुग-जुग जियो, महाराज, लाखों पर कलम हो।'[29] अपने पेशे में पगे हुए और चापलूसी में दक्ष पुरोहित का तकिया कलाम ही है, 'सत बचन, सत वचन महाराज, राम भली करेंगे।' राम किसी का भला करें चाहे ना करें, पर पुरोहित रामदास हर कहीं, हर किसी से, अपना भला साधने में पर्याप्त चतुर था! पूरा कस्बा उसकी टेढ़ी नज़र से और श्राप की आशंका से, उससे डरता था—एकमात्र विधवा मौसी भागसुद्धी को छोड़कर; जो कस्बे के बेताज बादशाह दीवान धनपतराय से भी नहीं डरती थी; और जो किसी भी अन्याय या जुल्म के ख़िलाफ़ धनपत सहित हरेक जुल्मी, बेईमान और अन्यायी को सरेआम कड़ी फटकार लगाने में कभी नहीं चूकती थी!

पुरोहित चापलूस, चालाक और कुटिल षड़यन्त्रकारी ही नहीं, बड़ी भेदक दृष्टिवाला और बड़ा सूक्ष्मदर्शी भी था। पीतल का लोटा हाथ में उठाए, नदी से नहाकर लौट रहे अधेड़ मनीराम को देखकर रामदास कहता है: 'मनीराम का वक्त आ गया है ग़रीबनवाज़!' दीवान नहीं मानता : 'तू सठिया गया है पुरोहित, मनीराम भला-चंगा है, नदी पर से नहाकर लौट रहा है, आधा कोस पैदल चलकर आया है, और तू कह रहा है कि उसका वक्त आ गया है।...तूने ही कोई जादू-टूणा कर दिया हो तो बात दूसरी है। तेरा क्या भरोसा।' जब वह फिर बुदबुदाता है कि 'इसका वक्त आ गया है, महाराज।' तो दीवान पूछता है, 'तूने अपना प्रिश्न लगाया है, क्या?' तब वह उत्तर देता है कि 'नहीं, ग़रीबनवाज़, इसमें प्रिश्न लगाने की ज़रूरत ही नहीं है'

दीवान धनपतराय एकटक रामदास को देखता रहता है : अन्दर को धँसी छोटी-छोटी आँखें, लगता है, जैसे किसी कंदरा से झाँक रही हैं।...उसे देखते ही मन वितृष्णा से भर उठता था। तभी कुछ दूर से रोने-बिलखने की आवाज़ें आती हैं और उधर से एक लड़का भागते हुए आकर 'चाचा जी चलाणा कर गये!' कहता हुआ निकल जाता है। पुरोहित की बात सच निकली थी। दीवान उद्विग्न होकर पूछता है : 'रामदास, तुम्हें कैसे पता चल गया था कि मनीराम का वक्त आ गया है?'

'उसका धागा इतना ही था।' पर 'तूने कैसे जाना?'

'महाराज, उसके प्राण उस लोटे में थे जिसे वह हाथ में उठाए हुए था।'

'पर तुम्हें कैसे मालूम हुआ?'...

'ग़रीबनवाज़, इसमें जानने की क्या बात है...आपने उसके माथे पर लगा तिलक देखा था?...आधा कोस चल चुकने के बाद भी उसके माथे का तिलक सूखा नहीं था। वह अभी भी गीला था। गरीबनवाज़, इतना चलने के बाद भी तिलक नहीं सूखे तो इसका मतलब है, उसका शरीर अन्दर से ठंडा पड़ चुका है। हाथ में पीतल का लोटा ही उसे बचाए हुए था।'[30] यह बात वैज्ञानिक दृष्टि से सही है या कोरा अन्धविश्वास, यह बेमानी है। यह वर्णन तर्क-वितर्क से परे है। लेकिन इस समूचे वर्णन से पुरोहित की एक दहशत-सी छाकर पाठक के दिल को भी भारी कर जाती है। अविश्सनीय होते हुए भी भीष्मजी की कला उसे नितान्त विश्वसनीय बना देती है! ठीक वैसे ही जैसे दादी माँ की मिथकीय कथाएँ, जंग के मैदान में घोड़े पर सवार सालार का आना और फिर धनपत में बदल जाना, तरह-तरह के लोकविश्वास, भागसुद्धी की कोठरी में गरुड़ महाराज का आना और नाग को चोंच में दबाकर ले जाना[31] तथा सर्वोपरि रुक्मणी की मृत्यु के पहले कृष्ण जी का नृत्य और नाचते-नाचते उनके हाथ की बाँसुरी का रंग-बिरंगी थिगलियों और घुँघरू वाली कल्ले की लाठी में तथा स्वयं कन्हैया का कल्ले में बदल जाना : 'उसके नाचने की लय में देवताओं का संगीत न होकर मानव का आर्तनाद' होता है![52] ये सभी प्रसंग, 'फैन्टास्टिक' होते हुए भी भीष्मजी की कला से पूर्णतः वास्तविक बन जाते हैं; और इस तरह किसी पात्र, घटना या मनःस्थिति के ज़रूरी और अनिवार्य पक्ष को उद्घाटित या आलोकित करके, कथा-उद्देश्य की पूर्ति में योग देते हैं। लोककथाओं, पुराण-प्रसंगों, मिथकों और लोकविश्वासों के ऐसे सर्जनात्मक उपयोग, 'फैन्टेसी' के प्रयोग से ऐसे आख्यानों को ऐसे रूप-विधान में पूर्णतः विश्वसनीय बनाकर चित्रांकित करने की यह कला अगर तथाकथित 'जादुई यथार्थवद'-जैसी या उससे मिलती-जुलती नहीं है, तो भला और क्या है!

पुरोहित रामदास का दिखना ही लगभग अपशकुन जैसा था! इसीलिए माड़ी से लौटते पुरोहित को देखते ही भागसुद्धी कहती है कि 'तेरे भेजे में साँप लौटते

हैं, ब्राहमणा!...माड़ीवालों को अच्छी मत देना, उन्हें कुराह नहीं डालना...पुरोहिता, पापिया, कोई बुरा काम नहीं करना; नहीं तो नरकों में जाएगा, देह में कीड़े पड़ेंगे।' भागसुद्धी की फटकार सुनकर वह दुम दबाकर भाग खड़ा होता है और कुछ ही देर में 'कस्बे की गलियों के लम्बे चौड़े जाल में वैसे ही फिर से चलने लगा था जैसे मकड़ी अपने जाल में घूमती है।'[34] पुरोहित को जैसे मनीराम की मृत्यु का पूर्वाभास हो गया था, ऐसे ही विधवा गोमा की कोठरी के सामने से गुज़रते हुए 'उसे खटाक से भास हुआ था' की अन्दर वह मरी पड़ी है। वह सारी बिरादरी को बुलता है और वही उसका अन्तिम संस्कार भी करता है। किसी निस्वार्थ सहायता की तो उससे कोई कल्पना कर भी नहीं सकता था! लोगों को गोमा की कोठरी में जब चूल्हे के पीछे खुदा हुआ गड्ढा नजर आया जहाँ गोमा ने एक हाँडी में अपनी छोटी-मोटी पूँजी दबा रखी थी तो सबसे पहले पुरोहित पर ही सन्देह होता है : 'मुआ ब्राह्मण, अब पाठ करता फिरता है; विधवा गोमा की हाँडी निकालकर सबकुछ हज़्म कर गया है।'[35] भीष्मजी के शब्दों में, 'पुरोहित भावुक व्यक्ति नहीं था। वह देखता सबकुछ था, जानता भी सबकुछ था। पर मानो उसके अन्दर वह रग ही नहीं थी जो दर्द या खुशी या क्लेश को महसूस कर सकती है।'[36] इससे पहले भीष्मजी उसकी विशेषता बताते हुए लिखते हैं कि वह 'ऐसी जगह चोट करता था कि आदमी न हाँ करने योग्य रहता, न ना करने योग्य। उसकी बात में सम्मान भी छिपा रहता और अनादर भी, प्रशंसा भी और हेठी भी। उसकी बात सुनकर मन में संशय भी उठता और उत्सुकता भी।'[37] ठिगने कद का रामदास तीन बीबियाँ 'अगले जहान में पहुँचा' चुका था और उससे आधी से भी कम उम्र, सत्ताइस-अठ्ठाइस की चौथी बीबी परमेशरी का रंग भी अब पीला पड़ने लगा था। चार-चार पत्नियों को ब्याहने के बावजूद बाल-बच्चा एक भी न था।

कस्बे में जो कुछ भी बुरा या अनैतिक होता था, उसके पीछे धनपत और पुरोहित का ही हाथ होता था। ज़्यादातर लोगों में दोनों के प्रति वितृष्णा और घृणा के भाव थे। लेकिन लोग दोनों से डरते भी थे। पुरोहित के श्राप और उसकी धर्मसत्ता से और धनपत की कुटिलता, क्रूरता और सर्वोपरि उसकी धनसत्ता से! पूरे कस्बे पर 'मय्यादास की माड़ी' का दबदबा तो पहले भी था पर बड़ा सम्मानपूर्ण! लेकिन अब 'माड़ी' का दबदबा पहले की तरह 'सम्मानपूर्ण' न होकर आतंकपूर्ण बन गया था। अब सभी पर माड़ी का ख़ौफ़ तारी था!

माड़ी का इतिहास बड़ा पुराना था। इसका निर्माण दीवान मय्यादास के पिता दीवान मथरादास ने कराया था, जो ख़ालसा दरबार के 'कारदार' थे। यह पद एक तरह से आजकल के जिला मजिस्ट्रेट (डीएम) और कलेक्टर-जैसा होता था, जो इलाके में राजस्व वसूली का प्रभारी और न्यायकर्ता भी होता था। तब माड़ी एक-मंजिला ही

थी। मथरादास की ईमानदारी और कार्यकुशलता के ईनाम के तौर पर, उसके बाद उसके पुत्र मय्यादास को भी कारदार बना दिया गया। मय्यादास अपनी सूझ-बूझ, कार्यकुशलता, ईमानदारी और कड़ी मेहनत से तरक्की करके, लगातार ऊँचा उठता गया। पहले वह लाहौर दरबार में 'तोषाखाने' खजाने का अधिकारी बना, जो एक तरह से आजकल के वित्तमन्त्री और रिजर्व बैंक के गवर्नर-जैसा पद था। तब माड़ी भी दो-मंजिला हुई और नयी साज-सज्जा से सुशोभित हुई।

कलान्तर में दीवान मय्यादास जब काबुल दरबार में 'ख़ालसा-राज के प्रतिनिधि' (राजदूत) बने तो माड़ी की साज-सज्जा, मान-सम्मान और धन-धान्य में और भी वृद्धि होती गयी : उसका ऊँचा फाटक, फाटक के ऊपर बना छोटा-सा छज्जा और सबसे ऊपर वाली मंजिल पर बीचो-बीच फाटक की सीध में लाल पत्थर की बनी छतरी तथा सबसे ऊपर की खुली छत पर किलों-जैसे कंगूरे! गाड़ी पर दीवान परिवार की समृद्धि की छाप के साथ ही 'खालसा राज की चढ़ती कला की छाप' भी झलकती थी! ये सब कारीगरी और शिल्प-स्थापत्य सिक्ख अमलदारी या उससे भी पहले की मुग़लों की अमलदारी की देन थीं, जो सब मिलजुलकर किसी राजा-महाराजा के महल का आभास कराते। जबकि अब उसकी खिड़कियों-रोशनदानों में हरे, पीले, लाल, नीले रंग के शीशे अँग्रेज़ों की मौजूदा अमलदारी के चिह्न हैं। लेकिन कुछेक दरवाज़ों पर अभी भी मध्य-युगीन नक्काशी बच रही थी, जबकि अधिकांश मध्य-युगीन दरवाज़ों की जगह बाद में अंग्रेज़ी चलन के सपाट और सीधे दरवाज़ों ने ले ली थी।[38] दीवान मय्यादास हाथी या घोड़े पर सवारी करते थे; पर दीवान धनपत पीले चोगे, केसरिया पग्गड़ और मोतियों की मालाएँ पहनकर (डिप्टी कमिश्नर से मिलने जाते समय इसी के साथ नेकटाई भी!) जहाँ घंटियों से सजी पालकी में ही गुड़मुड़ी पीता घूमा करता था, वहाँ उसका सबसे छोटा, तीसरा बेटा बैरिस्टर हुकूमतराय फ़िटन में बैठकर आता-जाता था। काला सूट, मुँह में पाइप, नुकीली मूँछें, और फ़िटन के पीछे सफ़ेद वर्दी और हरे रंग की चपरास में खड़ा चोबदार।' दीवान हुकूमतराय ने गाड़ी के निचले हिस्से में 'अपने लिए छोटा-सा इंग्लैंड बना लिया था।' चोबदार के अलावा अर्दली और खानसामों की फ़ौज, कमरों में अँगीठियाँ, ड्रेसिंग गाऊन, चाय-केक-बिस्कुट, छुरी-काँटे, डाइनिंग टेबल और अंग्रेज़ी ढंग का पूरा फर्नीचर, पर्दे और पूरी विलायती साज-सज्जा![39] इस और ऐसे तमाम चित्रण और वर्णनों में भीष्मजी 'माड़ी' और उसके बदलते स्थापत्य, साज-सज्जा और रहन-सहन के माध्यम से बदलते मालिकों के न केवल स्वभाव, व्यवहार और कुल-चरित्र में आती तब्दीलियों को परोक्ष ढंग से उद्‌घाटित करते हैं, बल्कि अमलदारियों में आए परिवर्तनों और उनके प्रत्यक्ष प्रभावों को भी बड़ी बारीकी से संकेतित करते हैं। यही वजह है कि भीष्मजी का एक भी शब्द, एक भी चित्र अथवा वर्णन का छोटे-से-छोटा ब्यौरा भी ख़ास ध्यान देने वाला

होता है! कुछ भी अनावश्यक या फ़ालतू नहीं होता!

माड़ी के निर्माणकर्ता दीवान मथरादास की बड़ी 'मान-मर्यादा' थी और वह बड़ा 'हाथ का सखी था, और मुंसिफ़-मिज़ाज भी।' कहते हैं, सिक्ख लड़ाइयों के बहुत पहले, जब इलाक़े में सूखा पड़ा था और लगता था कि सूखा दुर्भिक्ष का रूप ग्रहण कर लेगा तो दीवान मथरादास ने अपना बहुत-सा धन लगाकर, कुछ माँग-माँगकर बाहर से अनाज खरीद-खरीदकर कस्बेवालों को राहत पहुँचाई थी। तभी उसकी पत्नी ने भी (मय्यादास और गाकुलदास की माँ तथा किस्से-कहानियाँ सुनानेवाली लेखराज की दादी माँ) मन्नत माँगी थी कि दुर्भिक्ष टल गया तो वह जन-कल्याण के लिए घर की पुश्तैनी हवेली की खुली ज़मीन में एक सरोवर बनायेगी। मय्यादास बहुत ऊँचे ओहदों पर पहुँचकर भी अत्यन्त विनम्र स्वभाव का था। उसकी पत्नी देवकी भी 'बड़े नेम-धरमवाली स्त्री थी। वह भी दोनों हाथों से दान-दक्षिणा देती रहती, उसके दोनों हाथ सदा जुड़े रहते। इधर-उधर दान-पुण्य करती रहती।' माड़ी में सारा वक्त घुमक्कड़ साधू-सन्तों का ताँता लगा रहता। माड़ी से हर किसी को मदद मिलती, कोई भूखा न जाता। देवती ने सास की मन्नत को पूरा करने के लिए ताल का काम भी शुरू करवा दिया था; पर अंग्रेज़ों से लड़ाई छिड़ जाने से वह अधूरा ही रह गया।[40] लेखराज का चरित्र भी ऐसा ही उदार, परदुखकातर तथा सुदृढ़ और स्वदेशाभिमानी बहादुर का था।

इन सबके विपरीत धनपत किसी को देना तो क्या, दूसरों का सब-कुछ छीन लेनेवाला और दूसरों को अपमानित करके खुश होनेवाला साज़िशी और क्रूर व्यक्ति था। मुजारे करीम ख़ान की निर्मम पिटाई के दृश्य के वर्णन में भी उसकी क्रूरता और कुटिलता की झलक मिलती है।[40] इसके विपरीत वह फ़िरंगियों का ख़ैरख़्वाह और उनकी चापलूसी में बिछ-बिछ जाने वाला मतलबी व्यक्ति था। भीष्मजी के शब्दों में, 'धनपत के चरित्र की एक विशेषता यह भी थी कि जब किसी काम में उसकी मंशा पूरी नहीं होती तो वह अपना सन्तुलन खो बैठता और आपे से बाहर हो जाता था और तरह-तरह की हरकतें करने लगता था।...उसके अन्दर जैसे कोई सोया हुआ जन्तु जाग उठता था और वह मतवालों की तरह व्यवहार करने लगता था।'[41] उसके दोनों छोटे बेटे और बहू उससे भी दो हाथ आगे निकलते हैं। मँझले घनश्याम और बहू पुष्पा की दौलत की हवस की वजह से ही, बहू द्वारा पक्षाघात से हिलने-डुलने में लाचार धनपत से चाबियाँ छीनने पर, आघात से उसकी मृत्यु हो जाती है। पक्षाघात का हमला भी उस पर मँझले के दुर्व्यवहार से ही हुआ था। मँझले की वजह से ही रुक्मणी अपने अधपगले पति (धनपत का सबसे बड़ा लड़का) कल्ले को लेकर, माड़ी छोड़कर, अपने स्कूल के पास किराए का कमरा लेकर रहने पर मजबूर होती है। सबसे छोटा, इंग्लैंड-पलट बैरिस्टर हुकूमत राय, मँझले को निकालकर माड़ी

पर खुद काबिज हो जाता है। उसकी पत्नी भी उसी के कारण जल मरी थी। वह अँग्रेज़ डिप्टी कमिश्नर के साथ मिलकर लोगों का दमन करता है।

धनपत को फिरंगी फ़ौजों की मदद करने और अंग्रेज़ कमिश्नर की चापलूसी से ही तीन गाँवों की जागीरदारी मिली थी। भीष्मजी इनके वैषम्य से और ऐसे कई अन्य पात्रों के चरित्र-चित्रण से भी अंग्रेज़ों की नयी अमलदारी में मूल्यों के पतन को संकेतित करते हैं। धनपत के आदेश पर गरीब किसान करीम ख़ान की बेरहम पिटाई का दृश्य देखकर, कचहरी की भीड़ के पीछे खड़ा लेखराज बाहर निकलकर सोचता है, 'एक अमलदारी वह होती है जिसमें मनुष्य की अच्छी भावनाओं को बल मिलता है, प्रोत्साहन मिलता है, दर्दमन्दी को, सेवाभाव को, दिल की उदारता को, सहनशीलता को, एक-दूसरे का दर्द बाँटने की भावना को। एक अन्य प्रकार की अमलदारी होती है जिसमें नोच-खसोट, घृणा-द्वेष, धन-लोलुपता को बढ़ावा मिलता है। एक में मनुष्य की उदात्त भावनाएँ विकास पाती हैं, जिसमें आपसी सद्भावना बढ़ती है। बेशक, पाँचों उँगलियाँ एक बराबर तो नहीं होतीं, स्वार्थी लोग तो हर ज़माने में पाये जाते हैं, पर समूचे वातावरण में स्वार्थ का विष नहीं घुला रहता, जनमत लागों की दुर्भावनाओं पर अंकुश लगाए रहता है। लेखराज ने वे दिन भी देखे थे जब लोगों के दिलों में रहम के सोते सूखते नहीं जा रहे थे, जब बाँट खाने का चलन था, जब धर्मभीरू स्वभाव वाले लोग किसी का बुरा नहीं चेतते, किसी का बुरा करने से अपने को रोके रखते थे...।'[42] यह फ़र्क था अंग्रेज़ी-राज से पहले और अंग्रेज़ों की 'अमलदारी' में; जब लोगों की मानसिकता और व्यवहार में आई तब्दीलियों के फलस्वरूप नोच-खसोट, धन-लोलुपता और सम्पूर्ण वातावरण में ही विष घुलने लगा था! यह फ़र्क दीवान मथरादास और दीवान मय्यादास से धनपत की तुलना करने पर सहज ही समझ में आ जाता है; और दोनों दौरों में लोगों की मनोरचना, उनके व्यवहार और आपसी सम्बन्धों में आये परिवर्तनों को देखने से भी समझ में आ जाता है। भीष्मजी ने जैसे धनपत और पुरोहित-जैसे 'खल पात्रों के सिर-मौर' चरित्रों के चित्रण में अपने कौशल का परिचय दिया है, वैसे ही लोगों की सोच, राम्बन्धों और लोक-व्यवहार में आये परिवर्तनों के सूक्ष्म चित्रांकन में भी। यहाँ सहज ही प्रेमचन्द याद आ जाते हैं और उनका वह अदभुत वर्णन भी जो उन्होंने पुराने ज़मींदार जटाशंकर और नये ज़मींदार 'खल पात्रों के सिरमौर' ज्ञानशंकर की तुलना करते हुए किया है। कहना न होगा कि यहाँ भी भीष्मजी प्रेमचन्द की महान परम्परा की अगली कड़ी हैं!

अंग्रेज़ों की 'नयी अमलदारी' में नयी तरह के निर्मम ज़मींदार ही नहीं आये, शोषण और दमन का नया कुटिल-तन्त्र भी खड़ा हो गया था। आये दिन नये-नये हुक्मनामे, नये-नये बन्दोबस्त, नये-नये पुलिस थाने, कचहरियाँ, कमिश्नर और कानूनगों

भी एक-एक तहसील, एक-एक जिले बनाकर बिठाए जाने लगे! जिस दिन मालगुज़ारी का नया कानून बना, उस दिन कस्बे में बड़ी हलचल मची, क्योंकि वह किसी की समझ में नहीं आया! तमाम लोग, सेठ-साहूकार, गली-सड़क पर चौसर खेलने वाले लोग भी—सभी दीवान मैय्यादास के पास 'नया कानून' समझने पहुँचे, तो उन्हें भी वह अटपटा लगा था। जो परम्परा बाप-दादा के ज़माने से चली आ रही है, उसे तोड़ा कैसे जा सकता है! पर यही हो रहा था। फिरंगी सारी उदार और भाईचारे की साँझी परम्पराओं और सत्ता के संवेदनशील-सकारात्मक तत्वों का विनाश कर रहे थे: सारी ज़मीन बँट जाएगी, गाँव की साँझी ज़मीन अब नहीं रहेगी। दूसरे, लगान जब जिंस के रूप में नहीं, नकद भुगतान करना होगा। तीसरे, यह लगान अब फ़सल की उपज के हिसाब से नहीं, बल्कि फिरंगी अफ़सर अपना हिसाब लगाकर मुकर्रर करेंगे। चौथे, अब हर साल यही, उतना ही लगान देना होगा; न कम न ज़्यादा। यह नहीं कि फ़सल अच्छी नहीं हुई तो लगान कम हो जाएगा। पाँचवें, काश्तकार भुगतान न कर पाए तो सूदख़ोरों के इच्छानुसार ज़्यादा-से-ज़्यादा ब्याज पर क़र्ज़ लेकर भुगतान करे। छठे, कर्ज़ भय-ब्याज चुका न पाया तो अंग्रेज़ों की अदालत से ज़मीन कुर्क करा कर, साहूकार-ज़मींदार काश्तकार को बेदखल कर सकता था।[43] यह था मालगुज़ारी का नया कानून!

नया कानून साहूकारों को बड़ा रास आया। उन्होंने ब्याज की दरें बहुत ज़्यादा बढ़ा दीं। तहसील-कचहरियों से आये दिन किसानों की कुर्की-बेदखली होने लगी। कस्बे की 'गजमंडी में देखते-ही-देखते कितनी ही पैडियाँ खुल गयीं। किसान आते और लगान चुका पाने के लिए नकद कर्ज़ ले जाते थे।...किसान कर्ज़ ले और उसके सामने चमचमाता विलायती माल रख दो, तो लोभ से उसकी आँखें निकल आती हैं। वह उसी वक़्त कुछ-न-कुछ उठा लेता है। इस तरह विलायती माल का निकास भी होता जाता और रुपया भी ब्याज पर लगा रहता।' इसीलिए, लाला गोबिन्दराम-जैसे साहूकार साथ ही दूकानदारी भी करने लगे थे; और इस तरह किसानों की कुर्की-बेदख़ली कराकर ज़मीनों के मालिक—अंग्रेज़ी राज के नये जमींदार बनते जा रहे हैं। गोबिन्दराम का गुमशता मलिक मंसाराम जेहलम से विलायती माल ला-लाकर और छावनियों की ठेकेदारी से नया रईस बन बैठता है और आगे चलकर वह नीलामी में दीवानों की पुश्तैनी हवेली खरीदकर वहाँ सारे साल चलने वाला 'मंडुवा' लगा के झूले-हरनौले, विलायती मालकी दूकानें, बॉयस्कोप और जादू के खेलों का सदाबहार मेला करेगा। जब दीवान मय्यादास गोबिन्दराम की पैड़ी पर यह देखते हैं कि उसने किसानों से अठन्नी पंसेरी के हिसाब से गेहूँ खरीद लिया, जबकि मंडी में भाव ऊँचा था और विलायती छींट का कपड़ा दुगने मोल पर उसे बचे दिया, तो वे कहे बिना नहीं रह पाए कि 'सेठ, यह तो ठगी है।' उसके इस उत्तर

पर कि 'ठगी नहीं दीवान जी, यह व्यापार है।' उन्हें 'गोबिन्दराम के व्यवहार में एक प्रकार का दुच्चापन लगा। भीष्मजी के शब्दों में, 'दीवान मय्यादास अभी भी अपनी पिछली गरिमा के आलोक में जीते थे। कहाँ दरबार में ऊँचा दर्जा, उमरा-बुजरा के साथ उठना-बैठना, ख़ालसा-दरबार में रुतबा, मान-मर्यादा। क्या अब वह पैसे-पैसे की दूकानदारी करेंगे। किसानों से सस्ते में खरीदें और महँगे में बेचें? जिसने रईसी की हो वह आटा-दाल बेचने बैठ जाए, और पैसे काटे और मुनाफ़ाखोरी करे? मैंने भी साहूकारा किया है, पर राजाओं के साथ, ...पर अन्दर से कहीं दीवान मय्यादास को यह आवाज़ भी सुनाई देती है कि पिछला जमाना अब लौटनेवाला नहीं। कभी-कभी मन कचोटने लगता कि मैं बाहर की दुनिया से कटता जा रहा हूँ, और लोग अपना उल्लू सीधा कर रहे हैं। पर फिर अन्दर से ही, यह आवाज़ भी उठती कि लोग उल्लू सीधा करते हैं तो करें, मैं तो जिस आन से जिया हूँ उसी आन-बान से मरूँगा।'[44] लेकिन दुर्भाग्य से, उन्हें ऐसी गरिमापूर्ण आन-बान की मौत भी नहीं मिलती! उन्हें अत्यन्त दयनीय, हास्यास्पद और ज़लालत की मौत मिलती है! धनपत ने भी माड़ी से निकाले जाने के बाद, अवसर पहचानकर गजमंडी में ही किराए का कमरा लेकर 'पैड़ी' खोल ली थी। कुछ दिन बाद साथ की दो कोठरियाँ भी ले लीं और पैड़ी पर एक मुंशी रखकर कई-कई दिनों के लिए 'गायब' रहने लगा। उन दिनों उसका जीवन दिनों-दिन रहस्यपूर्ण होता जा रहा था!

इसी दौरान जब कस्बे में अंग्रेज़ कमिश्नर आया तो सबसे पहले धनपत ही 'साहिब बहादुर का इकबाल बुलन्द हो!' कहता फ़र्शी सलाम बजाता हाज़िर हुआ। कमिश्नर के इस सवाल के उत्तर में कि 'हमने तुम्हें कहीं देखा है। कौन हो तुम?' वह यह कह कर कि 'हुजूर ने मुझे किसी छावनी में देखा होगा! ख़ादिम ने बहुत छावनियाँ छानी हैं।' अपनी पोटली खोल देता है : 'यह हमारे कागज़ात हैं, हुजूर, यही हमारी वफ़ादारी का सबूत है।' पोटली में ऊँटों की कटी दुमें देखकर कमिश्नर ठहाके मारकर हँसता है, फिर उसे पहचान जाता है : 'तो यह है वह आदमी जो जंग के दिनों में ब्रिटिश सरकार को ऊँट सप्लाई किया करता था और मरे हुए ऊँटों की पूँछ काट-काटकर नये-नये आर्डर लिया करता था।'[45] अपने पुरखों का गौरवगान करते हुए धनपत अपने ख़ानदानी रईस होने का दावा ठोकता है : 'राजा पोरस हमारे ख़ानदान से था, हुजूर, वही राजा पोरस जिसने सिकंदर-ए-आज़म के छक्के छुड़ा दिए थे। वह हमारी जात का था। सभरवाल हमारी ही जात के लोग होते हैं। बड़े जीवटवाला था पोरस सभरवाल!' और आगे कहता है कि 'यों हमारे पुरखों ने परसराम से भी लोहा लिया था।' फिर वफ़ादारी और नमकहलाली की कसमें : 'हम खत्री हैं साहिब, खत्री कभी नमकहराम नहीं होता। वफ़ादारी खत्री के खून में होती है, माई-बाप! हाकिम-ए-वक़्त उसका परमेश्वर होता है।' इसी रौ

में जब वह असावधानीवश यह कह जाता है कि 'काबुल का बड़ा दीवाना' तो मेरा चाचा था, तो फिरंगी को आँखें सिकोड़ते देख, फ़ौरन पलट जाता है। अपनी भूल का चेत होते ही वह 'काबुल के बड़े दीवान', अर्थात् मय्यादास से सारे रिश्ते तोड़ डालता है : 'दीवानों में भी तरह-तरह के दीवान होते हैं हुजूर, पाँचों उँगलियाँ एक बराबर तो नहीं होतीं। वह गद्दार निकला'; फिर अपनी फ़ितरत खुद ही बयाँ करते हुए घिघियाता है : 'आपका सितारा बुलंद हो। आप देखेंगे कि आपकी अमलदारी को मज़बूत बनाने में हम अपनी जान की बाज़ी लगा देंगे। खत्री अपनों का भले ही न हो, मालिक का ज़रूर वफ़ादार होता है।' मानों इसी को चरितार्थ करते हुए वह अंग्रेज़ मालिकों के प्रति अपनी नमकहलाली और वफ़ादारी सिद्ध करते हुए, 'अपनों' को बर्बाद करने में कोई कसर नहीं छोड़ता!

सारा कस्बा सच जानते हुए भी धनपत के डर से उसकी काली करतूतों पर चुप्पी साधे मौन रहा आता; पर मौसी भागसुद्धी कस्बे-भर में ऐलानिया चिल्लाती घूमती है कि यह धनपत की काली करनी है। उसी ने लेखराज को पकड़वाया है! धनपत ने ही डिप्टी कमिश्नर के अर्दल में जाकर कहा था : 'साहिब बहादुर, यह लेखराज वह आदमी है जो सरकार इंगलिशिया के ख़िलाफ़ लड़ता रहा है। जिस वक्त आपका यह खादिम जंग के दिनों में फिरंगी फ़ौजों को रसद पहुँचा रहा था, उस वक्त यह आदमी सिक्ख फौजों में अँगरेज़ों के ख़िलाफ़ लड़ रहा था। इसी पर बस नहीं, साहिब, बाद में यह कूकों के साथ जा मिला था और बरसों तक उनके साथ रहा है और अब कस्बे में लौटकर बदअमनी फैला रहा है।'[47] दरअसल धनपत के इस काले कारनामे के बाद, गिरफ्तार होकर गया लेखराज कभी लौटकर नहीं आया। वह छह साल जेल-यातनाएँ सहते-सहते वहीं मर गया था; जिसका उल्लेख, बहुत बाद में रुँधे कंठ से जोगा के तिलकराज 'आज़ाद' चाचा करते हैं! धनपत के 'काले कारनामों' की फेहरिस्त बड़ी लम्बी थी। लेकिन, एकमात्र भागसुद्धी को छोड़कर, उसके ख़िलाफ़ विरोध में आवाज़ उठाना तो दूर, कस्बे-भर में किसी की चूँ तक करने की हिम्मत नहीं थी। लेखराज की गिरफ़्तारी से लोगों को धक्का-सा तो लगता है, पर वे चुप रहे आते हैं! अंग्रेज़ कमिश्नर से मुरब्बों की सनद मिलने के बाद, दीवान मय्यादास की मृत्यु होते ही, धनपत ने फ़ौरन 'माड़ी' पर कब्जा कर लिया था। जहाँ से कभी उसे 'बड़े दीवान जी' ने उसका सामान फिंकवाकर बाहर निकाला था; और उसको धमकी दी थी! इस घटना के बीसियों साल बाद, जब वह अब खुद ही 'बड़े दीवान जी' कहलाता है और अपनी सत्ता के चरम पर है, तो 'माड़ी' की छत पर घूमते हुए कस्बे की तरफ़ बड़ी हिकारत से देखते हुए सोचता है :

...चारों ओर के दृश्य ने, और विशेषकर माड़ी ने उसकी आँखों को बाँध लिया था। यह माड़ी नहीं, यह तो किला है, मेरी सत्ता की चौकी है। सड़क की ओर वाली मुंडेर

के बीचो-बीच मेहरावदार छतरी बनी थी, बड़ी शानदार। ऐसी छतरी किलों, महलों पर बनाने का चलन था। वह सोचता है कि इस छतरी के नीचे खड़े होकर कस्बे के लोगों को दर्शन दे सकता था, अपने राजसी बाने में–सिर पर केसरी पगड़ी, गले में नेकटाई, पीला अंगरखा, मोतियों के हार। अगर वह चाहता तो हाथ में अधिकार-चिह्न के नाते, चाँदी के ही खोल में बँधी एक छोटी-सी छड़ी भी रख सकता था, जैसी तस्वीर में मलिका मुअज़्ज़मा के हाथ में है।...कहाँ गया दीवान मय्यादास? काश कि वह आज ज़िन्दा होता और मुझे एक नज़र देख पाता! कहाँ गया राजा अमीरचन्द? कहाँ गये गोकुलदास और हरगोविन्द? काश कि उनके मरने से पहले ही मैं इस जगह पहुँच गया होता जहाँ आज पहुँचा हूँ। उन्हें भी मेरे सामने झुक-झुककर मेरा अभिवादन करना पड़ता![48]

इससे बड़ा कमीनापन और क्या होगा कि वह औरों की तो दर-किनार, अपने पिता दीवान गोकुलदास के बारे में भी ऐसा ही सोचता है, जबकि उनकी रखैल चन्द्रा का बेटा होने की वजह से ही 'माड़ी' का ज़बर्दस्ती 'एकमात्र' वारिस बनकर काबिज हुआ था। मय्यादास की मृत्यु के समय 'माड़ी' का असली वारिस, उनका जानशीन, उनका सगा भतीजा लेखराज वहाँ नहीं था; और उनके एकमात्र जवान बेटे की बहुत पहले ही तीन दिन के 'जूड़ी' ताप से मृत्यु हो चुकी थी। ऐन उसी दिन जब वे काबुल से लौटने के बाद कस्बे में, अपने घर आये थे। वह जवान और लायक बेटा जो उनके ख़ालसा दरबार में रहने के दौरान, बड़ी कुशलता के साथ उनकी साहूकारे की 'पैड़ी' के साथ ही, उनकी जागीर का भी प्रबन्ध देखता था। तिलकराज का 'काँटा' वह उसके आने के बाद, अन्ततः उसे गिरफ़्तार करवाकर निकाल ही चुका था। अब तो वह स्वयं ही 'बड़ा दीवान' और माड़ी सहित तीन गाँवों की ज़मींदारी का अकेला मालिक था! दीवान धनपतराय को चुनौती दे सकने वाला अब कोई नहीं था : उसके अनेक प्रतिस्पर्धी-मर खप गये थे। अंग्रेज़ों की नयी अमलदारी में और नये कानूनों की ज़द में आकर किसी का दीवाला पिट गया, किसी ने दूकान उठा दी। केवल साहूकारा करने वाले कुछ बचे रहे। उन सबमें भी केवल मलिक मंसाराम ही धनी बन पाया था; वह भी विलायती माल की 'एजंटी' और ठेकेदारी के कारण! अब तो वह भी धनपत से 'खम खाता' था। माड़ी पर कब्जे के फ़ौरन बाद धनपत की नज़र माड़ी के पिछवाड़े उस लम्बी-चौड़ी हवेली पर पड़ी जो माड़ी वालों की ही जायदाद का हिस्सा थी, तो उसका मन मसोस उठा, क्योंकि वह किसी भी तरह के दस्तावेज़ों या वैध उत्तराधिकार के अभाव में, अँग्रज़ों की वफ़ादारी और चापलूसी के बावजूद, माड़ी की तरह ख़ानदानी हवेली नहीं हथिया पाया था। सरकार ने उसकी नीलामी की मुनादी करा दी।

धनपत को नीलामी में दीवानों की पुश्तैनी हवाली खरीद लेने का पूरा भरोसा

था; किसकी मज़ाल जो उसके आगे बोली दे! उसने नीलामी में हवेली खरीदने की जी-तोड़ कोशिशें कीं, लेकिन 'नीलामी में मंसाराम हवेली मार ले गया था। हवेली तो गयी सो गयी, नदामत अलग। शहरी व्यापारी बड़ा चतुर निकला। हवेली भी ले गया और मेरे मुँह पर कालिख भी पोत गया। बोली देना बन्द ही नहीं करता था।' धनपत मंसाराम से हवेली हथियाने और उसे अच्छी पटकनी देकर सबक सिखाने के लिए षड्यन्त्र बुनता है। इस काम में वह पुरोहित रामदास जैसे अत्यन्त कुटिल और रामजवाया-जैसे परम अवसरवादी धूर्त की भी मदद लेता है। दोनों ही उसके मुसाहिबों में शामिल थे। उपन्यास के पहले ही पृष्ठ से धनपत और पुरोहित की बातचीत में इसी साज़िश का (गुप्त) संकेत मिलता है; जिसका खुलासा मँझले की शादी के समय होता है! पुरोहित से कहा गया पहला ही वाक्य कि 'यह काम तुम्हें करना ही है, रामदास! भूल नहीं जाना।' इसी 'काम' (षड़यन्त्र) की ओर संकेत है। लेकिन यह क्या साज़िश बुनी जा रही है, इसका पता अभी नहीं चलता। धनपत और पुरोहित की बातचीत की तरह ही, रामदास से मँझले और उसके शोहदे दोस्तों का मसखरियाँ करते हुए, मँझले और कल्ले के विवाह के बारे में और उनकी भावी दुल्हनों के बारे में पूछना भी इसी गोपनीय साज़िश की मानो भूमिकाएँ हैं। इसी 'भूमिका' की अगली कड़ी है पुरोहित का हरनारायण के घर जाकर उसकी नातिन रुक्मणी (विधवा बेटी वीराँवाली की बारह साल की लड़की, जो दोनों हरनायराण के साथ ही रहती थीं और तीनों का गुज़ारा भी बड़ी मुश्किलों से होता था) के ब्याह की चर्चा छेड़कर पहले तो उनकी चिन्ताओं में इज़ाफ़ा करता है और फिर 'तुम ही कहीं बात चलाओ, पुरोहित जी, हमारे सिर पर से बोझ उतरे', के उत्तर में उसी कुटिलता से यह कहता है कि 'बोझ तो है ही, दीवान जी, लड़कियाँ सदा महँगी पड़ती हैं। आप ही का जिगरा है जो इसे अब तक घर में बैठाए हुए हो।...कहाँ इसका ब्याह रचाते फिरोगे, दीवान जी, लड़की को मुझे दे दो!'[49] यह साज़िश की 'भूमिका' का दूसरा हिस्सा है।

इसी के साथ, पहले, धनपत की उदारता और एहसान के बोझ-तले हरनारायण को अच्छी तरह से दबाकर, जकड़ने की खातिर वह यह भी बता चुका था कि 'बड़े दीवान जी' अनाज की इस तंगी के वक्त उसके घर गेहूँ के कुछेक बोरे भेजने की बात कर रहे थे। इस गुप्त साज़िश की 'भूमिका' के 'पहले हिस्से' की सूचना भी पुरोहित रामदास यहीं दे चुका होता है कि 'दीवान धनपत के बेटे का साक मलिक मंसाराम के घर होने जा रहा है।'[50] कहना न होगा कि धनपत इस षड़यन्त्र के जरिए एक तीर से तीन निशाने लगा रहा था : हवेली हथियाना, मंसाराम से बदला लेना और अपने मिरगी के मरीज, लगभग पगलैट, सबसे बड़े बेटे का भी ब्याह रचाना! उसकी यह योजनाएँ बड़ी पुख़्ता और दूरगामी थीं : मँझले के साथ ही कल्ले से भी

मंसाराम की दूसरी बेटी का ब्याह। यह न हो सके तो कम-से-कम हरनारायण की नातिन, अबोध रुक्मों से पगलैट कल्ले का ब्याह! धनपत ने पुरोहित के माध्यम से मलिक मंसाराम की बड़ी बेटी पुष्पा का रिश्ता इसी शर्त पर तय किया था कि मंसाराम दहेज में उसे दीवानों की वह पुश्तैनी हवेली भी देगा जो उसने नीलामी में खरीदी थी। धनपत की समूची साज़िश का मुख्य सूत्रधार यदि पुरोहित रामदास था, तो उसे अंजाम तक पहुँचाने में दीवान कुन्दनलाल (अंग्रेज़ों का पूर्व का जालिम नायब तहसीलदार और धनपत का मौजूदा 'मुख़्तार'), भेदिया रामजवाया और मँझले (दूल्हे) के कई रोशनलाल और बालमुकुन्द-जैसे शोहदे दोस्तों की सोची-समझी हंगामाई कारगुजरियाँ भी सहायक थीं। दूल्हे और उसके नौजवान दोस्तों को खाने के वक्त साज़िश के तहत ही उकसाया गया था।

मलिक मंसाराम को इस बात का इल्म नहीं था कि दीवान उसकी बेटी से मँझले की शादी इसलिए करना चाहता है कि उससे नीलामी की बेइज़्ज़ती का बदला ले सके और अच्छी तरह से उसे अपमानित करके, ऐसा दबाकर रखा जाए कि वह सारी ज़िन्दगी धनपत से 'खम' खाता रहे, नज़रें न उठा सके! जिन्हें धनपत की साज़िश और उसके कुटिल इरादों की कोई भनक नहीं थी, उनके लिए यह सम्बन्ध सहज, स्वाभाविक और बराबरी का था, क्योंकि 'यह वह ज़माना था जब कस्बे में दोनों का सितारा लगभग एक ही साथ चमकने लगा था और लगा था कि दोनों के बीच एक प्रकार की होड़-सी लग गयी थी : वह कस्बे के दो सबसे धनी परिवारों के बीच—एक मुरब्बों का मालिक और दूसरा जाना-माना ठेकेदार-व्यापारी—सम्बन्ध जुड़ रहे थे।'[51] बारातों की लेट-लतीफ़ी, लड़की बालों से मुँहज़ोरी, नखरे और झगड़े-झाँसे, वैसे तो प्रायः भारतीय विवाहों की कमोबेशी बड़ी पुरानी परम्परा रही है। पर इस बारात और विवाह में हर चाल धनपत के शातिर दिमाग के इशारों पर ही चली जा रही थीः 'जिस बारात को सूरज डूबने पर सम्बन्धियों के घर पहुँचना था, वह अब आधी रात पड़ने से कुछ ही देर पहले पहुँच' रही थी। बारात देखकर मौसी भागसुद्धी बारात के इंतजाम-अली को टोके बिना न रही : 'बड़ी देर से बारात ले जा रहे हो, कुन्दनलाल! बेटीवालों का पानी उतारने जा रहे हो, क्या?' फिर पुनः, यह तो 'पानी उतारनेवाली बात ही हुई ना कुन्दनलाल! चालीस बाराती लाने को कहा था, और यहाँ पूरा लश्कर उठा लाए हो।' लगभग डेढ़ सौ बारातियों का पूरा लश्कर ही था जो मानों कोई फौज कहीं हमला करने जा रही हो!

भीष्मजी ने बारात और बारात में शामिल तरह-तरह के बारातियों का अपने ख़ास व्यंग्यात्मक लहजे में बड़ा दिलचस्प वर्णन किया है : बारात में अनेक पेशेवर बाराती भी थे। कस्बे की ख़ास उपज, जिनके लिए शादी-ब्याह निर्वाह का साधन थे। अपने सामान्य जीवन में वे धूप सेंकते थे, चौसर खेलते थे या दूकानों के बाहर बिछे मूढ़ों

पर बैठकर चिलम पीते और गप्पे हाँकते थे। कस्बे में होनेवाली हर शादी की इन्हें ख़बर रहती थी। जात-बिरादरी के बीच लेन-देन के बारे में इनकी जानकारी अद्भुत थी। इनकी दिलचस्पी कुछ-कुछ औरतों की दिलचस्पियों-जैसी थीं। कुछ लोग भले ही इन्हें निखट्टू और निठल्ला कहें, पर अपनी नज़र में ये 'दीवान' थे। वे बताते हैं कि 'दीवान' शब्द से रुतबे का बोध होता है, बड़प्पन का, अभिजात्य का। यों किसी ज़माने में राजा के मन्त्री को 'दीवान' कहा जाता था। इस बिरादरी के कुछ लोग सिक्खों के राज्यकाल में ऊँचे ओहदों पर भी रह चुके थे। या तो वे दीवान बिरादरी के थे और ऊँचे ओहदों पर रहे थे, या ऊँचे पदों पर रखे जाने के कारण 'दीवान' कहलाए। कुछ भी रहा हो, इस समय बिरादरी के सभी सदस्य अपने को 'दीवान' कहते थे। पेशेवर बाराती, भीष्मजी के शब्दों में, 'औरतों की तरह लड़-झगड़कर अपने हिस्से की मिठाई जिसे पंजाबी में 'भाजी' कहते हैं तुलवा ही लेते थे : 'एक साहे में तीन शादियाँ हो जाएँ या दो ब्याह और एक मुंडन हो जाए, या एक ब्याह, एक मुंडन और एक बूढ़े का मरना हो जाए तो घर में इतने शक्कर पारे और पकवान-सेवियाँ आ जाते थे कि महीनों की गुज़र चल जाती थी। थोड़ा भोर-भोरकर खाते रहो तो महीनों निकल जाते थे।'[53] कुछ पेशेवर बाराती रामजवाया-जैसे भी होते थे जो दोनों तरफ़ की रिश्तेदारियाँ निकालकर (चाहे वे कितनी भी दूर की हों) एक ही साथ बाराती भी और घराती भी बन जाते थे; और दोनों ओर से झपट्टे मारकर फ़ायदा उठाते थे। यहाँ तो रामजवाया की विशेष भूमिका थी! षड्यन्त्र के अगले चरण में, जब कुन्दनलाल तीन-तीन पीढ़ी दूर के उन रिश्तेदारों को भी मिलनी-भेंट दिलाने पर इसरार करने लगा जिनका कहीं कोई हक नहीं बनता था, तो खिंचाव पैदा हो जाता है। लेकिन मंसाराम की पत्नी ईशरादेई ने मामला सम्भाल लिया : 'अपना हाथ नहीं खींचना...बेशक सारा घर लूट ले जाएँ'। दीवानों के इस व्यवहार पर मलिक क्षुब्ध तो बहुत हुआ पर जब्त किए रहा। लेकिन भोजन के समय बात बिगड़ गयी, और कुछ ऐसी बिगड़ी कि सम्भल नहीं पायी।[54] दीवान धनपत यही तो चाहता था। यह उसी की चाल थी कि मँझले और उसके आवारा दोस्तों को उकसाकर खाने पर इतना हंगामा किया जाए और वधू-पक्ष के लोगों की इतनी ज़्यादा बेइज़्ज़ती की जाए कि वे या तो पैरों पर गिरकर माफ़ियाँ माँगते दिखें, अन्यथा बारात लौटा दी जाए। हुआ भी यही। मार-पीट की नौबत आते ही जब सारी पंगत बिना भोजन समाप्त किए ही उठ गयी तो मलिक मंसाराम ने अपना आत्मसम्मान भूलकर, क्षोभ दबाकर, धनपत के सामने हाथ बाँध दिए : 'दीवान जी, आप बड़े हो, मैं छोटा हूँ। हमसे ख़ता हो गयी है। इस मामले को यहीं ख़त्म कर दो।' विदा के बाद सारे रिश्तेदारों में गर्मागर्म बहस छिड़ जाती है : 'हमारे घर में आकर हमारी बेइज़्ज़ती कर गये हैं। क्या हम चुप बैठे रहेंगे?...उनके सामने हाथ जोड़ रहे हैं, माफ़ियाँ माँग रहे हैं, और

बरातियों के दिमाग सातवें आसमान पर पहुँचे हुए हैं।...हम जितने ज़्यादा झुकते रहे उतने ही ज़्यादा वे सिर पर चढ़ते गये।' अन्त में, 'यह सारी शरारत जान-बूझ कर की गयी है, हमें नीचा दिखाने के लिए, हमारा पानी उतारने के लिए।...क्या हम अपनी बेइज्जती करवा लें? सारे कस्बे के सामने हमारी नाक काट गये हैं। हमारी जग-हँसाई हो रही है।' अन्त में बुजुर्गों की सलाह से यह सर्वसम्मत निर्णय लिया जाता है कि 'अब तो कुछ भी करने-धरने से लाभ नहीं होगा। पर एक बात गाँठ बाँध लो कि आगे से दीवानों के घर लड़की नहीं देंगे।'[56] उधर टीले पर, जहाँ बाराती विदा के बाद रुके थे, सभी इठलाते हुए समधियों के घर हुए हंगामे और उनकी बेइज़्ज़ती का मज़ा लेते हुए अपनी-अपनी हाँक रहे थे। धनपत सभी बातों से अलग, निरपेक्ष और अपना 'बड़प्पन' दिखाए चुपचाप रहा था।

पुरोहित रामदास और लड़की का मामा, समधियों के कुछ अन्य रिश्तेदारों के साथ दहेज के सन्दूक, जेवरों की पेटी और फलों-मिठाइयों की टोकरियाँ कहारों की पाँत-की-पाँत से उठवाए जब टीले पर आये तो 'एक ही नज़र में बड़े दीवान साहिब ने दहेज की कीमत का अन्दाज लगा लिया' और फिर लड़की के मामा के हाथ-बाँधे यह कहने पर कि 'बेटी ने बड़े अच्छे कर्म किए थे जो आपके घर में इसका साक हुआ', धनपत एकदम से बम फोड़ देता है : 'इसीलिए फैसला किया है कि दीवानों के घर अब लड़की नहीं देंगे?' फिर रामदास से कहता है, 'पुरोहित जी, दुल्हन की पालकी वापिस ले जाओ। कहार यहीं पर मौजूद हैं। वे उठाकर ले जाएँगे।...दुल्हन अभी हमारे घर में नहीं गयी है। घर में पहुँचेगी तो हमारी होगी। इसे वापिस ले जाओ।' लड़की वालों पर जैसे गाज गिरी और लड़की के मामा की टाँगों में पानी भर गया। सभी लड़की वाले हाथ जोड़-जोड़ कर झुक-झुककर उनकी मिन्नत-समाजत करते आर्तनाद कर उठे! वे जानते थे कि 'बड़ा दीवान मगरूर आदमी ही नहीं, मन में बुग़ज़ रखनेवाला आदमी भी है। दसियों साल तक दिल में बात रखता है, और मौका मिलने पर बुरी तरह से डंक मारता है।' पर धनपत पर उनके गिड़गिड़ाने का कोई असर नहीं दिखता और वह अपनी अगली और सबसे मारक अन्तिम चाल चलता है। वह कुन्दन लाल और पुरोहित को बुलाकर आदेश देता है : 'समधियों से कहना, तुम्हारी बेटी हमारे घर में तभी पाँव रखेगी जब तुम्हारे घर-बिरादरी की एक और लड़की हमारे किसी लड़के के साथ आज ही ब्याहकर हमारे साथ आयेगी। अगर मंजूर है तो बोलो, हम आज ही शाम दूसरी बारात लेकर तुम्हारे घर पर पहुँच जाएँगे। ...अगर मंजूर नहीं है तो तुम्हारी बेटी तुम्हारे घर, और हमारा बेटा हमारे घर!' दूसरे पहर तक इन्तज़ार करने की कहकर वह कुन्दनलाल और पुरोहित के साथ दुल्हन की डोली वापस भिजवा देता है। धनपत की सारी चालें इसी उद्देश्य की पूर्ति के लिए थीं!

इधर पुष्पा की डोली वापस भेजी गयी, उधर राजवाया जो पिछली रात को

बारात के साथ बाराती बनकर आया था, और आज लड़की वालों की ओर से अपने हिस्से की मिठाई लेने भी पहुँच गया था। इसका दोनों ओर से, दूर-पार का रिश्ता बनता था। केवल इसी घर में नहीं, कस्बे में होने वाले हर दूसरे-तीसरे ब्याह में यह दोनों ओर से आ धमकता था। निखट्टू, न काम, न काज, ब्याहों पर से मिलने वाली भाजी को ही भोर-भोरकर साल-भर खाता रहता था। ऐन तब, जब किसी ब्याहवाले घर में भाजी बाँटी जा रही होती तो कोई-न-कोई रिश्ता निकालकर वहाँ पहुँच जाता और उस वक्त तक उठता नहीं था, जब तक अपने हिस्से से दुगना हिस्सा न बटोर ले। आते ही ईशरादेई से बोला 'भाभी बेटी को अपने घर पहुँच तो जाने देती तो, फिर दहेज के सन्दूक भेजती रहती। तुम्हें ऐसी जल्दी क्या पड़ी थी? ईशरादेई चिंगेर में शक्करपारे डालती एकदम रुक गयी : 'क्यों? क्या बारात अभी भी टीले पर ही जमी है?' रामजवाया समझ गया कि उसे अभी भी कुछ नहीं मालूम। वह फिर से दोहराता है कि 'बेटी को अपने घर में पहुँच जाने देती' तो ईशरादेई खीझकर कहती है 'शुभ-शुभ बोल रामजवाया!...कल तो तू बारातियों के साथ आया था। वे लोग हमारी बेइज्ज़ती कर गये, तू बोला तक नहीं।' उसके इस कथन पर कि 'मैं क्या करता। लौंडे-लपाड़े पहले से मता-पकाकर आये थे और अब देखती जा भाभी आगे क्या होता है!' वह आशंकित होकर डर जाती है : 'तुम्हें मेरे सिर की कसम! अच्छा बुरा जो भी है, सच-सच बता दो।...मिठाई जितनी माँगेगा, मैं तुम्हें दूँगी। एक सेर नहीं, तू तीन-तीन सेर ले जा।' तभी रुक्मों और दूसरी लड़कियाँ पुरोहित जी के साथ डोली के वापस आने की ख़बर सुनाती हैं और रामजवाया हाथ में मिठाई की पोटली उठा खड़े-खड़े बोला : 'रुक्मों ठीक कह रही है भाभी। समधियों ने डोली लौटा दी है।' सुनकर ईशरादेई के सिर पर मानो गाज गिरती है!

बेटी की विदाई के कुछ ही देर बाद डोली लौटा दी जाए तो लड़की वालों के दिल की हालत की कल्पना नहीं की जा सकती! उनके व्यथित दिलों पर इस वज्रपात का गहरा आघात और उसकी पीड़ा कल्पनातीत है! भीष्मजी के शब्दों में 'कुछ दृश्य होते हैं जो पहली नज़र में ही सीधा कलेजे में उतर जाते हैं। सामने उजड़ा हुआ मैदान था, एक ओर को लकड़ी का कुन्दा पड़ा था और मैदान के पार शीशम के दो पेड़ों के बीच से पालकी चली आ रही थी। वही पालकी थी, वही कहार थे, आगे-आगे दीवानों का पुरोहित चला आ रहा था। उधर शाम के साए उतर रहे थे।' ईशरादेई उसकी छाया से भी डरने लगी थी। अबोध पुष्पा माँ को देखकर भौंचक्की-सी रह जाती है: 'तू यहाँ कैसे आ गयी माँ? तू यहाँ क्या कर रही है?' फिर पालकी के बाहर झाँककर हतबुद्धि-सी पूछती है, 'मैं कहाँ हूँ?....मैं घर लौट आयी हूँ क्या? मैं तो समझे बैठी थी...।' फिर उसी अबोधता में, जिसमें टीले पर डोली में बैठे-बैठे उसका मन किया था कि पालकी के पर्दे से हाथ बाहर निकालकर पाँच कंकड़ चुन

कर वह पालकी में बैठी 'गीटियाँ' खेले, वह पालकी में से लपक कर बाहर आ जाती है और चहक कर वह सखी-सहेलियों से मिलने सीधी घर की ओर भाग जाती है। उस अबोध वधु को जरा सा भी अन्दाजा नहीं था कि उसके साथ क्या भयानक बात घटित हुई है! वह तो पुनः अपने घर आकर, अपने परिवार और सहेलियों को मिलने की अप्रत्याशित खुशी से ही चहक उठी थी!

उधर मलिक बिरादरी के सयाने-बुजुर्ग फिर से आपात् बैठक में इस नये संकट पर सलाह-मशविरा करते हुए हददर्जा उत्तेजित हो रहे थे : 'कौन हैं भेदिया, हरामखोर, जिन्होंने समधियों को घर की बात बता दी?' मलिक मंसाराम क्षुब्ध और परेशान अपने में खोया हुआ बैठा था। उसे रह-रहकर अपने अपमान का ख्याल आ रहा था। अन्दर से 'खून उबलता था पर लाचारगी की जकड़न ऐसी थी कि कुछ कहते नहीं बन पाता था। इस ढ़लती उम्र में दीवान धनपत ने, सारे कस्बे के सामने मुँह पर कालिख पोत दी थी।' पुरोहित को देखते ही उसका पारा चढ़ जाता है : 'समधियों को किसने बताया है कि हमने दीवानों के घर लड़की न देने की बात की है?...मैं तेरी जीभ खींच लूँगा पंडिता अगर मुझे पता चला कि तुमने कहा है।' लेकिन पुरोहित पर इसका कोई असर नहीं हुआ। वह जानता था कि ब्राह्मण-पुरोहित पर हाथ छोड़ने का साहस कोई नहीं कर सकता! बक-झक चाहे सब जितनी कर लें। वह वैसे ही हाथ जोड़े, आँखें मिचकाता खड़ा रहा। वह अभी भी रात के बाने में था—झालरें लटकती हुईं, हाथ में थैला, कंधे पर गमछा। कस्बे के चीकट-मैले आदमियों में से एक! पुरोहित को बाहर बैठाकर मंसाराम बिफर उठता है : 'वे मुझे बेइज़्ज़त करें तो मैं चुप बना रहूँ? कर लें जो करना है। बैठी रहेगी बेटी, अपने घर। मैं समझूँगा विधवा हो गयी है।' मंसाराम का गला रुँध जाता है : 'कर ले दीवान धनपत जो करता है। मैं भी अपने बाप का बेटा नहीं हूँ जो इस अपमान का बदला न लूँ।' लोगों के समझाने पर वह दोहत्थड़ पीटकर फफक-फफककर रोने लगता है: 'मैं कहूँगा बेटी मर गयी!'[60] एक बुजुर्ग को इस तरह रोते देखकर हर किसी का कलेजा फटने लगता है।

इन दृश्यों के चित्रांकन में भीष्मजी ने अपनी समूची करुणा उँडेल दी है! तब ईशरादेई दीवान धनपत की शर्त मानकर पुरोहित को शाम को दूसरी बारात लाने का सन्देश पहुँचाने को कहती है। लेकिन अपने देवर की यह बात सुनकर दहल जाती है और सिर से पाँव तक काँपकर थर्रा जाती है कि 'क्या मालूम दीवान धनपत के मन में यह पक रहा हो कि इस झगड़े की आड़ में अपने रोगी बेटे को ब्याह दे!' सेहराबन्दी के समय ही मलिकों के घर ख़बर पहुँच जाती है कि धनपत अपने पगलैट बड़े बेटे को ही दूल्हा बनाकर ला रहा है। कस्बेवालों के लिए न तो यह अनहोनी थी और न ही कोई ज़्यादा अचम्भे की बात। अधेड़ उम्र के दुहाजू और अपंग दूल्हों

की बरातें इन्हीं गलियों में बाज़े-गाजे के साथ निकलती रही हैं। केवल मुँहफट मौसी भागसुद्धी बारात को देखकर क्रोध से कलपती है : 'वाह धनपत, वाह! कैसा अपना नाम रोशन कर रहे हो! दीवानों का नाम रोशन कर रहे हो! सारी शर्म-हया बेच खाई है!'[67] मज़े की बात यह है कि कई लोगों की आँखों में धनपत के लिए श्रद्धा तक उमड़ आती है कि आख़िर 'ख़ानदानी' आदमी की बात ही दूसरी होती है! मंसाराम ने पुश्तैनी हवेली की नीलामी में धनपत का पानी उतारा था। इसका 'बदला लेने की ख़लिश बरसों तक बनी रही थी और अन्त में यह विवाह रचाकर धनपत ने मलिक मंसाराम को फाँसने की ठान ली थी। शादी से हवेली भी अपने अधिकार में आ जाएगी और पाँसा ठीक पड़ गया तो पगलैट बेटे का ब्याह भी उसी की बेटी के साथ करूँगा।' धनपत की चाल तो सही बैठी थी, पर ऐन आड़े वक्त पाँसा उल्टा पड़ गया था और वह मंसाराम को पूरी तरह से चित्त नहीं कर पाया था।[62] कल्ले का ब्याह मंसाराम की दूसरी बेटी के बजाए हरनारायण की नातिन बारह साल की अबोध बच्ची रुक्मणी से हो गया था! धनपत को यह बात लगातार खटकती रहती थी कि वह मलिक को 'पूरी तरह चित्त नहीं कर पाया' और वह बाद में भी उसे हर तरह से तिरस्कृत करने के मनसूबे बनाता रहता था। उसने मलिक परिवार के साथ लेन-देन भी बिल्कुल बन्द करवा रखा था!

बाद में, इस विवाह-प्रसंग पर निठल्ले चौसरबाज़ों की चौकड़ी में कोहली कहता भी है कि दीवान धनपत जो न करे कम है, 'फनियर साँप का काटा बच जाए तो बच जाए, पर धनपत का काटा कभी नहीं बच सकता।'[63] दरअसल, 'उल्टा पाँसा' मंसाराम की बीवी ईशरादेई के 'नाटक' और कुटिल पुरोहित द्वारा इन जजमानों को भी हाथ से जाने न देने के लोम और हरनारायण का 'बोझ' उतारने का एहसान जताने की चालाकी से ही पड़ा था! ईशरादेई भी बड़ी व्यावहारिक बुद्धिवाली कुटिल और चालक स्त्री थी, जिसकी कुटिलता और कुचक्रों का उद्घाटन शादी के बाद और भी अधिकाधिक होता जाता है। भीष्मजी की सबसे बड़ी खूबी है कि वे किसी भी पात्र का चित्रण करते हुए बड़े ही सहज और स्वाभाविक ढंग से उसकी मनोरचना, लोक-व्यवहारऔर उसकी तमाम अच्छाइयों-बुराइयों तथा कमियों-खूबियों को प्रसंगानुकूल धीरे-धीरे सामने लाते जाते हैं। वह चाहे धनपत हो या पुरोहित अथवा ईशरादेई हो या रामजवाया और मँझला हो या उसकी पत्नी पुष्पा! वे अपने सभी पात्रों का चरित्र-चित्रण बिना किसी हड़बड़ी के और नितान्त तटस्थता से इसी तरह करते हैं, ताकि उसके चरित्र के विभिन्न पक्षों का खुलासा खुद उस पात्र के क्रमशः अपने ही व्यवहार से हो; वह भी उसकी मनोरचना के अनुकूल एकदम स्वाभाविक तौर पर! भीष्मजी अपनी प्रत्येक रचना में पात्रों और घटनाओं को अपने सहज प्रवाह में बहने देते हैं। अपने अनावश्यक हस्तक्षेप से कभी कोई रुकावट खड़ी

नहीं करते! अपने पात्रों में वे ख़ुद को ऐसे घुलामिला देते हैं कि लेखक या उसकी सोच और विचारधारा कहीं भी अलग से बिल्कुल नहीं झलकती। पात्रों, परिस्थितियों या घटनाक्रम का वर्णन या चित्रांकन करते हुए वे एक निष्पक्ष दर्शक या तटस्थ टिप्पणीकार की तरह, बड़े धीरज के साथ, वास्तविकता के सभी पहलू क्रमशः सामने लाते जाते हैं! लेखक का ऐसा 'आत्म-लोप' और लगभग निरपेक्ष व्यवहार, ठोस वास्तविकता को उसके सही परिप्रेक्ष्य में उभारकर, उनके विश्व-दृष्टिकोण को अत्यन्त कलात्मक प्रौढ़ता के साथ आलोकित कर देते हैं।

दूसरी बारात के आने पर जब ईशरादेई अपनी दूसरी बेटी को भी दुल्हन बनाकर लाती है तो दहलीज़ लाँघते हुए वह गश खाकर गिरने का नाटक करती है। चीख-चिल्लाहट, रोना-धोना और कोहराम मच जाता है। पुरोहित रामदास 'सायत निकली जा रही है! तारा डूब गया तो ब्याह नहीं हो पाएगा।' का शोर मचाते हुए, अन्त में झट से आगे बढ़कर 'एक खेलती बच्ची को झटपट उठा लाया और मंडप में लाकर खारों पर बिठा दिया और उसी क्षण आसन पर बैठकर विवाह के मन्त्र पढ़ने लगा।'[64] इस तरह, चालाक ईशरादेई द्वारा धनपत के 'प्लान-ए' को फेल करने में, अपनी प्रत्युत्पन्नमति और 'प्लान-बी' को भी ध्यान में रखते हुए, पुरोहित कंगाल हरनारायण की बारह-तेरह साल की अबोध नातिन रुक्मो के साथ धनपत के सबसे बड़े बेटे पगलैट कल्ले का विवाह करा देता है। धर्मभीरू और लगभग वीतराग हरनारायण वैसे भी किसी का कुछ बिगाड़ नहीं सकता था! बाद में पुरोहित अपने तर्कों से उसे भलीभाँति सन्तुष्ट भी कर देता है।

इस तरह, पुरोहित कस्बे के दोनों सबसे सम्पन्न और प्रभावशाली परिवारों की इस षड़यन्त्र और नाटक में बराबर की मदद करके, दोनों हाथों लड्डू का अपना स्वार्थ भी साध लेता है। बक़ौल बांशी, 'सलामत रहे पुरोहित रामदास! दोनों को जिता भी गया, दोनों को हरा भी गया।' रामजवाया भी इधर की बात उधर और उधर की बात इधर करने वाला भेदिया और चरम अवसरवादी चरित्र है, जो दोनों परिवारों से, दोनों हाथों लड्डू बटोरता है। वही, बाद में चौरसबाज़ों की चौकड़ी में यह रहस्योद्घाटन भी करता है कि मंसाराम की घरवाली ने जानबूझकर चौखट पर गिरने और गश खाने का नाटक किया था। दूसरों के शंका करने पर रामजवाया इसरार करता है, 'मैं अब भी कहता हूँ, जानबूझकर गिरी। अपनी दूसरी बेटी को बचा पाने के लिए।' जब कोई यह पूछता है कि 'क्या पुरोहित ने पहले से तय कर लिया था कि हरनारायण की दोहती को उठाएगा।' तो कोहली कहता है कि 'सुना है कुछ दिन पहले पुरोहित हरनारायण के घर गया था।...दो बोरे गेहूँ भी हरनारायण के घर डलवाए गये थे।'[65] यहाँ तक आते-आते धनपत और पुरोहित की पूरी साज़िश का मुकम्मल खुलासा हो जाता है; जिसका आभास या गुप्त संकेत उपन्यास के आरम्भिक

पृष्ठों में ही उनके कथोपकथन, दोनों के चरित्र के कुछ महत्वपूर्ण पहलुओं के क्रमशः उद्‌घाटन और हरनारायण के घर पुरोहित के वार्तालाप से भी हमें मिलता है!

मज़े की बात यह है कि कस्बे वालों की इस घटनाक्रम पर तरह-तरह की टिप्पणियों के बावजूद, किसी ने भी यह नहीं कहा कि एक उम्रदराज़ मिरगी के रोगी से बारह साल की मासूम लड़की की, उसकी माँ और नाना से पूछे बगैर, एकाएक उठाकर ज़बर्दस्ती शादी कर देना कहाँ का न्याय है! एकमात्र बिलखती-चिल्लाती भागसुद्‌धी को छोड़कर कस्बे में किसी ने भी इसे बुरा नहीं कहा! भीष्मजी के शब्दों में, 'कस्बे की अँधेरी गलियों में जिस जीवन-परिपाटी ने जन्म लिया था, उसके अपने तर्क थे, अपने नियम थे।' पुरोहित को सामने देखकर छटपटाता-काँपता हरनारायण कहता है, 'क्या इस तरह तू मेरी दोहती का ब्याह रचाना चाहता था?...धनपत के दिल पर तो माया की चरबी चढ़ी है, तुझे भी दया न आयी?' फूल-सी बच्ची को एक पगलैट रोगी के साथ बाँध देने पर बौखलाई-चीखती उसकी विधवा माँ वीराँवाली कोसती है : 'कीड़े पड़ें, अंग-अंग में कीड़े पड़ें, जिसने मेरी बच्ची को आग में झोंका है, तिल-तिलकर मरे। ग़रीब की आह लगे, उसके सारे घरवालों को लगे। ख़ाक-स्याह हो जाए। मेरी बच्ची का गला घोंटने वाले को भगवान मारेगा।' चालाक पुरोहित हाथ बाँधे मौन खड़ा रहता है : उसका यही ढंग था। पहले अगले आदमी की भड़ास निकलने दो। अन्दर की भड़ास निकल जाए तो जजमान अपने आप थक जाता है, और थककर चुप हो जाता है : 'बौखला ले जितना बौखलाना है। जो होना था, हो चुका है।' वह बेहद शान्त और सपाट स्वर में समझाता है : 'दीवान जी, होणी के आगे किसी का बस नहीं। ईशरादेई गश खाकर गिर नहीं पड़ती तो उसकी बेटी को खारों पर बैठना था। पर इस साहे में रुक्मों का ही साक लिखा था। बड़ा भागाँवाला साहा था, दीवान जी! यह मानो कि रुक्मो के भाग जाग गये।'[66]

हरनारायण निहायत धर्मभीरू, अकर्मण्य और निःसहाय व्यक्ति था। खुद से भी आत्म-छल करने वाला कायर! बिल्ली देखकर आँख मूँद खुद को सुरक्षित समझने वाला भोला कबूतर! वह खुद को ही झूठा दिलासा देने लगता है कि क्या पता पुरोहित ने किसी दैवी शक्ति का निमित्त बनकर ही ऐसा किया हो! एक ओर बिना हाथ-पैर हिलाए ही बहुत बड़े दायित्व-बोझ से मुक्ति; और दूसरी ओर फूल-सी बच्ची की नियति की सोच से डूबता हुआ दिल—वह दोनों तरह की मनःस्थितियों में झूलता रहता है! अन्त में, धीरे-धीरे वह सदा की तरह 'भाग्यबली और हम तो निमित्त मात्र' के अपने 'दर्शन में ही आत्मसाँत्वना पाता है, जैसाकि वर्षों से उसका स्वभाव बन चुका था : 'आत्म प्रताड़ना, क्षोभ, दीन भावना की भँवरों में उसका मन सारा वक्त घूमता रहता है, इनसे वह निकल ही नहीं पाता था।' उपयुक्त अवसर देखकर पुरोहित आखीर में अपना 'ब्रह्मास्त्र' चलाता है : 'माड़ी में रुक्मणी राज

करेगी। कल्ला, शरीर का दुबला है, पर है तो माड़ी का कुँवर, बड़े दीवान जी की आँखों का तारा है। लाहौर के हकीम उसका इलाज कर रहे हैं। देखते-देखते वह नौ-ब-नौ हो जाएगा।'[67] वह पुरोहित से माड़ी में भोजन का 'न्योता' पाकर 'अन्दर से पुलक' भी रहा था, लेकिन दुविधा में भी था। वीराँवाली की इस बात से उसकी दुविधा भी दूर हो जाती है कि समधियों के घर के न्योते में तो जाना ही होगा और रुक्मों की सुध भी ले लेंगे।

कहना न होगा कि वीराँ के लिए तो माड़ी की ऊँची दीवारों के पीछे बैठी नन्हीं रुक्मणी का हित ही सर्वोपरि था।[63]

इशरादेई की कुटिलता अभी तक पाठक पर पूरी तरह खुली नहीं थी, वह खुलती है विवाह के बाद बेटी के पहली बार घर आने पर, उससे खोद-खोदकर पूछे गये सवालों और उसे अपनी कुटिलता के रंग में रँगने के लिए दी गयी उसकी 'सीखों' और 'नसीहतों' से! इससे पाठक को माँ-बेटी के इस दिलचस्प वार्तालाप से, माड़ी और ज़मीन-जायदाद हथियाने के भावी षड़यन्त्रों के संकेत का भी आभास मिलता है। यह वार्तालाप बताता है कि एक कुटिल और षड्यन्त्रकारी माँ कैसे अपनी भोली-भाली निश्छल बेटी के दिलो-दिमाग में ज़हर घोलकर, उसके ज़ेहन में अपने-जैसी कुटिल, क्रूर और साज़िशी स्त्री बनाने के 'मन्त्र' फूँकती है! पक्षाघात से हिलने-डुलने और बोलने में पूरी तरह असमर्थ धनपत से चाबियाँ छीनकर पुष्पा द्वारा आलमारी से सारे जेबरात, नकदी और जायदाद के दस्तावेज़ हथियाने का दृश्य साबित कर देता है कि उसने अपनी माँ के सिखाए सभी 'गुरु मन्त्रों' को भलीभाँति सीख लिया है! इसी छीना-झपटी और 'लूट' के आघात से धनपत की मृत्यु हो जाती है। पुष्पा अपनी चालाकी और क्रूरता में अपनी माँ इशरादेई से इक्कीस ही निकलती है, उन्नीस नहीं। धनपत के पक्षाघात से लाचार हो जाने और रुक्मणी-कल्ले के माड़ी से चले जाने के बाद ईशरादेई ने माड़ी में स्थायी आसन जमाकर सारा प्रबन्ध अपने हाथ में ले लिया था। मँझला और पुष्पा उसी के निर्देशानुसार चलते हैं। उधर मँझले को भड़काने में बालमुकुन्द और रोशनलाल-जैसे उसके आवारा दोस्त भी कोई कसर नहीं छोड़ते! भीष्मजी ने बड़े प्रामाणिक तौर पर वास्तविकता के तार्किक वर्णन और विश्वसनीय चित्रांकन से दिखाया है कि दूसरों का जीवन नष्ट करने वाले लगभग सभी खल पात्रों का अन्त भी कैसा दुखद और त्रासद होता है! धनपत अपने सामने खुद को लुटता हुआ देखता ऐड़ियाँ रगड़-रगड़ कर मरता है! उसके पक्षाघात और दर्दनाक मौत के ज़िम्मेदार, मँझले और पुष्पा को माड़ी से निकाल कर, गाँव भिजवाकर धनपत का सबसे छोटा बेटा बैरिस्टर हुकूमत राय, इंग्लैंड से लौटकर माड़ी और सारी ज़मीन-जायदाद पर खुद काबिज हो जाता है। खल पात्रों का सिरमौर निसन्तान पुरोहित रामदास और उसकी पत्नी परमेशरी कस्बे में आयी

जेहलम नदी की बाढ़ (काँग) में तबाद हुए कस्बे से बाहर जाते दिखाई देते हैं। ये सभी बातें आरोपित या अविश्वसनीय नहीं, कथा-प्रवाह की तार्किक परिणति ही हैं।

पुष्पा के विवाह के बाद पहली बार घर आने पर इशरादेई बड़ी बारीकी से उसका अवलोकन कर आश्वस्त हो जाती है कि सब बात ठिकाने पर है : गले में ससराुल से मिला बेशकीमती जड़ाऊ हार, बेटी के 'शरीर से सहुाग की भीनी-भीनी गन्ध और नव-विवाहिता का स्वाभाविक खोया-खोयापन; लेकिन उसके मन में अभी भी कुछ संशय थे' : क्या मालूम बड़ा दीवान अभी भी बिगड़ा हुआ हो? बारात वाले दिन दूल्हा गुस्से से उछल-उछलकर पापड़ माँग रहा था; क्या मालूम बेटी पर हाथ उठाने लगा हो? लेकिन 'यह कोई बात नहीं', मर्द औरतों पर हाथ उठाते ही रहते हैं! उसका मूल संशय दूसरा था 'बूढ़ा दीवान कल्ले का ब्याह रचाने के लिए ही यह सारा नाटक रचेगा', इसकी भनक ईशरादेई को पड़ी तो थी, पर बहुत देर से। अब सबसे बड़ी चिन्ता यह थी कि 'बूढ़ा दीवान कहीं कल्ले और उसकी पत्नी को ज़्यादा अपनाने' लगा; कहीं कल्ला भी एक दिन स्वस्थ हो गया और क्या मालूम 'कल्ले के भी कोई बच्चा-वाला' हो गया, तो माड़ी के भी दो-दो मालिक हो जाएँगे; और विलायत में बैठा तीसरा भी कभी-न-कभी लौटेगा ही! ईशरादेई ने साक पक्का करते समय तो 'यही समझा था कि दीवान का मँझला बेटा ही घर बाहर सँभालेगा, घर में उसी की चलेगी और इस तरह उसकी बेटी राज करेगी।' उसे इस बात से भी कोई शिकायत नहीं थी कि मँझला 'मौज-मेला करता है तो क्या बुरा है। रईस का बेटा मौज-मेला नहीं करेगा तो कौन करेगा।'[69] उसकी यह भी दृढ़ मान्यता थी कि 'बहुत भलेमानसु' पति दब्बू होते हैं और अपनी स्त्री के हक में अच्छे नहीं होते, जबकि अक्खड़ पति बीबी के हक में ज़्यादा अच्छे होते हैं।

फिर भी ईशरादेई सोचती है कि बेटी को अभी से सावधान कर देना ज़रूरी है। अगर यह भोली बनी रही तो क्या मालूम, कल को रुक्मणी ही मालकिन बन कर सही अर्थों में दीवानों की माड़ी की 'बड़ी मालकिन' बन बैठे। धनपत की पत्नी न होने के बराबर थी। माड़ी पर काबिज होते हैं उसने उसे दूसरी तरफ़ दीवार खींचकर अलग कर दिया था। ईशरादेई माड़ी में टहलुवे और नौकर-चाकरों के बारे में दरयाफ़्त करके जब यह कहती है कि 'दीवान जी को खाना तू परोसकर दिया कर' तो उसके इस उत्तर पर कि 'मुझे झेंप लगती है', उसके कान में फुसफुसाती है : 'तू नहीं करेगी तो वह कुपत्ती करने लगेगी।' जो माँ कुछ दिन पहले बेटी के सुख के लिए प्रार्थनाएँ करती थी, अब उसे कुछ 'दूसरा ही पाठ पढ़ाने' लगती है : 'जितना जल्दी हो सके चाभियाँ सँभाल ले। असल में तो तू ही घर की बड़ी बहू है।' यानी अधपगले कल्ले और उसकी पत्नी रुक्मों की तो जैसे कोई अहमियत थी ही नहीं। पुष्पा के इस भोले प्रश्न के कि 'मैं चाभियों से क्या करूँगी माँ?' वह समझाती है :

'तू नहीं रखेगी तो उस चुड़ैल के पास चली जाएँगी।....घर में घूम-फिरकर हर चीज़ का ठौर-ठिकाना जान ले।...अब तू दूध पीती बच्ची तो नहीं हैं...अभी से अपना हक जमा ले।' ब्याह से पहले ईशरादेई उसे अच्छे संस्कारों की सीख दिया करती थी, पर अब उसकी सीख 'दूसरे प्रकार की' थी। अब वह उसे एक विशेष प्रकार की चतुराई और चालाकी की कुटिल-शिक्षा देने लगी थी, जिसे पुष्पा अभी समझ नहीं पा रही थी, जिसके लिए उसकी सूझ काम नहीं कर रही थी : 'माँ के होंठ फिर टेढ़े हुए। थोड़ी देर बाद पुष्पा ने देखा कि जब भी माँ रुक्मणी की बात करती है तो उसके होंठ टेढ़े हो जाते हैं, जब बड़े दीवान जी की बात करती है, तो फुसफुसाती है, जब जेठ जी (कल्ले) की बात करती है तो नाक चढ़ाती है और हाथ चमकाती है।'[70] वह फिर समझती है: 'सुन पुष्पा, मेरी बेटी, अगर समझ-बूझकर काम करेगी, तो एक दिन माड़ी में राज करेगी' हमेशा 'रुक्मणी को अपने से दूर रखना!' और 'घर में धीरे-धीरे अपना अधिकार जमाना,....रुक्मणी तो उस दो कौड़ी के हरनारायण की दोहती है।' पुष्पा के द्वारा रुक्मों के साथ उसके कमरे में जाकर खेलने की बात पर वह कहती है कि 'गेंद-गीटे खेल लिए जितने खेलने थे,...रुक्मों के कमरे में जाना बुरी बात नहीं हैं...हिल-मिलकर बैठो तो अन्दर की बातें पता चलती हैं। लोग अपने आप बताने लगते हैं।' पुष्पा माँ को जब यह बताती है कि किस तरह मँझला और उसके दोस्त कंकड़ फेंककर और अश्लील गाने गाकर रुक्मों को तंग करते हैं, तो उसकी 'अनूठी' प्रतिक्रिया यही होती है कि 'करने दे जो करते हैं, छोड़, किस कंगालन की बात ले बैठी है।'[71] साथ ही वह बेटी को अपने पति को बस में रखने और नाज़-नख़रों से अपने काम निकालने के नुस्ख़े भी बताती है।

यह भीष्मजी का ही कमाल है कि वे आपके सामने अपने किसी पात्र के चरित्र की गिरह धीरे-धीरे खोलते हुए और अन्तर्विरोधों को एक-एक कर बेपर्द करते हुए, केवल उसके तद्विषयक सटीक संवाद ही नहीं लिखते, बल्कि उसकी आंगिक भाषा ('बॉडी लैंग्वेज') पर भी ख़ास ध्यान देते हैं। खल पात्रों के चरित्र-चित्रण में तो उन्हें महारत हासिल है; विशेष रूप से स्त्री खल पात्रों के चित्रण में। वहाँ उनके सूक्ष्म अवलोकन और आँखों, होठों और हाथों के संचालन से लेकर समूची आंगिक भाषा के सूक्ष्म-से-सूक्ष्मतर ब्यौरों के वर्णन को देखते ही बनता है! कई जगह वे ऐसे प्रसंगों में हास्य-व्यंग्य का भी बड़ा चुस्त इस्तेमाल करते हैं। वहाँ उनके सूक्ष्म व्यंग्य की गहरी और बाँकी-तिरछी मार कई बार महान् व्यंग्यकार हरिशंकर परसाई की याद ताज़ा कर देती है। उपर्युक्त प्रसंग में भी अलग-अलग लोगों का जिक्र करते हुए या विभिन्न प्रसंगों में बात करते हुए या बेटी पुष्पा को 'सीख' देते हुए ईशरादेई का हाथ हिलाना और घृणा, वितृष्णा में होंठ बिचकाना या लापरवाही दिखाते, हुए तेज़-तेज़ बोलना अथवा रहस्य और षड़यन्त्र की बात करते हुए फुसफुसाना—ये सभी आंगिक क्रियाएँ

उनके संवादों को और भी धार देती हैं; और लेखक की उद्‌देश्य पूर्ति में अपना कलात्मक योगदान देती हैं। हम पहले भी ज़िक्र कर आये हैं कि दीवान धनपत और पुरोहित रामदास इस उपन्यास में खल पात्रों के सिरमौर हैं और उनके जटिल चरित्रों का सूक्ष्म चित्रांकन सबसे बड़ी और कड़ी चुनौती थी। लगभग ऐसी ही, बल्कि अपने अन्तर्विरोधी चरित्र के कारण कुछ ज़्यादा ही कठिन चुनौतीवाली खल पात्र ईशरादेई है। कहना न होगा कि भीष्म जी ने इन सभी चुनौतियों का सफलतापूर्वक सामना करते हुए अपनी कलात्मक क्षमताओं का भरपूर उद्‌घाटन किया है! यह उपन्यास मानो उनकी सारी कला और सर्जनात्मक ऊर्जा का विस्फोट है! इसीलिए यह उनकी सर्वोत्कृष्ट और शाहकार कृति है।

उपर्युक्त प्रसंग में, भीष्मजी ने बड़ी बारीक़ी के साथ एक भोली-भाली मासूम लड़की पुष्पा का, धीरे-धीरे एक चालाक, क्रूर और कुटिल षंड़यन्त्रकारिणी औरत में, जैसी कि उसकी माँ ईशरादेई है, रूपान्तरण दिखाया है। यह जितना वास्तविक और स्वाभाविक है, उतना ही विश्वसनीय भी है : 'धीरे-धीरे माँ की बातें सुनते हुए पुष्पा एक बच्ची से गृहिणी बनती जा रही थी। उसे अपनी नयी भूमिका का कुछ-कुछ भास होने लगा। माँ की सीख उसका मार्गदर्शन कर रही थी।' यह कैसा क्रूर और अमानवीय 'मागरदशन' है, इसकी परिणति वहाँ दिखाई देती है जब वह अपंग ससुर की सारी दौलत और जायदाद के दस्तावेज़ हथियाती हुई उससे आलमारी की चाभी छीनती है; और अपने इस नीचतापूर्ण जघन्य कृत्य से, भले ही परोक्ष रूप से, बूढ़े ससुर की दर्दनाक मृत्यु का कारण बनती है! कहना न होगा कि यह सब कुछ उसकी 'मार्गदर्शक' माँ और मँझले की मिलीभगत और देखरेख में ही हो रहा था। शादी के बाद की, उपर्युक्त पहली मुलाकात के दौरान ही 'मार्गदर्शन' और 'सीख' ग्रहण करते 'माँ के चेहरे की ओर देखते हुए उसे लगा कि जिस तरह बातें करते हुए माँ होंठ बिचकाती है, भेद की बातें कहते हुए जैसे फुसफुसाने लगती है, वैसे ही उसे भी करना चाहिए। जैसे माँ की आँखें फैल जाती हैं, वैसे ही उसकी आँखें भी फैल जानी चाहिए। अच्छा क्या है और बुरा क्या है, इसका ज्ञान तो पुष्पा को नहीं था, उसकी माँ की सीख ही उसके लिए परम सत्य थी।' ज़ाहिर है कि जब उसे भी हर तरह का 'ज्ञान' हो जाता है, अपनी माँ की 'सीख' समझ-बूझकर और खुद भी वैसी ही क्रूर, कुटिल और सज़िशी बनकर, तो वह ईशरादेई से इक्कीस ही निकलती है; ख़ासकर अपने पूर्वोल्लिखित अन्तिम जघन्य और अमानवीय कृत्य से! भीष्मजी के शब्दों में, दोपहर ढलने पर जब पुष्पा माँ के घर से निकलती है तो वह 'मन-ही-मन उत्तेजित-सा महसूस करने लगी। उसे बड़े दायित्व का काम सौंपा जा रहा है।...उसे भेद के काम भी करने हैं। चाभियों का गुच्छा उसके पल्ले की चूक से लटका करेगा। रुक्मों को अपने से दूर रखेगी। सारा वक्त चौकस रहना है। दो भूमिकाएँ एक साथ

निभानी हैं, ऊपर से मेल-मिलाप रखना है,...अन्दर से भेद जानना है।'[72] अपनी माँ की ऐसी 'सीख' से पहले की भोली-भाली पुष्पा को एहसास तक नहीं होता, हो भी नहीं सकता था, कि उसकी माँ किस तरह से उसे 'विषैली घुट्टी' पिलाकर उसकी सारी नैसर्गिक मासूमियत को नष्ट कर रही है। हमारे यहाँ कहा भी जाता है कि एक भली औरत कई घर, कई पीढ़िया सँवारती है और एक कुटिल औरत कई पीढ़ियाँ, कई घर बिगाड़ती और नष्ट कर डालती है! इस फ़र्क को ईशरादेई और उसकी बेटी पुष्पा तथा रुक्मणी के जीवन-व्यवहार को आमने-सामने रखकर बड़ी आसानी से समझा जा सकता है।

रुक्मणी अपने कस्बे में स्त्री-शिक्षा की जोत जगाने वाली और जीवन-पर्यन्त उसका विस्तार करने वाली एक नेक, संवेदनशील और दृढ़-संकल्पवाली 'ख़ामोश विद्रोहिणी' की तरह उभरती है। वह वानप्रस्थी जी की 'पुत्री पाठशाला' की पहली छात्रा बनती है तो सारे कस्बे में तूफान उठ खड़ा होता है। मँझला अपने आवारा और नशेड़ी दोस्त बालुमकुन्द और रामजवाया की शह पर माड़ी के छोटे फाटक पर कुल्हाड़ी के बार-बार वार करते हुए ऊँचे-ऊँचे चीखता है : 'बाप-दादा के नाम पर हम कालख नहीं पोतने देंगे। कोई घर के बाहर कदम रखकर तो देखे। मैं बोटी-बोटी काट डालूँगा, मैं टाँगें चीरकर रख दूँगा!...ओ कल्ले, सुन रहा है या नहीं?...घरवाली को सँभालकर रख। अगर कभी बाहर निकली तो मुझसे बुरा कोई नहीं होगा।' जब लोग पूछते हैं तो वह आवेश में उत्तर देता है, 'हमसे क्या पूछते हो, कल्ले से पूछो।...कल्ले की घरवाली स्कूल में अपना नाम लिखवा आयी है। हमारे मुँह पर कालख पोत आयी है।' नशेड़ी बालमुकुन्द चिल्लाता है : 'दीवानों की बहू अब मुँह उघाड़कर स्कूल जाएगी?...हम यह बेशर्मी नहीं होने देंगे। हम मर नहीं गये हैं। हमारी बहू-बेटियों पर कोई आँख उठाकर तो देखे। मैं आँखें फोड़ दूँगा।'[73] भीड़ में खड़े सभी लोग लड़कियों के स्कूल के ख़िलाफ़ टीका-टिप्पणी करते हैं : क्या करेगी पढ़कर? नौकरी करेगी क्या? तभी मौसी भागसुद्धी कहती है कि 'नहीं तो माड़ी के अन्दर घुल-घुलकर मरेगी और क्या करेगी।...किन कसाइयों के घर आ पहुँची है, यह मासूम बच्ची।' फिर वो कुल्हाड़ी चलाते मँझले और बालमुकुन्द पर वहीं खड़े-खड़े चिल्लाती हैं, 'वे घनशामा! वे बालमुकुन्दा! वे जालिमों कुछ तरस खाओ। पराए घर की लड़की को अपने घर लाए हो, उसे क्यों कोह रहे हो?' मौसी भड़ककर फिर मँझले से कहती है कि 'नाले चोर ते नाले चतरा! वाह जी वाह! कैसा वक्त आया है। वे घनशामा! तू सीधा क्यों नहीं कहता कि तू सारी माड़ी हड़पना चाहता है। इन्हें घर से निकालना चाहता है। इस वक्त तू कुछ भी कर सकता है। पर यह नाटक क्यों खेल रहा है?'[74] तभी कल्ला भी फाटक के ऊपर चढ़कर कंगूरों के पीछे से सिलें और ईंटें तोड़ तोड़कर नीचे फेंकने लगता है तो मँझला और उसके सारे लुच्चे-लफंगे दोस्त

वहाँ से खिसक जाते हैं और तमाशबीन भी इधर-उधर तितर-बितर हो जाते हैं।

भागसुद्धी के कथन में सच्चाई भी थी। मँझले के तमाम शोहदे यार-दोस्त बराबर उसे उकसाते रहते थे कि अब बाप की ज़मीन-जायदाद का वह अकेला वारिस नहीं रह गया है और एक दिन कल्ला ही सबसे बड़ा बेटा होने के कारण माड़ी का 'बड़ा दीवान' कहलाएगा। वही सबसे बड़ा भाई है और 'जिस गम्भीरता से उसका इलाज चल रहा है, कोई ताज्जुब नहीं कि वह तंदुरुस्त हो जाए और उसके बच्चे-बाले भी होने लगें'—यही बात सबसे ज़्यादा सालने वाली थी। उधर एक दिन विलायत से लौटने के बाद उसका छोटा भाई भी जायदाद में अपना हिस्सा माँगेगा। एक दिन जब वह अपने बाप से यह कहता है कि 'मैं अलग होना चाहता हूँ। मेरे हिस्से की ज़मीन जायदाद, बाँटकर मुझे दे दें।' तो दीवान अपनी चुभती आँखों से उसे देख, कड़ककर बोलता है कि 'तुम्हें पारखती क्यों न दे दूँ? घर से ही क्यों न निकाल बाहर करूँ? ख़बरदार जो ज़बानदराज़ी की, बोरिया-बिस्तर उठाकर गली में फेंक दूँगा।' वह अन्दर-ही-अन्दर सुलगता रहता है और एक दिन बाप के आगे ही कल्ले को बुरी तरह से धुन देता है, जब वह किसी कपड़े की सिलाई करती अपनी पत्नी रुक्मणी को बड़े प्यार से निहार रहा होता है। मँझले को 'भास हुआ था कि कल्ला तो मज़े से बैठा इश्क लड़ा रहा है, और बहुत-सी ज़मीन-जायदाद भी हड़प जाएगा, जबकि उसके पल्ले एक ऐसी लड़की को जबरदस्ती बाँध दिया गया है जिसके साथ बात करते हुए भी वह भड़क उठता है।' एक दिन तो उसने बिफरकर पुष्पा से यह कह दिया था कि 'हमने तो तुम्हारी पालकी लौटा दी थी, फिर तुम क्यों मुँह उठाए चली आईं?' उसे यह भी मलाल था कि रुक्मणी ज़्यादा सालोनी थी, जबकि पुष्पा के नाक-नक्श चौड़े-चपटे थे, जो उसे सख़्त नापसन्द थे। दिवान भी मँझले और पुष्पा से तो रुखाई से बोलता था, कल्ले की हर बात पर हँसता-मुस्कराता रहता था! रुक्मणी की परोसी थाली के खाने को रस ले-लेकर खाता था और उससे बात भी बड़ी नरमी से करता था! जब रुक्मणी पहले दिन स्कूल जाती है तो मँझले का पारा सातवें आसमान पर पहुँच जाता है। पर कस्बे के लोग जब दीवानों की बहू के मुँह उघाड़े बाज़ारों में निकल आने की आलोचना करते हैं, तो कुछ लोगों की यह प्रतिक्रिया भी होती है कि 'मँझले ने कौन-सा अच्छा काम किया था? कोई घर के बाहर गली में आकर अपने ही लोगों को गालियाँ देता है? वह अपने भाई को गालियाँ दे रहा था, चिल्ला रहा था। घर की इज़्ज़त तो उसने खुद बेच खाई है। वह किसी से क्या कहेगा?'[76] वैसे भी कस्बे-भर के लोग मझँले को निरा आवारा और उसके शोहदे-नशेड़ी दोस्त-यारों की टोली को मुँहज़ोर और लुच्चों-लफंगों की टोली ही मानते थे।

रुक्मणी इस उपन्यास की सबसे सकारात्मक पात्र है। छोटी-सी उम्र में ही उसकी

समझदारी, संवेदनशीलता और दृढ़ता किसी को भी चकित कर देगी! जिन तकलीफ़ों, गरीबी और परिवार के भलमनसाहत-भरे परदुखकातर वातावरण में उसने आँखें खोली थीं; और उसके नाना के घर में उसकी माँ—विधवा वीराँ ने उसका लालन-पालन किया था, उसमें ऐसी चारित्रिक दृढ़ता और अतीव संवेदनशीलता का योग सहज-स्वाभाविक था। भीष्मजी ने भी बड़े मनोयोग से उसका चरित्र-चित्रण किया है।

कस्बे में 'पुत्री पाठशाला' खोलकर स्त्री-शिक्षा की शुरुआत करने वाले सरगोधा से आये आर्य-समाजी 'वानप्रस्थी' जी ने अपनी अपढ़ बेटी सुमित्रा की त्रासद मृत्यु से दुखी होकर स्त्री-शिक्षा को ही अपना जीवन-ध्येय बना लिया था। उन्होंने ख़ुद अपने श्रमदान से स्कूल का एक कमरा बनाया था। अपनी मामूली-सी सम्पूर्ण पूँजी और गली-गली चन्दा माँगकर उन्होंने, कस्बे के ज़्यादातर लोगों के विरोध के बावजूद, यह पाठशाला शुरू की थी। पाठशाला के आँगन में ही उन्होंने अपने लिए एक फूस का छप्पर बनाकर उसमें खाट डाल ली थी। स्कूल शुरू होने से ऐन पहले, सुबह-सुबह उन्होंने देखा कि सफेद कुर्ते-सलवार और उजली ओढ़नी में एक युवती आँगन लाँघकर सामने खड़ी है। उनके यह पूछने पर कि कौन हो बेटी? कहाँ से आयी हो? वह कहती है, 'जी, मैं स्कूल में नाम लिखवाऊँगी।' उन्हें 'अभी भी यकीन नहीं हो रहा था कि कोई लड़की सचमुच नाम लिखवाने पहुँच गयी है। आशा का ज्वार-सा उनके अन्दर उठा और वे पलकें उठाए देर तक लड़की के चेहरे को' देखते रहे : 'कहाँ से आयी हो बेटी? कौन हो तुम?' उसके उत्तर से वानप्रस्थी स्तब्ध रह गये थेः 'जी, मैं दीवानों की माड़ी से आयी हूँ मैं, उनकी बहू हूँ।' दरअसल, वह भी कस्बे में घटनेवाली घटनाओं से अनभिज्ञ नहीं थे। क्या यह वही लड़की तो नहीं जिसका विवाह दीवान के नीम पागल बेटे के साथ कर दिया गया है?...वनप्रस्थी का मन उद्वेलित हो उठा, अथाह अनुकम्पा, सद्भावना, सहानुभूति से भर उठा, मानो ऐसी ही लड़कियों को वह पढ़ाने आये हों। पर शीघ्र ही एक संशय और दुविधा का साया भी उनके मन पर डोलने लगा—

'घरवालों से पूछ लिया बेटी?'

'जी मैं किससे पूछूँ?'

'वानप्रस्थी के मन को धक्का-सा लगा।...उसका उत्तर वानप्रस्थी के मन में तीर की तरह चुभ गया था। एक ही वाक्य ने लड़की की विकट स्थिति खोलकर रख दी थी : 'बेटी, अगर तेरे घरवालों ने एतराज़ किया तो?' पर वह अपनी समतल आवाज़ में बोली : 'जी मैं पढूँगी।' दृढ़ता से भरा यह दो-टूक उत्तर सुनकर 'वानप्रस्थी समझ गया कि यह निर्णय दुःख और क्लेश में छटपटाते रहने के बाद, यातना की गहराइयों में से उभरकर आया है, न जाने कितने दिन तक इसके दिल को मथता रहा है, पर अब जब स्पष्ट होकर उभरा है तो बड़ा साफ़, झिलमिलाता हुआ, निर्विकार निश्छल:

'तुम पढ़ोगी, बच्ची, तुम पढ़ोगी।'[77] कस्बे की ज़िन्दगी में यह एक ख़ामोश क्रान्ति थी—बहुत बड़ी और बेहद बे-आवाज़ क्रान्ति! एक ऐसा इन्क़लाब जिसने कस्बे के सदियों पुराने जीवन में, मानो तालाब में एक छोटी-सी कंकड़ी फेंककर भारी सैलाब ला दिया था; सदियों से रुके हुए उस गन्दले पानी में, जिसमें अब तो बड़ी सडाँध भी उठने लगी थी! यह एक ऐसा ख़ामोश और बे-आवाज़ इन्क़लाब था जिसने सारी पुरानी मान्यताओं, दकियानूसी परिपाटियों और रुढ़िवादी मूल्यों की चूलें हिला दी थीं। रुक्मणी इस क्रान्ति की नन्हीं-सी नायिका थी, जिसे खुद भी यह एहसास नहीं था कि उसने कितनी बड़ी और दूरगामी सामाजिक क्रान्ति कर डाली है!!

तीन छात्राओं से वानप्रस्थीजी की 'पुत्री पाठशाला' शुरू हो गयी : एक रुक्मणी और दो छोटी-छोटी बच्चियाँ। पहले दिन जब रुक्मी सुबह बाज़ार में से स्कूल के लिए निकली तो लोग गलियों से निकल-निकल कर बाहर आ रहे थे। पूरा कस्बा जान गया था कि मँझले ने बड़े भाई के आँगन का दरवाजा कुल्हाड़ी से तोड़ने की कोशिश की थी और वह रात-भर धमकाता-ललकारता और चीखता-चिलाता रहा था। कुबड़ा हलवाई बुदबुदाया : 'रुक्मणी है। दीवानों की बहू! मुँह उघाड़े बाहर निकल आयी है!' कुबड़े के मन पर माड़ी के रुतबे और सम्मान की गहरी छाप थी : 'माड़ी की अपनी साख है, पुश्तैनी रुतबा है। भले ही वह हरनारायण की दोहती थी, पर अब तो माड़ीवालों की बहू है।...वे दिन देखे थे जब सौ-सौ आदमी रोज़ माड़ी में भोजन करते थे। पूरे-के-पूरे कड़ाहे मिठाई के बनकर जाते थे। दीवान मय्यादास के ज़माने में...कोई आदमी बाहर से आ जाए तो भोजन किए बिना माड़ी में से जा नहीं पाता था। उसी घर की बहू...।' कुबड़े हलवाई का नौज़वान बेटा बिशना यह कहकर कि 'इसके साथ उन्होंने कौन-सी भलाई की है', कस्बे की नौज़वान पीढ़ी की बदलती सोच का संकेत देता है! बहुत सारे लोग शंकित हो उठते हैं कि अब बहुत बड़ा बखेड़ा उठ खड़ा होगा। गली के बीचो-बीच सिमटी-सिमटी-सी सफेद सलवार-कुर्ता और सफ़ेद ओढ़नी ओढ़े, सामने की ओर सीधे देखती जाती रुक्मणी को देखकर 'अपने विचारों, मान्यताओं के बावजूद उस मासूम-सी लड़की को देखकर कुबड़े हलवाई के दिल को धक्का-सा लगा।'[78] लेकिन रामजवाया-जैसा दोगला और कमीना आदमी, जिसके बारे में मँझले सहित कस्बे के सभी लोग अब यह भी जान चुके थे कि 'बड़े दीवान' के इशारे पर उसने ही मँझले और उसके आवारा दोस्तों को बारात के खाने के समय उकसाकर हंगामा कराया था; जिसकी परिणति दुल्हन की डोली लौटाने में हुई थी और अन्ततः, पुरोहित की साज़िश से कल्ले के साथ रुक्मणी की शादी।

रामजवाया, जिसने कुछ अर्से मलिक मंसाराम के विलायती माल लाने की गुमाश्ते की नौकरी की थी, अब विलायती माल की अपनी दूकान खोलकर पहले

से भी ज़्यादा उछल-कूद मचाने लगा था : 'इस लड़की ने अच्छा तमाशा बना रखा है। दीवानों की नाक कटवाकर रहेगी। सारी शर्म-हया बेच खाई है।'[79] कहकर थूक देता है। इसी रामजवाया ने पहले वानप्रस्थीजी को धमकाया था : 'कान खोलकर सुन ले, बूढ़े! हम यहाँ पर कंजरखाना नहीं बनने देंगे।'[80] और आज वह फिर बिफ़र उठा कि 'उस वानप्रस्थी का स्कूल बन्द नहीं करवाया तो मेरा नाम रामजवाया नहीं, कस्बे में गन्द फैलाने आया है, लड़कियों को बेपर्द करने।' उसी वक्त रुक्मणी के पीछे-पीछे, पगलैट कल्ला भी लाठी झुलाता हुआ आता है। जब लोग उसे छेड़ते हैं और उसकी लाठी छीनने की कोशिश करते हैं तो मन्दिर से लौटती भागसुद्धी का यह सोचकर कि 'जाने इन दोनों के भाग्य में क्या लिखा है', गला रुँध जाता है; और वह कल्ले को छेड़ रहे मनचलों को फटकारती हैं : 'वे जीण जोगियो, छोड़ दो इसे। इस बदनसीब को क्यों परेशान कर रहे हो? इसे जाने दो जहाँ जाता है।' इस बीच रुक्मणी अपने ध्यान में खोई हुई-सी सीधे आगे बढ़ती जाती है, बिना यह जाने कि पीछे क्या तमाशा हो रहा है। पगलैट दौड़कर रुक्मणी के पास पहुँच जाता है और उसके 'रक्षक की तरह लाठी कंधे पर रखे, चुपचाप पैंतरे बदलता रुक्मणी के पीछे-पीछे चलने लगता है। आहट पाकर वह रुकती है और 'अपने पगलैट पति को अपने पीछे आता देखकर उसकी आँखें फैल' जाती हैं : 'उसका माथा पसीने से तर था और वह हाँफ रहा था। पगलैट की अधमुँदी आँखें उसके चेहरे पर लगी थीं, और एक क्षीण-सी कुछ-कुछ माँगती-सी मुस्कान उसके होठों पर काँप रही थी। ...रुक्मणी का मन हुआ, अपने पल्ले से पति के माथे का पसीना पोंछ दे, पर वह चुपचाप पलकें झुकाए, खड़ी रही' और फिर अपनी राह जाने लगी। कल्ला भी 'कन्धे पर लट्ठ रखे, फिर से उसके पीछे-पीछे हो लिया। कुछ-कुछ वैसे ही जैसे सवार के पीछे-पीछे प्यादा'। पूरे कस्बे में बिजली की तरह ख़बर फैल चुकी थी कि माड़ी वालों की बहू आज मुँह उघाड़े स्कूल गयी है। छुट्टी से पहले ही स्कूल के आगे लोगों की भीड़ जमा हो जाती है : कुछ लोग कुतूहलवश, कुछ आशंकावश और कुछ तमाशाई! मँझला ख़ुद तो नहीं था, पर बालमुकुन्द, चमन, लच्छमन-जैसे उसके कुछ आवारा और छिछोरे साथी पहुँचे हुए थे जो वानप्रस्थी को बुरा-भला कहते जा रहे थे। पूरे माहौल में उत्तेजना फैली हुई थी और भीड़ बढ़ती जा रही थी।[81]

पढ़ाई समाप्त कर जब तीनों छात्राओं के साथ वानप्रस्थी बाहर निकला तो भारी भीड़ देखकर उसका माथा ठनका और उसे झगड़े-फसाद की आशंका से घबराहट भी हुई। तभी भीड़ चीरती हुई मौसी भागसुद्धी और उसके पीछे लेखराज भीड़ में से बाहर आ गये : 'आ मेरी बच्ची, चल मेरे साथ। हम दोनों तुम्हें लिवाने आये हैं।' कह कर मौसी आगे बढ़कर रुक्मणी को छाती से लगा लेती है। बालमुकुन्द गली में खड़ा अपने साथियों के साथ गुर्राता-बड़बड़ाता वहाँ से हट गया। भीड़ भी छँटने

लगती है। लेखराज को देखकर किसी की भी कुछ करने या बकने की हिम्मत नहीं हुई और वे रुक्मणी को लेकर माड़ी की तरफ़ निकल जाते हैं।[82] उस दिन से लेखराज और मौसी का यह नियम बन गया कि वे समय पर रुक्मणी को अपने साथ लाने और वापस माड़ी तक छोड़ने जाने लगे। कल्ला भी अपना लठ्ठ उठाए रोज़, अपनी 'ड्यूटी' बजाता साथ रहता। स्कूल चल निकला और रुक्मणी के दाखिले के बाद चार और लड़कियाँ भी पढ़ने आने लगीं। स्कूल के चौथे दिन वानप्रस्थी वहाँ नहीं दिखते। पता चलता है कि वानप्रस्थी शेख़ों के बाग के पास घायल पड़ा है। लेखराज दो कहारों के साथ उसे खाट पर लादकर लाता है। पीछे-पीछे भागसुद्धी वानप्रसथी का चश्मा उठाए चिल्लाती आती है : 'कसाइयो, बाहर से आये आदमी को तुमने मारा है। तुम तिल-तिलकर मरोगे, तुम्हें गरीब की हाय लगेगी, रामजवाया, डूब मर। दीवान धनपत,...तेरी गैरत मारी गयी है। तेरी आँख का पानी सूख गया' है। कस्बे में इस घटना से सनसनी फैल जाती है : लड़कियों के स्कूल का विरोध करना और बात है, पर एक बूढ़े परदेसी को पिटवा देना बिल्कुल दूसरी बात है। सभी को बुरा लगता है और वे दौड़े आते हैं। भागसुद्धी वानप्रसथी की सेवा-सुश्रूषा में लग जाती है और लेखराज लड़कियों को उनके घर पहुँचाने चल देता है। पूरा कस्बा जानता था कि यह किसकी कारगुज़ारी है। बाद में पुलिस मँझले से पूछताछ करती है और उसके दो साथियों बालमुकुन्द और चमन को गिरफ्तार भी करती है। धनपत भी इस तथ्य से बेख़बर नहीं था कि वानप्रस्थी पर हमले में मँझले और उसके साथियों का हाथ था। लेकिन स्कूल बन्द नहीं होता। अब वानप्रस्थी की जगह लेखराज अक्षर-बोध कराने लग जाता है। लेखराज और भागसुद्धी रोज़ नियमित रूप से आ जाते थे। इस तरह स्कूल और बच्चियों की पढ़ाई चलती रहती है।[83] छात्राओं की संख्या भी उत्तरोतर बढ़ती जाती है।

वानप्रस्थी के हाथ-पैर तोड़ने की घटना के बाद, लेखराज सीधे कचहरी में जाकर धनपत को चेतावनी देता है : 'मैं लेखराज हूँ, दीवान जी,...मैं सिर्फ इतना कहने आया हूँ कि फिर अगर इस घर में से किसी ने कोई हुज्ज़त-हरकत की, कोई खून-खराबा हुआ तो इसका ज़िम्मेदार वह खुद होगा। बाद में नहीं कहना कि आगाह नहीं किया था।' वह झट चतुराई से पैंतरा बदलकर अपने स्वर में बड़ी आत्मीयता घोलते हुए कहता है, 'लेखराजा, कब से तू कस्बे में आया हुआ है, और एक बार भी मुझे याद नहीं किया। शर्म नहीं आती? और आज आ गया, मुझे धमकी देने!' फिर ऊँची आवाज़ में अपने मुलाज़िमों को आदेश देता है, 'लाओ ओये, कुर्सी!' जब तक दो चौबदार कुर्सी लाने दौड़ते हैं, लेखराज यह कहकर कचहरी से बाहर निकल जाता है कि 'स्कूल की मदद तो क्या करोगे, उल्टे एक बूढ़े आदमी की टाँगें तुड़वा दीं।'[84] जैसे वानप्रस्थी के लिए लड़कियों का स्कूल खोलकर उन्हें शिक्षित बनाना

उनका जीवन-ध्येय और बेटी सुमित्रा को सच्ची श्रद्धांजली थी, वैसे ही रुक्मणी का स्कूल में दाखिला लेना लेखराज को ऐसा लगा था, जैसे 'इस अँधेरे कस्बे में एक दीया जल गया है, उसकी लौ सारे कस्बे को रोशन करेगी' और जब वह अपने मित्र तथा रुक्मो के नाना से भाव-विह्वल होकर कहता है कि 'कस्बा जी उठा है, हरनारायण, कस्बा जी उठा है। अधेरे में दीया जल उठा है' तो इस उत्तर से एकदम हतप्रभ रह जाता है : 'इसमें खुश होने की क्या बात है लेखराज! मुझसे पूछो तो रुक्मों ने अपने लिए काँटे बोए हैं। अपने लिए भी और हम सबके लिए भी...लड़की खुद डूबेगी और मुझे भी डुबोएगी।' कोई आदमी इतना भी भीरू हो सकता है, वह भी भगवत-भजन करने वाला, लेखराज को इसकी आशा नहीं थी।

इससे पहले भी एक बार जब लेखराज ने पूछा था कि क्या रुक्मो मिलने नहीं आती तो वह कहता है कि 'एक बार आयी थी। पर फिर मैंने उसे मना कर दिया। मैंने कहा , अब वही तेरा घर है, वहीं पर तेरा जीना वहीं पर मरना होगा।' उसके बाद नहीं आयी। लेखराज बड़े क्षोभ में कह उठाता है : 'एक कसाई धनपत और दूसरा कसाई तू!' रुक्मों की तकलीफ़ों का ज़िक्र करते हुए एक बार हरनारायण ने उसे बताया था कि दीवान धनपत जब मुरब्बों पर दस-दस दिन बाहर रहता है तो 'कस्बे-भर के लुच्च-लवंड माड़ी में घुसे रहते हैं। सुना है बेचारी पर आवाज़ें कसते हैं, कंकड़ फेंकते हैं।...भद्दे इशारे करते हैं।' धनपत से कहने, उसे बताने की बात पर हरनारायण के इस उत्तर पर कि 'इससे क्या लाभ?' और 'अपने-अपने कर्मों का लेखा है, कोई कुछ नहीं कर सकता।'[86] लेखराज को लगता है कि वैराग्य का दीमक हरनारायण के आत्मविश्वास को भी चाट चुका है! भीष्मजी के इस पात्र को देखकर परसाईजी के एक व्यंग्य 'केंचुआ' की याद ताज़ा हो जाती है, जिसके एक पात्र के रीढ़हीन व्यक्तित्व का चित्रांकन करने के बाद वे टिप्पणी करते हैं कि यह आदमी थोड़े ही है, घिसट-घिसटकर रेंगता हुआ केंचुआ है!

रुक्मणी के अकल्पनीय साहस और 'पुत्री पाठशाला' से शुरु हो रही इस खामोश क्रान्ति से, लेखराज को इतनी गहरी प्रेरणा मिलती है कि उसकी सारी भटकन, उसका सारा अवसाद घुल जाते हैं और वह बड़े उत्साह से भरकर खुद को इसमें डुबो देता है। जब भागसुद्धी बार-बार उससे जाकर धनपत से अपना हक माँगने को कहती है तो वह निस्पृह भाव से हँस देता है : 'मैं माड़ी में जा रहूँ मौसी, इस उम्र में? मेरा न आगा, न पीछा।...अब यह कस्बा ही मेरा घर है। मैं गलियों में ही खुश हूँ।' स्थिति की विडम्बना देखिए कि जब वह स्थायी रूप से वहीं रहने और लोगों में जागरूकता लाने तथा स्त्री-शिक्षा में खुद को बड़े आत्मसन्तोष के साथ सोत्साह खपा रहा होता है, तभी धनपत उसे पुलिस से पकड़वाकर जेल भिजवा देता है। बहुत बाद में जब मौसी रुक्मों को यह सब बताते हुए कहती है कि तेरे स्कूल जाने से वह बड़ा खुश

हुआ था। वह तो पहले दिन से ही वानप्रस्थी के साथ बैठने लगा था कि 'मुझे अपना घर मिल गया है, अब मैं यहीं काम करूँगा, मास्टर का स्कूल चलाऊँगा।' मौसी की बातें सुनते हुए रुक्मों को लगता है कि 'जैसे दुनिया से ओझल होने से पहले प्रत्येक व्यक्ति एक बिम्ब का-सा रूप ग्रहण कर लेता है। हाड़-मांस का पुतला तो वह बना रहता है, पर वास्तव में वह बिम्ब ही उसका असली रूप होता है, उसके अतीत में से, उसके समूचे जीवन में से उभरकर निकलता हुआ, उसके चरित्र का बिम्ब। लेखराज का भी ऐसा ही बिम्ब उभर आया था, दसियों साल से उसके नाम से जुड़ी घटनाओं, कहानियों के प्रभाव में से जन्म लेने वाला बिम्ब!'[87] रुक्मणी को तब पता नहीं था कि आगे चलकर 'दुनिया से ओझल होते' हुए वह ख़ुद भी एक बिम्ब में रूपान्तरित हो जाएगी।

लेखराज इससे पहले भी दो बार कस्बे में आया था। पहली बार सिक्खों की अन्तिम पराजय के बाद, जंग ख़त्म होने पर; 'बेहद थका हुआ, खिन्न और क्षुब्ध, पर फिर भी बड़ा उत्सुक और आधीर। मोराँ, अपनी मँगेतर से मिलने का चाव लिए।' लेकिन यह सुनकर कि मोराँ का कहीं और विवाह हो गया था और अब तो वह विधवा भी हो चुकी है, 'उसका दिल रो उठा था और वह मोराँ से मिले बिना ही लौट गया था।' दूसरी बार, जब कस्बे में रेलगाड़ी आयी थी; और वह भी यहाँ पहुँचनेवाली पहली रेलगाड़ी में बैठकर आया था : 'तब भी वह बड़ा उत्सुक था, अपने लोगों से मिलने के लिए बड़ा अधीर'! लेकिन दीवान मय्यादास को रेलगाड़ी के फिरंगी 'गार्ड' के आगे झुक-झुककर सलाम करके अपनी फ़रियाद सुनाते और उसे कोई बड़ा फिरंगी अफ़सर समझकर अपने साथ हुए अन्याय की शिकायत करते देखकर, उसका दिल टूट गया था। वह उसी दिन उसी रेलगाड़ी से वापस लौट गया था। उसका मन खट्टा हो गया था : 'वही मय्यादास जो कस्बे में आत्मसम्मान और मानवीय गरिमा का प्रतीक हुआ करता था और जिसने सबकुछ खो बैठने पर भी अपनी आन नहीं छोड़ी थी, उसी को ऐसा व्यवहार करते देखकर लेखराज का दिल नदामत से भर उठा था' और वह लौटकर 'कूकों से जा मिला था, जो उस समय अंग्रेज़ों के विरुद्ध संघर्ष कर रहे थे।'[83] और अबकी बार जब वह बुढ़ापे की दहलीज़ लाँघ चुकने पर लौटा था और अब रुक्मणी के साहस को देखकर मानो उसे भी जीवन का एक ध्येय मिल गया था! लेकिन, यह कैसी विडम्बना थी कि तभी वह फिर से, इस बार अन्तिम रूप से, यहाँ से उखाड़ फेंका गया था—छह साल जेल में घुट-घुटकर यातनाएँ सहते रहने के बाद मरने के लिए! लेकिन आँखों में करवट ले रही नयी रोशनी की 'जोत' का सपना लिए हुए, उसे अपने मन-प्राण से बड़ी गहराइयों में अनुभव करते हुए! इसी सपने की एक मंजिल साकार होने के दृश्यांकन के साथ ही यह उपन्यास भी समाप्त हो जाता है : एक नये जागरण के साथ जब

तिलकराज 'आज़ाद' के नेतृत्व में दिन चढ़ते ही जंग-ए-आज़ादी के जुलूस में गाते हुए पूरा कस्बा जुट आया था–

'असाँ ते साइयाँ, साड़ा करम कमा दे,
साडा गुलामी कोलों देस छुड़ा दे!'

लेकिन यह उपन्यास, जैसाकि हमने पहले भी उल्लेख किया है कि, रुक्मो और कल्ले की विलक्षण प्रेम-कहानी भी है। अबोध रुक्मणी तो कुछ समझती-बूझती भी नहीं थी, जब वह बारह-तेरह साल की कच्ची उम्र में 'दुल्हन' बनकर माड़ी में आयी थी। लेकिन कल्ले की तो मानो दुनिया ही बदल गयी थी। उसका समूचा अस्तित्व ही जैसे रुक्मणी के इर्द-गिर्द सिमट गया था। जब रुक्मणी मय्यादास के पुराने टहलुवे से माड़ी के दीवानों का इतिहास और खालसा युद्धों के किस्से सुन रही थी, तभी उसे बेचैनी से ढूँढ़ता-खोजता कल्ला वहाँ पहुँचता है। कल्ला दहलीज पर खड़ा धीमे-धीमे मुस्करा रहा था : 'अस्त-व्यस्त-से कपड़े, मुँह अध-खुला और सांस तनिक फूली हुई।...उसके पीले चेहरे पर पसीने की परत थी, पर उसकी आँखों में हल्की-सी चमक भी थी। मानो रुक्मों के मिल जाने पर उसकी आँखों में यह चमक आ गयी हो। उसके होठों के एक कोने में से लार बह-बहकर उसके बाएँ कंधे पर गिर रही थी।'[89] रुक्मों उसकी ओर बढ़कर उसे सँभालती है। अबोध तो दोनों ही थे : रुक्मों अपनी कच्ची उम्र के कारण और कल्ला अपनी उम्र के बावजूद, मिरगी की बीमारी के कारण! शरीर, मन और भावनाओं के अविकसित बोझ के कारण! लेकिन इस नीम पागलपन में भी उस पगलैट को यह बोध अवश्य था कि 'लुक्मण मेली ए! लुक्मण मेली-ए!' भावनाओं के ज्वार में अनेक अवसरों पर वह बार-बार तुतलाता हुआ यही दोहराता रहता है : 'रुक्मण मेरी है, रुक्मण मेरी है!' कल्ले की तरफ़ से यही है इस विलक्षण प्रेम की पहली अभिव्यक्ति!

रुक्मणी का ध्यान कल्ले की इस भाव-स्थिति पर पहली बार तब जाता है, जब उसके 'पुत्री पाठशाला' में नाम लिखवाने पर मँझला गालियाँ देते हुए कुल्हाड़ी से दरवाजा तोड़ने की कोशिशें करता है; और कल्ला दरवाजे के उपर के कंगूरों के पीछे से सिलें और ईंटें नीचें फेंक-फेंककर मँझले और बालमुकुन्द आदि उसके लुच्चे-लफंगे दोस्तों को भगा देता है। उसके बाद, 'माड़ी के अन्दर अपनी कोठरी में रुक्मणी का पगलैट पति अब खाट पर बैठा सामने फ़र्श पर बैठी रुक्मणी की ओर इकटक देखे जा रहा था।' तभी रुक्मी को भी 'भास हुआ जैसे उसके पति की आँखें उसके चेहरे पर लगी हैं। जैसे वह टकटकी बाँधें रुक्मणी को देखे जा रहा है। रुक्मणी ने पलकें उठाईं। पगलैट सचमुच उसकी ओर देखे जा रहा था। रुक्मणी को पहली बार लगा जैसे उसके पति की आँखों में कोई भाव झलक रहा है, कोई ऐसा भाव जो मूक भी है और साथ-ही-साथ छटपटा भी रहा है।' रुक्मणी के लिए यह पहली बार

था। वह इस भाव-स्थिति की ओर पहली बार ध्यान देती है। इसके पहले उसका ध्यान कभी इस ओर नहीं गया था। उसने कल्ले को अपनी ओर टकटकी बाँधें 'इकटक देखते' हुए कई बार देखा था। पर तब उसे केवल इतना ही 'भास होता था कि दो भावशून्य आँखें उसे ताके जा रही हैं।' पर इस बार 'रुक्मणी पगलैट की आँखों में देखती रह गयी। उसे उन दो आँखों में कुछ झलकता नज़र आया, गहरी सद्‌भावना-सा और गहरी पीड़ा-सा, मूक वेदना-सा; और उसे लगा जैसे पगलैट उससे कुछ कहना चाहता है पर कह नहीं पा रहा। पगलैट की आँखों में नमी आ गयी थी' और पहली बार रुक्मणी को लगा जैसे 'पगलैट की आँखें उसे सहला रही हैं, उसके चमूचे व्यक्तित्व को सहला रही हैं और बैठे-बैठे रुक्मो को गहरी स्निग्धता का भास हुआ, अपार स्निग्धता का। जैसे अब वह निपट अकेली नहीं है, उसे जीवन में सम्बल मिल गया है।'[90] कल्ले की इस भाव-स्थिति से उसके भीतर एक नयी भाव-स्थिति का संचार होता है। दोनों की भाव-स्थितियों के इस एकाकार को परस्पर प्रेम के प्रस्फुटन के अलावा कोई और नाम दिया ही नहीं जा सकता! लेकिन, निस्सन्देह, एक ऐसा अपूर्व और विलक्षण प्रेम जो उन दोनों के अलावा कहीं और अकल्पनीय और असम्भव था; जहाँ यौन-सम्बन्धों (सेक्स) की कोई हल्की-सी परछाईं भी दूर-दूर तक कहीं नहीं थी। पुरानी शब्दावली में कहें तो निष्काम और सात्विक प्रेम! जैसा मीराँबाई और उनके कन्हैया में था!!

कल्ले की उसे सहलाती हुई-सी आँखों को देखकर रुक्मणी को लगता है मानों 'अँधेरे में रोशनी की हल्की-सी लौ छिटक गयी है, जिसमें कमरे का सूनापन खो गया है, कुछ ऐसा जिसकी वह व्याख्या नहीं कर सकती। वह केवल महसूस कर सकती है, अपने रोम-रोम में उसका स्पंदन महसूस कर सकती है।'[91] कहना न होगा कि उनके सूने और गहरे अँधेरे जीवन में छिटक रही यह 'रोशनी की लौ' प्रेम ही है! इसकी न तो वे व्याख्या करने में सक्षम थे और न ही उसे 'प्रेम' के रूप में समझ पाने में। दोनों। लेकिन अकेली रुक्मी ही नहीं, इस विलक्षण भाव-स्थिति को दोनों ही महसूस कर रहे थे। अपने रोम-रोम में इस प्रेम का स्पन्दन अनुभव कर रहे थे। बिना उसे समझे और निश्चय ही अपने-अपने ढंग से! मैंने न तो इससे पहले कभी ऐसे अकल्पनीय प्रेम और ऐसे विलक्षण प्रेमियों के बारे में कहीं पढ़ा, जाना या कल्पना की है; न ही शायद किसी भी अन्य ने! इस उपन्यास में भीष्मजी ने और उनकी सर्जनात्मक कल्पना ने दरअसल यही अद्‌भुत कमाल किया है! अपूर्व, अद्वितीय, अकल्पनीय और विलक्षण! लेकिन उतना ही स्वाभाविक, सहज, यथार्थ, वास्तविक और विश्सनीय! यही इस प्रेम-कहानी में भीष्मजी की कला का सर्वोच्च सोपान भी है! हालाँकि मेरा अध्ययन बहुत सीमित और ज्ञान बड़ा उथला है, लेकिन फिर भी, मुझे लगता है कि ऐसे विलक्षण, अकल्पनीय; और एक अर्थ में निष्काम,

सात्विक और आध्यात्मिक (धार्मिक अर्थ में नहीं) प्रेम का ऐसा सहज, स्वाभाविक और विश्वसनीय चित्रांकन सम्भवतः दुनिया की किसी भाषा की किसी रचना या कलाकृति में नहीं मिलेगा! इसका मुकाबिला न रोगियों-जूलियट कर सकते हैं न राधा-कृष्ण और न ही राम-सीता। इसी तरह न लैला-मजनूँ या हीर-राँझा अथवा कोई अन्य! बस, तुलना करनी ही हो तो इसकी तुलना, वह भी एक सीमा तक ही, केवल मीराँ के कन्हैया से प्रेम के साथ ही की जा सकती है! मीराँ के कन्हैया एक मिथक, एक कल्पना-भर थे; पर रुक्मणी का कन्हैया (कल्ला) साक्षात!!

इस विलक्षण प्रेम की यह कहानी भी सिर्फ भीष्मजी की अपनी भाषा में ही समझी और अनुभव की जा सकती है : वे लिखते हैं कि 'रुक्मणी के होठों पर एक हल्की-सी मुस्कान खेल गयी। एक कोमल स्निग्ध-सी मुस्कान। उसे मालूम नहीं पड़ा कि कब उसने पगलैट का हाथ अपने दो नन्हें-नन्हें हाथों में ले लिया है, और कब वह उससे सटकर बैठ गयी है और...उसके हाथों को सहलाने लगी है।' कल्ले की आँखों में, भावावेग में, आँसू छलक आते हैं और जब 'आँसू रुक्मणी के हाथों पर गिरे तो वह व्याकुल-सी हो उठी।' रुक्मों को और तो कुछ सूझता नहीं, वह अपनी चुन्नी के कोने से कल्ले की आँखें पोंछने लगती हैः 'मत रोवो जी, मत रोवो, तुम क्यों रोवो?' उसे लगता है कि जैसे 'उसे जीवन में अपने बचाव के लिए ढाल मिल गयी है, अब वह अकेली नहीं है, निःसहाय नहीं है।' यही प्रेम है, जिसका अंकुर इसी क्षण से रुक्मणी के मन में और दोनों के दाम्पत्य-जीवन में अंकुरित हुआ था। फिर तो दोनों कोठरी के अन्दर बैठे, भावविह्वल, कभी हँस रहे थे, कभी रो रहे थे। रुक्मणी बार-बार उसके आँसू पोंछ रही थी और पगलैट तुतलाता हुआ बार-बार कहे जा रहा थाः 'लुक्मण मेली ए!...लुक्मण मेली ए!'[92] रुक्मणी उसकी है, यह एहसास तो कल्ले को बहुत पहले ही हो गया था, जब वह बदहवास होकर उसे सारी माड़ी में ढूँढता-ढूँढ़ता ऊपरी मंज़िल के उस विशाल कमरे में पहुँचा था जहाँ रुक्मी बूढ़े टहलुवे से अतीत की बातें और गीत सुन रही थी। यह बात दीगर है कि कल्ले को यह नहीं पता था कि यह रुक्मणी के प्रति उसका गहरा प्रेम है! इसी तरह, उपर्युक्त भाव-स्थिति को चित्रांकित करते हुए भीष्मजी यही संकेतित कर रहे होते हैं कि ठीक इसी क्षण रुक्मणी के मन में कल्ले के प्रति गहरा प्रेम प्रस्फुटित होता है, भले ही वह नहीं जानती, नहीं समझ पाती कि यह प्रेम है! इसीलिए, भीष्मजी ने यहाँ या इससे पहले भी कहीं, इस शब्द 'प्रेम' का न तो कोई उल्लेख किया है और न ही पारंपरकि प्रेम कथाओं की तरह उसका कोई लम्बा-चौड़ा वर्णन। अपने सहज स्वाभाविक रूप से भीष्मजी एक बार फिर यह साबित कर देते हैं कि वे 'स्वाभावोक्ति' के साथ ही 'अल्पोक्ति' के भी बड़े उच्चकोटि के कलाकार हैं!

दीवान धनपत की मृत्यु के बाद जब रुक्मणी और कल्ला माड़ी छोड़कर स्कूल

के सामने ही, पंसारी की दूकान के ऊपर बने किराए के दो कमरों में अपनी गृहस्थी ले आये थे, तब तक रुक्मणी के प्यार और देखभाल से कल्ला 'बहुत कुछ सम्भल गया था, कुछ-कुछ बोलने भी लगा था, पर उसका समूचा व्यक्तित्व अभी भी रुक्मणी के इर्द-गिर्द ही घूमता था।' वह अब पहले की तरह रुक्मी को लट्ठ उठाए स्कूल तक छोड़ने तो नहीं जाता था, पर स्कूल बन्द होने पर फाटक के बाहर लठ्ठ उठाए सदा डोलता मिलता था। हर बात में वह रुक्मणी का आदेश मानता था, लेकिन यह आदेश उसे मंजूर नहीं था कि वह स्कूल के बाहर खड़ा नहीं रहा करेगा। धनपत की मृत्यु के लगभग दो दशक बाद जब रुक्मणी पैंतीस साल की हो चुकी थी, तो कई साल स्कूल में पढ़ाने के बाद अब स्कूल की संचालिका और प्रधान अध्यापिका बन चुकी थी। उसके 'जीवन में स्थिरता आ गयी थी और उत्तरोत्तर उसकी सभी चिन्ताओं, विचारों का केन्द्र उसका स्कूल' बनता जाता है। वह बराबर 'वनप्रस्थी जी को याद करती और चाचा लेखराज तथा मौसी भागसुद्धी को याद करती रहती। बरसों तक वह लाहौर जाने-आनेवाले लोगों से लेखराज के बारे में पूछती रहती, पर किसी से कुछ पता नहीं चलता। कस्बे में अतीत के घटनाक्रमों के सभी 'किरदार कब के मंच से ओझल हो गये थे, और नये किरदार प्रकट हो गये थे।'[93] कल्ला पंसारी की दूकान के ऊपर छज्जे पर खड़ा या बैठा स्कूल की तरफ़ देखता रहता : 'स्कूल का सारा आँगन सामने नज़र आता था। रुक्मणी उसे आती-जाती नज़र आती रहती थी।' आख़िरी घंटी बजने पर कल्ला छज्जे से नीचे उतरकर स्कूल के फाटक पर खड़े उन लोगों की भीड़ में शामिल हो जाता जो बच्चियों को स्कूल से घर ले जाने के लिए वहाँ खड़े इन्तज़ार कर रहे होते थे। बरसों से यही क्रम चल रहा था; और अब तो दोनों पति-पत्नी इस बात के इतने अभ्यस्त हो चुके थे कि आँगन पार कर बाहर निकलने पर रुक्मणी की आँखें बरबस 'कल्ले को खोजने लगती थीं' और फिर उसे वहाँ पाकर रुक्मी को 'झेंप भी होती और अपार सुख का भास भी होता। दोनों के बीच शारीरिक स्तर पर असमानता रहने पर भी दोनों की आत्मा एक-दूसरी में गुँथ गयी थी।'[94] इसे प्रेम नहीं तो भला और क्या कहेंगे, क्या नाम देंगे! यहाँ आकर, अब भीष्मजी यह लिखते हैं कि 'स्थिर, शान्त, परन्तु किसी गहरी झील-जैसा प्यार उनके बीच पाया जाने लगा था। और उसी के कारण जीवन में सार्थकता आ गयी थी, ठहराव आ गया था। इन्सान का शरीर भूखा नहीं होता, भूखी तो उसकी आत्मा होती है।'[95] यही कारण है कि स्कूल की छुट्टियों के दौरान कल्ले को लाहौर के मानसिक चिकित्सालय में दाखिल कराकर, अमरनाथ की यात्रा के लिए जाने पर, वह खुद को निपट अकेली अनुभव करके, मन-ही-मन छटपाटाती रहती है!

अमरनाथ-यात्रा में शेषनाग झील के पास, मुसाफ़िरखाने में, रुक्मणी की आँखों

के आगे वह दृश्य बार-बार कौंधता है जब वह लाहौर के मानसिक चिकित्सालय में इलाज के लिए कल्ले को लेकर गयी थी। डॉक्टर ने जब खूब अच्छी तरह मुआइना करके कहा था कि तुम्हारा आदमी एकदम ठीक हो जाएगा, तभी वह अपने मन को समझा पाई थी कि उसके पति की इसी में भलाई है कि वह उसे यहाँ दाखिल करवा दे। छुट्टियाँ खत्म होते-होते वह उसे यहाँ से लिवाने आ जाएगी। वह ख़ुद को आश्वस्त कर ही अमरनाथ-यात्रा पर आयी थी कि 'मैं तो महीने-भर में लौट ही आऊँगी। वह अस्पताल में ही तो है, डॉक्टरों की निगरानी में है, अकेला तो नहीं फिरता।'[96] सुबह जब मौसम खुल गया था और उसके साथ के सभी तीर्थात्री मुसाफ़िरखाने में अभी सो रहे थे कि रुक्मणी अकेली ही झील में गिरते झरनों की आवाज़ की ओर बढ़ती जाती है। बर्फ़ की चादर से ढके पहाड़ और 'झील पर आँखें लगाए, रुक्मों धीरे-धीरे उसमें खोती जा रही थी, जब उसे लगा जैसे उसने कुछ देखा है, जैसे झील की सतह पर कोई प्रगट हुआ था। अधमुंदी आँखों से वह देखती है, जैसे कोई नाचती हुई-सी काया प्रगट हुई है, कमनीय, अति आकर्षक, अंग-अंग में नृत्यमान...

> ...कन्हैंया थे। वही, मुकुट पर मोर पंख, होठों पर बाँसुरी, नील वर्ण, झील की लहरों पर बंसी बजा रहे थे, और थिरक-थिरककर नाच रहे थे। वैसा ही रूप...पतली कमर, होठों पर दैवी मुस्कान, रुक्मणी को देख-देखकर ही जैसे मुस्करा रहे थे, उसी को जैसे रिझाने, अपना रूप दिखाने चले आये थे। तुम चली आओ रुक्मणी, मैं तुम्हें लेने आया हूँ...रुक्मणी को लगा जैसे झील में गिरनेवाले जलप्रपात, बहती हवा, झूमते-झूलते पेड़-पौधे—सभी बाँसुरी की लय में बँध गये हैं। वही असीम आह्लाद और असीम वेदना उसके दिल को मथने लगे। वह स्वयं भी इसी लय में खोने लगी थी। उसका मन हुआ, वह उठ खड़ी हो और स्वयं नाचती हुई उनसे जा मिले। ब्रह्मांड के विराट नृत्य में लीन हो जाए।...रुक्मणी की नज़र फिर झील की ओर गयी। झील की सतह पर यह कौन नाच रहा है? कन्हैया ही तो हैं। नहीं, कोई नाच रहा है, पर वह कन्हैया नहीं। उसके हाथ में बाँसुरी नहीं, उसके हाथ में छोटी-सी लाठी है, जिस पर रंग-बिरंगी थिगलियाँ लटक रही हैं, छोटे-छोटे घुंघरू बज रहे हैं, जो नाच रहा है, पर उसके नाचने की लय में देवताओं का संगीत न होकर मानव का आर्तनाद है। ...यह कौन चला आया है? कितना अटपटा नाच रहा है, पर इसके नाचने में कितना दर्द है? यह मुझे ढूँढ़ता हुआ यहाँ तक आ पहुँचा है।...पर यह अपने-आप तो नहीं चला आया। मेरी प्रार्थन पर आया है। इसे तो मैंने बुलाया है।...भगवान ने मेरी प्रार्थन सुन ली है। कितना थक गया होगा। कितनी दूर से आया है। देखो तो इसका मुँह कैसे सूख रहा है, नाचते पाँव लड़खड़ाने लगे हैं, अभी गिरा के गिरा।

रुक्मणी ने फिर उठने की कोशिश की। इसे बताऊँ कि मैं यहाँ पर हूँ। इसकी आँखें मुझे ही तो खोज रही हैं! मैं यहाँ हूँ जी, इस चट्टान के ऊपर, देख रहे हो? रुक्मणी को लगा, जैसे उसने अपना दाँया हाथ ऊँचा उठाया है, और उसे हिला-हिलाकर अपने पति को बुला रही है।

पर वह मेरी ओर देख क्यों नहीं रहा? मेरी आवाज़ क्यों नहीं सुनता? सुनो जी, मैं यहाँ पर हूँ। असहाय व्याकुलता से वह छटपटाई। तुम देखते क्यों नहीं, मैं बार-बार हाथ हिला रही हूँ। तुम किस ओर देखे जा रहे हो, जी, तुम मेरी ओर देखो...!'

जब रुक्मणी को खोजती हुई, उसे पुकारती हुई, लक्ष्मी, भागाँ और परमेशरी आदि तीर्थ-यात्रा की उसकी साथिनें वहाँ पहुँचती हैं तो रुक्मणी वहाँ नहीं थी। उसकी पार्थिव देह ऊँची चट्टान के नीचे, गहरे खड्ड में पड़ी थी।![97]

उधर कल्ला अस्पताल से एकदम भला-चंगा होकर कस्बे में लौट आया। डॉक्टरों ने उसे सचमुच ठीक कर दिया था। रुक्मणी को कहीं भी न देखकर, सम्भवतः उसका जीवनांत जान-समझकर, कल्ला फिर विक्षिप्त हो जाता है : उसका दिमाग फिर ठहक गया। फिर से बहकी-बहकी बातें करने लगा। गलियों के चक्कर लगाता, लाठी लेकर नाचने लगता, रुक्मणी के स्कूल के सामने पहले की तरह खड़ा रहता, और जब रुक्मणी दिखाई नहीं देती तो कहता–

'रुक्मण झूठी ए
सौंह गुराँ दी आखाँ
रुक्मण झूठी ए!'

वह तरह-तरह के गीत कवित्त बनाता, नाचता-गाता फिरता! उसे लगता कि रुक्मणी उसे लौटने का कहकर पता नहीं कहाँ चली गयी है? वह पहले की तरह अपनी लाठी के ऊपर 'रंग-बिरंगी थिगलियाँ लटका लेता, गलियों में कभी नाचता, कभी भागता, पैतरें बदलता, और जब लड़कियों के स्कूल की छुट्टी का वक्त होता तो स्कूल के बाहर आकर खड़ा हो जाता। उसे मानो हर रोज़ इस बात का इन्तज़ार रहता कि आज रुक्मणी बाहर आयेगी; और जब वह नहीं आती, तो फिर गाता-चिल्लाता घूमने लगता–

'रुक्मण हस के बोले
मेरे दिल दियाँ तंदा खोले
मैं, मोया होया जी पैना...!'[98]

(रुक्मण हँसकर बोलती है तो मेरे दिल की सारी उलझनें, सारी गुत्थियाँ अपने-आप खुल जाती हैं! मैं जो मृतप्रायः हूँ, जीवित हो उठता हूँ!)।

'रुक्मण झूठी ए
सौंह गुराँ दी आखाँ
रुक्मण झूठी ए!'[99]

(रुक्मण झूठी है। मैं गुरु की शपथ लेकर कहता हूँ, रुक्मण सचमुच झूठी है! अर्थात लौटने का वायदा करके भी नहीं लौटी है!)।

रुक्मणी के अन्त के इस 'फैंटास्टिक' वर्णन की तरह ही भागसुद्धी को गरुड़ महाराज के 'दर्शन' की कहानी भी है। भागसुद्धी के पति बलराम की मृत्यु उसकी कोठरी में साँप के डसने से हुई थी। एक दिन कोठरी के पिछवाड़े के खंडहर से दो गज लंबा, काला फनियर साँप फिर कोठरी में आया तो भागसुद्धी ने कटोरी-भर दूध रखकर हाथ जोड़ दिए : 'नाग महाराज आओ, मेरा घर पवित्तर करो!' तब से वह और नागराज, दोनों कोठरी में साथ रहने लगे, क्योंकि कोठरी ठंडी-ठंडी थी। वह भी रोज़ दूध की कटोरी कोने में रखने लगी। एक दिन जब भागसुद्धी सो रही थी तो उसे विचित्र भास हुआ : उसने देखा कि आकाश में, दूर से कोई विशाल पंछी उड़ता हुआ चला आ रहा है। दूर से ही उसके झिलमिलाते पंख जगह-जगह चमक-चमक उठते थे। उसकी मोर-जैसी लंबी पूँछ थी। पंछी घरों के ऊपर गर्दन नीची किए उड़ता है कि कहाँ उतरे। भागसुद्धी दोनों हाथ फैलाकर बुदबुदाती है : 'आओ महाराज, मेरी कुटिया में पधारो! आप गरुड़ महाराज हो ना, आओ महाराज पधारो!' तभी विशाल पंछी के पंख और भी ज़्यादा फैलकर ऐन उसकी कोठरी के ऊपर पहुँचकर स्थिर हो गये। उसके शरीर का निचला हिस्सा 'भागसुद्धी को साफ़ दिखाई दे रहा था, उसके छोटे-छोटे सफेद रोएँ तक नज़र आ रहे थे, कोमल, फरफराते रोएँ। हाय, ऊपर से तो महाराज के बड़े-बड़े डैने, भूरे, काले, लाल और उनमें चमकते नगीने कैसे भय वह नज़र आते थे, पर नीचे उनका शरीर कितना कोमल है! भागसुद्धी को लगा जैसे हाथ बढ़ाकर वह उन्हें छू सकती है, और उसे लगा जैसे उसे सचमुच स्पर्श करने का-सा भास हुआ है, और उसका दिल भर-भर आया।'[100] तभी पंछी महाराज बिजली की तरह झपट्टा मारकर अपनी चोंच में एक लंबा बल खाता, काला साँप दबाकर आकाश में ऊँचे उठते हुए गुम हो जाते हैं!

भागसुद्धी भ्रमित-सी रह जाती है कि क्या यह सपना था; या नहीं, सपना नहीं था तो क्या था; लेकिन कुछ तो था? प्रभातवेला उठकर वह बड़ा हल्का-हल्का महसूस करती है। उसे लगता है जैसे उस पर से कोई बहुत बड़ा बोझ उतर गया है। वह घर से निकलकर तमाम मिलने-जुलनेवाली स्त्रियों को बताती है कि रात गरुड़ महाराज ने उसे दर्शन दिए। उसकी कुटिया में पधारे फिर नागराज को चोंच में दबाकर उठा ले गये। कई स्त्रियों को लगा कि वह सनक गयी है, जबकि कुछ ने उसे सपना कहकर टाल दिया; लेकिन कुछेक ने उस पर विश्वास करते हुए कहा

कि 'वह त्रिकालदर्शी पंछी था, कि ऐसा पंछी—ग्रंथों में लिखा है—हर सौ-दो-सौ साल में एक बार कहीं से उड़ता हुआ आता है और फिर लोप हो जाता है।' इस वर्णन का उद्देश्य तब समझ में आता है जब उसके फ़ौरन बाद ही भीष्मजी लिखते हैं कि भागसुद्धी को पूरा विश्वास था, 'गरुड़ महाराज ने ही स्वयं उसकी कोठरी में पधारकर उसे अभयदान दिया' था और उसी दिन से किसी अज्ञात उछाह से भरकर वह 'घर में से बाहर निकलने लगी। बरसों से जो भागसुद्धी किसी के सामने मुँह नहीं खोल पाती थी, वही भागसुद्धी अब दबंग होकर दो-टूक बोलने लगी थी।'[101] उसमें बहुत बड़ी तब्दीली आ गयी थी।

इस घटना (या 'स्वप्न कथा'; उस पर विश्वास) के बिना एक डरी-सहमी, आत्म-निर्लिप्त, गरीब और विधवा में, जो अकेली युवती थी और जो घर-घर चौका-बर्तन करती किसी कदर पेट पालती हो, एकाएक ऐसा क्रांतिकारी परिवर्तन नहीं आ सकता था; और न ही ऐसे परिवर्तन के वर्णन को विश्वसनीय ही बनाया जा सकता था। ठीक उसी तरह, जैसे कि अमरनाथ-यात्रा में कन्हैया के नृत्य और उनकी बाँसुरी की दिव्य धुन को कल्ले और उसकी रंग-बिरंगी थिगलियाँ लटकती और धुँघरू बजती लाठी में रूपान्तरित किया जा सकता था, न ही मानव के आर्तनाद और गहरे दर्द में बदला जा सकता था। उसके बिना रुक्मणी के आत्मोत्सर्गपूर्ण प्रेम की गहराई को भी संकेतित और चित्रांकित नहीं किया जा सकता था। भीष्मजी जैसे रुक्मणी के आत्मोत्सर्गपूर्ण प्रेम और उसके सम्पूर्ण चरित्र को विश्वसनीय बनाने के लिए पूर्वोल्लिखित फैंटास्टिक वर्णन करते हैं, वैसे ही भागसुद्धी की दबंगयी, मुँहफटपने और निर्भीकता को विश्वसनीय बनाने के लिए उपर्युक्त, गरुड़ महाराज द्वारा नागराज को चोंच में दबाकर उड़ जाने की 'स्वप्न कथा' की सृष्टि करते हैं। यह भी वही पद्धति है जिसके चलते 'वन हंड्रेड ईयर्स आफ़ सालीट्यूड' में मार्केस द्वारा अपने प्रेमी के साथ भाग गयी सुन्दरी रेमेदियोस द ब्यूटी के (बदनामी से बचाने के लिए) उड़कर आकाश में गायब हो जाने की अकल्पनीय और अविश्वसनीय कपोलकल्पना की जाती है! इसे विश्वसनीय बनाने के लिए जिस तरह मार्केस रेमोदियोस को चादरों की मदद से उड़ाते हैं, वैसी ही अतिरंजनापूर्ण 'वास्तविकता' को भीष्मजी भी अपने इस ख़ास ढंग से विश्वसनीय बनाकर चित्रांकित करते हैं। कहना ना होगा कि अतिरंज़ना भी अन्ततः हमारे यथार्थ का ही हिस्सा होती है, और फैंटास्टिक चित्रण द्वारा कुशल लेखक उसका भी इस्तेमाल यथार्थ को अधिक तीखा, अधिक गहरा और ज़्यादा वास्तविक बनाकर, विश्वसनीयता की ठोस नींव पर आलोकित करता है। भीष्म जी इस उपन्यास में अनेक प्रसंगों में अत्यन्त कलात्मक कुशलता के साथ ऐसा ही करते हैं। कहना न होगा कि ऐसी अतिरंजनावाली तमाम कथाएँ हमारे मिथकों, पुराणों और लोकविश्वासों में रची-बसी हुई हैं।

वैसे यह पद्धति कोई ऐसी 'नयी' भी नहीं है। कविताओं में 'फ़ैंटेसी' के सफल इस्तेमाल की बात फिलहाल छोड़ भी दें तो सरवान्तीस के 'डान क्विग्जोट' में अतिरंजनापूर्ण वणर्न हों या गोगोल की 'नाक', 'तस्वीर' और 'गरम कोट'-जैसी कहानियाँ अथवा काफ़्का की रचनाएँ, यही नहीं इस प्रसंग में गुलीवर की यात्राओं का भी उल्लेख किया जा सकता है। इसी तरह, डिकेंस, बालजॉक, दास्तोयवस्की और गुंटर ग्रास (उनके उपन्यास 'ट्रिनड्रम) जैसे यूरोपीय लेखकों के अतिरंजित और फैंटास्टिक वर्णनों के साथ ही लु-शुन की ऐसी कुछ कहानियों (विशेष रूप से 'चन्द्रलोक की ओर उड़ान') खत्रीजी की 'चन्द्रकान्ता और 'संतति', 'रोहतास मठ' और 'भूतनाथ' से लेकर हरिशंकर परसाई की अनेक रचनाओं तथा एकदम ताजा उदाहरण लें तो काशीनाथ सिंह के सद्यःप्रकाशित उपन्यास **उपसंहार,** को भी इस विलक्षण कला के कई तरह के अलग-अलग रूपों के सफल प्रयोगों की मिसालें कहा जा सकता है। हमारे पुराण, नीति कथाएँ, क्लासिकल महाकाव्य, जातक कथाएँ और विभिन्न प्रदेशों और लोकभाषाओं की असंख्य लोककथाएँ भी उपर्युक्त रचनाकारों की तरह अपने समकालीन यथार्थ का ही अपने-अपने तरीके से कलात्मक प्रतिबिंबन करती हैं। अलौकिक और लौकिक को मिलाने और फ़ैंटास्टिक अतिरंजनापूर्ण वर्णन की ऐसी परंपराएँ बहुत पुरानी हैं। पुरानी सभ्यताओं की मिथक-कथाओं से लेकर ठेठ आज तक इनमें प्रायः 'आयरनी', विडंबना और व्यंग्य के माध्यम से अपने जमाने के किसी-न-किसी अन्तर्विरोध का ही उद्‌धाटन करके, तत्कालीन सत्ता और सत्ताधारी विचार को चुनौती दी गयी होती है! लेकिन बोर्ख़ेस और मार्केस की कहानियों (विशेष रूप से मार्केस की 'बिग मामाज़ फ्यूनरल' और 'द सी आफ़ लास्ट टाइम' तथा 'वन हंड्रेड ईयर्स ऑफ सॉलीटयूड' और 'लव इन द टाइम आफ़ कालरा'-जैसे उपन्यासों) और चिनुआ उचीबी के उपन्यास 'थिंग्स फाल अपार्ट'-जैसी समकालीन लैटिन अमरीकी और अफ़्रीकी लेखकों की कृतियों को 'जादुई यथार्थवाद' के नाम से विश्व-स्तर पर ज़बर्दस्त ख्याति मिली। अब इसे एक विडम्बना ही कहा जा सकता है कि ऐसी कई भारतीय कृतियों, ख़ास तौर से हरिशंकर परसाई की ऐसी अनेक रचनाओं, कृष्णा सोबती के 'ज़िन्दगीनामा' भीष्म साहनी के 'मय्यादास की माड़ी' और काशीनाथ सिंह के उपन्यास 'उपसंहार' को विश्व-स्तर पर ऐसी ही ख्याति के हकदार होने के बावजूद, यह प्रसिद्धि नहीं मिली! इसमें अच्छे अंग्रेज़ी अनुवादों का अभाव ही एकमात्र कारण नहीं है। बल्कि मुझे लगता है कि दुनिया में, विशेष रूप से यूरोप और अमेरिका में 'सफल मार्केटिंग' के जरिए ऐसी श्रेष्ठ भारतीय कृतियों का, ख़ास तौर से हिन्दी रचनाओं का 'बाज़ार' भी अभी नहीं बन सका है! मैं कथित जादुई यथार्थवाद की चिर्चित लैटिन अमेरिकी कृतियों की श्रेष्ठता या उनके महत्व पर प्रश्नचिन्ह नहीं लगा रहा, बल्कि ऐसी ही श्रेष्ठ और महत्वपूर्ण हिन्दी-कृतियों की

ओर ध्यान दिलाने का मात्र एक विनम्र प्रयास-भर करने की गुस्ताख़ी कर रहा हूँ!!

'मय्यादास की माड़ी' में भी पंजाब के जातीय जीवन की विभिन्न झाँकियों के साथ, अनेक प्रसंगों में, ऐसे वर्णन आते हैं जहाँ उन्नीसवीं शताब्दी के उत्तरार्ध ही नहीं, बल्कि ठेठ आज के हमारे समाज, जीवन-मूल्यों और दमनकारी शोषक सत्ता और इन सभी के अन्तर्विरोधों की ओर बरबस ध्यान चला जाता है। भीष्मजी अतिरंजित या फैंटास्टिक वर्णनों से ही नहीं, बल्कि अपने हास्य-व्यंग्य और विडम्बनात्मक संकेतों से भी उन्हें बखूबी बेपर्द करते हैं। इसी तरह वे लौकिक-अलौकिक के क्रमशः सन्तरण और लोकविश्वासों, या रीतों-प्रथाओं का चित्रण करते हुए न तो कहीं अन्धलोकवाद के शिकार नज़र आते हैं और न ही अपने अनावश्यक हस्तक्षेप से घटनाक्रम या चरित्रों को कोई मनोनुकूल दिशा देने की कोशिश करते हैं। अपनी रचनाओं में उनका यह आत्मलोप ही उन्हें एक तटस्थ, विश्वसनीय और बेहतरीन फ़नकार बनाता है! इस प्रसंग में उपन्यास में चित्रित दो प्रथाओं का उल्लेख अप्रासंगिक न होगा। एक तो पूरे पंजाब में लगभग बीसवीं शताब्दी के पूर्वार्ध तक बड़े पैमाने पर प्रचलित 'स्यापे' और विधवा स्त्री से निर्मम अमानवीय व्यवहार की प्रथा। दूसरी, विवाह-शादियों के अवसर पर पश्चिमी पंजाब (अब पाकिस्तान) में आज़ादी से पहले कहीं-कहीं प्रचलित 'दुबा मारने की रीत', जिनके भीष्मजी ने बड़े ही मार्मिक किन्तु साथ ही उसकी क्रूरता और बेहूदगी दिखाने के लिए हास्यास्पद वर्णन किए हैं। स्मरणीय है कि 'स्यापे' की इस प्रथा का बड़ा ही मार्मिक और दहला देनेवाला वर्णन यशपाल ने भी विभाजन पर अपनी महान कृति 'झूठा सच' (प्रथम भाग 'वतन और देश', पृ. 11-12) में किया है जिसका आरम्भ ही एक वृद्धा की मौत पर 'स्याप' की रीत से होता है। इस उपन्यास में भी ससुराल की औरतों द्वारा युवा विधवा भागसुद्धी के बाल नोचते हुए 'स्यापे' और 'वैण' का बड़ा ही दहला देने वाला वर्णन है। फिर कोढ़ में खाज यह कि भागसद्धी को 'मंगली' यानी अपन पति की मृत्यु का कारण मानी जानेवाली 'अशुभ' स्त्री भी कहा जाता है--

हाय-हाय मंगली, खा गयी मंगली!...
मंगली खा गयी; खा गयी, खा गयी!
रोटा पुत्त खा गयी; खा गयी, खा गयी!
गली विच धूल उड्डी! धूल उड्डी, धूल उड्डी!...

छातियाँ पीटती और लय-ताल में 'वैण करतीं औरतें, बार-बार रुककर आगे को झुकतीं और भागसुद्धी के बाल नोचने लगतीं : हाय! हाय, पिटी हाय! हाय! मंगली! मंगली! खा गयी! खा गयी!'[102] यह प्रथा भी उतनी ही अमानवीय, क्रूर और वीभत्स है, जितनी की विधवा स्त्रियों को पति के शव के साथ ज़बर्दस्ती जलानेवाली भयावह 'सती-प्रथा'! स्मरणीय है कि जनता पार्टी की सरकार के दौरान 'संघ परिवार' के

एक केन्द्रीय कैबिनेट मन्त्री ने राजस्थान में 'देवराला सती कांड' का बेशर्मी के साथ खुलकर समर्थन किया था; जैसा कि हरियाणा और पश्चिमी उत्तर प्रदेश की जाटों की 'खाप' पंचायतों के फ़ैसलों के आधार पर प्रेमी-प्रेमिकाओं या नव-दम्पति जोड़ों को फाँसी देने, ज़िन्दा जलाने, या अन्य जघन्य तरीकों से उनकी निर्मम हत्याएँ की जाति हैं; और फिर खाप पंचायतें और उनके समर्थक बहुसंख्यक जाति-समूह तथा उनके नेता-मन्त्री आदि पूरी बेशर्मी के साथ ऐलानिया उनका समर्थन करते हैं। भागसुद्धी के वैधव्य-संस्कार (कुसंस्कार) के उपर्युक्त प्रसंग में भीष्मजी लिखते हैं कि 'जैसे जख़्म में से रिस-रिसकर अपने-आप ही खून जख़्म को बन्द कर देता है, वैसे ही भागसुद्धी चेतनाशून्य हो गयी थी, और सिवाय इसके कि उसकी अधमुंदी आँखों के सामने नंगे सिर, बुढ़िया स्त्रियों के साए-से डोल रहे थे, छाती पर से खुले कुर्ते, हड्डियों के पिंजरों के बीच लटकते, झूलते स्तन, पिचके पोपले मुँह और बिखरे सफेद अथवा खिचड़ी बालों की लटें, और साँसों से बोझिल कोठरी की हवा'[103] इस अत्यन्त वीभत्स और भयावह दृश्य से किसी भी संवेदनशील व्यक्ति का दिल दहल जाएगा।

ऐसी ही क्रूर और बेहूदा प्रथा है 'दुंबा मारने की रीत'! दुल्हन पुष्पा की डोली लौटाने के बाद जब टीले पर दूल्हे (मँझले) के दोस्त-यार मसखरियाँ कर रहे थे, तो अचानक बालमुकुन्द और रोशनलाल 'दुंबा मारने की रीत' का सुझाव देते हैं : 'शादी के मौके पर दुंबा मारना रीत भी थी और मनचले बारातियों के लिए खेल भी था।' जब कुछ लोग कहते हैं कि यह हमारी रीत नहीं 'मोह्यालों' की रीत है तो बड़े दीवान साहिब तुनककर कहते हैं कि 'मोह्याल क्या पट्टा लिखवाकर लाए हैं कि वही दुम्बा मार सकते हैं?'[104] दुबा पंजाब में नर भेड़ (या मेढ़ा) को कहते हैं। इस क्रूर और घिनौनी प्रथा के अनुसार दूल्हा और उसके नौजवान यार-दोस्त गोल दायरे में, आस्तीने चढ़ाकर, पैरों के बल उकड़ूँ बैठ जाते हैं और दायरे में फँसे दुम्बे को घूँसे मार-मारकर गिरा देते हैं। दुम्बे की मौत के साथ 'रीत' का अन्त होता है। यह एक तरह से दूल्हे और उसके नौजवान यार-दोस्तों द्वारा अपने पौरुष के प्रदर्शन की एक बेहूदा और क्रूर प्रथा है! अगर कभी 'दुम्बा भिड़ जाए तो किसी के भी पेट में या छाती में सींग गाड़ सकता था; इसलिए यह रीत बड़े जोख़िम का काम थी और इसके लिए बड़ी ताकत की ज़रूरत पड़ती थी'; और साथ ही बड़ी सतर्कता और चतुराई की भी! पहला घूँसा मारने का सम्मान दूल्हे के बड़े भाई कल्ले को दिया जाता है। लेकिन कल्ला बजाए घूँसा मारने के बड़े प्यार से दुम्बे की पीठ सहलाने लगता है। तब यह कहकर कि 'चलो हो गयी रीत, इसे छू लिया' मँझले (दूल्हे) को अवसर दिया जाता है। उसके बाद तो सभी बारी-बारी से उस गठे हुए शरीर वाले हुष्ट-पुष्ट दुम्बे के पेट, गर्दन और टाँगों सहित चुन-चुनकर उसके नाजुक स्थलों पर लगातार प्रहार करते हैं : 'बालमुकुन्द को दुम्बे के शरीर का अच्छा ज्ञान था, क्योंकि

उसका घूँसा कारगर साबित हुआ था। दुंबा लड़खड़ा गया और उसके पाँव उखड़ से गये...अब दुम्बे ने सरकना छोड़ दिया था। उसकी आँखें खड़े-खड़े ही जैसे मुँदने लगी थीं। यह दर्द के कारण भी हो सकता था और त्रास के कारण भी। शरीर में अभी भी बराबर, लहरिए उठ रहे थे।' आख़िरकार, मँझले द्वारा घुटनों पर बैठ, पूरी ताकत से मारे गये 'मरदाना और निर्णायक' घूँसे से दुम्बे का प्राणांत हो जाता है—

> ...शरीर पर लहरिए उठने बन्द हो गये थे। आँखें, जो थोड़ी देर पहले मुँदने लगी थीं, फिर खुल गयी थीं, और वह काठ के पुतले-सा गोल दायरे में खड़ा था, पर फिर सहसा, तड़ाक से अपने बाएँ बाजू गिर गया। दुंबा एक ओर को यों गिरा जैसे कोई दीवार भुरभुराकर गिर जाती है। उसका मुँह खुल गया, जिससे नीचे के दाँत नज़र आने लगे। हाँफना बन्द हो गया। एक बार खुरों के पास पिछली टाँगों में ज़ोर का कंपन हुआ और फिर टाँगें ऐंठने लगीं। उसका पेट जो पहले धौंकनी की तरह चल रहा था, फूल-सिकुड़ रहा था, अब बिल्कुल स्थिर हो गया था।[105]

सभी एकसाथ चिल्लाते हैं 'हो गयी रीत, हो गयी रीत।' और बालमुकुन्द मँझले की पीठ थपथपाते हुए कहता है कि 'तेरे में सचमुच बड़ा दम है। घरवाली को काबू में रखेगा।' इससे 'दुंबा मारने की रीत' का असली अर्थ और स्त्रियों के बारे में घृणित और अमानवीय सोच भी उजागर हो जाती है; जैसे कि भागसुद्धी के वैधव्य-संस्कार की क्रूरता से! इस बीच यह क्रूर कृत्य देखकर कल्ले को, जो पहले घूँसा मारने की बजाए दुम्बे की पीठ सहलाता रहा था, कै भी हो गयी थी! इस प्रसंग को डोली लौटाने की घटना से जोड़कर देखने से धनपत, उसके रिश्तेदार बारातियों, विशेषकर दूल्हे और उसके लफंगे दोस्तों की क्रूरता और इन सबके बरक्स पगलैट कल्ले की मानवीय संवेदनशीलता भी जैसे अपने-आप उजागर होकर, आगे की कथा में घटित होनेवाले घटनाक्रमों में, इन पात्रों के विरोधी चरित्र और व्यवहार के मानो संकेत-से दे देते हैं! कहना न होगा कि भीष्मजी द्वारा वर्णित या चित्रांकित कोई भी दृश्य, घटना अथवा वर्णन ख़ास अर्थ-व्यंजक होते हैं; यों ही मात्र किस्सागोई के लटके-झटके नहीं। विशेष रूप से ऐसे प्रसंग तो भावी अशुभ और त्रासदी के भी संकेतक-से होते हैं! मिसाल के लिए, 'बसन्ती' उपन्यास की शुरुआत ही बस्ती को तोड़ने के मार्मिक दृश्य से होती है, तो 'तमस' की सूअर को मारने के त्रासद, घिनौने दृश्य से! दोनों ही भावी अनिष्ट, और अशुभ के संकेतक हैं। प्रसंगवश, दुम्बे के शरीर में उठने वाले लहरियों की तुलना 'बसन्ती' में, मन्दिर में बलि के मेमने की कोमल खाल पर कँपकँपी के बार-बार उठते लहरियों से कीजिए तो फिर देखिए कि उपर्युक्त दोनों, बल्कि तीनों ही प्रसंगों में, भीष्मजी की चकित कर देनेवाली सूक्ष्मदर्शिता और चित्रांकन की अद्भुत कलात्मक शक्तिमत्ता के कैसे एक साथ दर्शन होते हैं! साथ ही, ऐसे प्रसंगों की विशेष अर्थ-व्यंजकता भी!

भावी अनिष्ट, त्रासदीय विडम्बनाओं और अशुभ के उपर्युक्त संकेतधर्मी वर्णनों और प्रसंगों की तरह ही, इस उपन्यास में भी शुरुआती पृष्ठों में, और फिर आख़िरी पृष्ठों में पुनः इमारत पर बैठे 'उल्लू के दिखने' के प्रसंग हैंः ठीक उसी तरह जैसे 'बसन्ती' की शुरुआत ही नहीं, उस उपन्यास का अन्त भी बस्ती, फिर रोज़ी-रोटी के साधन तन्दूर को तोड़ने के त्रासद दृश्यों से होता है। जैसे 'तमस' में सूअर मारने का दृश्य भावी साम्प्रदायिक दंगों और उनमें कल्लेआम के दहला देनेवाले दृश्यों और भावी त्रासदी का मानो पूर्वाभास है; वैसे ही यहाँ, इस उपन्यास में, दुम्बा मारने की धटना तथा उससे पहले सेठ-साहूकारों की भरी-पूरी गुलजार हवेली पर पुरोहित द्वारा उल्लू बैठा देखने के बाद, आगे चलकर उस हवेली कें खंडहर में बदल जाने का वर्णन है; ठीक यही अर्थ-गर्भ संकेत जोगे द्वारा माड़ी पर बैठे उल्लू का देखा जाना भी है! जोगा की माँ मौजूदा माड़ी वालों को बड़ी तिक्तता से याद करते हुए कहती है किः

> उल्लू क्यों उसी घर (माड़ी) पर आकर बैठा : किन जंगलों बियाबानों में से उड़ता हुआ आया और आकर उसी घर पर क्यों बैठ गया है? भरा पूरा घर है, बैरिस्टर दीवान की बड़ी मानता है, पर अन्दर से तो सड़ाँध उठती होगी।...उल्लू खंडहर पर बैठता है। उसे खंडहर दिख जाता है, जो हमें-तुम्हें नहीं दिखता। ऊँचे-खड़े महल में भी उसे खंडहर दिख जाता है। उल्लू, काल का दूत होता है। उसे कुकर्मों की बू आ जाती है। यही बात है। वह त्रिकालदर्शी होता है, समय की परतों के बीच उसे दिख जाता है। वह साधारण पक्षी नहीं होता, वह युगों में घूमता है। जब वह उड़ता हुआ आता है तो बीसियों साल को लाँघकर आता है, और बीसियों साल आगे का फ़ासला तय कर रहा होता है।...वह तो काल का दूत बनकर आता है...[106]

जोगा की माँ जिस सड़ाँध का जिक्र कर रही है, वह तो बीसियों वर्ष पूर्व खुद धनपत से ही आने लगी थी; उसके भीतर से उठने लगी थी! लेखराज को गिरफ़्तार करवाने के कुछ ही दिन बाद अचानक पानी पीते हुए धनपत को 'भास हुआ जैसे गिलास से बास आ रही है।' वह टहलुए को गालियाँ देते हुए डाँटता है कि पानी से बास आ रही है। फिर पानी से नहीं जो ठीक था, तो गिलास से, जो यह भी साफ़ है तो फिर नौकर के गन्दे हाथों से होगी, पर नौकर के हाथ विलायती साबुन से धुलवाकर साफ़ गिलास में स्वच्छ पानी पीते हुए भी उसे 'हल्की-सी गन्ध का भास' अभी भी होता है।[107] पालकी में जाते हुए उसे लगता है कि कहारों के बदन से बदबू के भभके उठ रहे हैं, तो कभी लगता है कहीं रास्ते में मरे पड़े हुए किसी जानवर की लाश से सड़ाँध आ रही है। एक दिन पलंग पर उनींदे-से लेटे हुए अचानक एक चेहरा तैरता-सा उभरता है और दूसरे ही क्षण 'दुर्गंध का वही भभूका उसे झिंझोड़ गया। नींद में उसने करीमख़ान को देखा था—उसके जुड़े हुए हाथ काँप रहे थे और नाक

में से लहू बह रहा था।...उसी क्षण दुर्गंध का भभूका उठा था और धनपत छटपटा उठा था। उसकी आँखें खुल गयी थीं। दुर्गंध का भास उसे अभी भी हो रहा था'; और उस दिन 'पहली बार वह बिलबिला उठा था।' नींद न आने और सड़ाँध से वह इतना बेचैन हो उठता है कि आर्तनाद कर उठता है : 'हाए, रब्बा, मैनूँ नींद दे। घड़ी भर दी नींदर दे, पल भर दी नींदर दे।' इसी स्थिति में उसे लगा जैसे उसकी श्वास में से वह दुर्गंध आने लगी है। अब तो हर समय धनपत को बार-बार लगने लगा था कि जैसे यह बदबू उसके अपने श्वास में से ही आ रही है, उसके अन्दर से उठ रही है...'उसका शरीर सन्न-सा हो गया। यह क्या बात है? क्या यह बदबू मेरे ही शरीर में से फूट-फूटकर निकल रही है?...दीवान धनपत नीम पागल-सा हो उठा।'[108] इस प्रसंग में, यह वर्णन पढ़ते हुए किसी को भी शेक्सपीयर के 'मैकबेथ' में डंकन की हत्या के बाद, लेडी मैकबेथ के पागलपन की याद आये बिना नहीं रह सकती, जब वह रात-दिन हाथ धोती रहती है; लेकिन ख़ून की बदबू और ख़ून के दाग उसके हाथों से फिर भी नहीं जाते! अन्ततः कुछ ही दिन बाद धनपत पहले फ़ाज़िल से अपंग होता है और फिर बहुत ही दर्दनाक और बड़ी दयनीय मौत मारा जाता है!

भीष्मजी ने 'तमस' में जैसे साम्प्रदायिकता के उन्माद और दंगों के पीछे ब्रिटिश साम्राज्यवाद और भारत में उसकी नौकरशाही को बेनकाब करने के लिए डिप्टी कमिश्नर रिचर्ड और उसकी पत्नी लीज़ा की काल्पनिक सृष्टि की थी, वैसे ही इस उपन्यास में वे लंदन के 'इंडिया हाउस' में, भारतीय रेलवे के हिस्सेदारों की एक बैठक की कल्पना करते हैं, जिसके माध्यम से वे भारत को बर्बाद करने वाली अंग्रेज़ों की शोषण-नीति का पर्दाफ़ाश करते हैं! बैठक में मन्त्री महोदय अपनी रिपोर्ट पेश करते हुए समझाते हैं कि 'भारत में पूँजी नहीं लगाई जा रही है। भारत को कर्ज़ दिया जा रहा है...रेलगाड़ियों के निर्माण का सारा खर्च भारत के नाम डाला जा रहा है, भारत ही मूल पूँजी भी अदा करेगा, उस पर सूद भी, और एक तरह से, उसका लाभांश भी।'[109] आगे जब वे यह 'रहस्य' उजागर करते हैं कि 'भारत को हम निश्चय ही अपना कृषि-क्षेत्र बनाना चाहते हैं...जितनी ज़्यादा कपास भारत से आती है, उतनी ही बड़ी मंडी भारत में हमारे बुने हुए कपड़ों के लिए खुल रही है', तो शेयर होल्डरों में बैठे एक सज्जन जो व्यापारी नहीं बल्कि एक अध्यापक थे, सवाल उठाते हैं कि 'भारत में पहले से बहुत कपड़ा बनाया जाता है और तरह-तरह का बहुत बढ़िया कपड़ा बनाया जाता है।' जब मन्त्री यह कहता है कि 'व्यापार के अतिरिक्त हमारा एक दायित्व भी है। पुरातनपन्थी भारत को खींचकर...मध्ययुग से आधुनिक युग में ला रहे हैं।...भारत एक पिछड़ा हुआ कृषि-प्रधान देश है' तो वही अध्यापक महोदय प्रतिवाद करते हैं : 'यह गलत है कि भारत केवल कृषि-प्रधान देश है। वह एक ऊँचे दर्जे का औद्योगिक देश भी है। दुनिया-भर में उसकी चीज़ें पहुँचती हैं। आप उसे

मात्र कृषि-क्षेत्र बनाए रखना चाहते हैं, यह अन्याय है।' अध्यापक महोदय जब यह सवाल पूछते हैं कि 'क्या यह सत्य है कि मुरशिदाबाद के बुनकरों के अँगूठे काट डाले गये, ताकि वे हथकरघों पर अपना बारीक कपड़ा नहीं बुन सकें, क्योंकि उनके रहते मेन्चेस्टर के हमारे माल के लिए खुली मंडी नहीं मिल सकेगी?'[110] तो हंगामा हो जाता है कि कौन है यह देशद्रोही जिसे भारतवासियों की बड़ी चिन्ता हो रही है और ऐसे ही लोग आस्तीन के साँप होते हैं!

लोगों के शोर-शराबे और धिक्कार के बीच वह अध्यापक तीन सवाल और पूछता है, जिनसे, भारत में अंग्रेज़ी राज की विनाशकारी भूमिका स्पष्ट उजागर हो जाती है: वे प्रश्न और उनके उत्तर इस प्रकार है : 1. भारत से अनाज किस मात्रा में मँगवाया जा रहा है? मन्त्री का उत्तर : 1849 से 1901 तक के भारत से 'मुख्यतः गेहूँ और चावल के निर्यात के आँकड़ों से स्पष्ट होता है कि 'पिछले 50 साल में भारत से अनाज का निर्यात लगभग 100 गुना बढ़ा है। आठ लाख पौंड से 9 करोड़ पौंड दाम तक'। 2. इसी अर्से में भारत में पड़े दुर्भिक्षों के आँकड़े और उनमें मरनेवालों की संख्या के उत्तर में 'सिर से पैर तक क्रोध से काँपते और अपना सन्तुलन खोते जा रहे' मन्त्री को बताना पड़ता है कि 'गत शताब्दी के पहले पचास वर्षों में भारत में 7 दुर्भिक्ष पड़े...पर बाद के, पिछले पचास वर्षों में 24 दुर्भिक्ष पड़े।' इसी तरह 3. पहले 50 सालों में पन्द्रह लाख पिछले 50 सालों में दो करोड़ लोग इन लगातार' लगभग हर दूसरे साल पड़ने वाले अकालों में मारे गये थे।[111] ध्यान रहे कि यह सरकारी आँकड़े हैं, वह भी ब्रिटिश उपनिवेशवादियों की रिपोर्ट के। इनसे भी भारत में अंग्रेज़ी राज की इनकी चौतरफ़ा विनाशकारी भूमिका उजागर हो जाती है, फिर जनसाधारण का हर कहीं निर्मम दमन भी।!!

इस दमन, राष्ट्रव्यापी विध्वंस और शोषण-तन्त्र के बारे में कार्ल मार्क्स ने दस जून, 1853 को 'न्यूयार्क डेली ट्रिब्यून' में लिखा था कि 'हिन्दुस्तान पर जो मुसीबतें अंग्रेज़ों ने ढायी हैं वे, हिन्दुस्तान ने इससे पहले जितनी मुसीबतें उठायीं, उनसे मूलतः भिन्न और अधिक तीव्र किस्म की हैं।...जनता से उसकी आख़िरी कौड़ी तक छीन लेने के लिए, उसकी श्रम-शक्ति की अन्तिम बूँद तक चूस लेने के लिए कम्पनी (अंग्रेज़ी राज) ने निरंकुशशाही के तमाम मौजूदा यन्त्रों का इस्तेमाल किया था; और इस तरह राजनीतिज्ञों की पूरी अभ्यस्त चालबाज़ी और व्यापारियों की सर्वभक्षी स्वार्थ-लिप्सा के साथ उसे चलाकर स्वेच्छाचारी तथा अर्द्ध-बर्बर सरकार के दुर्गुणों को उसने पराकाष्ठा तक पहुँचा दिया था।'[112] यही नहीं, उन्होंने इसी अख़बार के लिए अपने 22 जुलाई 1853 के एक अन्य लेख में यह भी लिखा था कि 'मैं जानता हूँ कि अंग्रेज़ कारख़ानेदार केवल इसी उद्देश्य को सामने रखकर भारत में रेलें बनवा रहे हैं कि उनके जरिए अपने कारख़ानों के लिए कम खर्च में अधिक कपास और कच्चा

माल वे हासिल कर सकें।'[113] और भारत के अपने उद्योगों का समूल नाश करके उसे एक पिछड़े हुए खेतिहर देश और अपना तैयार माल खपाने की सबसे बड़ी मंडी में बदल दें; जैसा कि उन्होंने किया भी! अपने उपर्युक्त लेख में ही वे आगे लिखते हैं कि 'हमारी आँखों के सामने पूँजीवादी सभ्यता का यह घोर पाखंड और स्वाभाविक बर्बरता निरावरण होकर आ गयी है, जो अपने देश में भद्रता की चादर ओढ़े रहती है और उपनिवेशों में नंगी घूमती है।' इसीलिए वे पूर्वोल्लिखत लेख में बड़े दुख के साथ लिखते हैं कि 'हिन्दुस्तान में हुए सभी गृह-युद्ध, उस पर हुए सारे आक्रमण, वहाँ घटित सारे राज-परिवर्तन, उसकी अनेक अभिजितियाँ, समस्त दुर्भिक्ष—एक के बाद एक—चाहे कितने ही जटिल, वेगवान और विनाशकारी क्यों न जान पड़ते हों, उनके प्रभाव गहरे न होकर मात्र सतही रहे। परन्तु इंग्लैंड ने तो भारतीय समाज का सारे का सारा ढाँचा तोड़ डाला, और उसके नवनिर्माण के कोई लक्षण' कहीं नज़र नहीं आते।[115] प्रसंगवश, मार्क्स और एँगेल्स के इन अत्यन्त महत्वपूर्ण लेखों के अनुवादक भी (1963 में प्रकाशित) भीष्म साहनी ही हैं! यह बात दीगर है कि इनमें से कुछ पूर्वोल्लिखित लेख भिन्न शीर्षक से (1963 में ही) पीपुल्स पब्लिशिंग हाउस (पीपीएच, नयी दिल्ली) द्वारा प्रकाशित पुस्तक के अनुवादक के रूप में भीष्मजी का नाम देना भी ज़रूरी नहीं समझा गया!!

मार्क्स और एँगेल्स ही नहीं, परवर्ती अनेक विद्वानों ने अपने सप्रमाण अध्ययनों से मार्क्स-एँगेल्स की ऐसी धारणाओं की पुष्टि की है। इन्हीं में से एक थे 'प्रौसपेरस ब्रिटिश इंडिया' (1901) के लेखक विलियम डिगबी। उन्होंने अपनी उपर्युक्त पुस्तक में मशहूर इतिहाकार टेलर का एक बड़ा दिलचस्प वर्णन उद्‌धृत किया है : 'लंदन के बन्दरगाह में भारत के बने जहाज पहुँचे। उन पर भारत का माल लदा (हुआ था), यदि टेम्स नदी में दुश्मन का बेड़ा पहुँच जाता, तो उससे भी ऐसी हलचल पैदा न होती जैसी कि इज़ारेदारों में इन जहाज़ों के पहुँचने से हुई।' (पृष्ठ 79)। डिगबी ने इंग्लैंड को पश्चिमी संसार में समुद्र की साम्राज्ञी कहा है और भारत को पूरब में समुद्र की सामग्री। (पृ. 88)। डॉ. रामविलास शर्मा ने अपनी कालजयी कृति 'भारत में अंग्रेज़ी राज और मार्क्सवाद' में बड़े विस्तार से उपर्युक्त तथ्यों की विवेचना करते हुए ध्यान दिलाया है कि 'ऐडम स्मिथ, एडमंड बर्क और विलियम डिगबी ने भिन्न-भिन्न समय पर भारत की स्थिति पर विचार करते हुए एक ही बात कही है : भारत आगे बढ़ने के बदले पीछे की ओर लौट रहा था। उसके उद्योग धंधे ही तबाह नहीं किए गये, उसके आर्थिक विकास की क्षमता भी नष्ट की गयी। लूटखसोट के तरीके लागू करके अंग्रेज़ों ने भारत के कृषितन्त्र को नष्ट किया।'[115] इंग्लैंड के मज़दूर नेताओं ने भारत के 'प्रथम स्वतन्त्रता संग्राम' (1857 का 'गदर') का पुरज़ोर समर्थन किया था। इन्हीं में थे चार्टिस्ट आन्दोलन के नेताओं में से एक अर्नेस्ट जोन्स, जिन्होंने

1848 की राजनीतिक उथल-पुथल के दिनों में जेल से रिहाई के बाद, उसी समय 'दि न्यू वर्ल्ड' (नयी दुनिया) नामक कविता लिखी थी।

यह नयी दुनिया भारत था। वे अंग्रेज़ों की गुलामी के ख़िलाफ़ भारत द्वारा संघर्ष करते हुए अन्ततः इसकी आज़ादी का स्वप्न देखते हैं। यह कविता पहले 1851 में छपी, फिर 'ग़दर' के समय 'दि रिवोल्ट ऑफ़ हिन्दोस्तान ऑर दि न्यू वर्ल्ड' (भारतीय विद्रोह या नयी दुनिया) इस नये शीर्षक के साथ 1857 में दोबारा प्रकाशित हुई थी। उपर्युक्त जानकारी देते हुए डॉ. रामविलास शर्मा अपनी एक अन्य कालजयी कृति 'सन् सत्तावन की राज्य क्रान्ति और मार्क्सवाद' में लिखते हैं कि 'अर्नेस्ट जोन्स की भविष्यवाणी आधी तो कविता लिखने के आठ साल बाद ही पूरी हो गयी और शेष सौ साल बाद पूरी हुई।'[116] कहना न होगा कि इस उपन्यास के उपर्युक्त अनाम अध्यापक अर्नेस्ट जोन्स के जोड़ीदार नहीं भी, तो ऐडम स्मिथ, एडमंड बर्क और विलियम डिगबी-जैसे पूँजीवादी उदारपंथियों से एक कदम आगे के काल्पनिक पात्र हैं! **तमस** के रिचर्ड-लीज़ा की तरह यह अध्यापक और 'इंडिया हाउस' की मीटिंग कल्पित होते हुए भी वास्तविकता से अधिक यथार्थ है—सृजनात्मक यथार्थ, जो प्रेमचन्द, हरिशंकर परसाई और भीष्म साहनी-जैसे महान् कथाकार ही कल्पित करते हैं; या मुक्तिबोध-जैसे महान् कवि!!

सन्दर्भ

1. रॉल्फ़ फ़ॉक्स, 'उपन्यास और लोकजीवन'; पीपीएच, नयी दिल्ली, पृष्ठ 72
2. नामवर सिंह, 'प्रेमचन्द और भारतीय समाज', राजकमल प्रकाशन, नयी दिल्ली, पृ. 162
3. निर्मल वर्मा, 'शब्द और स्मृति'; राजकमल, पृ. 60
4. नामवर सिंह, पूर्वोल्लिखित; पृ. 4 और पृ. 52
5. भीष्म साहनी, 'मय्यादास की माड़ी'; राजकमल, पृ. 319
6. उपर्युक्त, पृ. 322-23
7. उप. पृ. 323
8. उप. पृ. 323
9. उप. पृ. 111
10. उप. पृ. 111-12
11. उपर्युक्त।
12. उप. पृ. 112-15
13. उप. पृ. 213
14. उप. पृ. 120-21
15. उप. पृ. 91
16. उप. पृ. 90-91
17. उप. पृ. 134

18. उप. पृ. 135
19. उपर्युक्त।
20. उप. पृ. 132
21. उप. पृ. 132-33
22. उप. पृ. 109-110
23. उप. पृ. 137
24. उप. पृ. 106-07
25. उप. पृ. 140-141
26. उप. पृ. 142-44
27. 'अक्षर पर्व' (रायपुर) की रचना वार्षिकी के 'भीष्म साहनी जन्मशती विशेषांक' की प्रस्तावना।
28. 'मय्यादास की माड़ी', पृ. 9
29. उप. पृ.11
30. उप. पृ. 12-14
31. उप. पृ. 280-81
32. उप. पृ. 315-16
33. उप. पृ. 16
34. उप. पृ. 19
35. उप. पृ. 15
36. उप. पृ. 74
37. उप. पृ. 24
38. उप. पृ. 97-98
39. उप. पृ. 327
40. उप. पृ. 99-99
41. उप. पृ. 173
42. उप. पृ. 228
43. उप. पृ. 150-51
44. उप. पृ. 150-53
45. उप. पृ. 166-67
46. उप. पृ. 167-68
47. उप. पृ. 285
48. उप. पृ. 250-51
49. उप. पृ. 23
50. उप. पृ. 22 और पृ. 33
51. उप. पृ. 33
52. उप. पृ. 30-31
53. उप. पृ. 29

54. उप. पृ. 34
55. उप. पृ. 37
56. उप. पृ. 39-40
57. उप. पृ. 44-46
58. उप. पृ. 55-56
59. उप. पृ. 56-57
60. उप. पृ. 57-59
61. उप. पृ. 61-66
62. उप. पृ. 247-48
63. उप. पृ. 68-69
64. उप. पृ. 69
65. उप. पृ. 70-71
66. उप. पृ. 72-73
67. उप. पृ. 75
68. उप. पृ. 76
69. उप. पृ. 76-77
70. उप. पृ. 78
71. उप. पृ. 81-83
72. उप. पृ. 82-83
73. उप. पृ. 237-39
74. उप. पृ. 240-41
75. उप. पृ.246-47
76. उप. पृ. 267
77. उप. पृ. 265-66
78. उप. पृ. 266-67
79. उप. पृ. 268-80
80. उप. पृ. 261
81. उप. पृ. 268-71
82. उप. पृ. 272
83. उप. पृ. 282-84
84. उप. पृ. 283
85. उप. पृ. 286-87
86. उप. पृ. 233-34
87. उप. पृ. 285-86
88. उप. पृ. 212
89. उप. पृ. 93
90. उप. पृ. 244

91. उप. पृ. 245
92. उप. पृ. 245
93. उप. पृ. 303-04
94. उप. पृ. 30
95. उपर्युक्त।
96. उप. पृ. 311-12
97. उप. पृ. 315-16
98. उप. पृ. 325
99. उपर्युक्त।
100. उप. पृ. 279-80
101. उप. पृ. 281
102. उप. पृ. 277
103. उप. पृ. 178
104. उप. पृ. 49
105. उप. पृ. 50-54
106. उप. पृ. 326
107. उप. पृ. 288
108. उप. पृ. 292-94
109. उप. पृ. 201
110. 202-03
111. उप. पृ. 206-07
112. 'भारत का प्रथम स्वातंत्र्य संग्राम : 1857-59' पीपीएच पृ. 9
113. उप. पृ. 30
114. 'उपनिवेशवाद के बारे में', मार्क्स-एँगेल्स, प्रगति प्रकाशन, मास्को, पृ. 103
115. रामविलास शर्मा, 'भारत में अंग्रेज़ी राज और मार्क्सवाद, राजकमल पृ. 63
116. रामविलास शर्मा 'सन् सत्तावन की राज्य क्रान्ति और मार्क्सवाद'; लोकभारती, इलाहाबाद, पृ. 32-35

6

आरम्भिक और परवर्ती उपन्यास

किसी उपन्यास की रचना लेखक की कलम नहीं करती, उसका मस्तिष्क नहीं करता, उसका 'भाव विह्वल हृदय' करता है। **–भीष्म साहनी**

'तमस', बसन्ती' और 'मय्यादास की माड़ी' के अलावा, भीष्म साहनी के चार और उपन्यास हैंः दो इस वृहत्रयी से पहले के और दो बाद के। उनके दोनों आरम्भिक उपन्यास हैं, 'झरोखे' (1967) और 'कड़ियाँ' (1970) तथा परवर्ती अभ्यास हैं, 'कुन्तो' (1993) और 'नीलू नीलिमा नीलोफ़र' (2000)। 'कुन्तो' को छोड़कर, जो तीन सौ अट्ठाइस पृष्ठों का है, शेष तीनों उपन्यास लगभग डेढ़-दो सौ पृष्ठों के छोटे उपन्यास हैं।

'झरोखे' के अतिरिक्त, जिसमें भीष्मजी के अपने शहर रावलपिण्डी और अपने बचपन की स्मृतियों के 'कोलाज़' हैं, बाकी तीनों उपन्यासों में मुख्यतः मध्यवर्गीय परिवार में पति-पत्नी के बीच के आपसी तनाव और अन्तर्दन्द्वों की कहानियाँ हैं। सर्वोपरि, इन परिवारों की स्त्रियों के प्रति उपेक्षा, अन्याय और दमन की कहानियाँ। इससे भी अधिक सामाजिक बन्धनों, पारिवारिक परम्परा और रूढ़िवादी संस्कारों के नाम से किए जाने वाले, इस अन्यास और दमन के खिलाफ धीरे-धीरे उभरने वाले इन स्त्रियों के प्रतिरोध और विद्रोह की कहानियाँ हैं।

इन चारों उपन्यासों में चित्रित मध्यवर्गीय परिवार उच्च मध्यमवर्ग और निम्न-मध्यवर्ग दोनों तरह के सामाजिक तबकों से हैं। स्त्रियाँ भी मात्र साक्षर या अल्प-शिक्षित अथवा उच्च-शिक्षित और आधुनिक सम्भ्रांत परिवारों से, अलग-अलग आर्थिक, सामाजिक और सांस्कृतिक परिवेश से हैं। ये परिवार भी साधारण नौकरी पेशा, व्यापारी और 'प्रोफ़ेशनल्स' या उच्च-पदासीन बड़ी हैसियत के—यानी कई संस्तरों के प्रतिनिधि या 'टाईप' हैं! स्वभावतः इन स्त्रियों के विरोध, प्रतिरोध और विद्रोह के तरीके और स्तर भी भिन्न-भिन्न हैं! कहना न होगा कि इन चारों उपन्यासों में, बचपन की स्मृतियों पर आधारित अपने पहले उपन्यास 'झरोखे' में भी, भीष्मजी

ने हमारे मध्यवर्गीय परिवारों में स्त्रियों की उपेक्षित और दबी-कुचली, कदम-दकम पर तिरस्कार और अपमान से भरी ज़िन्दगी और परिवार के लिए ख़ामोश बलिदानों को अपने सूक्ष्म पर्यावेक्षण और यथार्थ-चित्रण का विषय बनाया है। इस दृष्टि से भीष्मजी का कथा-साहित्य भारतीय समाज में पुरुष-सत्तात्मक व्यवस्था के विरुद्ध एक खुले विद्रोह और क्रान्तिकारी चुनौती की तरह है!

'बसन्ती' में उन्होंने निम्नवर्गीय तलछट में से उभरने वाली बसन्ती-जैसी संवेदनशील, परदुखकातर, आत्मीय और खिलंदड़ी लड़की के ऐसे विद्रोही और स्वाभिमानी चरित्र की सृष्टि की है जो जीवन में अपनी मौजूदगी के बावजूद स्वातंत्र्योत्तर कथा-साहित्य में प्रायः दुर्लभ था। ज़ाहिर है कि हम उन फ़ार्मूलाबद्ध नकली और व्यावसायिक कहानियों या उपन्यासों की बात नहीं कर रहे हैं, जो तथाकथित 'जनवादी' और 'वामपन्थी' लेवलों के साथ अपना कनफोड़ शोर मचाते रहे हैं। बसन्ती की तरह ही, इस सन्दर्भ में, 'मय्यादास की माड़ी' की रुक्मणी की ख़ामोश क्रान्ति और हरेक अन्याय के ख़िलाफ विधवा मौसी भागसुद्धी के गरजते तेवर भी कोई कम प्रभाव नहीं डालते। भीष्मजी के उपन्यास ही नहीं, अनेक कहानियों में भी पुरुष-सत्ता के विरुद्ध ऐसी जुझारू स्त्रियों के प्रतिरोध और विद्रोह के कलात्मक चित्र हमें यत्र-तत्र भरपूर मात्रा में मिलते हैं। वह भी लगभग शुरुआत से ही, और तथाकथित 'स्त्री-विमर्श' के फ़ैशनेबुल नारों और तद्‌जनित अवास्तविक कहानियों और उपन्यासों के 'बोल्ड' और भोंडे बाज़ारवाद के दौर के अस्तिव में आने के बहुत पहले से ही! कहना न होगा कि विचाराधीन उपयुक्त तीनों उपन्यासों 'कड़ियाँ', 'कुन्तो' और 'नीलू नीलिमा नीलोफ़र' का तो केन्द्रीय विषय ही पुरुष-सत्तात्मक व्यवस्था के ख़िलाफ विद्रोह और स्त्री-मुक्ति है!

झरोखे

'झरोखे' भीष्मजी का पहला उपन्यास ज़रूर है, लेकिन यह किसी नौसिखिए लेखक की रचना नहीं है। तब तक वे पचासेक के करीब कहानियाँ लिख चुके थे। इसके अलावा, उनकी इन कहानियों के तीन संग्रह, 'भाग्य-रेखा' (1953) 'पहला पाठ' (1956) और 'भटकती राख' (1965) भी छप चुके थे। सृजनात्मक लेखन के अतिरिक्त वे 1963 तक लगभग सात साल मास्को (सोवियत संघ) में हिन्दी के अनुवादक के रूप में विदेशी भाषा प्रकाशन गृह में काम करते रहे थे। मास्को-प्रवास के दौरान भीष्मजी ने तोल्स्तोय के सुप्रसिद्ध उपन्यास 'रिसूरेक्शन ('पुनरुत्थान' के नाम से) सहित बीस किताबों के अनुवाद किए थे। कहने का तात्पर्य यह है कि पहला उपन्यास लिखने से पहले उनकी भाषा और शैली पर्याप्त रूप से मँज चुकी थी।

भीष्मजी ने विभाजन से पूर्व रावलपिंडी जिला काँग्रेस कमेटी के सदस्य के रूप

में एक सक्रिय राजनीतिक कार्यकर्ता के तौर पर आज़ादी की लड़ाई में भाग लिया था; और वे जेल भी गये थे। लाहौर में पढ़ने के दौरान उनका सम्पर्क क्रांतिकारियों और उनकी गतिविधियों से भी रहा; जिसकी वजह से उनकी विचारधारा में वामपन्थी झुकाव तकरीबन वहीं से आ गया था। आज़ादी के बाद जब वे अपने बड़े भाई विख्यात सिने अभिनेता बलराज साहनी के पास बंबई में रहें तो 'इप्टा (भारतीय जन-नाट्य मंच : 'इंडियन पीपुल्स थिएटर एसोसिएशन'--IPTA) से भी सक्रिय रूप से जुड़ गये, हालाँकि 'इप्टा' से परिचय और सम्पर्क तो बलराजजी के माध्यम से बंगाल के अकाल के समय 1943 में ही हो चुका था।

बलराजजी कई साल लंदन में बीबीसी (ब्रिटिश ब्रॉडकास्टिंग सर्विस) में काम करते हुए मार्क्सवादी विचारधारा से प्रभावित होकर कम्युनिस्ट पार्टी के सदस्य हो गये थे। उनके लन्दर से लौटने के बाद, उनके असर से भीष्मजी भी कम्युनिस्ट पार्टी के सदस्य बन गये थे। इन तथ्यों का उल्लेख यहाँ इस बात के लिए किया गया है कि भीष्मजी पर अपने बड़े भाई बलराज साहनी का बड़ा प्रभाव पड़ा, बल्कि ता-उम्र वे उनसे प्रभावित रहे, कई प्रसंगों में गहरे मतभेदों के बावजूद। वह सब उन्होंने खुद कई जगह, विशेष रूप से अपनी आत्मकथा 'आज के अतीत' में लिखा भी है। कहना न होगा कि 'झरोखे' में भी छोटे भाई (जो वे स्वयं हैं) पर बड़े भाई के प्रभावों का अनेकश : वर्णन हैं। फिर पचास के दशक के पूर्वार्ध में, कालिज में पढ़ाते हुए वे कालिज शिक्षकों की यूनियन में पंजाब राज्य के प्रान्तीय जनरल सेक्रेटरी के रूप में भी बड़े सक्रिय रहे थे। इस तरह, भीष्मजी ने जब अपना यह पहला उपन्यास लिखा तो लगभग पचास की उम्र में वे साहित्यिक ही नहीं, राजनीतिक तौर पर भी एक प्रौढ़ और परिपक्व दृष्टिकोण वाले लेखक के रूप में मँज चुके थे।

इस उपन्यास की प्रेरणा का ज़िक्र करते हुए, भीष्मजी 'आज के अतीत' में लिखते हैं कि ''मास्को निवास के दिनों में मुझे सुविख्यात सोवियत लेखक चिंगीज़ आइमातोव की एक पुस्तक 'पहला अध्यापक' का अनुवाद करने का मौका मिला था। इसे पढ़ते हुए मुझे मेरे अपने बचपन के दिन याद हो आये, कुछ चरित्र भी। भारत लौटकर मैं एक छोटे उपन्यास पर काम करने लगा, जो बाद में 'झरोखे' नाम से प्रकाशित हुआ। उपन्यास के क्षेत्र में यह मेरा पहला प्रयास था। इसका एक अंश 'धर्मयुग' में भी प्रकाशित हुआ''।[1] कुछ लोगों ने इस उपन्यास को 'कथाविहीन' कथाकृति या उपन्यास कहा तो कई ने 'आत्मपरक' और 'जीवनी-नुमा' कह कर या इसे लेखक का आरंभिक प्रयास और पहला उपन्यास कहकर इसे नकारने या इसका महत्व कम करने की कोशिशें की। कुछ-कुछ अभी भी ऐसा नज़र आता है। हमने नामवरजी के हवाले से अन्यत्र (इसी पुस्तक में) भी इस बात का उल्लेख किया है कि 'तमस' को साहित्य अकादेमी पुरस्कार मिलने से पहले तक किसी ने भी भीष्मजी

के साहित्यिक महत्व की स्वीकृति तो दूर, कायदे से उनका 'नोटिस' तक नहीं लिया था। मात्र एक कहानी 'चीफ़ की दावत' को छोड़कर! साहित्य की ऐसी विडंबनाओं पर शायद अब तो किसी टिप्पणी की भी आवश्यकता नहीं बची है।

दरअसल, इस उपन्यास में लेखक ने अपनी स्मृतियों के झरोखे से सुदूर अपने (या किसी के भी) बचपन को देखने और 'बचपन के' उस बच्चे की आँख से ही उस 'बचपन के शहर', उसकी गलियों, बाज़ारों, आर्य समाज, गुरुकुल और अपने परिवार को 'देखने' की कहानी कही है। भीष्मजी ने बाल मन और बाल मनोविज्ञान की विलक्षण पकड़ की अपनी सूझ-बूझ का परिचय देते हुए इनका अत्यन्त वास्तविक, सूक्ष्म और बड़ा मनोरंजक वर्णन किया है। बचपन की छोटी-छोटी खुशियाँ, ईर्ष्या, दुख, ज़िदें और तरह-तरह के खेल और गीत कहानियाँ—सब मिलाकर एक रँगारंग अनोखा संसार हमारे आगे चित्रांकित कर देते हैं। यह बच्चे की आँख से देखने का 'झरोखा' और अतीत की स्मृतियों में झाँकने का 'झरोखा' ही नहीं, बल्कि बाहरी दुनिया तक जाने का घर के छज्जे का वह 'झरोखा' भी है, जहाँ परिवार की लड़कियों को जाने और झाँकने की सख़्त मनाही भी है: 'मैं तख़्ती फेंककर छज्जे की ओर भागता हूँ। दोनों बहिनें भी लपपकर छज्जे की ओर जाती हैं।' माँ बहनों को रोक देती हैं : 'तुम मत जाओ विद्या-विमला, इधर बैठो।'[2] बहनों के लिए और भी ढेर सारी बातों की मनाही है! ज़ोर से हँसने-बोलने की मनाही है, घर से बाहर कहीं आने-जाने और घूमने की मनाही है! लड़कियों पर तरह-तरह की पाबंदियों का कोई अन्त नहीं है।

पिता के नाराज़ होने पर कि 'तुम विद्या-विमला को मना क्यों नहीं करती हो कि छज्जे पर ना जाया करें?' माँ उत्तर देती है: 'मैं इन्हें न छज्जे पर जाने देती हूँ न खिड़की में से झाँकने देती हूँ। बरसों से इनकी पढ़ाई छुड़ाकर इन्हें घर पर बिठा लिया है कि गली-मोहल्ले में इन्हें कोई देख नहीं पाए। अब और क्या करूँ? कभी भूल से ऊँचा हँस देती हैं तो भी हम डाँट देते हैं। दिन-भर कभी एक कमरे में तो कभी दूसरे कमरे में बैठी रहती हैं।'[3] घर में पिता का शासन चलता है। यह एक उच्चमध्यवर्गीय व्यापारी का परिवार है, जिसे आर्यसमाजी पिता अपने ढर्रे पर और कड़े अनुशासन के साथ चलाते हैं। भीष्म जी ने बड़े तटस्थ और निरपेक्ष ढंग से मध्यवर्गीय परिवारों में बचपन से ही लड़कियों और स्त्रियों को संस्कार, सदाचार और धर्म के नाम पर दबाकर रखने और रूढ़ियों में बाँधने का यथार्थ वर्णन किया है। लेकिन साथ ही, बच्चों के, ख़ासकर बड़े भाई के धीरे-धीरे उम्र के साथ तमाम तरह की रूढ़ियों और पुरानी परंपराओं-संस्कारों के प्रति विरोध और विद्रोह को भी बड़े ही यथार्थ रूप में वर्णित और चित्रित किया है। भीष्म जी किसी मँजे हुए किस्सागो की तरह एक से दूसरे दृश्य का वर्णन करते हुए इस स्मृति-कोलाज़ को धीरे-धीरे बड़े रोचक ढंग से आगे बढ़ाते हैं। अपने सूक्ष्म पर्यवेक्षण से एक-एक ब्यौरे

को सामने लाते हुए वे जिस तरह से, बड़े ख़ामोश तरीके से मध्यवर्गीय संस्कारों और आर्यसमाज की परम्परागत शिक्षा-पद्धति की रूढ़िगत अवैज्ञानिकता और निस्सारता को उद्घाटित करते जाते हैं, वह ख़ासा मनोरंजक बन जाता है।

घर में बच्चों का हम-उम्र एक नौकर तुलसीराम भी है। पिता उसे भी आर्यसमाजी संस्कारों में डालने पर तुले हैं। रोज़ शाम को 'संध्या' और बीच-बीच में 'हवन' के कार्यक्रम होते रहते हैं। ऐसे ही एक संध्या के सहगान और मन्त्रोच्चार के दौरान 'तुलसी बेधड़क होकर अपनी गहरी खरज आवाज़ में मन्त्र बोलने लगता है। मैं हौले से आँख खोलता हूँ। बड़ी बहिन अपनी हँसी दबाने के लिए अपनी चुन्नी का किनारा मुँह में ठूँस रही है। और छोटी बहिन अपनी हँसी रोकने के लिए उससे हटकर कुछ दूरी तक सरक कर बैठ गयी है। मैं डर रहा हूँ। बहिनें अपनी हँसी नहीं दबा पाएँगी, फ इ इ इ करके उनकी हँसी फूट पड़ेगी और पिताजी बहुत नाराज़ होंगे।'[4] नाराज़ होना और बात-बात पर झल्लाना पिताजी का स्वभाव है। माँ पर तो वे प्रायः ही बरसते रहते हैं। माँ मोतीराम का 'बारहमासा' गाती है तो सहसा पिताजी की गरज सुनाई देती है : 'हज़ार बार मना किया है बच्चों के सामने विराग के गीत नहीं गाया कर। पर तू ऐसी है, मानती ही नहीं।' माँ के यह कहने पर कि 'इसमें बुरी बात क्या है?' वे झल्लाकर कहते हैंः 'ये निराशा के गीत हैं, बच्चों को अच्छे-अच्छे आशा के गीत सुनाने चाहिए। उनके कान में वेद-मन्त्र पड़ने चाहिए।' माँ के फिर हुज्जत करने पर डाँट देते हैंः 'अच्छा बस, आगे कुछ नहीं कहना, यहीं ख़त्म कर दे। मेरी घड़ी कहाँ है? देखी है?...ऐसा बेबाका घर है, यहाँ कोई चीज़ नहीं मिलती। और जो पूछो तो कोई बोलता तक नहीं।'[5] घर में ऐसा अक्सर होता है कि कोई भी चीज़ अपने निर्धारित स्थान पर नहीं मिलती। माँ की चाबियाँ तो अक्सर ही गुमती रहती हैं। पिताजी को ऐसा 'बेबाकापन' पसन्द नहीं। न ही उन्हें माँ का सनातनधर्मी पूजा-पाठ करना या 'महाराज-महाराज' करना पसन्द आता है। लेकिन 'माँ केवल आर्यसमाजी ही नहीं हैं। कभी-कभी वह कटोरी में आटा या घी डाल कर सिक्खों के गुरुद्वारे में भी जाती हैं, कभी-कभी सनातन धर्म मन्दिर में भी जाती हैं।[5] एक-एक करके तीन बहिनों के मर जाने के बाद, धर्म भीरू माँ इन दोनों बहिनों और दोनों भाइयों की सलामती के लिए कोई कोर-कसर नहीं छोड़ना चाहती।

चाँदनी रातों को बच्चे छतों पर खेलते हैं, गीत गाते नाचते कूदते हैं। वहीं पर उन बच्चों का हम-उम्र तुलसी भी खड़ा रहता है। तुलसी को मनोहर की बहिन खेलने नहीं देतीः 'तू नौकर है, तेरी आवाज़ मोटी है, भैंस जैसी।'[7] और सब लड़कियाँ हँसने लगती हैं। ये सारे वर्णन भले ही 'बच्चे की आँख से देखे' और चित्रित किए गये हैं, लेकिन भीष्मजी ने बड़ी स्वाभाविकता से ऐसे तमाम वर्गीय भेदभावपूर्ण और अन्य मध्यवर्गीय संस्कारों के पाखंड को बेपर्द करने में अपने कौशल का पूरा इस्तेमाल

किया है। बच्चे की आँख से ही देखे जाने के कारण यह बात अधिक कठिन और चुनौतीपूर्ण थी जिसका भीष्मजी ने सफलतापूर्वक निर्वाह किया है। तुलसीराम का चरित्र पाठक की स्मृतियों में गहरा अंकित हो जाता है। परिवार की परम्पराओं और मर्यादा को सबसे पहले बड़ा भाई चुनौती देता है। वह गुरुकुल में पढ़ने से मना कर देता है। अन्ततः वह और छोटा भाई दोनों स्कूल और कालिज में आधुनिक शिक्षा ग्रहण करते हैं। लाहौर से उच्च शिक्षा ग्रहण करके आने के बाद बड़ा भाई बलदेव व्यापार करने से मना कर देता है और अपना रास्ता खोजने बाहर निकल जाता है। माँ क्षुब्ध पिता को समझाती है : 'देखो जी, जो बच्चे को प्रारब्ध में लिखा है, इसे मिल जाएगा। तुम इसे क्यों रोकते हो? पंछियों के बच्चों के जब पंख निकल आते हैं तो क्या वे घोंसलों में बने रहते हैं? वे उडारी मारकर निकल जाते हैं।'[7] छोटे भाई को बड़ा भाई, जिसे वह हर बात में अपना 'आदर्श' लगता रहा है, उसके इस निर्णय के कारण हृदयहीन लगता है। वह पिता के पास रहकर बुढ़ापे में उनका सहारा बनना चाहता है। रात फिर चाँदनी छिटक आयी है। जैसे हर साल इस मौसम में छिटका करती है। घरों की छत पर खेलते हुए बच्च्वे वही गीत गा रहे हैं, जो अपने बचपन में ये लोग चाँदनी रातों में नाचते-कूदते गाया करते थे—

'फूलों में हम आते हैं, आते हैं
ठंडी मौसम में, ठंडी मौसम में!
तुम किसको लेने आते हो, आते हो!
ठंडी मौसम में।'[8]

पिता का सहारा बनकर छोटा भाई इस 'झरोखे' से यह सारा क्रिया-व्यापार देखने वाला 'नैरेटर' सोचता है, मैं व्यापार के धंधे में खपने लगा हूँः 'ज़िन्दगी की असल दौड़ कहाँ से शुरु होती है, कौन-सा मोड़ काटो तो लड़कपन पीछे छूट जाता है और जवानी शुरु हो जाती है?कौन कह सकता है कि इस मोड़ के पीछे जो कुछ था वह धूमिल, अस्पष्ट था, महत्वहीन था, पर जो कुछ आगे होगा वह बिल्कुल साफ होगा, महत्वपपूर्ण होगा? क्या बचपन में धूल उड़ती रहती है तो जवानी में नहीं उड़ती, और क्या वह मृत्युपर्यन्त नहीं उड़ती रहती?'[9] उपन्यास की शुरुआत ही बड़े ख़ूबसुरत ढंग से हुई है—

'विस्मृति की अँधेरी खोह में पड़े अतीत के चित्रों के अंश काग़ज के पुर्जों की तरह कभी-कभी उड़ने लगते हैं। दो-एक पुर्जे जुड़ जाएँ तो एक तस्वीर-सी उभरती जान पड़ती है। खोह का अँधेरा छनता-सा जान पड़ता है। पर ध्यान से देखो तो चित्र सहसा अपने रंग खोने लगता है, अपना अर्थ और महत्व खोने लगता है, और पुर्जे फिर से अलग-अलग होकर बिखरने लगते हैं, विस्मृति की खोह में फिर से डूबने लगते हैं। क्या मेरी कल्पना ही इन अंशों को जोड़ने का, इन्हें रूप देने का प्रयास

कर रही है? क्या जीवन की गतिविधि को सूत्रबद्ध करने वाले कोई तन्तु हुआ भी करते हैं या नियमितता की भूखी हमारी कल्पना ही उन्हें कोई सुसंगत रूप देने की चेष्टा करती रहती हैं?

'ज़िन्दगी पर के कुछ झरोखे, लगता है, अपने हाथों से खोल रहा हूँ।

'साये और आवाज़ें , भटकते रंग—काला और सफ़ेद और लाल—इन्हीं का झुरमुट-सा उभरने लगता है। दिन की रोशनी में उठने वाली आवाज़ें दिन की रोशनी में ही बिखर जाती है, अपना अस्तित्व खो देती हैं, लेकिन सायंकाल के झुटपुटे और रात के अँधेरे में उठने वाली आवाज़ें हवा में तैरती हुई, दीवारों को बेधती हुई चली आती हैं और लगता है आज भी तैर रही है और दीवारों को बेधकर मेरी ओर आ रही हैं।'[10] तस्वीर तो एक ज़रूर उभरती है, इसमें कोई सन्देह नहीं, पर यह ऐसी कोलाज़-किस्म की तस्वीर है जो कई तस्वीरों या कहीं-कहीं तस्वीरों के कई टुकड़ों से भी, मिलकर बनी है! कल्पना के तन्तुओं ने इन्हें जोड़कर जीवन की गतिविधि को सूत्रबद्ध करके, 'नियमितता' का एक रूप भी दिया है; लेकिन अपने तरीके से, अपने ही ढंग से!

यह उपन्यास 'आत्मकथा' नहीं है, वह तो 'आज के अतीत' नाम से भीष्मजी में बहुत बाद में लिखी; ठीक अपनी कलम रखते हुए मृत्यु से ठीक पहले पूरी की। है तो यह उपन्यास ही, लेकिन 'आत्मकथात्मक' उपन्यास! यह भी और 'कुन्तो' भी। मुझे लगता है कि भीष्मजी की आत्मकथा और ये दोनों उपन्यास—'झरोखे' और 'कुन्तो', तीनों किताबें एक साथ मिलाकर पढ़नी चाहिए। एक बड़े, बहुत बड़े लेखक को जानने, समझने और उसके जीवन और साहित्य के विराट बिम्ब को पकड़ने में सहायता ही मिलेगी। वैसे तो किसी ने कहा भी है कि किसी भी लेखक का सारा साहित्य, एक तरह से उसकी 'आत्मकथा' ही तो होता है। अपनी कथा और अपने जमाने की कथा! कल्पना के हजार रंगों के बावज़ूद!

कड़ियाँ

'कड़ियाँ' की नायिका प्रमिला से जब उसकी सहेली सतवन्त पूछती है कि 'अगर कल वह कहे कि वह तुझे बसा लेगा तो उसके पास चली जाएगी?' तो वह उत्तर देती है कि 'अब मैं उसके पीछे मारी-मारी तो नहीं फिरूँगी। बहुत हो गया। रुखी-सूखी मिलाकर जैसे-तैसे अपने बच्चों को पाल लूँगी, इनके लिए दो जून रोटी का बन्दोबस्त तो कर ही लूँगी।...सत्तो, मुझमें हिम्मत आ गयी है, अब मैं डरती नहीं, थर-थर काँपती नहीं रहती।'[11] अपने अत्याचारी और लंपट पति से लगातार प्रताड़ित होते रहने और घर से दुत्कारकर निकाल देने के बाद, पागल होकर पागलखाने में रहने तथा ठीक होकर वापस आने पर प्रमिला के दृढ़तापूर्वक कहे गये शब्दों से सतवन्त

को लगा कि 'ज़िन्दंगी का फ़ासला लंबा था,...जैसे उसकी सहेली दम (लेने) के लिए किसी पड़ाव पर रुकी है, अभी उसे बहुत दूर जाना है, पर सतवन्त को विश्वास था कि वह चल पाएगी, अपने पैरों पर चलती हुई बहुत-सी मंजिलें काट डालेगी।'[12] इस आशावाद के साथ ही इस उपन्यास का पटाक्षेप होता है! वह यह दौर था जब एक ओर अस्तित्ववादी दर्शन से प्रभावित आधुनिकतावादी कहानियों और दूसरी ओर वर्ग-संघर्ष की फ़ार्मूलाबद्ध नकली कहानियेां का शोर था। उस समय स्त्री-मुक्ति के साथ ही एक यथार्थ परिप्रेक्ष्य में ऐसी आशावादिता लगभग दुर्लभ ही थी।

अपनी आत्मकथा 'आज के अतीत' में भीष्मजी लिखते हैं कि 'झरोखे' उपन्यास से प्रोत्साहित होकर मैं एक और उपन्यास पर काम करने लगा। नाम था 'कड़ियाँ'; और वह भी बाद में धारावाहिक रूप में 'धर्मयुग' में प्रकाशित हुआ।[13] इस उपन्यास के साथ एक अजीब घटना जुड़ी हुई है। 'आत्मकथा' में वे बताते हैं कि अभी 'धर्मयुग में तीन ही किश्तें छपी थीं कि कलकत्ता से मेरी भानजी का बहुत गुस्से से भरा हुआ पत्र आया कि आपने घर-परिवार की कहानी को अपने उपन्यास का विषय क्यों बनाया? उसने यही बातें बलराजजी को भी लिखी होंगी। उन्होंने भी इसे फ़ौरन यहीं रोक देने को कहा। भीष्म जी लिखते हैं कि वे मेज पर बैठे सुबह लिख रहे थे कि एकाएक बंबई से बलराजजी आ पहुँचे थे। दोनों भाइयों में घंटों बहस होती रही। बलराजजी ने नाराजगी के साथ आगे की किश्तों का प्रकाशन फ़ौरन रुकवाने को कहा। भीष्मजी ने कहा उपन्यास की पूरी पांडुलिपि सम्पादक के पास है। ऐसे में उन्हें प्रकाशन रोकने के लिए कहना उचित नहीं होगा। मैं कहूँगा भी तो इस 'स्टेज' पर अब वे प्रकाशन रोकेंगे नहीं। लंबे बहस-मुबाहिसे के बाद बलराजजी नाराज़ के नाराज़ बंबई लौट गये। भीष्मजी बताते हैं कि उपन्यास की किश्तें हर सप्ताह 'धर्मयुग' में छपती रहीं। किश्त देखने से डरता रहा कि आज पता नहीं किधर से जूते पड़ेंगे। बहरहाल, यह उपन्यास 'धर्मयुग' में अठारह किश्तों में छपने के बाद पुस्तकाकार भी प्रकाशित हुआ।

इस प्रसंग में वे 'आत्मकथा' में लिखते हैं कि 'अपने आरंभिक प्रयासों में शायद हर लेखक ऐसे व्यक्तियों को पात्र के रूप में उपन्यास के पन्नों पर लाता है जिन्हें उसने नज़दीक से देखा और जाना हो, जिनके चरित्र के किसी अनोखे पहलू ने उसका ध्यान आकृष्ट किया हो, उसे प्रभावित किया हो। अक्सर ऐसे पात्रों को वह अपने मित्रों-सम्बंधियों में से भी उठाता है। बाद में उसकी नज़र अधिक व्यापक स्तर पर अपना चुनाव करने लगती है। मेरे साथ भी ऐसा ही हुआ,पर उसके कारण जो मेरी दुर्गती हुई और जो बाद में आश्चर्यजनक अप्रत्याशित प्रतिक्रिया हुई वह आज तक नहीं भूला हूँ...। मैं समझे बैठा था कि जब कोई व्यक्ति पात्र बनकर किसी उपन्यास में उतरता है तो उसके निजी व्यक्तित्व की कोई संगति उसके साथ

नहीं रहती। वह पहचान लिया गया, मेरी नासमझी और असावधानी के कारण, पर जिस कहानी में वह पात्र बनकर आया है, वह उसकी कहानी तो नहीं।...जब भी अगली कड़ी छपकर आती तो मेरा दिल धक्-धक् करने लगता कि न जाने भानजी और बलराजजी की क्या प्रतिक्रिया रही होगी। मन तो कहता कि मैंने कोई ऐसा बड़ा गुनाह नहीं किया है,...एक दिन सुबह मेज़ पर बैठा ही था कि क्या देखता हूँ, सामने बलराज खड़े हैं। वह भानजी की प्रतिक्रिया से इतने क्षुब्ध हुए थे कि मुझे समझाने बंबई से दिल्ली पहुँच गये। घंटा-भर तो उन्होंने मेरी अच्छी खिंचाई की। यहाँ तक कि मेरा रोना निकल गया। मैं बार-बार कहता—यार, मैंने कोई अपराध नहीं किया।...पर नहीं, उन्हें मेरा, परिवार के किसी सदस्य को नॉवेल के मनगढ़न्त कथानक में भी उतारना अक्षम्य अपराध लगा था...बलराज नाराज़ आये थे, नाराज ही लौट गये। मैं खिन्न-सा महसूस करने लगा।...भय बना रहता कि अगली बार कहाँ से जूता पड़ेगा।'[14] बहरहाल, जब भीष्मजी का भय कालान्तर में दूर हो गया, तो लगभग तेईस वर्ष बाद 'ऐसा ही एक और उपन्यास लिखा 'कुन्तो'—लेकिन इस सम्बन्ध में उन्होंने 'आत्मकथा' में कुछ नहीं लिखा है। न ही, मेरी जानकारी में कहीं और! तब तक बलराजजी भी नहीं रहे थे। 'कड़िया' 1970 में छपा था ('धर्मयुग' में 18 किश्तों में छपने के बाद) और 'कुतो' तेईस वर्ष बाद 1995 में छपा। दोनों की कथा-वस्तु और कथा-परिवेश काफी कुछ भिन्न होते हुए भी, दोनों के सन्दर्भों में कई समानताएँ भी हैं।

'कड़ियाँ' कहानी है एक सीधी-सादी अल्प-शिक्षित गृहणी प्रमिला और उसके अत्यन्त क्रूर और लंपट पति महेन्द्र की। बाबूगीरी की सरकारी नौकरी वाला निम्न मध्यवर्गीय परिवार है, जिनका एक छः-सात साल का बेटा पप्पू भी है। महेन्द्र लंपट ही नहीं, आत्म-छलना का भी बुरी तरह से शिकार है। उसकी लंपटता के चलते, अपने आफ़िस की अस्थायी कैशियर सुषमा से उसके यौन सम्बन्ध स्थापित हो जाते हैं। वह अपने मित्र के जो उसी की तरह शराबी और लम्पट है, बार-बार समझाने और रोकने के बावजूद वह अपनी पत्नी को अपने यौन सम्बन्धों के बारे में बता देता है। कहना न होगा कि 'चोरी और सीनाज़ोरी' के इस दुस्साहस के पीछे उसका पुरुष-सत्तात्मक अहं ही होता है, लेकिन आत्मछलना के चलते वह मानता यही है कि वह बहुत संस्कारवान निष्ठावान ईमानदार व्यक्ति है, इसीलिए बिना कुछ छिपाए प्रमिला से सब-कुछ बताकर यह वादा भी कर लेता है कि आगे से कभी सुषमा के घर नहीं जाएगा, जो यहाँ अकेली रहती है। जिसे वह संस्कार और अपनी 'निष्ठा' और ईमानदारी समझता है, वह दरअसल, उसकी खुद ही गढ़ी हुई हद दर्ज़े की आत्मछलना की मक्कारी के सिवा और कुछ नहीं।

उसकी मक्कारी-भरी इस आत्म-छलना का यह आलम है कि वह अपनी तथाकथित

'मानसिक छटपटाहट के बावजूद हँस' सकता है कि 'जब घर पर होता हूँ तो प्रमिला फूहड़ लगने लगती है, जड़, बासी, जिसके शरीर से और कपड़ों से बासी गन्ध उड़ती रहती है, पिछड़ी घरेलू प्रमिला, और मुझे लगता है, मेरे पैरों में जंजीरें पड़ी हैं। तब सुषमा के प्रति स्नेह के सोते फूट उठते हैं, और उत्तेजना का ज्वार-सा उठने लगता है, और मन सुषमा के पास जाने को तड़ने लगता है।' दरअसल, जिसे वह स्नेह और सुषमा के प्रति प्रेम समझता है, वह वासना ही है, लेकिन अपनी आत्म-छलना की प्रवृत्ति और मक्कारी के कारण वह इस तथ्य को स्वीकार नहीं करना चाहता! इसी प्रवृत्ति की वजह से वह फिर खिन्न होकर दुविधा में पड़ जाता है: 'महेन्द्र का मन फिर खिन्न हो उठा था। ज़िन्दगी के पैंतीस वर्षों तक जिस निष्ठा को सर्वोपरि मानकर सँजोए हुए था, उसे एक दिन में लुटा आया हूँ, मैं कितना कमज़ोर आदमी हूँ। उसकी आँखों में प्रमिला में कितना बाँकपन है, किसी देवी-सी लगती है, उसके शरीर का सारा गठन-निखरा-सा और आश्वस्त, घर में घंटों छोटे-छोटे कामों में उलझी शान्त और स्थिर बनी रहती है। उसके मन को कोई बात व्याकुल नहीं करती, वह छटपटाती नहीं, उसकी बड़ी-बड़ी आँखों में विश्वास छाया रहता है, मेरे जीवन में यदि कोई स्थिरता है तो उसी के कारण बनी हुई है।'[15] यह 'अपराध-बोध' या 'पछतावा' नहीं है, बल्कि 'आत्म-छलना' की मक्कारी ही है, जो महेन्द्र के व्यक्तित्व का स्थायी अंग बन चुकी है। इस ड्रामे के बाद वह अपनी लम्पटता के चलते फिर सुषमा के घर पहले की तरह लार टपकाता पहुँच जाता है! यहाँ फिर अपनी आत्म-छलना से यह तर्क गढ़ लेता है : 'मैंने कुछ भी बुरा नहीं किया है। ये मेरे संस्कार हैं जो मुझे परेशान कर रहे हैं। जवानी के पाँच-सात साल बाकी रह गये हैं। जिन बातों में मेरा विश्वास नहीं है, उनसे मैं चिपटा नहीं रहूँगा। जहाँ से प्रेम मिलेगा, लूँगा।'[16] प्रसंगवश, इस निम्नमध्यवर्गीय 'कायर सरकारी बाबू' में यह दुस्साहस तभी होता है जब वह कुछ ऊपर उठकर छोटा-मोटा अफ़सर बन जाता है और सुषमा से बढ़ावा मिलता है।

एक दिन जब महेन्द्र सुषमा के घर से काफ़ी देर से पहुँचता है तो प्रमिला के इस प्रश्न पर कि 'कहाँ गये थे? मैं इतनी देर से तुम्हारी राह देख रही हूँ।' पहले तो चुप्पी साधे रहता है, फिर प्रमिला के यह कहने पर कि 'तुमने बताया नहीं, कहाँ गये थे?' एकदम फूट पड़ता है: 'जहाँ मेरा मन चाहा, मैं वहाँ गया था।' प्रमिला के इतना कहने पर कि 'तुम फिर उस औरत के पास गये होगे।' वह पप्पू के सामने उसके कसकर थप्पड़ लगा देता है। पप्पू रोता है तो उसे भी डरा धमकाकर चुप करा देता है।[17] रोज़-रोज़ के झगड़ों के बाद एक दिन महेन्द्र प्रमिला से साफ़-साफ़ कह देता है कि 'मैं तुम्हारे साथ नहीं रह सकता, वह शादी भूल थी। मैंने फैसला कर लिया है।... हमारी शादी नाकामयाब साबित हुई है, कि मैं इसे और घसीटना नहीं चाहता।'[18] अब हालत यह हो गयी थी कि प्रमिला की ओर देखते ही उसे गहरी ऊब

का भास हुआ : 'मुझे ज़िन्दगी में क्या मिला', उसने मन-ही-मन कहा और 'उसके अन्दर आत्मानुकम्पा की लहर-सी उठने लगी और गले में काँटे से चुभने लगे।'[19] आख़िरकार महेन्द्र प्रमिला के वकील पिता नारंग साहब को पत्र लिखता है कि 'प्रमिला और मैं अब एक-साथ नहीं रह सकते।'[20] वह प्रमिला को पिता के पास भेजकर पप्पू को एक पहाड़ी स्थान के नामी पब्लिक स्कूल के बोर्डिंग में दाखिल करा देता है। प्रमिला के पिता नारंग साहब तीस साल की उम्र में विधुर हो गये थे। तब उनकी वकालत भी अच्छी चल रही थी। लेकिन अपने बच्चों—प्रमिला और परशुराम की परवरिश के लिए उन्होंने दूसरी शादी नहीं की थी। परशुराम निकम्मा और आवारा निकल गया था और पूरब की ही किसी स्त्री से शादी करके कानपुर-इलाहाबाद में धक्के खा रहा था। बाप या बहिन से उसे कोई मतलब नहीं था। नारंग साहब की वकालत पिछड़ती गयी और प्रमिला की शादी करने के बाद तो एकदम ही वीतराग हो गये थे। वे कभी भी ज़्यादा बोलते नहीं थे। मुवक्किल हाथ से निकलते रहते, पर वे चुपचाप ताकते रह जाते थे। अब तो वे दो-दो तीन-तीन रुपए के मुकदमे ही कर पाते थे। उनके लिए उन्हें कचहरी के गेट पर खड़े रहना पड़ता था। स्टाम्प पेपर लिखवाना, हलफ़नामे पर मजिस्ट्रेट के दस्तखत करवाना या बिना बत्ती के साइकिल चलाने पर चालान का मुकदमा। दिन में खड़े-खड़े कचहरी में चने 'कुल्चे' खाकर प्याऊ से पानी पी लेते और शाम को पड़ोसी ढाबेवाला आठ आने की 'थाली' घर पहुँचा देता : 'नारंग साहब अपने जीवन में हरेक चीज़ को तैरती नज़र से देखते रहे थे, इसलिए वह वास्तव में किसी चीज़ को भी ठीक तरह से नहीं देख पाए थे। कागज़ों और फाइलों के अम्बार पर जमी धूल पर भी उनकी तैरती नज़र ही पड़ती।'[21] लगभग दस साल से खिड़की का शीशा टूटा हुआ था, पर नारंग साहब ने नया नहीं लगाया। वहाँ अखबार ठूँसा जो गिर गया तो उसे दोबारा लगाने की कोशश नहीं की : 'इस घर में शौक नाम की कोई चीज़ नहीं थी। शौक होता तो कहीं फूल होते, शौक होता तो घर में जाले नहीं होते, शौक होता तो कभी प्रमिला अपने बच्चे को लेकर यहाँ आती।...नारंग साहब की ज़िन्दगी धुरे पर से उतरी हुई ज़िन्दगी थी, पटरी पर से उतरी हुई। पटरी पर से उतरे उन्हें दसियों बरस बीत चुके थे।'[22] जब प्रमिला जाती है, तो वे उसे पहचान नहीं पाते—

'क्या है बीवी? मुझसे बात करनी है?'

'मैं हूँ जी, मैं हूँ, पिताजी!'

'प्रमिला? प्रमिला तुम हो? आओ, आओ मेरी बच्ची!'

'अकेली आयी हो? तुम्हारे साथ कोई नहीं आया?'

'अकेली आयी हूँ।'

'पप्पू को भी नहीं लाई?'

'पप्पू को उन्होंने बोर्डिंग में डाल दिया है?'...

'इतने छोटे बच्चे को बोर्डिंग में डाल दिया है?...

'खर्चा कौन देगा?'

प्रमिला अभी भी उनकी ओर देखे जा रही थीः 'कौन-सा खर्चा?'

'पप्पू का, तुम्हारा...?'

'पप्पू का खर्चा वह देंगे। मेरे खर्चे का तो उन्होंने कुछ नहीं कहा।' फिर थोड़ी देर चुप रहने के बाद बोली, 'उन्होंने कहा है कि छः महीने तक अलग-अलग रहकर देखेंगे।'[23] वे स्थिति स्पष्ट करते हैं : 'मैं तुम्हारी मुश्किल हल नहीं कर सकता, ये मामले बड़े टेढ़े होते हैं।...कचहरी में मामला ले जाऊँ तो जो थोड़ी-बहुत पूँजी है वह भी ख़त्म हो जाएगी, और बने-बनाएगा भी कुछ नहीं। तुम या तो उसके पास लौट जाओ, या कोई छोटा-मोटा काम देख लो।'[24] प्रमिला उन्हें निष्प्रभ आँखों से देखती रह जाती है। पैसा घर से निकल चुका था और बुढ़ापा नारंग साहब पर अपनी सम्पूर्ण शिथिलता और थकावट के साथ उतर आया था। सहसा प्रमिला बिफरकर पिता से कहती है कि 'आपने मुझे पढ़ाया क्यों नहीं, पिताजी, मैं भी अच्छी पढ़ लिख गयी होती तो कुछ कर सकती थी, पप्पू को अपने पास रख सकती थी।' वे पलट कर उत्तर देते हैंः 'क्यों, दस जमातें पढ़ी हो, लड़कियों के लिए यही कुछ होता है, और क्या!...औरतें पढ़ लिख गयी हैं, इसलिए घर बर्बाद हो रहे हैं।'[25] प्रमिला क्षुब्ध हो उठती है। जिस पिता को वह ज्ञान का भंडार और शक्ति का अक्षय-स्रोत समझ कर यहाँ मदद की उम्मीद से आयी थी, वे तो अब लगभग नकारा और अपाहिज बन चुके हैं। वे भी उसे लौट जाने और पति से समझौता करने की सलाहें देते हैं।

इससे पहले महेन्द्र की चाची ने भी सारी गलती प्रमिला की ही बताकर कहा था कि 'औरत का कोई ठौर-ठिकाना नहीं होता। जहाँ बैठी है वहीं पर बनी रह।...यह तो मर्दों की दुनिया है, यहाँ वही होगा जो मर्द चाहता है।' चाची ऐसे बात कर रही थी, जैसे एक दास दूसरे दास के साथ अपने मालिक के बारे में बात करता है, हजारों वर्षों के नारी-अनुभव के निष्कर्ष बता रही थी।[26] अन्ततः सभी के दबाव में आकर प्रमिला और महेन्द्र इस बात पर राजी हो जाते हैं कि वे महेन्द्र के मित्र नाटे के घर बरसाती में एक-दूसरे से खुलकर बात कर लें और वहाँ एक रात रहें। नाटे की बरसाती में 'भावना और वासना की लहरें एक के बाद एक उठती' चली जाती हैं; और महेन्द्र उसे गर्भवती करके, बिना बताए हुए ही उसके सोते-सोते वहाँ से रफूचक्कर हो जाता है।[27] प्रमिला यह सदमा बर्दाश्त नहीं कर पाती और पागल होकर पागलखाने में भर्ती कराई जाती है। जब वह मानसिक रूप से स्वस्थ होकर अपने नवजात बच्चे के साथ वापस आती है, तो बिल्कुल बदली हुई प्रमिला होती है, दृढ़-निश्चयी और आत्मविश्वास से भरी हुई। वह पिता के घर दवाई की

दूकान खोलने की तैयारियाँ करती है। वह सतवन्त को बताती है कि पिता के एक वकील दोस्त के दामाद की दवाइयों की दूकान है, जहाँ वह काम सीख रही है : 'प्रमिला दवाइयों के व्यापार की बात यों कर रही थी, मानो बरसों से उसके रहस्य जानती हो।'[28] आत्मविश्वास से भरी हुई, आत्मनिर्भरता की ओर बढ़ रही, स्वाभिमानी प्रमिला को अब न महेन्द्र की ज़रूरत थी और न किसी और के आगे हाथ फैलाने की। उसके पिता भी इसमें उसके सहभागी थे।

भीष्मजी ने बड़े विश्वसनीय ढंग से पुरुष-सत्तात्मक व्यवस्था पर आधारित मध्यवर्गीय परिवार और वैवाहिक संस्था की विसंगतियों को उधेड़कर, मध्यवर्ग के दोहरे चरित्र और सामाजिक नैतिक असंगतियों पर अपने तीखे नश्तर चलाए हैं। इस पूरी कहानी को बड़े तार्किक ढंग से आगे बढ़ाते हुए, वे अपने यथार्थ-चित्रण के समूचे कौशल के साथ, स्त्री-मुक्ति की स्वाभाविक परिणति तक पहुँचाते हैं। एक ओर प्रोमोशन के बाद जब महेन्द्र और बड़ा अफ़सर बनकर उच्च-मध्यवर्गीय तबके में ऊपर उठ जाता है तो वह अपना स्तर बदल जाने पर सोचता है कि 'यदि कैरियर बनाना हो तो वैसी लिज़लिज़ी भावुकता नहीं चल सकती, वैसी घिसी-पिटी पुरानी नैतिकता भी नहीं चल सकती। प्रमिला को जहाँ अपने अभिसार का भेद बता देना मूर्खता थी, वहाँ सुषमा के साथ अभिसार चलाना ही मूर्खता था। लड़की उसी के दफ़्तर में कैशियर थी, जबकि उसकी पोज़ीशन का आदमी किसी दूसरे सरकारी अफ़सर की पत्नी से अभिसार चला सकता था।[29] वह एक साल बाद जब पप्पू से मिलने उसके पब्लिक स्कूल जाता है तो अपने बच्चों से मिलने आयी, सम्भ्रान्तवर्गीय मिसेज़ भगत से 'फ़्लर्ट' की कोशिशें भी करता है; यह बात दीगर है कि मिसेज़ भगत के आगे उसकी अभद्रता और फूहड़पन के उद्‌घाटन से वह इस नये 'फ़्लर्टेशन' के मंसूबों में कामयाब नहीं होता!

मध्यवर्णीय परिवेश, मनोरचना और व्यवहार—ख़ास तौर से उच्च मध्य-वर्गीय सम्भ्रान्त तबकों के बनावटी जीवन-व्यवहार और क्रिया-कलापों के चित्रण में तो भीष्मजी को ख़ास महारत हासिल है। पब्लिक स्कूल में 'पेरेंट्स पार्टी' के वर्णन में तो उनका यह कौशल देखते ही बनता है : ''स्त्रियों के शृंगार से उठने वाली महक हॉल में व्याप रही थी। हॉल में पहुँचकर मिसेज़ भगत 'एक्सक्यूज़ भी' कहकर उससे अलग हो गयीं। छोटी-छोटी बातें करने की अपनी कला है, अपना आर्ट है। प्लेट हाथ में लेकर खड़े-खड़े छोटे-छोटे विषयों पर बातें करना, छोटे-छोटे चुटकुले कहना, हास्य और व्यंग्य के छोटे-छोटे फ़िकरे कसना, ऊपरवाली जमात के लोगों की विशिष्टता है, स्त्रियों का तो यह अतिरिक्त आभूषण है, मुस्कराती रहती हैं और बेझिझक छोटे-छोटे वाक्य बोलती रहती हैं। बात छू भी जाए तो पता नहीं चले कि छूने के लिए कही गयी है। यह छोटा-मोटा वार्तालाप उनका कवच भी है, जो उन्हें

पुरुष की धृष्टता से बचाए रखता है। वार्तालाप का शिष्टाचार निभाते हुए वह उसे अपने से दूर रखे रहती हैं।"[30] भीष्मजी की व्यंग्य-विद्रूप की शैली के जरिए इस जमात की चमड़ी जिस प्यार और धीरज के साथ उधेड़ी जाती है, उनकी यह आर्ट, उनकी यह 'कला', बस देखते ही बनती है! कहना न होगा कि उनका यह विलक्षण कौशल उन सूक्ष्म पर्यवेक्षण, छोटे-से-छोटे ब्यौरे का सटीक वर्णन और भाषा से लेकर स्थितियों तक अपने खिलंदड़े किन्तु भेदक व्यंग्य के तीखे प्रहारों के साथ, सर्वोपरि उनके 'दृष्टिकोण' का ही कमाल है, जो उनकी कला में दूध-पानी की तरह घुलामिला हुआ एकमेक आता है, बिना किसी अतिरिक्त शोर-शराबे या चकाचौंध के! भीष्म साहनी के बाद यह कला, बस एक ही कहानीकार में नज़र आती है; और वह है; ठीक उनकी पीढ़ी के बाद के यशस्वी कहानीकार ज्ञानरंजन!!

कुन्तो

भीष्म साहनी का उपन्यास 'कुन्तो' मानो 'झरोखे' की ही अगली कड़ी है! उससे आगे की कहानी। लगता है 'झरोखे' के ही कुछ प्रमुख पात्र जैसे नाम बदलकर 'कुन्तो' में आ गये हैं! मिसाल के लिए, 'झरोखे' का बड़ा भाई बलदेव इसमें जयदेव और छोटा भाई सहदेव के अवतारों में आ गये हैं। वही माँ-बाप और वही बहिन। वही उच्चमध्यवर्गीय व्यापारी परिवार। वही आर्यसमाज, संध्या और हवन। अन्य प्रमुख पात्रों में, इस उपन्यास में कुन्तो, सुषमा और गिरीश हैं। मज़े की बात है कि कुन्तो और सुषमा के चरित्रों में किसकी छायाएँ हैं, यह तो सन्देह से परे है ही; कई लोगों को गिरीश के चरित्र में अज्ञेय की कुछ झलक का आभास मिल जाए तो भी आश्चर्य नहीं!

'कड़ियाँ' में कहानी का घटनाक्रम हूबहू परिवार का न होते हुए भी, स्त्री-पुरुष पात्रों को परिवार के लोगों में से उठाने की अपनी 'नासमझी और असावधानी' का जिक्र; और परिणामस्वरूप होनेवाली 'आश्चर्यजनक और अप्रत्याशित प्रतिक्रिया' तथा अपनी 'दुर्गति' का उल्लेख तो भीष्मजी ने अपनी 'आत्मकथा' में किया है ('आज के अतीत' पृष्ठ 20, 13, 15), लेकिन 'कुन्तो' और इसमें आये पात्रों के सम्बन्ध में उन्होंने न कहीं कुछ लिखा है (जहाँ तक मेरी जानकारी है) और न ही कोई संकेत दिया है। साहित्यिक हलकों और बुजुर्ग साहित्यिक दोस्तों के बीच चर्चाएँ तो गाहे-बगाहे मैं भी बाद में सुनता रहा हूँ। बलराजजी, उनकी पहली पत्नी दमयन्ती (परीक्षित की माँ—'दम्मो'), और दूसरी पत्नी सन्तोषजी तथा अज्ञेयजी—इस 'त्रिकोण के सन्दर्भ में भी। लेकिन मेरी अपनी दृष्टि से, यह सब 'जासूसी' दरअसल अनावश्यक और फ़िज़ूल है; साहित्यिक मूल्यांकन के सन्दर्भ में तो और भी व्यर्थ! मैंने कहीं पढ़ा था कि तोल्सतोय के उपन्यास 'आन्ना कारेनिना' की नायिका आन्ना की 'पहचान'

को लेकर भी वर्षों अनुमान लगाये जाते रहे थे और चर्चाएँ गर्म रखी गई थीं। खुद तोल्सतोय से भी लोग पूछते थे। लेकिन तोल्सतोय ने सिर्फ़ इतना ही कहा था कि लेखक के पात्र अक्सर कई चरित्रों से घुलमिलकर बनते हैं; फिर भी अगर वे पहचान में आते हैं (ऐतिहासिक पात्रों की बात अलग है), तो वह घटिया कला का नमूना है; और लेखक की बड़ी असफलता!

उपर्युक्त 'त्रिकोण' या चिर्चित किस्से के बारे में मुझे सबसे पहले अपने बुजुर्ग दोस्त विश्वनाथ त्रिपाठी से पता चला था। हुआ यों कि भीष्मजी के घर हम कुछ हिन्दी साहित्यकार, नामवरजी, रघुवीर सहाय, सर्वेश्वरजी, त्रिपाठी जी और राजकुमार सैनी आदि चाय और स्वल्पाहार के साथ कुछ मेहमान रूसी (सोवियत) साहित्यकारों के साथ गप्प-शप कर रहे थे। डोरबेल बजने पर जब तक भीष्मजी या शीलाजी उठें, मैं उन्हें रोक तेज़ी से लपककर बाहर वाले दरवाज़े पर पहुँच गया था। बाहर अज्ञेयजी और मरियम सल्गानिक (जिन्हें हमारे बुजुर्ग हिन्दी साहित्यकार 'मीरा' कहा करते थे) खड़े थे। अज्ञेय जी मेरे पिता के लाहौर में क्लासफेलो, मित्र और 'क्रांतिदल' के साथी थे और मेरी 'धृष्टताओं' के बावजूद बड़े स्नेह से मिलते थे, भीतर चलने के मेरे बारम्बार के आग्रह ठुकराते हुए यही दोहराते रहे थे कि नहीं मैं तो बस मरियम को छोड़ने आया था। मैंने अन्दर झाँककर भीष्मजी को पुकार लिया और उनके आते ही यह शिकायत भी जड़ दी कि अज्ञेयजी भीतर नहीं आ रहे। भीष्म जी ने भी बड़ी शालीनता से उन्हें आमंत्रित किया, पर वे हाथ जोड़ फ़ौरन लौट गये।

भीष्मजी के घर से लौटते हुए जब मैं सैनी साहब के साथ काफी हाउस के लिए बस लेने पूसा चौक की ओर बढ़ रहा था तो बड़े क्षोभ से कहा कि अज्ञेयजी को बड़ा शालीन और सौम्य कहा जाता है, पर उनका व्यवहार तो बड़ा रूखा और अशिष्ट था। सैनी साहब ने कहा कि वे वहाँ आमंत्रित नहीं थे। त्रिपाठी जी ने बीच सड़क पर रुककर, अपनी ख़ास अदा से आँखें मूँदे-मूँदे मुस्कराकर, 'डमरू' हिलाते हुए कहा कि 'वे भीष्मजी के घर कदम रख ही नहीं सकते थे।' मैंने पूछा : 'क्यों?' एक कदम पीछे हटकर पुनः 'बस नहीं आ सकते!' फिर यथावत आगे सरकते हुए बलराजजी, सन्तोषजी (जो उन्होंने बताया था कि बलराजजी की मौसेरी बहिन थीं) और अज्ञेयजी का क़िस्सा अपने चिपरपरिचित ख़ास अन्दाज़ में सुनाया था। मैं उनके, और बाद में त्रिलोचन के दिल्ली आ-बसने पर उनके भी, क़िस्सों में से 75 से 80 प्रतिशत सम्पादित कर दिया करता था। मैंने आपत्ति की कि आप तो 'शेखरः एक जीवनी' के शेखर (यानी अज्ञेय) और उनकी मौसेरी बहिन 'शशि' (उपन्यास में चरित्र का नाम) के सम्बन्ध जबरन यहाँ चस्पाँ कर रहे हैं! त्रिपाठी जी चुनौती देते, ललकारकर चुप हो गये : 'ना मानो!' बात आयी-गयी हो गयी और मैं भूल गया।

वर्षों बाद जब भीष्मजी ने लिखकर स्व-हस्ताक्षरित 'कुन्तो' की प्रति भेंट की,

तो पढ़ते हुए वह 'किस्सा' फिर ताज़ा हो गया! दो-रात एक-दिन में उपन्यास समाप्त करके मैं तीसरे दिन शाम को भागता ईस्ट पटेल नगर गया; और भीष्मजी के 'उपन्यास कैसा लगा?' का कोई उत्तर न देकर लगा 'सच्चाई' पूछने। भीष्मजी कुछ देर चुप रहे, फिर बोले, 'श्यामजी, इस बारे में कुछ मत पूछिए...कोई बात मत कीजिए।' मुझे अच्छा तो नहीं ही लगा था। बिना इस बात का ख्याल किए कि वे हम-उम्र दोस्त नहीं हैं, मेरे पिता की उम्र के हैं, और फिर सर्वोपरि इतने बड़े लेखक हैं, अपनी नासमझी में 'उपदेशक' की मुद्रा में तोल्सतोय और आन्ना-वाला किस्सा सुना डाला। भीष्मजी मन्द-मन्द मुस्कराते हुए बड़े धीरज से सुनते रहे, फिर हँसते हुए बोले, 'तो आपको यह उपन्यास घटिया कला का नमूना लगा!' मुझ पर घड़ों पानी पड़ गया, अब एहसास हुआ कि मैं कह क्या रहा था! मुझ पर मानो घड़ों पानी पड़ गया! मैं हकलाने लगा, 'नहीं-नहीं, भीष्मजी, मेरा यह मतलब नहीं था...'। इस पुस्तक को लिखने के क्रम में, अब जब दोबारा 'कुन्तो' पढ़ा तो वह समूची दृश्यावली किसी फ़िल्म की तरह आँखों के सामने गुज़रने लगी—और अन्तिम दृश्य तो मुझे लगातार शर्मिन्दा करते हुए मन-मस्तिष्क पर फ़्रीज़ ही हो गया! बहुत बड़े-बड़े लेखकों के सम्पर्क में रहा हूँ; पर भीष्मजी-जैसा कोई दूसरा नहीं, बड़ा लेखक ही नहीं, उससे भी बड़ा इन्सान—सादगी, शालीनता और विनम्रता की प्रतिमूर्ति!!

इस उपन्यास के एक चरित्र 'प्रोफ़ेस्साब' सबसे दिलचस्प पात्र हैं। जयदेव और सहदेव, दोनों के शिक्षक। वे दोनों के मात्र गुरु ही नहीं, प्रेरणा-पुंज, सलाहकार और एक तरह से मार्गदर्शक भी हैं : अंग्रेज़ी में जिसे 'मेंटर, गाइड, फ़िलासफ़र' कहते हैं। लेकिन ख़ुद उनका चरित्र बड़ा विरोधाभासी और अन्तर्विरोधी है। वे स्वयं 'बीच का रास्ता' अपनाते हैं—'मध्यम-मार्ग' : द गोल्डेन मीन—यूनानी फ़लसफ़ा! न बहुत कम, न बहुत ज़्यादा। लेकिन जयदेव का एक अन्य मित्र और प्रोफेसर साहब का शिष्य रामनाथ 'अपने तर्कों का तेज़ाब' उनकी इस फ़िलासफ़ी पर छिड़कते हुए अकसर कहा करता थाः 'गोल्डन मीन का सीधा-सादा अर्थ समझौतापरस्ती ही है।' गोल्डन मीन में कुछ अंश नये का हो, कुछ पुराने का, इतना ही काफ़ी नहीं है। इसका सही अर्थ निकालना हो तो, तुम जो निर्णय लो उसमें थोड़ा-सा अंश नैतिकता का रहे, थोड़ा-सा स्वार्थ का, थोड़ा-सा आदर्शवदिता का, थोड़ा-सा व्यवहारपटुता का—सब थोड़ा-थोड़ा मिला दो तो 'गोल्डन मीन' का फ़लसफ़ा बनता है। यह घोल ही समझौता परस्ती होगा।...यों तो रामनाय कहा करता—समझौतापरस्ती के मूल में स्वार्थ-सिद्धि ही हुआ करती है।[31] निपट स्वार्थ-सिद्धि अमावीय लगती है, इसलिए उस पर नैतिकता और आदर्शवादिता का हल्का-सा रंगीन पदार्थ ज़रूरी होता है।

प्रोफ़ेस्साब जब अपनी छोटी बहिन कुन्तो से शादी का प्रस्ताव रखते हैं तो जयदेव की आँखों के सामने उसका अपना घर परिवार घूम गया : 'पिछड़ा हुआ

परिवार, सादा से लोग, रसोई में बैठकर खाना खानेवाले; संध्या-उपासना-हवन करने वाले, पिताजी बन्द गले का लम्बा कोट और नीचे पाजामा पहनते हैं, घर में केवल दूध-दही पर ज़ोर रहता है।' वह केवल इतना ही कहता है कि 'हम लोग तो बड़े दकियानूस हैं। हमारा रहन-सहन बड़ा पुराने ढंग का है।'[32] जयदेव के पिता, लालाजी, न तो अपने को पुराने ख्यालों का मानते थे और न ही नयी रोशनी का; वे अपने को केवल सही मानते थे। लाला जी टहलते हुए पत्नी के आगे अपना क्षोभ व्यक्त करते हैं: 'सारा वक्त दोनों भाई प्रोफ़ेस्साब, प्रोफ़स्साब की रट लगाए रहते हैं। उसी के पास दौड़े जाते हैं—अब छोटा भी पर निकालने लगा है, खादी पहनने लगा है। कहता है मैं विलायती माल नहीं बेचूँगा...तुम विलायती माल नहीं बेचोगे तो देश में विलायती माल बिकना बन्द हो जाएगा?...ले चुके स्वराज्य गाँधीजी! उनके चरखा कातने और अनशन करने से अँगेज़ यहाँ से भाग जाएँगे?'[33] जयदेव और सहदेव को गहरे आपसी प्रेम के कारण 'राम-लक्ष्मण की जोड़ी' कहा जाता था। वे भी दो शरीर एक प्राण थे!

कुन्तो और जयदेव की शादी का प्रस्ताव करके प्रोफ़ेस्साब कहते हैं कि 'तुम दोनों की जोड़ी अच्छी बनेगी। तुम एक-दूसरे के पूरक बनोगे।' वे एकाएक यह भी पूछ बैठते हैं कि 'कभी कोई लड़की तुम्हें अच्छी लगी है, जिसने तुम्हें आकृष्ट किया हो?' जयदेव बड़े संकोच के साथ रुक-रुककर बताता है कि 'मेरी मौसी की बेटी मुझे अच्छी लगती है। और तो मैं किसी को नहीं जानता। बचपन में हम लोग एक साथ खेला करते थे, तभी से वह मुझे अच्छी लगती है।...अभी भी अच्छी लगती है।'[34] मौसी की लड़की, यानी सुषमा; जिसकी सगाई जयदेव के यह कहने पर कि सुषमा को, उससे बिना पूछे, एक अनजाने,गुमनाम व्यक्ति के साथ बाँधा जा रहा था, 'उसकी सभी इच्छाओं-आकांक्षाओं की बलि-चढ़ाते हुए।'[35] दोनों भाई 'गुमनाम' रहकर उसकी सगाई तुड़वा देते हैं। उधर प्रोफ़ेसर जयदेव का हाथ अपने हाथ में लेकर स्वयं भावुक होकर कहते हैं कि 'तुम्हारे चरित्र की यह विशेषता है, जयदेव कुछ भी छिपाते नहीं हो, तुम्हें भगवान ने शीशे की तरह साफ़ दिल दिया है।'[36] और फिर मन-ही-मन सोचते हैं कि सबसे बड़ी बात यही है कि मौसी की बेटी होने के कारण वह कभी भी उसके साथ ब्याह नहीं कर सकेगा। लेकिन नियति की विडंबना, आगे चलकर यही देखने में आती है कि जयदेव और कुन्ती के वैवाहिक जीवन में अनेक अन्तर्द्वन्द्वों और उतार-चढ़ाव के बाद, उनके दो बच्चों को अनाथ छोड़कर, कुन्ती की अल्पायु में ही मृत्यु हो जाती है; मानो वह सुषमा के लिए ख़ुद ही स्थान खाली करके अन्तिम प्रयाण कर जाती है! पर यह तो आगे की, बहुत आगे की कहानी है!!

जयदेव द्वारा सुषमा के प्रति अभी भी 'आकर्षण' की बात स्वीकार करने के बाद प्रोफ़ेस्साब अपनी चिर-परिचित शैली में विश्लेषण करते हुए, ज़ाहिर है अपने भावी

सम्बन्ध के हित को भी मद्देनज़र रखते हुए पूरी 'क्लास' ले डालते हैं : 'बचपन का आकर्षण तो बड़ी स्वाभाविक बात होती है, जयदेव! हमारे बड़े-बड़े संयुक्त परिवारों में रहने वाले प्रत्येक युवक-युवती को इसका अनुभव होता है।... ऐसी भावनाओं का इस उम्र में उठना बड़ी स्वभाविक बात है। ऐसी चाहत दिल में उठती है, पर धीरे-धीरे शान्त भी हो जाती है, वैसे ही जैसे बसन्त ऋतु में हरी-हरी कोंपलें निकलती है पर मौसम बीत जाने पर झर भी जाती हैं। ऐसी चाहत स्थायी चाहत नहीं होती, मात्र आकर्षण होता है।' वे यह भी कहते हैं कि 'जिन घरों में लड़के, लड़कियों से नहीं मिलते, वहाँ सहज, सामान्य रिश्ते नहीं पनप पाते। इसी कारण हमारे यहाँ जिन लड़कों को यह शिक्षा दी जाती है कि वे नज़र उठाकर लड़की के चेहरे की ओर भी नहीं देखेंगे, उन लड़कों के मन में ग्रंथियाँ-सी बन जाती हैं। अन्दर से चाहत उठती है पर संस्कार इसे वासना मानकर दबाने की चेष्टा करते हैं और सम्बन्धों का स्वाभाविक विकास होने की बजाय उसमें विकृतियाँ पैदा होने लगती है।' अन्त में वे निष्कष-रूप में कहते हैं कि अपनी विकृतियों को जिस ओर मोड़ें, वे मुड़ जाती हैं। लेकिन मुख्य बात सही समझ की है, विवेक की, सही दृष्टि की है। आकर्षण स्वाभाविक है, पर आकर्षण पर अपना बस भी होना चाहिए। जयदेव को भास होता है कि अब वे 'मध्यम मार्ग' की चर्चा अवश्य करेंगे। और जब वे उसके अनुमान को सही साबित करते हुए Thus far and no farther. The Golden Mean[37] कहते हैं तो स्थिति की गम्भीरता के बावजूद जयदेव मन-ही-मन मुस्करा उठता है!

रामनाथ उनका शिष्य हमेशा की तरह अपनी मंडली में प्रोफस्साब की चर्चा करते हुए उनकी अक्सर खिल्ली उड़ाया करता थाः प्रोफ़ेस्साब सदा मार्क-टाइम करते रहते हैं। मुँह सामने की ओर, भविष्य की ओर, पर वहीं खड़े-खड़े कभी दायाँ तो कभी बायाँ पाँव उठाते और रखते रहते हैं। वहीं खड़े-खड़े लेफ़्ट-राइट, लेफ़्ट-राइट करते रहते हैं। पर कमाल यह है, लगता है आगे बढ़ रहे हैं, ख़ुद भी यही समझे रहते हैं[38] बहुत बाद में जब वे अपने छोटे भाई, डॉ. धनराज के अपनी सिंगापुर वाली प्रेमिका 'डार्की डार्लिंग' से विच्छेद और यहाँ आकर नयी प्रेमिका 'कोकिला' से सम्बन्धों के बाद, उसकी पत्नी 'थुलथुल' के जलकर आत्महत्या करने के बाद और जयदेव-कुन्तो के बीच भी सुषमा के कारण दाम्पत्य सम्बन्धों में तनाव तथा रिश्ते टूटने तक के ख़तरे और कुन्तो की बुरी तरह से गिरती सेहत देखकर जब वे इतने विचलित हो जाते हैं कि यह तक सोचने लगते हैं कि क्या मैं सचमुच असफल हो गया हूँः 'मध्यम मार्ग, जिसे मैं आदर्श जीवन की आधारशिला मानता हूँ, क्या कोरी कल्पना ही है, मन भुलावा ही है, कोरा आदर्श ही है? इसका व्यवहारिक जीवन से कुछ लेना-देना नहीं है? क्या वह मात्र मस्तिष्क की ही उपज है, मस्तिष्क में ही बना रहता है और आख़िर मस्तिष्क में ही मर जाता है? सन्तुलित जीवन क्या सचमुच

मृग-मरीचिका है? क्या मनुष्य के जीवन में उत्कट भावनाओं की ही निर्णायक भूमिका होती है, या फिर जुनून की, वासना की, धृष्टता की, लालसा की? क्या सन्तुलन नाम की कोई चीज़ है भी या नहीं?'[39] उनको लगता है जैसे जयदेव, सिंगापुर वाले छोटे भाई डॉक्टर धनराज, उसकी पत्नी 'थुलथुल', किसी पर भी उनके 'समझाने' का कोई असर नहीं हुआ! उनका 'गोल्डेन मीन', उनका मध्यम मार्ग व्यर्थ साबित हुआ! उन्होंने ठीक मार्ग-दर्शन नहीं किया!

प्रोफ़ेस्साब को घोर निराशा और हताशा में लगने लगता है कि 'क्या रामनाथ ठीक कहता था कि मैंने एक मनभुलावा बना रखा है, कि जिस लीक को मैं मध्यम मार्ग का नाम देता हूँ, वास्तव में वह परंपरा की ही लीक है, कि वास्तव में मैं यथास्थिति में विश्वास करने वाला घोर परंपरावादी हूँ, सन्तुलन के नाम पर मैं परंपरा का ही भक्त हूँ? क्या यह सही है कि 'बरसों से एक ही विचारधारा से जुड़े रहने के कारण मेरा मस्तिष्क उस विचारधारा के ही ढर्रे पर चलता रहता है? उसमें जड़ता आ गयी है और मेरे लिए यह सोच पाना कठिन हो गया है कि जीवन को देखने का कोई और नज़रिया भी हो सकता है?'[40] लेकिन अपनी विचारधारा और उसके एकांगी और जीवन-विमुखी और खुली-दृष्टि के अभाव में वे अपनी जड़ विचारधारा के बन्दी ही बने रहते हैं। ठीक-ठाक आत्मविश्लेषण करते हुए भी अन्त में उनका मन नहीं मानताः दृष्टि-दोष मुझमें नहीं है। वह उन लोगों में है जिन्होंने मेरी बात नहीं सुनी और मनमानी करते रहे हैं! मेरा कोई गुनाह नहीं। इस तरह वे एक बार फिर सारा बोझ दूसरों पर डालकर, आत्मग्लानि और अपराध-बोध से भी मुक्त हो जाते है। कहना न होगा कि एकांगी मध्यवर्गीय सोच की यही विडंबना है; और भीष्मजी ने अपनी ओर से कोई भी टिप्पणी न करते हुए, अपने चित्रण और तथाकथित 'आत्मविश्लेषण' के माध्यम से सारी बातें साफ़ कर दी हैं। बल्कि यह कहना उचित होगा कि भीष्मजी की बेधक और सूक्ष्मदर्शी दृष्टि के कौशल से यह स्वतः उजागर हो जाता हैः यही भीष्मजी की विलक्षण यथार्थवादी-कला है और उनके निरपेक्ष, तटस्थ और लगभग 'ख़ामोश' वर्णन का कमाल! इस दृष्टि से, इस अपन्यास का सबसे पेचीदा चरित्र प्रोफ़ेस्साब हैं, जिनकी एक-एक करके सारी गिरह खोलते हुए भीष्मजी के कलात्मक कौशल की यह एक विलक्षण उपलब्धि भी है!!

श्रीनगर में, जहाँ सारा परिवार, नाते-रिश्तेदार और मेहमान इकट्ठा है, प्रोफेससाब से एकान्त में 'बौद्धिक वार्तालाप का स्वाँग' करते हुए जयदेव के मन में उनके प्रति पहले वाला भाव नहीं रह गया था। उसके अन्दर एक चिंगारी-सी जल उठती है; और वह तड़पकर कहता है : प्रोफेस्साब, मैं एक बात के बारे में आपसे बात करना चाहता हूँ। सुषमा बहुत दुखी है, गिरीश किसी भी दिन उसे घर से निकाल सकता है। मेरी समझ में कुछ नहीं आता, मैं क्या करूँ?' सुषमा की सगाई तुड़वाकर, कुन्तो

से शादी के बाद, यह जयदेव ही था जिसने गिरीश के साथ उसकी शादी करवाई थी। सगाई तुड़वाने में उसकी भूमिका दोनों परिवारों में उजागर हो जाने के बाद, 'बिगड़ी सुधारने' के दायित्व बोध से, अपनी ज़िम्मेदारी और नैतिक दायित्व मानते हुए। दरअसल, बहुत सारी जटिलताओं और गड़बड़ियों तथा तद्‌जनित तनावों और अन्तर्द्वन्द्वों की शुरुआत भी तभी से हुई थी—और प्रोफ़ेस्साब के 'गोल्डन मीन', माध्यम मार्ग की बुरी तरह से विफलता और धज्जियाँ उड़ने के त्रासद एहसास की भी!

प्रोफ़ेस्साब ठिठककर खड़े हो गये थे। यह अप्रत्याशित वाक्य सुनकर वह चौंक से गये थे। इससे पहले कि वह सम्भल पाएँ, जयदेव कह जाता है कि 'मैं उसे अकेला नहीं छोड़ सकता। मैं उसके बिना नहीं रह सकता। वह न जाने कहाँ-कहाँ मारी-मारी फिरेगी।' जिस क्षोभ को प्रोफ़ेस्साब स्वयं अपने सीने में दबाए हुए थे, वह इस वाक्य से फट पड़ने को हुआ—तुम्हें सुषमा की बहुत चिन्ता है, कुन्तो भले ही घुल-घुलकर मर जाए। तू अभी भी अपनी मौसेरी बहिन के पीछे लट्टू हुआ घूम रहा है। पर प्रोफ़ेस्साब मुँह से कुछ नहीं बोले। अपनी भावनाओं को अपने काबू में रखना ही उनका सबसे बड़ा गुण था। लेकिन जयदेव, उनके विपरीत 'शीशे की तरह साफ़, निर्मल और पारदर्शी मन वाला निहायत संवेदनशील और भावनाओं के हिंडोले में झूलनेवाला जीव था।' प्रोफ़ेस्साब उसे भली-भाँति समझते भी थे। इसीलिए, कुन्तो के भविष्य की आशंकाओं के बीच, अपने क्षोभ को दबाकर वे शान्त और समतल स्वर में ('गोल्डेन मीन') बोलेः 'मैं तुम्हारी चिंता और व्याकुलता को समझ सकता हूँ।....तुम उसे अपने घर ले आओ।' जयदेव के यह बताने पर कि 'वह यहाँ नहीं आना चाहती। वह अपने माँ-बाप के पास भी नहीं जाएगी,' वे पूछते हैं : 'एक बात सच-सच बताओ, जयदेव! क्या तुम कुन्तो को छोड़कर सुषमा के साथ रहना चाहते हो?...अगर तुम्हारा विचार सुषमा के साथ रहने का है तो मैं कुन्तो को कल ही अपने साथ वापस ले जाऊँगा।'[41]। उनकी आवाज़ में दृढ़ता थी, कुछ-कुछ रुखाई थी। वे अपना यह दोष भी मान लेते हैं कि सुषमा के प्रति जयदेव का आकर्षण जानकर भी उन्होंने कुन्तो से उसका विवाह कराया; क्योंकि मौसेरी बहिन सुषमा के साथ विवाह असम्भव बात थी!

भीष्मजी के शब्दों में, 'जयदेव की स्थिति उस योद्धा की-सी हो रही थी जो तलवार निकालकर दुश्मन के सामने मैदान में उतरे और देखे कि दुश्मन के पास लड़ने को हथियार ही नहीं है। जयदेव के यह कहने पर कि 'कुन्तो से अलग होने का तो मुझे कभी ख्याल ही नहीं आया।' प्रोफ़ेस्साब मन-ही-मन कहते हैं कि तुम्हें ख्याल क्योंकर आयेगा—तुम्हारी गृहस्थी भी बनी रहे और तुम्हारा अभिसार भी चलता रहे। जयदेव सच कह रहा था, पर फिर प्रोफ़ेस्साब ही गलत थे। उनकी यही सोच थुलथुल-धनराज और पहले 'डार्की डार्लिंग' से फिर कोकिला से सम्बन्धों के सन्दर्भ

में भी थी; जिसके परिणाम स्वरूप इस 'गोल्डेन मीन' की बलिवेदी पर थुलथुल जल मरी थी।! वे स्वयं उत्तेजित हो रहे थे, पर धैर्य के साथ जयदेव को समझाने का प्रयास कर रहे थेः 'यथार्थ उस चट्टान की तरह है जिससे टकराकर हमारी भावनाएँ चूर-चूर हो जाती हैं।...यथार्थ हमारी व्यवस्था है और व्यवस्था के अपने नियम हैं। हमारे समाज की अपनी प्रथाएँ-परम्पराएँ हैं। इनको तोड़ने की कोशिश में इन्सान खुद ही टूट जाता रहा है। कोई आदमी हर प्रेमिका के पीछे पत्नी को छोड़ना फिरे, समाज इसकी इजाज़त नहीं दे सकता।'[42] यहाँ फिर वे गलत दृष्टांत दे रहे थे। उनका दृष्टांत उनके छोटे भाई धनराज-जैसे लंपट और अपनी पत्नी से घृणा करने वाले, उस पर अत्याचार करने वाले व्यक्ति के लिए तो ठीक था, पर जयदेव के लिए नहीं। जयदेव न तो धनराज-जैसा स्वार्थी, क्रूर और लंपट था और न ही उसके मन में कुन्तो से अलग होने का विचार क्षण-मात्र के लिए भी आया था। उल्टे वह तो कुन्तो से बेहद गहरा प्यार करता था। लेकिन, साथ ही भावनाओं के हिंडोले पर झूलनेवाला जयदेव सुषमा के प्रति अपने लगाव को भी नहीं भुला पाया था; और अब तो उसकी मौजूदा तकलीफ़ के लिए भी वह खुद को ही दोषी मानकर तड़प रहा था, क्योंकि गिरीश से उसका विवाह उसी ने कराया था।

जयदेव, प्रोफ़ेस्साब का आशय समझने लगा था। यह उस 'लट्ठ' की ओर इशारा था जिसकी चर्चा रामनाथ खी-खी करके किया करता था। उसका मतलब प्रोफ़ेस्साब के स्वर्गीय पिता के उस लट्ठ से था, जो वह पिता की मृत्यु के बाद, उनके भारी-भरकम पलँग की तरह ही अपने कमरे में उठा लाए थे और अपने पलँग के पास दीवार के साथ टिकाकर रख छोड़ा था। वह पिता की निशानी ही नहीं था, यह बाबूजी के चरित्र की दृढ़ता का प्रतीक था। उसे देखते हुए प्रोफ़ेस्साब के मन में दृढ़ता का संचार होता था, दृढ़ संकल्प की प्रेरणा मिलती थी, निष्ठा की, स्थिरता की। और अब 'वह, प्रोफ़ेस्साब की नज़र में, उनके संयुक्त परिवार की एकता और एकबद्धता का प्रतीक बन गया था।'[43] अपनी तीखी टिप्पणियों से इस मध्यगर्वीय पाखंड को तार-तार करने के लिए ही भीष्मजी ने रामनाथ-जैसे हँसोड़ पात्र की सृष्टि की है।

कुन्तो मासूम, सरल हृदय और पर-दुखकातर है। वह जयदेव की हर तरह की उल्टी-सीध हरकतों और दूसरों को 'सरप्राइज़' देते रहने की आदतों पर न्यौछावर होती रहती है। वह हर स्थिति में खुद को उसके अनुकूल ढाल लेती है; हर संकट में, बुरी से बुरी घड़ी में भी उसके साथ कदम से कदम मिलाकर चलती है। उसमें दूसरों के लिए खुद को मिटा देने का ऐसा जज़्बा है कि अन्त में वह अपने आत्म-बलिदान से मानो जयदेव की खुशी के लिए, सुषमा की खातिर 'स्थान खाली' कर जाती है। वह इतनी हँसमुख और अल्हड़ थी कि विवाह के बाद, शुरू-शुरू में उसकी अठखेलियों

को देखकर जयदेव कहा करता था कि 'कुन्तो, तू है तो लड़की पर भगवान ने भूल से तेरे अन्दर किसी पक्षी की आत्मा डाल दी है।' भले ही उसे सुर-ताल का ज्ञान न रहा हो, पर उसके अन्दर से जैसे संगीत का झरना फूट पड़ता था। उसके व्यवहार में परिवर्तन पहली बार तब आता है जब दोनों पहाड़ पर घूमने जाते हैं। पहले तो जयदेव ने उसे यह नहीं बताया था कि सुषमा भी साथ जा रही है। वह उसका यह 'सरप्राइज' भी झेल जाती और यह बताने पर एकदम सहज भी हो जाती है कि वे लोग एक योजना के तहत सुषमा को गिरीश से मिलाने जा रहे हैं, ताकि दोनों एक-दूसरे को पसन्द करें तो उनकी शादी करा दें। लेकिन यह सोचकर कि यदि यह योजना पूरी हो गयी तो उसी क्षण से सुषमा पराई हो जाएगी और वह एक तरह से उसे खो देगा, वह उद्विग्न और बेचैन भी था।

शाम के झुटपुटे में कमरे की खिड़की से बाहर बरामदे में, एक आलिंगनबद्ध जोड़े की देखकर जब वह पहचान लेती है कि वे जयदेव और सुषमा हैं, तो वह जैसे खड़ी-खड़ी काठ हो जाती है। दूसरे दिन सुबह नाश्ते के समय वह जयदेव के रोकते-रोकते भी खूब आचार खा जाती है। डाक्टर ने उसे मना किया हुआ है। जयदेव बिफर उठता है : 'रात-भर खांसती रही हो। तुम सुनती क्यों नहीं? मैं बार-बार बके जा रहा हूँ।' कुन्तो को खाँसी का ज़ोरदार दौरा पड़ता है। ठीक होते ही, वह फिर ढेर सारा अचार टोस्ट पर रखकर खाने लगती है। जयदेव आपे से बाहर हो जाता है कि 'अगर तुम इस तरह मेरी तौहीन करेगी तो जो तुम्हारा मन आये करो।' कुन्तो यह कहकर कि 'मुझे कुछ नहीं होगा,' और अचार खाती जाती है। जयदेव परेशान होकर, यह कहकर उठ जाता है कि 'अगर तुम इस तरह मेरे मुँह पर थूकोगी तो मैं यहाँ एक पल भी नहीं रहूँगा।' सुषमा को भी अटपटा लगता है। कुन्तो कहती है, 'जाओ तुम भी बेशक चली जाओ'; कहकर और अचार खाने लगती है, तो सुषमा भी उठकर चली जाती है। कुन्तो में गहरी चोट लगने पर ऐसी आत्मघाती प्रवृति भी थी।[44] प्रसंगवश, 'कड़ियाँ' में भी, महेन्द्र और सुषमा की मौजूदगी में, प्रमिला कुछ-कुछ ऐसा ही व्यवहार करती है (देखिए 'कड़ियाँ' पृ. 60)। जब जयदेव लौटकर कमरे में आता है तो कुन्तो के 'अन्तस में एक वेदना भरी हूक-सी उठी। उसकी आँखें अभी भी जयदेव के चेहरे पर लगी थीं। वह कुछ कहना चाहती थी पर उसके मुँह ये शब्द नहीं निकल पाए।...जयदेव मेरे साथ छल क्यों करेगा, मुझे ज़रूर भ्रम हुआ है, बारामदे में ज़रूर कोई और लोग रहे होंगे।'[45] वह फफक-फफककर रोने लगती है। जयदेव की समझ में नहीं आता कि वह ऐसे क्यों रो रही है; और उसका रोना थमने में नहीं आता। इस छोटे से प्रसंग की प्रतिक्रिया जयदेव पर यह हुई कि उसे विश्वास होने लगा कि उसकी भूमिका सचमुच निर्दोष रही थी कि सुषमा...जिसने उसे गत रात इतना आतुर और अधीर बना दिया था...वह पतली-सी रेखा जो झूठ

को सच से अलग करती है, वास्तव में अभी भी बनी हुई थी, पर जयदेव समझने लगा था कि वह मिट चुकी है कि वह कभी थी ही नहीं। गिरीश पहुँच जाता है और स्थिति सामान्य हो जाती है।

गिरीश का व्यवहार कुन्तो को बड़ा असामान्य-सा, ख़ासा अनहोना और विचित्र लगता है। भीष्मजी ने लेकिन बड़ा मन लगाकर गिरीश का चरित्र-चित्रण किया हैः 'ऊँचा-लंबा, मितभाषी गिरीश, कुछ भी कहने से पहले देर तक दूसरे आदमी के चेहरे की ओर देखता रहता था, फिर मुस्कुरा देता था, इस ढंग से मानो दूसरे आदमी की नासमझी पर व्यंग्य कर रहा हो। उसकी मुस्कान ही अक्सर उसका उत्तर हुआ करती थी।' दोपहर को भोजन कक्ष में 'वही कुर्ता-पायजामा और मुस्कान लिए गिरीश'। गर्म कपड़ों का पूछने पर फिर मुस्कान, गिरीश ने कोई उत्तर नहीं दिया, मानो जयदेव ने बड़ा बोदा सवाल पूछा हो। उत्तर न पाकर जयदेव झेंप गया, पर फिर पूछा, तो भी क्षण भर के लिए गिरीश की आँखें जयदेव की आँखों से मिलीं, और वह फिर से बिना कुछ कहे,मुस्कुरा दिया था। लगता था जैसे गिरीश ने यह गुर समझ लिया था कि अगर खुद बात करोगे तो तुम हल्के पड़ोगे, अगर दूसरा बात करता जाए और तुम चुप रहो तो वह एक तरह से अपनी सफ़ाई दे रहा है। तुम कभी-कभी बीच-बीच में एकाध वाक्य कह दो जिससे उसका आग्रह और उत्सुकता बराबर बनी रहेंगी। और साथ-ही-साथ तुम उसके प्रति अपनी दूरी बनाए रखोगे और तुम्हारा बड़प्पन भी स्थापित होने लगेगा।[46] लेकिन कुन्तो पर उस बड़प्पन' का कोई रौब नहीं पड़ता। वह हँसती, चहकती और उससे छेड़खानी करती रही। वह ज़्यादातर मुस्कुराता रहा।

शादी के बाद सुषमा, गिरीश के दो कमरों के फ्लैट में आयी और वह रसोईघर की तरफ़ गयी तो 'सुगढ़ हाथों से गिरीश को रसोई का काम करते, आटा सानते, आलू छीलते देखकर वह हैरान रह गयी...हाय, यह आप क्या कर रहे हैं?' गिरीश ने आलू छीलते हुए कहा, 'आज आप हमारी अतिथि हैं, कल गृहिणी होंगी।' सुषमा को गिरीश की हर बात अनोखी और अनूठी लगतीः गिरीश दीवार से पीठ लगाए फर्श पर बैठा किताब पढ़ रहा था। खाकर सफ़र की थकान से वह सो गयी, उठी थी, तो भी वह किताब पढ़ रहा था और जब वह चाय बनाकर लाई तो भी, और जब बत्तियाँ जल गयी और रात के साए गहराने लगे तो भी और जब रात के दस बजे के आसपास सुषमा की पलकें फिर से भारी होने लगीं तो गिरीश ने किताब का आख़िरी पन्ना पलटा और किताब के ज़ोर से बन्द कर दिया और केवल बन्द ही नहीं किया, खिड़की के पास जाकर उसे बाहर गली में पटक भी दिया। गिरीश का कुछ भरोसा नहीं था कि किस वक्त क्या कर बैठे।[47] सुषमा को लगातार प्रताड़ित और तिरस्कृत करके, आगे चलकर गिरीश किताब की तरह, उसे भी अपनी ज़िन्दगी से बाहर फेंक देता है। एक बार सुषमा ने अल्हड़पन में किताब छीन ली तो गिरीश

देर तक एकटक उसे देखता रहा, बोला कुछ नहीं, फिर उठकर चला गया तो देर रात गये घर लौटा। जब रुआँसी सुषमा ने पूछा कि 'आप कहाँ चले गये थे, मैं दिन-भर आपकी राह देखती रही', तो उसने कहा कि 'राह तो बच्चों की देखी जाती है जो वक़्त पर स्कूल से नहीं लौटते। आप मेरी राह न देखा कीजिए।'[48] यह उसने इस लहजे से कहा था कि इसके बाद किसी शिकवा-शिकायत की कोई गुंजाइश ही नहीं रह जाती थी।

दोनों की बीच बड़ा विचित्र-सा सम्बन्ध पनपने लगा थाः 'दाम्पत्य जीवन तो था, पर इसकी बागडोर गिरीश के हाथ में थी। गिरीश का काम निर्णय करना था, सुषमा का मुँह जोहना और उसके निर्णय को शिरोधार्य करना।' वह अपने लिखे को कभी नहीं दिखाता थाः 'जब कभी छपेगा तो देख लीजिएगा।' एक बार सुषमा से उसकी पांडुलिपि पढ़ने की 'धृष्टता' हो गयी तो गिरीश ने कहा तो कुछ नहीं, पर पांडुलिपि फाड़कर फेंक दी। एक रात सोने से पहले सुषमा ने गिरीश को छत की ओर मुँडेर पर खड़े दूर क्षितिज की ओर देखते पाया; सुबह उठने पर देखा कि वह मुँडेर के पास उसी स्थिति में खड़ा था। उनके इस रिश्ते में स्वाभाविकता आ ही नहीं पाई थीः 'कभी-कभी सुषमा को लगता कि वह निःसहाय-सी होती जा रही है, कि उसकी स्थिति उस पक्षी-जैसी है जिसे गिरीश चाहे तो सहलाए और चाहे तो उसके पंख नोच डाले।...यहाँ पर जो गिरीश दे, जितना दे, सुषमा को वही ग्रहण करना था, स्वीकार करना था।'[49] एक बार रेडियो पर एक गाना 'हँस ले, हँस ले जीभर हँस ले...' आ रहा था। सुषमा ताल देकर साथ गुनगुनाने लगी तो, पहले तो गिरीश दहलीज़ पर खड़ा देखता रहा, फिर लात मारकर रेडियो सैट नीचे गिरा दिया और बाहर निकल गया। दरअसल 'व्यंग्य में बुझी-बुझी गिरीश की मुस्कान ही बहुत कुछ कह जाती थी। इस मुस्कान के कारण भी सुषमा अपना आत्मविश्वास खोती जा रही थी।' और उसके 'व्यक्तित्व का यह विघटन विवाह के बाद बढ़ता' जा रहा था। एक दिन वह कागज़ का एक पुर्ज़ा लिखकर छोड़ गया कि 'हम एक-दूसरे के लिए नहीं बने हैं। इस विवाह को घसीटना भूल होगी।'[50] लेकिन सबसे ज़्यादा तनाव की स्थिति तब पैदा हो गयी जब गिरीश का हर शनिवार की शाम अपनी मौसेरी बहन के पास दो दिन के लिए मीरपुर जाने का सिलसिला शुरू हुआ। वह सुषमा के बार-बार रोकने पर भी नहीं रुका।

तंग आकर एक दिन सुषमा ने दोनों हाथ फैलाकर दरवाज़े पर उसका रास्ता रोक लिया, 'मत जाइए ना!' लेकिन गिरीश ने 'हल्के-से झटके से सुषमा के बाएँ बाज़ू को परे हटा दिया' और यह कहता हुआ निकल गया कि 'इससे कोई लाभ न होगा। रास्ता छोड़िए!' सुषमा उसके पीछे पागलों की तरह भागती सड़क तक चली गयी और पहले की भाँति उसके सामने खड़ी होकर उसका रास्ता रोकने की

चेष्टा करते हुए उसने दोनों हाथ फैला दिए—'रुक जाओ जी, मत जाओ। न जाओ ना। मैं नहीं जाने दूँगी।' सुषमा को इस बात की भी सुध नहीं रही थी कि उसकी साड़ी का पल्लू जमीन पर उसके साथ-साथ घिसटता रहा रहा था। उसका ईर्ष्या की आग में झुलसा हुआ चेहरा स्याह-सा पड़ गया था। सड़क पर पनवाड़ी और पंसारी उन्हीं की ओर देखे जा रहे थे। तभी उसे गिरीश की ठंडी समतल आवाज़ सुनाई दीः 'जो कुछ आप कर रही हैं इसका परिणाम अच्छा नहीं होगा।'[51] और वह सुषमा को हमेशा के लिए छोड़कर चला जाता है। वहाँ से गुज़रते टाँगे में बैठा जयदेव का एक मित्र सुषमा को पहचान लेता है और अपने शहर लौटते ही सारा किस्सा जयदेव को सुनाता है। प्रसंगवश, अचार खाने वाले दृश्य (वहाँ अचार की जगह 'सॉस' थी) की तरह ही यह दृश्य भी 'कड़ियाँ' (इसके पृ. 68 से 71 तक) में है : महेद्र और प्रमिला के बीच। ख़बर सुनते ही जयदेव भागा आता है और गिरीश से बात करने को कहता है, पर सुषमा मना कर देती हैः 'किससे? इनसे? नहीं आप कुछ मत कहिएगा। मुझे जो कहना होगा, मैं स्वयं कह लूँगी।' जयदेव को गिरीश का व्यवहार बड़ा लचर और उसकी हरक़तें बड़ी ज़लील लगी थी : शादी के बाद उसका मतलब क्या है, ऐसे अपनी किसी 'दीदी' के पास जाने का? लेकिन 'यदि उस समय जयदेव से कोई कहता कि तुम भी तो—विवाह से पहले भी और बाद में भी—अपनी दीदी से मिलते रहे हो, और तुम्हारे दिल की डोर भी उसके (यानी सुषमा के) साथ बँधी रही है, तो वह सचमुच यह मानने से इनकार कर देता कि दोनों का आकर्षण अपनी-अपनी दीदी के प्रति एक-जैसा ही था। उसकी नज़र में उसका अपना आकर्षण सात्विक और स्वाभाविक रहा था, जबकि गिरीश का आकर्षण एक गिरे हुए आदमी की लम्पटता था।'[52] तभी उसे यह एहसास भी हो जाता है कि सुषमा को अब उसकी कोई जरूरत नहीं रह गयी है और जयदेव उसके जीवन में बिल्कुल असंगत हो चुका है!

भीष्मजी के शब्दों में 'यही स्थिति की बिडम्बना थी। सुषमा की ही नहीं, कुन्तो की भी, मीरपुर में बैठी उस दीदी की भी। इनमें से किसी का विवाह इसकी अपनी पसन्द से, अपने निर्णय से नहीं हुआ था।' कुन्तो, जयदेव के अस्तित्व से भी अनभिज्ञ थी। यह तो प्रोफ़ेसर भइया ने जयदेव के गुण गाये कि कुन्तो, कल्पना ही कल्पना में जयदेव पर निछावर होने लगी थी। इधर सुषमा के साथ भी लगभग ऐसा ही हुआ था। जयदेव भइया ने गिरीश की चर्चा की तो सुषमा को उसकी कल्पना ले उड़ी। और अब? सम्बन्ध स्वतन्त्र के रूप से पनप चुके थे। कहाँ भूल हुई और क्या खोज-खबर करनी चाहिए थी, इन बातों का कोई अर्थ नहीं रह गया था। अब जयदेव को किस कसौटी पर परखोगे और गिरीश को किस कसौटी पर? कुन्तो सोच रही थी कि 'वह जयदेव को प्राप्त करके खो बैठी है और...गिरीश के नाम से

ही सुषमा के दिल में हलचल मच गयी थी। और इस बीच पुराने सम्बन्धों के तन्तु चटक गये थे।' जब जयदेव सुषमा से मिलने गया तो 'एक नज़र में ही सुषमा की आँखों ने बता दिया था कि अतीत बहुत पीछे छूट चुका है, मानो उसने अपने जीवन के उस अतीत को काट फेंका हो जिसके साथ कभी जयदेव जुड़ा था।'[52] ठीक यहीं से सुषमा की मुक्ति शुरू होती है; और उसके आत्मविश्वास से भरे आत्मनिर्भर और स्वतन्त्र व्यक्तित्व की! वह शान्ति-निकेतन चली जाती है।

उधर जयदेव भी कुन्तो और अपने नन्हे बेटे और बेटी को लेकर मुम्बई चला जाता है जहाँ वे 'इप्टा' से जुड़ते हैं, सामाजिक कार्यों में खुद को खपा देते हैं और इस तरह कठिन और संघर्षपूर्ण जीवन-संघर्ष में कूद पड़ते हैं। छोटा सहदेव शुरू से ही काँग्रेस के आज़ादी के आन्दोलन और क्रान्तिकारी कार्यों से जुड़ा हुआ था। वह भी देश-विभाजन के बाद सारे परिवार के सदस्यों के साथ जयदेव के पास मुम्बई पहुँच पहुँच जाता है। इन आखिरी अंशों में मुम्बई और आसपास 'इप्टा' के जनान्दोलन, 'इप्टा' के साथियों, क्रान्तिकारी सहगान-मंडली, उनके गीतों आदि के वर्णन हैं। उधर पंजाब में सहदेव के साथी हीरालाल से सम्बन्धित कुछ बहुत ही मार्मिक अंश हैं। कुन्तो हर तरह से ख़ुद को जयदेव के अनुरूप ढाल लेती है : 'जब से जयदेव ने सहगान मंडली में नाम लिखवाया था, उसकी नज़र में किसान-मज़दूर का दर्ज़ा बहुत ऊँचा उठ गया था, और उसी अनुपात में शहरी लोगों का दर्ज़ा गिर गया था।' सहगान मंडली गाँवों में जाती है तो कुन्तो, जो डॉक्टरों के घर में पैदा हुई थी, जयदेव को गन्दे ताल का पानी पीने से मना मना करती है। लेकिन हर बात में अति उत्साही स्वभाव वाले जयदेव द्वारा 'ताल का पानी पीयोगी तो इन गाँव वालों की ज़िन्दगी को समझ पाओगी, उन-जैसा महसूस कर पाओगी' कहते हुए अँजुली भर-भर ताल का पानी पीते देखकर पहले तो सिहर जाती है, फिर जयदवे का अनुकरण करते हुए ख़ुद भी वही पानी गट-गट कर पी जाती है। यह संयोग ही था कि जहाँ जयदेव को कुछ नहीं होता, वहीं 'शहर लौटने पर कुन्तो के पेट में बल पड़ने लगे थे, और रोग ने जकड़ लिया था।'[53] इसी बीमारी में कुन्तो चल बसी थी।

उपन्यास के अन्तिम पृष्ठों में, कुन्तो के अवसान के दृश्य अत्यन्त मार्मिक हैं, जो हिलाकर रख देते हैं। देर रात, सहगल मंडली के साथी की नयी धुनें सुनते-सुनते, आख़िरकार जयदेव 'अधसोई कुन्तो को अपने बाज़ुओं का सहारा देकर नीचे ले आया था। उसके शरीर की हल्की-हल्की गरमाइश, अपने कन्धे पर कुन्तो के सिर का हल्का-सा बोझ, जैसे उसने अपना सर्वस्व उसके हवाले कर दिया हो। अनींदे में, उसके हल्के-हल्के बुदबुदाने की आवाज़—यही कुन्तो की विदाई के उपक्रम थे। उसके बाद तो जयदेव उसके निर्जीव शरीर को ही जगाने की चेष्टा करता रहा था।' कुन्तो के साथ विवाह और और उसके बाद का सारा घटनाक्रम केवल आठ-नौ साल

तक रहा था, पर जयदेव को 'लगता था जैसे समूचे जीवन को निगल गया है...उसने पलटकर देखा तो दोनों बच्चे, दोनों भाई-बहिन, एक-दूसरे का हाथ पकड़े, कुन्तो के कमरे की दहलीज़ पर खड़े थे।'[54] यह दृश्य पाठक के हृदय को विदीर्ण कर, उसके कलेजे के टुकड़े-टुकड़े कर डालता है! उपन्यास के अन्तिम दृश्य में माँ जयदेव से सुषमा के साथ ब्याह करने को कहती है तो उसे 'लगा जैसे कुन्तो अपने घर का आँगन सुषमा के लिए खाली करके चली गयी है'—जीवन की त्रासदी इस बात में नहीं होती कि हम किसी को खो देते हैं, त्रासदी इसमें होती है कि खो चुकने के बाद हम उसे पहचान पाते हैं![55]

नीलू नीलिमा नीलोफ़र

यह उपन्यास भी 'तमस' और भीष्मजी की और बहुत सारी कहानियों की तरह साम्प्रदायिकता के ख़िलाफ है। लेकिन अपने बिल्कुल भिन्न ढंग से। इसमें दंगे-फ़िसाद नहीं हैं। कोई मार-काट नहीं है। फिर भी यह हिन्दू-मुस्लिम साम्प्रदायिकता की समस्या पर केन्द्रित है, पर निहायत अलग तरह से। इसके साथ ही यह उपन्यास 'कड़ियाँ' और 'कुन्तो' की भाँति, पुरुष-सत्ता के अत्याचार और दमन के ख़िलाफ़ बगावत, और अन्ततः स्त्री-मुक्ति का उपन्यास भी है।

इस उपन्यास में दो बड़ी गहरी बचपन की सहेलियों—नीलोफ़र और नीलिमा की प्रेम-कहानियाँ हैं। एक जोड़ा हिन्दू लड़का और मुस्लिम लड़की का है। नीलोफ़र जो 'नीलू' भी कहलाती है और सुधीर का। दोनों निम्न-मध्यवर्गीय परिवार के हैं; बल्कि सुधीर तो उसके भी और निचले स्तरों से है; और जाति व्यवस्था में भी निचले पायदान पर है। दूसरा जोड़ा हिन्दू लड़की और मुस्लिम लड़के का है। नीलिमा और अल्ताफ़ का, जो दोनों ही उच्च-मध्यवर्गीय सम्पन्न और सम्भ्रान्त परिवारों से हैं। दोनों परिवार आधुनिक विचारों के हैं और पारस्परिक घनिष्ठ भी। नीलिमा और अल्ताफ़ बचपन से साथ पढ़े-लिखे और खेले-कूदे हैं और टेनिस-प्लेयर्स हैं।

नीलोफ़र और सुधीर आर्ट्स कालिज में पढ़ते हैं, जहाँ सुधीर दो कक्षाएँ सीनियर था और नीलू (नीलोफ़र) की हर तरह से मदद करता था। धीरे-धीरे, 'जब दोनों एक-दूसरे के साथ खुलने लगे और प्रेमी-प्रेमिका के अल्हड़-से, बचकाना वार्तालाप हँसी-खेल में होने लगे तो बार-बार अलग-अलग तरह से दोनों के मन को हल्के-हल्के धक्के से भी लगते, अपने-अपने संस्कारवश चौंक-चौंक भी जाते। परन्तु परस्पर प्रेम का ज्वार इतनी तेज़ी से उठ रहा था कि ये हिचकोले, छोटे-छोटे अवरोध उस ज्वार के नीचे न जाने कहाँ डूबते रहे थे।'[56] सुधीर की फाइनल परीक्षा का अन्तिम पर्चा ख़त्म होते ही दोनों शादी का फैसला करते हैं। दोनों परिवारों की सहमति का तो दूर-दूर तक कोई सवाल ही नहीं था। सुधीर ने जब पहली बार घर में ज़िक्र किया

था तो उसके पिता ने चूल्हे से जलती लकड़ी खींच कर, उस पर तानते हुए घर से निकल जाने को कहा था।

सुधीर पर पिता की भभकी का कोई ख़ास असर नहीं हुआ था, क्योंकि 'बाप की धमकियाँ तभी असर करती हैं, जब वह घर में कमाकर लाता हो। पियक्कड़ बाप से कौन बेटा डरेगा, और वह भी जब बेटे की कमाई से घर का खर्चा चलता हो?'[57] सुधीर भाग-दौड़ करके अपनी कुछ पेंटिंग्स होटलों आदि में बेच लिया करता था। उसके चित्र गैलरियों में भी बिकने लगे थे। इस परिवार, विशेषकर उसके पिता की मनोरचना के बार में भीष्मजी लिखते हैं कि 'सुधीर के परिवार के लोग स्वयं ऊँची जाति के नहीं थे, पर हिन्दू तो थे, मुसलमान तो नहीं थे।...स्वयं पियक्कड़ होते हुए भी सुधीर के पिता पर परम्परागत संस्कार हावी थे। उसे अव्वल तो प्रेम-विवाह से ही चिढ़ थी, वह भी मानता था कि प्रेम-विवाह करने वाले युवक-युवतियाँ गिरे हुए लोग होते हैं, जिनका नैतिक पतन हो चुका होता है। उसे भी प्रेम में उच्छृंखलता और कामुकता ही नज़र आती थी।...युवतियों के लिए प्रेम करना तो और भी घृणास्पद है, जघन्य पाप है।'[58] तब उसके मित्र जगदीश के सुझाव पर वे थाने में जाकर अर्जी दे आये थे। पुलिस स्टेशन आफिसर और अपने वालिद और दोनों भाइयों के आगे नीलू के अपनी रजामन्दी ज़ाहिर करने के बाद दोनों ने आर्य समाज मन्दिर में शादी कर ली थी।[59] दोनों बिना किसी को बताए शिमला आ गये थे। जहाँ सुधीर को चित्रकला के अध्यापक की नौकरी मिल गयी थी। प्रेम की सफल परिणति दाम्पत्य में हुई थी।

शिमला में ही नीलू-सुधीर की मुलाकात नीलिमा और अल्ताफ़ से होती है, जहाँ वे नीलिमा के बैरिस्टर पिता के साथ घूमने आये हुए हैं। निम्न-मध्यवर्गीय और बड़े ही दकियानूसी माहौल से आये इस प्रेमी-युगल (अब पति-पत्नी) को इस आधुनिक और उदार-दृष्टि वाले पिता के खुले व्यवहार पर घोर आश्चर्य होता है! नीलू के इस सवाल पर कि 'शादी कब करोगे? तेरे डैडी सायत निकलवाएँगे?' नीलिमा कहती है, 'नहीं, वह हरी झंडी देंगे।...जब उनकी माँ मान जाएगी।' नीलू के मुँह से निकल जाता है, 'और जो वह नहीं मानी तो?' तब नीलिमा कहती है कि 'ऐसा मत कह नीलू। प्रेमियों से ऐसा नहीं कहते, पगली!'[50] दरअसल, होता यही है और नीलोफ़र-सुधीर के विपरीत, इस 'अर्न्तधार्मिक' या 'अर्न्तसाम्प्रदायिक' प्रेम-सम्बन्धों की परिणति दुखद विच्छेद में होती है। नीलिमा के डैडी बैरिस्टर साहिब की माँ, नीलिमा की दादी नहीं मानतीं। उनकी नज़र में भी 'प्रेम, वासना का ही दूसरा नाम हैं।' विधुर बैरिस्टर साहिब सोचते हैं कि वही मेरी माँ, एक बार नहीं बीसियों बार उन यातनाओं की चर्चा कर चुकी है जो उसे अपने ब्याह के बाद, ससुराल में सहनी पड़ी थीं : कोई सीधे मुँह बात नहीं करता था, बात-बात पर उलाहने देते थे। ऐसी-ऐसी कड़वी

बातें कहते थे। मुझे लगता था जैसे मेरे माँ-बाप ने मुझे जलते कुँड में झोंक दिया है।...स्त्री की जून ही खोटी है, बेटा, मैं तुमसे क्या कहूँ।' वही माँ अब पुराने रीति-रिवाज़ों की लीक पर ही सबको चलाने की जिद पर अड़ी बैठी है! जब वे माँ से बहस करते हैं कि 'माँ, तुम तो ख़ुद कहती थीं, ब्याह-शादी के मामले में लड़कियों की रजामन्दी होनी चाहिए।' तो उनका दो टूक उत्तर होता है कि 'रजामन्दी होनी चाहिए बेटा, पर अपनी जात-बिरादरी में से। अपने लोगों में से, अपना धर्म छोड़कर नहीं।'[61] साम्प्रदायिक भेदभाव की चट्टान से टकराकर हर तर्क, प्रत्येक भावना, सभी संवेदनाएँ चूर-चूर हो जाती हैं!

आख़िरकार, दादी माँ की ज़िद और डैडी को मानसिक क्लेश और दुविधा से मुक्ति दिलाने के लिए, नीलिमा बैरिस्टर साहब के मित्र के अफ़सर लड़के सुबोध से शादी कर लेती है। निहायत अवसरवादी, लालची, कंजूस, महत्वाकांक्षी और अहं-पीड़ित सुबोध नीलिमा को बात-बात पर इतना तिरस्कृत, प्रताड़ित और अपमानित करता है, यहाँ तक कि मारता-पीटता भी है, कि अन्ततः नीलिमा ख़ुद को आग लगाकर आत्महत्या की कोशिश भी करती है। लेकिन वह काफ़ी झुलस जाने के बाद भी जीवित बच जाती है; और शिमला के एक अस्पताल में इलाज के बाद निकलते हुए पुनः नीलोफ़र से टकरा जाती है। तब तक नीलोफ़र का कट्टरपन्थी भाई हमीद धोखे से उसे 'माँ की बीमारी और अब सभी द्वारा इस अन्तर्धार्मिक विवाह की मंजूरी' की झूठी कहानी गढ़कर अपने साथ घर ले जाता है। वह जबर्दस्ती उसका गर्भपात कराकर, मौलवी की मदद से उसकी शादी एक शादीशुदा और तीन बच्चों के बाप से कराने का षड़यन्त्र रचता है। बहरहाल, जब नीलोफ़र किसी तरह बचकर, फिर सुधीर के साथ शिमला लौट पाती है, तभी नीलिमा से उसकी यह मुलाकात होती है; जबकि आत्महत्या की विफल कोशिश के बाद, वह अपने प्रति सुबोध के पुरुष सत्तावादी वर्चस्व और अहं का मुकाबला करते हुए, अन्ततः स्त्री-मुक्ति के अपने वांछित लक्ष्य की ओर दृढ़ता से बढ़ रही होती है।

इस उपन्यास की कुल-मिलाकर, यह संक्षिप्त कथा-वस्तु है। कहना न होगा कि 'तमस' की तरह यह उपन्यास भी साम्प्रदायिक और कट्टरपन्थी सोच की घृणित और विषैली दुनिया का घिनौना चेहरा बेनकाब करके, उसके प्रतिरोध की सकर्मक प्रेरणा देने वाला उपन्यास है; भले ही यह 'तमस' के शिखर-स्तर का न हो! लेकिन अपने स्तर पर, अपने तरीके से, यह भी एक साम्प्रदायिकता-विरोधी और स्त्री-मुक्ति का उपन्यास ही है। लेकिन, एक 'निजी' प्रसंग भी है। इस उपन्यास की रचना के पीछे के सन्दर्भ को—या प्रेरणा को जो भी आप कहना चाहें, जान लेना भी आवश्यक है—

भीष्मजी के बड़े भाई, महान् सिने अभिनेता बलराज साहनी की आख़िरी फ़िल्म 'गर्म हवा' थी। गोविंद निहलाणी की फ़िल्म (धारावाहिक) 'तमस' की तरह, 'गर्म

हवा' भी साम्प्रदायिकता के ख़िलाफ़ एक अविस्मरणीय और महान् कलात्मक फ़िल्म है। प्रसंगवश वह फ़िल्म 'कान' फैस्टीवल में पुरस्कृत हुई थी; और अन्तर्राष्ट्रीय ज्यूरी की अपनी ओर से की गयी अनुशंसा पर 'ऑस्कर' के लिए 'नामिनेट (नामांकित) भी हुई थी। दुर्भाग्य से, बलराजजी ख़ुद, इसे देख नहीं सके। रिलीज़ होने से पहले ही उनकी मृत्यु हो गयी थी। उपर्युक्त 'सन्दर्भ' को जानने से पहले, इस फ़िल्म और बलराजजी के जीवन में घटित और (निस्सन्देह भीष्मजी सहित पूरे परिवार के जीवन में घटित) एक 'त्रासदी' को जानना तथा 'गर्म हवा' के निर्माता-निर्देशक, अन्तर्राष्ट्रीय ख्याति के फ़िल्मकार एम. एस. सत्थ्यू[62] की बताई गयी तीन-चार बातों को अवश्य जान लेना चाहिए। भले ही इनमें से कुछ बातों का इस उपन्यास से कोई सीधा और प्रत्यक्ष रिश्ता जुड़ता हुआ न भी दिखाई दे! पहली बात यह कि सत्थ्यू ने, जो स्वयं कम्युनिस्ट पार्टी के सदस्य हैं, इस फ़िल्म को आगरा 'इप्टा' के राजेन्द्र रघुवंशी और उनकी टीम के साथी कलाकारों को लेकर बनाया था। इसमें भीष्मजी की बेटी कल्पना साहनी के अलावा, तब के युवा जलाल आग़ा और फ़ारुख शेख़ ने भी अभिनय किया है। बलराज साहनी और ए. के. हंगल तो इसमें थे ही, जो दोनों ख़ुद भी अपने जीवन पर्यन्त कम्युनिस्ट पार्टी के सदस्य रहे।

दूसरी बात वह है जो सत्थ्यू 'इंन्टरव्यू' के दौरान पवन मेराज़ की इस टिप्पणी के उत्तर में कहते हैं कि 'इस फ़िल्म का अन्त भी बहुत सकारात्मक था।' वे बताते हैं कि 'दरअसल, वह भी बलराजजी का ही योगदान था। उन्होंने ही इस तरह के अन्त को सुझाया। वे बहुत समर्थ कलाकार थे। दो बीघा जमीन, गर्म हवा और दूसरी कई फ़िल्मों में अपने शानदार अभिनय के बावज़ूद उन्हें कभी नेशनल अवार्ड नहीं मिला तो सिर्फ़ इसलिए क्योंकि वे कम्युनिस्ट पार्टी के मेम्बर थे।' बलराज साहनी की इस अन्तिम फ़िल्म के इस आख़िरी 'शॉट' के बारे में सत्थ्यू आगे बताते हैं कि फ़िल्म के अन्त में जब वे (यानी, बलराजजी) कहते हैं कि 'मैं इस तरह अकेला नहीं जी सकता'; और संघर्ष करती जनता के लाल झंडे वाले जुलूस में शामिल हो जाते हैं, यह उनके अभिनय-जीवन का भी अन्तिम शॉट था!'

अन्तिम बात, जिसका ताल्लुक इस उपन्यास की प्रेरणा से भी है। पवन मेराज़ की इस जिज्ञासा के उत्तर में कि 'इस फ़िल्म के उस मार्मिक सीन में जब नायिका मर जाती है (जो फ़िल्म में बलराज साहनी के किरदार की बेटी है) तो पिता के रोल में बलराज साहनी की आँखों से कोई आँसू नहीं गिरता और यह बात दुख को और भी बढ़ा देती है?' सत्थ्यू एक निहायत निजी और बड़ी मार्मिक बात बताते हैं : 'असल में बलराजजी की ज़िन्दगी में भी ऐसा ही कुछ हुआ था। उनकी एक बेटी (शबनम) ने आत्महत्या कर ली थी। बलराज शूटिंग से लौटकर आये थे और उन्होंने कुछ इसी तरह सीढ़ियाँ चढ़ी थीं, जैसा फ़िल्म (गर्म हवा) में था। बलराज उस

समय इतने अवसन्न हो गये थे कि रो भी नहीं पाए। उस वक्त उनसे पारिवारिक रिश्तों के चलते मैं वहीं था। फ़िल्म बनाते समय मेरे ज़हन में वही घटना थी। पर मैं बलराजजी से सीधे-सीधे नहीं कह सकता था। इसलिए, मैंने सिर्फ़ इतना कहा कि आपको इस सीन में रोना नहीं है...बलराजजी समझ गये; और उन्होंने जो किया, वह आपके सामने है।' कहना न होगा कि महान् कलाकार की निजी त्रासदी ऐसी ही महान् कला में बदल कर अमर हो जाती है!

एम. एस. सत्थ्यू ने ऊपर बलराज साहनी की बेटी की आत्महत्या का जो ज़िक्र किया है, उस सन्दर्भ में लाल्टू ने लिखा है कि "विभाजन ही नहीं, फ़िरकापरस्ती और रुढ़ियों की यन्त्रणा का गहरा अनुभव भीष्मजी को अपने जीवन से मिला था। माँ के कहने पर अपने बड़े भाई बलराज की बेटी शबनम को उसके मुसलमान मित्र से अलग कर, उसकी कहीं और जबरन करवाई शादी; और बाद में उसकी खुदकुशी से जो सदमा परिवार को झेलना पड़ा, उसे जहाँ बलराज ने फ़िल्म 'गर्म हवा' में अपने अभिनय से सर्जनात्मक ढंग से कहा, वहीं भीष्म ने 'नीलू नीलिमा निलोफ़र' उपन्यास में फ़िरकापरस्ती से तबाह होती जवान जिंदगियों की कहानी में ढाला। भीष्म का आशावाद वहाँ नीलिमा और नीलोफ़र की ताकत और जीवन के प्रति उनके जुझारू रवैये में दिखता है।" बलराजजी को अपना 'हीरो' और आदर्श मानने वाले, और जीवन में अनेक बातों में उनके पग-चिन्हों पर चलने वाले, भीष्मजी यहाँ भी अपने बड़े भाई का अनुसरण करते हुए, अपने निजी दुख को एक बड़े और सकारात्मक मूल्य में बदलकर, एक भिन्न माध्यम में, कला में रूपान्तरित कर देते हैं!!

सन्दर्भ

1. भीष्म साहनी 'आज के अतीत', राजकमल प्रकाशन, नयी दिल्ली-110002, पृष्ठ 213.
2. भीष्म साहनी, 'झरोखे'; राजकमल, पृष्ठ 33.
3. उप. पृ. 90
4. उप. पृ. 50
5. उप. पृ. 13
6. उप. पृ. 45
7. उप. पृ. 147
8. उप. पृ. 154
9. उप. पृ. 141
10. उप. पृ. 7
11. भीष्म साहनी, 'कड़ियाँ'; उप. पृ. 182
12. उप. पृ. 184
13. भीष्म साहनी 'आज के अतीत, पृ. 213

14. उप. पृ. 214-15.
15. 'कड़ियाँ', पृ. 13.
16. उप. पृ. 15
17. उप. पृ. 42-43
18. उप. पृ. 46-47
19. उप. पृ. 75
20. उप. पृ. 86
21. उप. पृ. 83
22. उप. पृ. 84-85
23. उप. पृ. 88-89
24. उप. पृ. 91-92
25. उप. पृ. 114
26. उप. पृ. 76-77
27. उप. पृ. 116 और 128-29
28. उप. पृ. 178-179
29. उप. पृ. 147
30. उप. पृ. 157
31. 'कुन्तो' राजकमल; पृ. 26 और पृ. 187
32. उप. पृ. 17
33. उप. पृ. 105
34. उप. पृ. 18-20
35. उप. पृ. 65
36. उप. पृ. 20
37. उप. पृ. 21-22
38. उप. पृ. 233
39. उप. पृ. 281
40. उपर्युक्त।
41. उप. पृ. 262
42. उप. पृ. 263
43. उप. पृ. 135
44. उप. पृ. 159-60
45. उप. पृ. 164
46. उप. पृ. 169
47. उप. पृ. 191
48. उपर्युक्त
49. उप. पृ. 192-93
50. उप. पृ. 195-96

51. उप. पृ. 203-05
52. उप. पृ. 212-13
53. उप. पृ. पृ. 309
54. उप. पृ. 311-12
55. उप. पृ. 327
56. 'नीलू नीलिमा नीलोफर' राजकमल; पृ. 9
57. उप. पृ. 24
58. उपर्युक्त।
59. उप. पृ. 22
60. उप. पृ. 56
61. उप. पृ. 81-82
62. एम. एस. सत्थ्यू ने पवन मेराज़ को दिए अपने एक साक्षात्कार के दौरान उल्लिखित बातें बताई थीं। यह 'साक्षात्कार' प्रहलाद अग्रवाल के सौजन्य सम्पादन में प्रकाशित, 'प्रगतिशील वसुधा' (भोपाल) के सिनेमा पर बहुचर्चित विशेषांक में छपा है।

7

हिन्दी कहानी की 'ग्लोबल' परिणति

> कहानी में दम होना चाहिए, उसमें पैनापन होना चाहिए, ईमानदारी से जीवन की स्थिति को पेश किया जाना चाहिए, भावनात्मक स्तर पर वह कथानक की सच्चाई से, उसके भीतर पाये जाने वाले अन्तर्विरोध का सशक्त चित्रण प्रस्तुत करे। कहानी पाठक के दिल और दिमाग़ तक जा पहुँचे...इस सवाल की इतनी अहमियत तो ज़रूर है कि निर्देश, संकेत, कला में खपकर आये, कहानी को अधिक सशक्त बनाये...कहानी की मूल वस्तु सजीव, प्रभावशाली और गहराई में पैंठकर प्रस्तुत की गयी हो।
>
> *—'मार्क्सवाद और साहित्य', ('अपनी बात' पृष्ठ 109)*

भीष्म साहनी के सभी, नौ कहानी-संग्रहों की सारी कहानियाँ पढ़ जाने के बाद, मैं इस निष्कर्ष पर पहुँचा हूँ कि उनकी कहानी 'वाङ्चू', एक कहानीकार के रूप में उन्हें विश्व स्तर पर सुप्रतिष्ठित करने वाली कहानी है। इस 'ग्लोबल' कहानी का लगभग वही महत्व है, जैसा कि उनके उपन्यास 'मय्यादास की माड़ी' का है! 'ग्लोबल' यह इस अर्थ में है कि इसमें युद्ध और तद्‌जनित व्यवस्थाओं की निर्मम असंवेदनशीलता पर मर्मान्तक प्रहार किया गया है; और वह भी बड़ी ख़ामोशी और निस्संग निरपेक्षता के साथ। बिना किसी शोर-शराबे या लेखकीय 'प्रतिबद्धता' और विचारधारात्मक हस्तक्षेप के बगैर! कहना न होगा कि भीष्म जी की यह विलक्षण कला और उनका अद्‌भुत कौशल यहाँ अपने चरम पर पहुँचा हुआ दिखायी देता है। यह कहानी भीष्म जी की तो सर्वश्रेष्ठ कहानी है ही, इसमें कोई सन्देह नहीं, लेकिन साथ ही यह प्रेमचन्द के बाद, हिन्दी कहानी की भी परम परिणति है। इसकी तुलना करनी ही हो, तो अपनी तमाम भिन्नताओं के बावजूद सिर्फ़ एक ही कहानी और है जो इसके आगे ठहरती है। और वह है, गजानन माधव मुक्तिबोध की ऐसी ही 'ग्लोबल' इम्पैक्ट वाली कहानी 'क्लाड ईथर्ली'—निर्मल वर्मा की 'लन्दन की एक रात' अपनी सारी चर्चाओं के बावजूद, इन दोनों कहानियों के आगे कहीं नहीं ठहरती!

वह दिन पता नहीं कब आयेगा जब अन्तर्राष्ट्रीय स्तर पर इन दोनों कहानियों का महत्व जगमग दिखेगा।

वाङ्चू की मौत—ख़ामोश, एकान्त मृत्यु, मानो दुनिया की सारी मासूमियत, भोलेपन और इन्सानियत की मौत है! कठघरे में खड़ी हैं दो व्यवस्थाएँ—चीन की तथाकथित 'कम्युनिस्ट' व्यवस्था और भारत की तथाकथित 'लोकतान्त्रिक' और 'कानून के शासन' की व्यवस्था—और साथ ही, दोनों राज-व्यवस्थाओं की निर्मम, कठोर और संवेदना-रहित नकारा नौकरशाही तथा उनका खुफ़िया और पुलिस-तन्त्र! वाङ्चू की निपट अकेली और दर्दनाक मृत्यु बहुत बड़ा सवाल छोड़ जाती है कि इन दोनों व्यवस्थाओं में, बिना किसी राजनीतिक या विचारधारात्मक प्रतिबद्धता और तथाकथित 'राष्ट्रवाद' की उद्‌घोषणाओं के, क्या किसी भोलेभाले, मासूम और संवेदनशील व्यक्ति को जीने का कोई हक नहीं है! आज जब असहिष्णुता के तेज़ी से ऊपर चढ़ते जा रहे तापमान और हत्यारे फ़ासिस्ट काले सायों के दौर में, जब अभिव्यक्ति-स्वातन्त्र्य को हिंसात्मक दमन से कुचला जा रहा है, तब वाङ्चू की ख़ामोश धार्मिक आस्था और बोधिसत्वों के प्रति उसकी विलक्षण भाव-विह्वलता का क्या मूल्य रह जाता है! वाङ्चू तो अपनी इस भाव-विह्वलता के साथ अपने-आप में डूबा रहता है; वह तो अपनी धार्मिक आस्था की कोई सार्वजनिक उद्‌घोषणाएँ भी नहीं करता! फिर भी किस तरह से उसकी संवेदनशीलता का, उसके समूचे व्यक्तित्व का, उसके किसी का भी रोआँ तक न दुखाने वाले मासूमियत से लबालब छलकते अस्तित्व का निर्मम संहार किया जाता है! दो व्यवस्थाओं के टकराव और युद्ध के ख़िलाफ़ यह एक ऐसी कहानी है जिसकी हिन्दी में तो मुझे कोई दूसरी मिसाल कहीं नहीं दिखती!

भीष्मजी के शब्दों में ही वाङ्चू की ख़ामोश आमद देखिए : 'तभी दूर से वाङ्चू आता दिखायी दिया। नदी के किनारे, लालमंडी की सड़क पर धीरे-धीरे डोलता-सा चला आ रहा था। धूसर रंग का चोगा पहने था और दूर से लगता था कि बौद्ध भिक्षुओं की ही भाँति उसका सिर भी घुटा हुआ है। पीछे शंकराचार्य की ऊँची पहाड़ी थी और ऊपर स्वच्छ नीला आकाश। सड़क के दोनों ओर ऊँचे-ऊँचे सफ़ेदे के पेड़ों की कतारें। क्षण-भर के लिए मुझे लगा, जैसे वाङ्चू इतिहास के पन्नों पर से उतरकर आ गया है। प्राचीन काल में इसी भाँति देश-विदेश से आने वाले चीवरधारी भिक्षु पहाड़ों और घाटियों को लाँघकर भारत में आया करते होंगे। अतीत के ऐसे ही रोमांचकारी धुँधलके में मुझे वाङ्चू भी चलता हुआ नज़र आया।' यह कोरा वर्णन-मात्र नहीं है। चाहे उपन्यास हो, या कोई कहानी, भीष्म जी इसी तरह से एक समूचा दृश्य—एक तैरता-सा सघन बिम्ब लाते हैं; और उस बिम्ब के भीतर से, यहाँ 'धुँधलके' में से, वाङ्चू 'इतिहास के पन्नों पर से उतरकर' आ खड़ा होता है! यह 'इतिहास' है सदियों के सांस्कृतिक आदान-प्रदान का। दो अति-प्राचीन सभ्यताओं

के अकूत ज्ञान-विज्ञान की अथाह सम्पदा के परस्पर गले मिलकर, शान्ति और सद्भाव के भाईचारे के उद्घोष का! वाङ्चू की मौत मासूमियत और भोली-भाली अहिंसक इन्सानियत की मौत ही नहीं, बल्कि समूची संस्कृति की मौत है! 'वाङ्चू' सिर्फ़ एक कहानी-मात्र नहीं, युद्ध के ख़िलाफ़ और मानव-संस्कृति की मृत्यु का दहला देनेवाला दस्तावेज़ है! यह किसी एक व्यक्ति की, उसकी मासूमियत की मौत नहीं, संस्कृति-मात्र की मृत्यु का शोक-गीत है—अपने धीमे, मन्द्र स्वर में!!

यह भोला-भाला और लगभग हास्यास्पद भिक्षु भारत में 'मतवाला बना' कर क्या रहा था? फिर भीष्मजी के ही शब्दों में, 'वह महाप्राण के जन्मस्थान लुम्बिनी की यात्रा नंगे पाँव कर चुका था, सारा रास्ता हाथ जोड़े हुए। जिस-जिस स्थान, जिस-जिस दिशा में महाप्राण के चरण उठे थे, वाङ्चू मन्त्रमुग्ध-सा उसी-उसी दिशा में घूम आया था। सारनाथ में, जहाँ महाप्राण ने अपना पहला प्रवचन किया था और दो मृगशावक मन्त्रमुग्ध-से झाड़ियों में से निकलकर उनकी ओर देखते रह गये थे, वाङ्चू एक पेड़ के नीचे घंटों नतमस्तक बैठा रहा था, यहाँ तक कि उसके कथनानुसार उसके मस्तक में अस्फुट से वाक्य गूँजने लगे थे और उसे लगा था, जैसे महाप्राण का पहला प्रवचन सुन रहा है। वह इस भक्तिपूर्ण कल्पना में इतना डूब गया था कि सारनाथ में ही रहने लगा था। गंगा की धारा को वह दसियों शताब्दियों के धुँधलके में पावन जल प्रवाह के रूप में देखता।' भीष्मजी (इस कहानी के 'नैरेटर') आगे बताते हैं कि वाङ्चू जब से श्रीनगर आया था, बर्फ़ से ढके पहाड़ों की चोटियों की ओर देखते हुए अकसर कहता—'वह रास्ता ल्हासा को जाता है ना, उसी रास्ते बौद्ध ग्रन्थ तिब्बत में भेजे गये थे। वह उस पर्वतमाला को भी पुण्य-पावन मानता था, क्योंकि उन बिछी पगडंडियों के रास्ते बौद्ध भिक्षु तिब्बत की ओर गये थे।' भीष्मजी भी, हरिशंकर परसाई की तरह, कोई मामूली-सी घटना, कोई छोटी-सी बात से शुरू करके उसे विराट्, गहरी और बेधक जटिलताओं की ओर ले जाते हैं—फिर चाहे वे राजनीति की हों या संस्कृति की।

श्रीनगर में भी वाङ्चू बौद्ध विहारों के खंडहरों में खोया-खोया घूमता रहता है। कहानी का 'नैरेटर' उसे छेड़ता है, 'बोधिसत्वों से भेंट हो गयी?' वह मुस्कराकर अपनी ही रौ में कहता जाता है : 'संग्रहालय के बाहर बहुत-सी मूर्तियाँ रखी हैं' ...फिर सहसा 'भावुक' होकर बोला : 'एक मूर्ति के केवल पैर-ही-पैर बचे हैं...।' वह इतना भाव-विह्वल हो उठता है कि उसका गला रुँध जाता है और उसके लिए आगे कुछ कहना असम्भव हो जाता है। वह अपना हाथ 'नेरेटर' की कोहनी पर रखकर काँपती-सी आवाज़ में बोलता है, तो कहानी के 'नेरेटर' को 'उसके हाथ का हल्का-सा कम्पन, धड़कते दिल की तरह' महसूस होता है : 'आरम्भ में महाप्राण की मूर्तियाँ नहीं बनाई जाती थीं ना! तुम तो जानते हो, पहले स्तूप के नीचे केवल पैर ही

दिखाये जाते थे।' उपर्युक्त सम्पूर्ण वर्णन और इस वार्तालाप से यह तथ्य भलीभाँति उजागर हो जाता है कि वह भले ही बौद्ध धर्म या बौद्ध दर्शन का 'सामाजिक-आर्थिक आधार पर' विश्लेषण न कर पाता हो, जैसी कि बाद में चीन जाने पर उसकी आलोचना की जाती है, लेकिन वह बौद्ध इतिहास की, बौद्ध-कला की बारीकियों से अच्छी तरह से परिचित था; और बौद्ध-धर्म-दर्शन के पूरे सांस्कृतिक और कलात्मक इतिहास का जानकार था।

नैरेटर की उसके बारे में 'अपनी' राय थी कि 'उसकी मनःस्थिति को देखते हुए वह सचमुच ही वर्तमान से कटकर अतीत के ही किसी कालखंड में विचर रहा था' और यह 'वर्तमान' ही बार-बार तप्त ज्वालामुखी शिलाओं की तरह उस पर गिर-गिर कर उसके समूचे अस्तित्व का ध्वंस करता है—चीन में भी, जब वह वहाँ जाता है; और भारत में भी—जब वह 'कम्युनिस्ट' चीन में खुद को 'मिसफिट' पाकर पुनः भारत लौट आता है! वह अतीत के जिन सांस्कृतिक कालखंडों में भावविह्वल विचरण करता हुआ मुग्ध और लगभग आत्मविस्मृत जी रहा था, बिना किसी को भी कोई हल्का-सा भी नुकसान पहुँचाए, उसके बरक्स 'वर्तमान' भयावह था! तब से लेकर आज तक! यह 'वर्तमान' है अफ़गानिस्तान के नृशंस ज़ेहादी तालिबान द्वारा बामियान की, दुनिया की सबसे बड़ी, विशालकाय बुद्ध-प्रतिमा को बमों से नेस्तानाबूद करने वाला! यह 'वर्तमान' है भारत के भी उनके समानधर्मा हिन्दुत्ववादी कट्टरपंथियों द्वारा बाबरी मस्ज़िद का ध्वंस करने वाला; और गुज़रात के दंगों में राज्य की सक्रिय भूमिका के साथ सामूहिक नरसंहार और लोगों को आग में झोंककर ज़िन्दा जलानेवाला! इस 'वर्तमान' को, जो मुक्तिबोध के शब्दों में 'साक्षात् आज है', पीछे खींचकर भारत-चीन सीमा-विवाद और फलस्वरूप चाहे छोटा-सा ही सही, भारत-चीन युद्ध तक भी ले जाया जा सकता है!

वाङ्चू वृद्ध प्रोफेसर तान-शान के साथ भारत आया था। लेकिन प्रोफेसर के चीन लौट जाने के बाद भी किसी बौद्ध सोसाइटी के अनुदान से वह यहीं, सारनाथ में रह गया था : 'भावुक, काव्यमयी प्रकृति का जीव, जो प्राचीनता की खोज करने नहीं आया था। वह तो बोधिसत्वों की मूर्तियों को देखकर गद्गद होने आया था।' कहानी के नैरेटर की दृष्टि में वाङ्चू वर्तमान से नितान्त कटा हुआ था। उसकी दिलचस्पी भारत के वर्तमान में नहीं, उसके अतीत में थी; बुद्ध और बौद्ध ग्रन्थों में थी। नैरेटर ख़ुद भी पाठकों को इस बात का एहसास बारंबार कराता रहता है। इस सन्दर्भ में वह कई घटनाओं का ज़िक्र भी करता है। वाङ्चू के बारे में उसने इस बात पर इतना ज़ोर क्यों दिया है? दरअसल, इसके बिना वाङ्चू की त्रासदी को समझा ही नहीं जा सकता! नैरेटर के शब्दों में 'वह हमारे देश की ही गतिविधि के बारे में नहीं, अपने देश की गतिविधि में भी कोई विशेष दिलचस्पी नहीं लेता था।'

यह बात उसकी त्रासदी को और भी गहरी, घनी और निष्ठुरता की हद तक निर्मम बना डालती है! वाङ्चू की मासूमियत, दुनियादारी की नासमझी और आत्मलीन भोलाभालापन, उसकी एकान्त, अकेली और अनाम मृत्यु को और भी त्रासद बना डालते हैं!!

वाङ्चू जब श्रीनगर में था तो देश में स्वतन्त्रता-संग्राम पूरे ज़ोरों पर था और उन दिनों हमारे 'देश में वलवलों का सैलाव-सा उठ रहा था।' तभी वहाँ नेहरूजी आते हैं। उनके स्वागत और उनके नावों के जुलूस को देखने सारा शहर उमड़ पड़ता है। वाङ्चू के इस कथन पर कि 'क्या मेरा जाना बहुत ज़रूरी है', नैरेटर को बुरा लगता है। वह सबके साथ जाता तो है, पर पूरा जुलूस गुज़रने से पहले ही, यह कहकर चल देता है कि 'मैं थोड़ी देर के लिए संग्रहालय में जाना चहूँगा।' नैरेटर के दोस्तों को उसका यह व्यवहार नाग़वार लगता है और वे उसकी खिल्ली भी उड़ाते हैं। लेकिन नैरेटर फिर भी, सफाई देता है कि 'बाहर का रहनेवाला है, इसे हमारी बातों में कैसे रुचि हो सकती है।' वास्तविकता यह है कि वाङ्चू की चीन के समकालीन घटनाक्रम में भी कोई रुचि नहीं थी। बुद्ध, बोधिसत्वों और प्राचीन ग्रंथों की दुनिया से कोई उसे खींचकर बाहर लाने की कोशिशें करता भी था तो उसे बड़ी उलझन होती थी! अपने इर्द-गिर्द के वर्तमान संसार, उसमें घटित होने वाली नित नयी-नयी घटनाओं से न उसका कोई वास्ता था और न ही यह सब दुनियादारी उसकी समझ में ही आती थी। इन सबको समझने में उसकी रुचि भी नहीं थी।

वाङ्चू थोड़ी-सी हिन्दी और मामूली-सी अंग्रेज़ी जानता था। वह शब्दों के अर्थ तो समझ लेता था, लेकिन उनके पीछे व्यंग्य की ध्वनि नहीं पकड़ पाता था। इसीलिए, जब भी कोई उसकी खिल्ली उड़ाता या व्यंग्य से ठिठोली करता तो वह टुकुरटुकुर ताकता अपनी 'डेढ़ दाँत की मुस्कान' मुस्कराता सिर हिलाता रहता था। वाङ्चू बेहद भावुक व्यक्ति था और विचलित होने पर उसका चेहरा पीला पड़ जाता और कान लाल होकर, फिर भूरे से जाते थे। जब बैरेटर के दोस्त वाङ्चू के इस तरह जुलूस छोड़कर चले जाने पर उसे 'भाड़ में' झोंकते नाराज़गी जताते हैं तो नैरेटर उसका बचाव-सा करता हुआ कहता है कि 'बड़ा समझदार आदमी है। पिछले पाँच साल से यहाँ रह रहा है। बड़ा पढ़ा लिखा है। बौद्ध धर्म के बारे में बहुत कुछ जानता है।' नैरेटर की नज़र में इस बात का बड़ा महत्व था कि वाङ्चू 'बौद्ध ग्रंथ बाँचता है और उन्हें बाँचने के लिए इतनी दूर से आया है।' वह कहता भी है कि 'इसे यहाँ भारत का वर्तमान खींचकर नहीं लाया, भारत का अतीत लाया है। ह्यूनत्सांग भी तो यहाँ बौद्ध ग्रंथ ही बाँचने आया था।' वाङ्चू मानो उसके लिए शताब्दियों पुराने सांस्कृतिक सम्बन्धों का एक जीवन्त प्रतीक था। नैरेटर की इसीलिए उसके प्रति सहानुभूति और सद्भावना भी थी। उसके यह कहने पर कि 'हमारा देश हम

हिन्दुस्तानियों को पसन्द नहीं, बाहर के लोगों को तो पसन्द है', एक दोस्त चिढ़कर कहता है : 'पसन्द क्यों न होगा! यहाँ थोड़े में गुज़र हो जाती है, सारा वक्त धूप खिली रहती है, फिर बाहर के आदमी को लोग परेशान नहीं करते, जहाँ बैठा है वहीं बैठा रहने देते हैं।... तुम्हारा वाङ्चू भी यहीं पर मरेगा...!' और यह 'भविष्यवाणी' सही निकलती है, पर अपने अत्यन्त त्रासद और निष्ठुर रूप में!

यहाँ ऐसे भले लोग तो हैं जिनकी बात ऊपर की गयी है, लेकिन ऐसे ज़लील लोग भी ख़ासी बड़ी संख्या में हैं, और दुर्भाग्य से उनकी ज़लील हरकतों का ये 'भले' लोग भी कारगर और सक्रिय विरोध नहीं करते, जो यह तय करने लगते हैं कि जो वे कहें, लोग वही पहनें; जो वे कहें, लोग वही खाएँ-पिएँ; जो वे कहें, लोग वहीं कहें; जो वे चाहें, लोग वही सोचें! पंजाब में अलगावादी आतंकवाद के दौर में हम यह देख चुके हैं जब ग़ैर-सिक्खों की हत्याएँ की गयीं; और कश्मीर के अलगावादी आतंकवाद के दौर में भी जब कश्मीरी पंडितों की हत्याएँ करके उनको उनके घरों से खदेड़ा गया। यह आज भी हम देख रहे हैं जब बाबरी मस्ज़िद तोड़ने वाले, मक्का मस्ज़िद और समझौता एक्सप्रेस में विस्फ़ोट करने वाले और जबलपुर, भिवंडी, भागलपुर से लेकर गुजरात में राज्य-प्रायोजित साम्प्रदायिक दंगे कराने वाले और मुसलमानों का कत्ले-आम कराने वाले; कहीं अपना विरोध करनेवाले और भिन्न विचार व्यक्त करने वाले नरेन्द्र डाभोलकर, गोविन्द पानसरे और एम. एम. कलबुर्गी-जैसे देश के श्रेष्ठ बुद्धिजीवियों और लेखकों की सरेआम हत्याएँ करनेवाले फ़ासिस्ट दस्ते सीना तानकर घूम रहे हैं। केन्द्र की साम्प्रदायिक-अर्धफ़ासिस्टी सरकार और उसके मन्त्री ऐसे तत्वों की पीठ ठोंकते और उनके समर्थन में घृणित बयानबाज़ी करते नज़र आते हैं। आए दिन 'नार्थ-ईस्ट' के लोगों के ख़िलाफ़ नस्लवादी टिप्पणियाँ, छेड़छाड़ और मारपीट ही नहीं, उनकी हत्याएँ तक की गयी हैं। फिर भी 'राजग' सरकार और उसके 'मौनी बाबा' प्रधानमन्त्री तथा उनके मंत्रिमंडल के सहयोगी यह कहते नहीं थकते कि कुछ 'देशद्रोही' और पैसों से 'बिके हुए' लोग देश में असहिष्णुता का शोर मचा रहे हैं! ऐसे 'सहिष्णुओं' और 'गौ-मांस की' झूठी अफ़वाहें फैलाकर हत्याएँ करने वालों और उनके बचाव में बयानबाज़ी करने वालों के मुँह पर भीष्म साहनी की यह कहानी 'वाङ्चू' और उनका कालजयी उपन्यास 'तमस' ही नहीं, उनका सम्पूर्ण साहित्य एक करारा तमाचा है! बहरहाल।

नैरेटर की वाङ्चू से दोबारा मुलाकात आज़ादी और देशविभाजन के कई साल बाद दिल्ली में होती है। वह ज़माना 'हिन्दी-चीनी, भाई-भाई' का था और उन्हीं दिनों चीन के प्रधनमन्त्री चू-एन-लाई भारत आनेवाले थे। तब भी नैरेटर को वाङ्चू की मनोवृत्ति पर अचम्भा होता है जब उसे यह पता चलता है कि वह अपने अनुदान के सिलसिले में आया है और यहाँ आने पर ही उसे चीनी प्रधानमन्त्री की यात्रा के बारे

में पता चला है। वह पहले की तरह ही ऐसी तमाम देश, दुनिया और दुनियादारी की बातों से 'निश्चेष्ट, असम्पृक्त', तटस्थ और निरा निरपेक्ष था! ये सब बातें उसकी रुचि के दायरे से बाहर थीं। वह 'अपने जीवन से सन्तुष्ट था। पहले की ही भाँति थोड़ा खाता, थोड़ा पढ़ता, थोड़ा भ्रमण करता और थोड़ा सोता था। और दूर लड़कपन के झुटपुटे में किसी भावावेश में चुने गये अपने जीवन-पथ पर कछुए की चाल मज़े से चलता आ रहा था।' लेकिन, इससे किसी का भी, कैसा भी, कोई अहित तो हो नहीं रहा था; न किसी व्यक्ति का, न समाज का, न राष्ट्र का; न चीन का और न ही भारत का! अगर उसकी रुचि देशों, उनकी शासन-व्यवस्थाओं, उनके शासकों, उनकी नीतियों या देशों के आपसी सम्बन्धों में नहीं थी, तो भला इससे किसी व्यक्ति, समाज या देश और उसके शासकों का क्या बिगड़ता था! मात्र इस बात के लिए ही क्या वाङ्चू को अपराधी और दंड का भागी बनाया जा सकता है! एक मासूम, निहायत निरीह और संवेदनशील व्यक्ति को इन सब बातों में रुचि लिए बगैर क्या अपना जीवन जीने का कोई हक नहीं है! ऐसा व्यक्ति जिसकी राजनीति या राजनीतिक विचारधाराओं में कोई रुचि नहीं है, क्या वह इस दुनिया में रहने और साँस लेने का अधिकार खो देता है!!

दिल्ली की इस मुलाकात के दौरान, जैसाकि कथावाचक ने वर्णन किया है, खाना खाते हुए नैरेटर से 'बहस' छिड़ जाती है। (वह भी एकतरफ़ा ही रही होगी; और मेरा ख़्याल है कि वाङ्चू पूर्ववत हौले-हौले अपनी 'डेढ़ दाँत की मुस्कान' मुस्कराता सिर हिलाता रहा होगा!)। दरअसल, 'बहस' कहानी का नैरेटर करता है: 'सामाजिक शक्तियों को समझे बिना तुम बौद्ध धर्म को भी कैसे समझ पाओगे? ज्ञान का प्रत्येक क्षेत्र एक-दूसरे से जुड़ा है, जीवन से जुड़ा है। कोई चीज़ जीवन से अलग नहीं है। तुम जीवन से अलग होकर धर्म को भी कैसे समझ सकते हो?' **वस्तुतः कहानी का यही महत्वपूर्ण बिन्दु है।** वाङ्चू तो नैरेटर क्या, किसी से भी बहस नहीं करता। कर ही नहीं सकता! भीष्मजी ने वाङ्चू का ऐसा विलक्षण चरित्र, बड़ी बारीक़निग़ारी से और निहायत ही ख़ूबसूरती के साथ, अपने पूरे मनायोग से सृजित किया है : निहायत निरीह, मासूम, भावुक, अपने-आपमें सिमटा, संकोची और अत्यन्त संवेदनशील व्यक्ति! वाङ्चू के रूप में ऐसे भोले-भाले पात्र के माध्यम से ही वे यह बहुत बड़ा और नाजुक सवाल उठाते हैं कि क्या ऐसे व्यक्ति को इस दुनिया में जीने का हक नहीं? इस कहानी में वाङ्चू की अकेली, अनाम और त्रासद मृत्यु से भीष्मजी खुद एक बड़ी और नाजुक 'बहस' छेड़ देते हैं!

यह बहस है व्यक्ति के निजी जीवन, उसकी निजी रुचियों और उसकी नितान्त निजी सोच या विचारों के लिए 'छूट' और धार्मिक स्वतन्त्रता की; और कुल-मिलाकर पूर्ण निजी स्वतन्त्रता की! दुनिया की कम, बड़ी कम कहानियाँ होंगी, कोई होगी भी

या नहीं, जो बिना किसी शोर-शराबे के 'व्यक्ति-स्वातंत्र्य' के पक्ष में इतनी दृढ़ता से खड़ी हो! और फिर, यहाँ यह भी न भूलिए कि भीष्म साहनी प्रलेस के महासचिव ही नहीं (जब यह कहानी 'सारिका' में छपी थी), वे एक घोषित मार्क्सवादी और अपनी सम्पूर्ण आस्था और निष्ठा के साथ कम्युनिस्ट पार्टी के बाज़ाप्ता सदस्य थे। कहना न होगा कि कोई कम्युनिस्ट ही—एक सच्चा कम्युनिस्ट ही, व्यक्ति की इस सम्पूर्ण और सच्ची स्वतन्त्रता, उसके वरण की आज़ादी और उसकी निजता के पक्ष में खड़ा हो सकता है; क्योंकि आज भी, जैसाकि कभी ज्याँ पाल सार्त्र ने कहा था, मार्क्सवाद ही सच्चा मानवतावाद है! मार्क्सवाद की याँत्रिक और भोंड़ी समझ तथा उसके अवसरवादी व्यवहार को देखते हुए, आज फिर से प्रलेस के हमारे प्रथम अध्यक्ष और महान शिक्षक प्रेमचन्द के, हमारे संगठन के स्थापना सम्मेलन (लखनऊ : 1936) में कहे गये, इस कथन को याद करने की ज़रूरत है कि साहित्य राजनीति के आगे-आगे चलनेवाली मशाल है! यहाँ 'राजनीति' से मतलब सिर्फ़ सुधारवादी राजनीति ही नहीं, जैसाकि हम कहते नहीं थकते थे, बल्कि तत्कालीन (और उससे भी अधिक आज की) कम्युनिस्ट राजनीति भी है!!

वाङ्चू के माध्यम से भीष्मजी द्वारा उठाई गयी 'व्यक्ति-स्वातन्त्र्य' और किसी भी व्यक्ति की नितान्त 'निजता' की समस्या, पश्चिम की व्यक्तिवादी विचारधाराओं द्वारा उठाई जानेवाली व्यक्ति की तथाकथित 'स्वतन्त्रता' और 'निजता' की झूठी, नकली और हवाई अवधारणाओं से बुनियादी रूप से भिन्न और विपरीत है। वाङ्चू के माध्यम से भीष्मजी द्वारा उठाया गया 'मानवाधिकार' का सवाल अमेरिका और पश्चिमी देशों द्वारा उठाए जाने वाले उस तथाकथित 'मानवाधिकार' के शोर-शराबे से भी मूलतः भिन्न है, जिसका इस्तेमाल ये सभी पूँजीवादी और साम्राज्यवादी देश पूर्व-सोवियत संघ और कम्युनिस्ट विचारधारा के ख़िलाफ़ शीत-युद्ध के दौर से ही करते आ रहे हैं। यही नहीं, वियतनाम और कोरिया से लेकर तमाम एशिया, अफ़्रीका और लैटिन अमेरिका के नव-स्वाधीन देशों या वहाँ चलने वाले मुक्ति-संग्राम के क्रान्तिकारी संगठनों के ख़िलाफ़ ऐलानिया या छद्म युद्धों में लगातार वीभत्स नरसंहार करते आ रहे हैं और 'मुँह में राम बगल में छुरी' के अन्दाज़ में 'मानवाधिकार' और 'व्यक्ति-स्वातंत्र्य' के आज भी सबसे बड़े पैरोकार बने नज़र आते हैं। ताज़ा उदाहरण अफ़गानिस्तान और इराक़ के बाद अब मध्य-पूर्व की घटनाएँ हैं! कहना न होगा कि इस दृष्टि से भीष्म साहनी की इस कहानी का ठीक उसी तरह से विश्व-महत्व है, जैसे कि एक भिन्न स्तर पर और अलग सन्दर्भों में, उनके महा-आख्यानक उपन्यास 'मय्यादास की माड़ी' का है!!

इस कहानी का **दूसरा महत्वपूर्ण बिन्दु है राष्ट्रवाद और राष्ट्रीयता की अवधारणा तथा उसका अन्धराष्ट्रवादी, उत्तेजक और छद्म रूप!** इस बिन्दु पर भी यह कहानी

भारत के तथाकथित 'लोकतन्त्र' और 'कानून के राज' तथा चीन की तथाकथित 'कम्युनिस्ट' व्यवस्था, दोनों की बखिया उधेड़कर उनकी अच्छी तरह पोल खोलती है। इसके साथ ही भारतीय लोकतान्त्रिक व्यवस्था में उसकी नौकरशाही, विशेष रूप से पुलिस की असंवेदनशीलता, लालफ़ीताशाही और निष्ठुर दमन के मार्मिक चिंत्राकन द्वारा, भीष्मजी ने इन दोनों व्यवस्थाओं तथा राष्ट्रीयता, नागरिकता (सिटिज़नशिप) और राष्ट्रवाद की अवधारणाओं को भी कठघरे में ला खड़ा किया है। इस लिहाज़ से यह कहानी भीष्म साहनी की तो सर्वश्रेष्ठ कहानी है ही, इसके साथ ही यह कहानी व्यक्ति-स्वातंत्र्य, मनुष्य की निजता और मानवतावाद के पक्ष में रची गयी दुनिया की सर्वाधिक कलात्मक और श्रेष्ठतम कहानियों में से एक कही जाएगी!

इस दूसरे महत्वपूर्ण बिन्दु की शुरुआत तब होती है जब नैरेटर की इस सलाह पर कि 'हमारे देश में न सही, तुम अपने देश के जीवन में तो रुचि लो। इतना तो जानो-समझो कि वहाँ पर क्या हो रहा है', लगभग छह माह बाद वाङ्चू अपने देश चीन चला जाता है। कहानी का पहला हिस्सा, जिसमें नैरेटर की मौसेरी छोटी बहन नीलम के प्रति वाङ्चू के एकतरफ़ा आकर्षण और चुलबुली नीलम द्वारा उससे ठिठोली करते, उसकी खिल्ली उड़ाने उसे मूर्ख बनाने और उसकी मासूमियत से खिलवाड़ करने के वर्णन हैं, **ख़ासा दिलचस्प, हास्य-व्यंग्य और विनोदपूर्ण है। लेकिन चीन जाने और दो साल बाद पुनः भारत लौटकर आनेवाला, कहानी का यह दूसरा हिस्सा, इतना मार्मिक, इतना त्रासद और साथ ही इतनी निष्ठुरता और नृशंसता से भरा हुआ है कि पाठक को बुरी तरह से विचलित करके, सरापा जड़ों तक हिला देता है! वाङ्चू-जैसे भावुक संवेदनशील और बुद्ध की पावन धरती भारत को मन में बसाकर, यहीं जीवन बिताने की सोचने वाले, मासूम और भोलेभाले उपासक के लिए तो यह कटु अनुभव उसके समूचे व्यक्तित्व का विध्वंस करने वाला अत्यन्त त्रासद अनुभव ही साबित होता है! अन्त में, वाङ्चू की अकेली, अनाम और एकान्त मृत्यु एक अर्थ में मानो समूची मानवता की, मानवीय संवेदनशीलता और मासूमियत की ही** मृत्यु बन जाती है! राष्ट्रों के आपसी तनाव, घृणा और संघर्ष की पृष्ठभूमि में राष्ट्रीयता और राष्ट्रवाद की बलिवेदी पर एक निरपराध मासूम की त्रासद मृत्यु!!

वाङ्चू की मृत्यु से यह कहानी पाठक को इस कदर बेचैन कर देती है कि लोकतन्त्र, राष्ट्रवाद, राष्ट्रीयता, सामाजिक आधार, समाजशास्त्रीय विश्लेषण और विचारधारा—सभी अपने मौजूदा व्यवहार में इस तर्कातीत मासूमियत और मानवीय संवेदनशीलता के सामने—**ठीक इस बिन्दु पर** व्यर्थ, खोखले और अप्रासंगिक ही नहीं, निष्ठुर और एक हद तक अमानवीय तक प्रतीत होने लगते हैं। लेकिन महान कलाकृति का यही तो कमाल है कि तत्क्षण इन सभी मान-मूल्यों और विचारधाराओं की प्रासंगिकता को मानवीयता और मानव-मूल्यों के सन्दर्भ में ही उचित ठहराते

हुए, चंडीदास की इस उक्ति का स्मरण भी करा जाती है, **'शुनह मानुष भाई, शबार ऊपर मानुष शत्तो, ताहार ऊपरे नाई।'** (अर्थात्, हे मानुष भाई, सुनो! सबसे ऊपर मानुष-सत्य होता है; उससे ऊपर और कुछ नहीं होता! ईश्वर भी नहीं!!)। कहना न होगा कि मार्क्स और एँगेल्स के सम्पूर्ण चिंतन और कर्म के केन्द्र में 'मनुष्य' (मानुष) ही रहा है और उनका सर्वोच्च एवं अन्तिम लक्ष्य भी 'पूर्ण मानव' ही था! अपनी 'अर्थशास्त्र और दर्शन सम्बन्धी 1844 की पांडुलिपियाँ' (जिन्हें सामान्यतः 'पेरिस मैन्युस्क्रिप्टस' भी कहा जाता है) में कार्ल मार्क्स ने लिखा था कि 'मानव के लिए मूल (जड़) स्वयं मानव है और मनुष्य के लिए मनुष्य ही सर्वोच्च तत्व है।' वे आगे लिखते हैं कि 'मनुष्य को मनुष्य की तरह मानो और संसार के साथ उसके सम्बन्धों को मानवीय सम्बन्धों की तरह मानो।' (कलेक्टेड वर्क्स, खंड एक; पृष्ठ 182 और पृ. 326)। कहना न होगा कि भीष्मजी अपनी इस कहानी के माध्यम से चंडीदास के इसी मानव-सत्य को बड़े मार्मिक और कलात्मक रूप में सुप्रतिष्ठित करते हैं कि सबसे ऊपर मनुष्य है! ईश्वर से भी ऊपर! **विचारधारा** से भी ऊपर! कला का—महान् कला का—सत्य भी इससे इतर भला और क्या हो सकता है!!

वाङ्चू जब चीन पहुँचा तो वहाँ माओ की 'बड़ी छलाँग' की ज़ोरदार मुहिम चल रही थी। वह इन चीज़ों को न तो समझ पाता है और न ही उनके प्रति उसमें कोई उत्साह जागता है। वह अपने गाँव पहुँचता है तो उसे वहाँ भी सभी कुछ बहुत बदला-बदला हुआ दिखता है। लेकिन 'यहाँ पर भी उसके लिए वैसी ही स्थिति थी, जैसी भारत में रही थी। उसके मन में उछाह नहीं उठता था। दूसरों का उत्साह उसके दिल पर से फिसल-फिसल जाता था। वह यहाँ भी दर्शक ही बना घूमता था।' एक दिन उसे नीले कोट और नीली पतलून वाला एक आदमी ग्राम-प्रशासन-केन्द्र ले जाता है, जहाँ पाँच पार्टी अधिकारियों के आगे उसकी पेशी होती है। वे सभी उससे तरह-तरह के सवाल पूछते हैं : भारत के बारे में, भारत की विदेश नीति के बारे में और नेहरू के बारे में। उसके अटपटे जवाबों के बाद और भी पैने सवाल पूछे जाते हैं। लेकिन, अन्त में, 'उन्होंने पाया कि जहाँ तक तथ्यों और भारत के वर्तमान जीवन का सवाल है, वाङ्चू की जानकारी अधूरी और हास्यास्पद है।' फिर वाङ्चू की जिज्ञासा के बारे में जानकर वे पूछते हैं : 'बौद्ध धर्म का भौतिक आधार क्या है?' सवाल उसकी समझ में नहीं आता। फिर पूछा गया कि 'द्वन्द्वात्मक भौतिकवाद की दृष्टि से तुम बौद्ध धर्म को कैसे आँकते हो?' यह सवाल वाङ्चू को और भी समझ में नहीं आता! पार्टी अधिकारी आख़िरकार बड़े क्षोभ से कहते हैं कि 'राजनीतिक दृष्टि से तो तुम शून्य हो! बौद्ध धर्म की अवधारणाओं को भी समाजशास्त्र की दृष्टि से तुम आँक नहीं सकते! न जाने वहाँ बैठे क्या करते रहे हो!' वे उसे हिन्दी पढ़ाने का काम दे देते हैं, जो खेतों के काम से तो कुछ सरल ही था; और सप्ताह

में दो दिन पेकिंग संग्रहालय में काम करने की उसकी प्रार्थना भी मान जाते हैं। यहाँ भी भीष्मजी के महीन व्यंग्य की धार को सहज ही महसूस किया जा सकता है!

अपने देश में वाङ्चू का दिल जम नहीं पाया था। पार्टी अधिकारियों की पूछ-ताछ के बाद तो वह और भी ज़्यादा उखड़ा-उखड़ा अनुभव करता है। उसे भारत की याद सताने लगती है और वह बेचैन हो उठता है। ज्यों-ज्यों वक्त बीतता जाता है, वह भारत की याद में 'जल में से बाहर फेंकी हुई मछली की तरह तड़पने लगा।' अब तो कहीं-कहीं उसे भारत, नेहरू और भारत सरकार के ख़िलाफ़ बातें भी सुन पड़ती हैं और वह चीन में खुद को एकदम अकेला और अजनबी महसूस करता है। आख़िरकार वह भारत लौटने की ठान लेता है। पर चीन से भारत लौटना आसान नहीं था। भारत से तो 'वीसा' उसे बड़ी आसानी से मिल जाता है। लेकिन चीन सरकार द्वारा अनेक एतराज़ उठाए जाते हैं। वाङ्चू की **नागरिकता** का सवाल भी उठता है। और भी बहुत सारे सवाल थे। फिर भी, दोनों देशों के बीच सम्बन्ध अभी बहुत बिगड़े नहीं थे, इसलिए अन्ततः उसे भारत लौटने की इजाज़त मिल जाती है। वाङ्चू अपनी बाकी ज़िन्दगी भारत में ही गुजारने की ठानकर लौट पड़ता है।

कलकत्ता पहुँचते ही वह लोगों की घूरती निगाहों का मतलब अभी समझ भी न पाया था कि पुलिसवाले उसे पकड़कर थाने ले जाते हैं। वहाँ उसकी कई-कई बार बेरहमी से तलाशी ली जाती है, उसके पासपोर्ट और कागजों की बारीक़ी से छानबीन की जाती है तथा उससे तरह-तरह के असुविधाजनक और तीख़े सवाल पूछे जाते हैं। जब पुलिस अफ़सर उससे 'जामिनी' की बावत पूछते हैं, तो वह प्रोफेसर तान-शान और गुरुदेव (रवीन्द्रनाथ टैगोर) का नाम लेता है। दोनों ही मर चुके थे। दरअसल, उसी दिन सीमा पर मुठभेड़ में दस भारतीय सैनिक मारे गये थे!

वाङ्चू जब तमाम 'औपचारिकताओं' से निपटकर अपने जाने-रहने और पते-ठिकाने आदि की सारी जानकारियाँ लिखवाकर, सारनाथ जाने के लिए ट्रेन में बैठता है तो सभी मुसाफिर उसे शत्रुतापूर्ण ढंग से घूरने लगते हैं। एक उत्तेजित बंगाली बाबू उसके चेहरे के समान हाथ हिला-हिलाकर उसके आगे चीखता है कि 'या तो कहो कि तुम्हारे देशवालों ने विश्वासघात किया है, नहीं तो हमारे देश से निकल जाओ...निकल जाओ...निकल जाओ!' वह दहशत में बेचैन होकर विचलित हो उठता है! सारनाथ में भी उसे चैन नसीब नहीं होता : 'डेढ़ दाँत की मुस्कान' जाने कहाँ ओझल हो चुकी थी। उसकी जगह चेहरे पर त्रास उतर आया था। कलकत्ता पुलिस को वह शान्तिनिकेतन जाने का लिखवाकर, यहाँ चला आता है। तीन दिन बाद उसे पकड़कर बनारस के बड़े पुलिस अफ़सर के आगे पेश किया जाता है।

'तुम चीन से कब लौटे?' वाङ्चू ने बता दिया–

'कलकत्ता में तुमने अपने बयान में कहा कि तुम शान्तिनिकेतन जा रहे हो, फिर

तुम यहाँ क्यों चले आए? पुलिस को पता लगाने में बड़ी परेशानी उठानी पड़ी है।'

'मैंने दोनों स्थानों के बारे में कहा था। शान्तिनिकेतन तो मैं केवल दो दिन के लिए जाना चाहता था।'

'तुम चीन से क्यों लौट आए?'

'मैं भारत में रहना चाहता हूँ...।'

'जो लौट आना था, तो गये क्यों थे?' पहले भी यह सवाल वह बहुत बार सुन चुका था। लेकिन जवाब में बौद्ध ग्रंथों का हवाला देने के अलावा वाङ्चू को कोई और जवाब सूझ ही नहीं पाता था। उसे हर महीने के पहले सोमवार को बनारस के बड़े पुलिस स्टेशन में हाज़िरी लिखाने के आदेश के साथ जाने की इजाज़त मिल जाती है। पुलिस उसकी खुफ़िया निगरानी भी शुरू कर देती है। वाङ्चू बेहद खिन्नता अनुभव करता है। उसके सीधे-सादे, समतल जीवन में अब यह बड़ी बाधा और व्यवधान आ खड़ा हुआ था। कुछ अर्से बाद भारत और चीन में युद्ध छिड़ जाता है और वाङ्चू को गिरफ़्तार कर लिया जाता है। उसके कागजों के पुलिन्दे की बारीक़ी और कड़ाई से जाँच की जाती है, जिनमें कहीं पाली में तो कहीं संस्कृत भाषा में उद्धरण लिखे थे लेकिन बहुत-सा हिस्सा चीनी भाषा में था। साहब कुछ देर तक तो कागजों को उलटते-पलटते रहे, रोशनी के सामने रखकर उनमें लिखी किसी गुप्त भाषा को ढूँढ़ते भी रहे, अन्त में उन्होंने हुक्म दिया कि 'कागजों के पुलिन्दे बाँधकर दिल्ली के अधिकारियों के पास भेज दिया जाएँ, क्योंकि बनारस में कोई आदमी चीनी भाषा नहीं जानता था।' जंग तो पाँचवें दिन ख़त्म हो गयी, पर वाङ्चू की रिहाई एक माह बाद हुई। वह अन्दर और बाहर से बुरी तरह से टूटकर बिखर चुका था!

रिहाई के समय जब उसे उसका ट्रंक लौटाया गया तो उसमें अपने कागज न देखकर वह सकते में आ गया : उन पर 'वह वर्षों से अपनी टिप्पणियाँ और लेखादि लिखता रहा था और जो एक तरह से उसके सर्वस्व थे। पुलिस-अधिकारी के कहने पर कि उन्हें दिल्ली भेज दिया गया है, वह सिर से पैर तक काँप उठा था।' अब उस पर और भी कड़ी निगरानी रखी जाती है और महीने में एक बार की जगह हर हफ़्ते बनारस जाकर उसे अपनी हाज़िरी लिखानी पड़ती है। अपने कागजों के बिना वह वैसे भी अधमरा-सा हो गया था। फिर अगले एक साल तक वाङ्चू अपने कागज वापस पाने के लिए छटपटाता रहता है। नैरेटर भी इसके लिए एक से दूसरे संसद सदस्यों और अफ़सरों तक भाग-दौड़ करता है। अन्ततः, साल-भर बाद जब उसे उसके कागज लौटाने के लिए बनारस के बड़े पुलिस स्टेशन बुलाया जाता है, तो वह बीमारी की हालत में भी गिरता-पड़ता वहाँ पहुँच जाता है।

पुलिस स्टेशन में वाङ्चू के हाथ में आधे-अधूरे, लगभग एक-तिहाई कागज ही आए : 'वाङ्चू को पहले तो यक़ीन ही नहीं आया, फिर उसका चेहरा ज़र्द पड़ गया

और हाथ पैर काँपने लगे।' यह उसके जीवन-भर की पूँजी थी। उसका सर्वस्व! वह पुलिंदा बगल में दबाए, काँपती टाँगों से सारनाथ लौट आता है। कागजों में मात्र एक पूरा निबन्ध और चन्द आधी-अधूरी टिप्पणियाँ ही बची थीं : 'उसी दिन से वाङ्चू की आँखों के सामने धूल उड़ने लगी थी।' बीमार तो वह था ही : और अब भारत में भी इस तरह के निष्ठुर और अमानवीय व्यवहार से पूरी तरह से टूट चुका था। इस अन्तिम प्रहार का सदमा बड़ा गहरा और संघातक था। वाङ्चू मर जाता है—नितान्त अकेली, अनाम, त्रासद और एकान्त मृत्यु! यह मानो मासूमियत की ही नहीं, शताब्दियों पुराने भारत और चीन के प्रगाढ़ और निरन्तर सांस्कृतिक सम्बन्धों और पारस्परिक आदान-प्रदान के ज्ञान-सम्बन्धों की भी मौत थी!!

भीष्मजी की अधिकाँश कहानियों की तरह, इस कहानी में भी एक अनाम, अविस्मरणीय चरित्र है : सारनाथ की कैंटीन का रसोइया, जो वाङ्चू से "सदा प्यार से मिलता था, सदा हाथ जोड़कर 'कहो भगवन' कहकर अभिवादन करता था।" चीन में भी जब वाङ्चू का दिल बहुत बेचैन हो उठता था तो उसकी आँखों के सामने गंगा-तट, कश्मीर की झील और पीछे हिमाच्छादित पर्वतों तथा 'खुली-खुली आँखों, मोतियों-सी झिलमिलाती दन्तपंक्ति वाली नीलम' के अलावा, सारनाथ की कैंटीन का रसोइया ही याद आते थे! जब नैरेटर वाङ्चू की अन्तिम इच्छा के अनुसार उसका सामान लेने पहुँचता है तो उसे यही रसोइया मिलता है, जिसका ज़िक्र वाङ्चू अक्सर अपने पत्रों में किया करता था। रसोइया डबडबाई आँखों के साथ कहता है : 'बाबू आपकी बहुत याद करते थे। मेरे साथ आपकी चर्चा बहुत करते थे। बहुत भले आदमी थे...बड़ी भोली तबीयत थी। बेचारे को पुलिवालों ने बहुत परेशान किया।' नैरेटर के शब्दों में 'सारे संसार में शायद यही अकेला जीव था, जिसने वाङ्चू की मौत पर दो आँसू बहाए थे।' भीष्मजी के रसोइए-जैसे ये एकदम साधरण पात्र तमाम मध्यवर्गीय और अवसरवादी या क्रूर और नकारात्मक पात्रों या स्थितियों के 'कन्ट्रास्ट' में आकर अपनी भलमनसाहत, परदुखकातरता और अपने उदात्त चरित्र की मात्र एक हल्की-सी झलक-भर दिखाकर, अपनी अमिट और अविस्मरणीय छाप छोड़ जाते हैं!

भीष्मजी की यह एक उल्लेखनीय विशेषता है कि वे ऐसे मेहनतकश और सर्वहारा चरित्रों के उदात्त, परदुखकातर और लबालब भलमनसाहत से भरपूर गुणों को उभारने के लिए, इन्हें मध्यवर्ग के अवसरवादी और पांखडी चरित्रों के विरोधाभास में चित्रित करते हैं। इससे उनका निर्मल चरित्र और भी निखरकर उभरता है। ख़ास बात यह होती है कि इस वर्गीय द्वन्द्व को उभारते हुए, वे न तो किसी फ़ार्मूलेबाज़ी का सहारा लेते हैं और न ही याँत्रिक ढंग से बनावटी पात्रों या अस्वाभाविक परिस्थितियों और नारेबाज़ी या 'क्लिशेज़' की मदद लेते हैं। दरअसल, सादगी, सहज स्वाभाविकता और मन्द्र-महीन और धीमा स्वर उनके चिरपरिचित गुण हैं जो सदा उनके लेखन और व्यक्तित्व के अभिन्न रहे अंग हैं।

ऐसे भले, ईमानदार, सच्चे और उदात्त चरित्र हमें 'वाङ्चू' के रसोइए की तरह उनकी तमाम कहानियों में मिलते हैं : वह 'साग-मीट' का रसोइया जग्गा हो या 'चाचा मंगलसैन' का चाचा अथवा 'राधा-अनुराधा' की राधा हो या 'पिकनिक' की गौरी और 'त्रास' का जख़्मी साइकिलवाला हो या 'रास्ता' की गोविन्द माँ अथवा 'अहं ब्रम्हास्मि' का कैन्टोनमेंट में मुनादी करनेवाला युवा काँगेस कार्यकर्ता जो 'कुन्तो' उपन्यास में जोशीला और क्रांतिकारी काँग्रेसी कार्यकर्ता हीरालाल बनकर आया है, जो एक तरह से 'तमस' के जरनैल का जोड़ीदार ही है! 'राधा-अनुराधा' की राधा ही 'बसन्ती' उपन्यास में बसन्ती बनकर एक नयी मेहनतकश और जुझारू स्त्री पात्र के रूप में मानो 'गोदान' की धनिया की ही अगली पीढ़ी है! 'गंगो का जाया' का रीसा और उसके बूट पालिश करने वाले हमजोली बच्चे तो उस सर्वहारा जमात की वह नई पौध हैं जो अपने धुर बचपन में ही अपनी दृढ़ता और आत्मविश्वास से किसी को भी चकित कर देगी।

इस वर्ग की न होते हुए भी 'चीफ़ की दावत' की माँ के माध्यम से भीष्मजी मध्यवर्ग के पाखंड को बेरहमी से उधेड़कर उसके अवसरवादी चरित्र को सामने लाते हैं। यही नहीं, वे उन निम्नवर्गीय या निम्न-मध्यवर्गीय चरित्रों की ललक और ऊपर उठने की उच्चाकांक्षाओं की क्रूरता या दयनीयता, दोनों को अपने चित्रांकन का आधार बनाकर भी विसंगति और विरोधाभास को सामने लाकर, किसी-न-किसी मार्मिक प्रसंग से, पाठक को उद्वेलित कर देते हैं। किसी भी प्रसंग अथवा घटनाक्रम में से दबी-छिपी या ओझल विडंबनाओं को खोज लेने की भीष्मजी की विलक्षण प्रतिभा, अपनी सूक्ष्मता और बारीक़निग़ारी में, अपने हमख़्याल और महान व्यंग्यकार हरिशंकर परसाई की सहज ही याद दिला देती है! यह अनायास ही नहीं है कि अपने इस फ़न में भी भीष्मजी परसाईजी के करीबी जोड़ीदार हैं। बिना किसी बाग्विलास, बड़बोलेपन या शोर-शराबे के उनका लगभग 'ख़ामोश' और अव्यक्त-सा महीन व्यंग्य सारी विडम्बनाओं, विरोधासाओं और विसंगतियों का पर्दाफ़ाश कर डालता है। परसाईजी की तरह, उनका तीखा-से-तीखा व्यंग्य भी सहज हास्य-विनोद के साथ घुलामिला हुआ आता है!

ज़्यादातर लोग 'नयी कहानी' के अन्य कथाकारों की तरह, भीष्मजी को भी प्रायः मध्यवर्गीय-संसार का चित्रण करनेवाला कहानीकार कहते हैं। लेकिन यह 'पूर्ण सत्य' नहीं है। अपने पहले कहानी-संग्रह 'भाग्य-रेखा' की चर्चित कहानी 'गंगो का जाया' ही नहीं, 'मुर्गी की कीमत' का कश्मीरी हतो (मज़दूर) अहमदू; 'घर-बेघर' की औरत, उसका बच्चा और बूढ़ा छावड़ीवाला, 'शिष्टाचार' का नौकर हेतू; 'जोत' का गरीब किसान जानकू; 'खून की छींटे' का जाट किसान और उसका भतीजा तथा प्रेमचन्द 'हंस' में छपी उनकी पहली कहानी (अगर, कॉलेज मैगजीन 'रावी' में छपी

पहली कहानी 'अबला' का ज़िक्र न करें) 'नीली आंखें' की राजो और उसका बीमार मज़दूर पति—ये सभी लोग सीधे-सीधे गरीब, मेहनतकश और सर्वहारा जनसाधारण में से ही उठाए हुए पात्र हैं। इसी तरह अन्य संग्रहों में भी ऐसी कई कहानियाँ मिल जाएँगी। 'बसन्ती' उपन्यास की नायिका बसन्ती तो है ही इसी वर्ग से और उपन्यास का पूरा कथा-परिवेश भी! जैसाकि पहले भी उल्लेख किया गया है जिन कहानियों में मध्यवर्गीय-संसार का कथा-परिवेश है, उनमें भी घरेलू नौकर या नौकरानी, रसोइया, काम करने वाली दाई, धोबी, ड्राइवर या ऐसे ही अन्य गरीब और निम्नवर्गीय सर्वहारा पात्र अपनी मामूली सी झलक दिखाकर ही सारे मध्यवर्गीय पाखंड, अवसरवादिता और क्रूरता या असंवदेनशीलता को उधेड़कर तार-तार कर डालते हैं। इसलिए, उन्हें मध्यवर्ग के कहानीकार कहना पूर्णतः सही नहीं है।

दूसरे, 'नयी कहानी' के अन्य कहानीकारों की तरह, जहाँ कहीं भीष्मजी ने अपनी कहानियों में मध्यवर्गीय कथा-परिवेश लिया भी है तो उसका चित्रण मध्यवर्ग के दृष्टिकोण से नहीं, बल्कि सर्वहारावर्ग की दृष्टि से किया है। वह भी किसी नारेबाज़ी, फ़ार्मलाबद्ध-दृष्टि या बनावटी और अस्वाभाविक चित्रण तथा थोपी गयी प्रगतिशीलता के बिना। वे जीवन को खुली आँखों देखकर उस वास्तविक जीवनानुभवों का चित्रांकान करते हैं। यथार्थ के सभी पहलुओं और उसकी सारी पेचीदगियों की गिरह खोलते हुए। यथार्थ का उसके संशलिष्ट रूप में स्वाभाविक चित्रण। स्वाभावोक्ति और अल्पोक्ति का भीष्म साहनी से बड़ा कलाकार स्वातंत्र्योत्तर हिन्दी कहानी में शायद ही कोई अन्य हो! उनकी सादगी के इस सौन्दर्य को समझने में हिन्दी के आलोचकों को बड़ी देर लगेगी! उसे सराहने में तो और भी अधिक!!

उनकी सबसे ज़्यादा चर्चित कहानी 'चीफ़ की दावत' है। इसमें एक बेटा है और उसकी अत्याधुनिक पत्नी है। घर में माँ भी है जो दोनों के लिए 'फालतू सामान' और 'झमेले' की तरह है। बेटा शामनाथ के घर उसके विदेशी 'चीफ़' की दावत है। आख़िर शाम को सारी तैयारियाँ मुकम्मल होने लगीं: कुर्सियाँ, मेज, तिपाइयाँ, नैपकिन, फूल, सब बरामदे में पहुँच गये। ड्रिंक का इंतजाम बैठक में कर दिया गया। अब घर का फालतू समान आलमारियों के पीछे और पलंगों के नीचे छिपाया जाने लगा। तभी शामनाथ के सामने सहसा एक अड़चन खड़ी हो गयी, 'माँ का क्या होगा?' बहुत सोच-विचारकर वे माँ की कोठरी के सामने कुर्सी रखकर, उसे बिठाकर ताकीद देते हैं कि वह सो न जाए क्योंकि उसके खर्राटों की आवाज़ दूर तक जाती है। वे अन्तिम जायजा लेते हैं: 'छोटा-सा कद, सफेद कपड़ों में लिपटा, छोटा-सा सूखा हुआ शरीर, धुँधली आँखें, केवल सिर के आधे झड़े हुए बाल पल्ले की ओट में छिप पाए थे। पहले से कुछ ही कम कुरूप नज़र आ रही थी।' माँ ने अपने सारे जेवर बेचकर शामनाथ को पढ़ाया था।

चीफ़ की दावत होती है और ड्रिंक पार्टी भी 'सफलता के शिखर चूमती' है। सब लोग जैसे ही बैठक से बाहर निकलते हैं कि बरामदे में पहुँचते ही अस्त-व्यस्त सोई माँ खर्राटे लेती मिलती है। शामनाथ इतने कुढ हो जाते है कि 'जी चाहा कि माँ को धक्का देकर उठा दें और उन्हें कोठरी में धकेल दें'; लेकिन साहब माँ के हड़बड़ाकर जगने पर 'नमस्ते' कहते हैं। फिर हाथ मिलाते हैं। शमनाथ सफाई-सी देते हैं कि 'मेरी माँ गाँव की रहने वाली हैं। उमर-भर गाँव में रही हैं', तो सुनकर साहब और भी खुश हो जाते हैंः 'सच? मुझे गाँव के लोग बहुत पसन्द हैं, तब तो तुम्हारी माँ गाँव के गीत और नाच भी जानती होंगी?' वही माँ जो पहले फालतू सामान की तरह थीं और यहाँ शर्मिन्दगी की वजह लग रही थी, अब 'प्रदर्शन' की वस्तु बन जाती हैं! शामनाथ कभी उनसे 'हौ डू यू डू' कहलवाते हैं तो कभी ज़िद करके 'दो पत्तर अनाराँ दे...' जैसे टप्पे गाकर सुनाने को कहते हैं। माँ परेशान होती है, पर वे आदेश भरे लहजे में कहते हैं तो बेचारी अपनी 'क्षीण, दुर्बल, लरजती आवाज़ में एक पुराना विवाह का गीत गाने लगी—हरिया नी माये, हरिया नी भैणे, हरिया ते भागी भरिया है!' साहब इतने खुश होते हैं कि तालियाँ पीटना बन्द ही नहीं करते : 'शामनाथ की खीज प्रसन्नता और गर्व में बदल उठी थी। माँ ने पार्टी में नया रंग भर दिया था।' फिर पंजाब के गाँवों की दस्तकारी की बात चलती है तो शामनाथ माँ की पुरानी 'फुलकारी' दिखाते हैं। साहब को वह बेहद पसन्द आती हैं, तो वे कहते हैंः 'वह कटी हुई है साहब, मैं आपको नई बनवा दूँगा। माँ बना देंगी।' साहब धन्यवाद देते हैं और सभी मेहमान खाने की मेज़ की ओर बढ़ जाते हैं।

माँ डरते-डरते धीरे-से यह बोलकर कि 'अब मेरी नज़र कहाँ है बेटा? बूढ़ी आँखें क्या देखेंगी?' अपनी कोठरी में चली जाती हैं। मगर 'कोठरी में बैठने की देर थी कि आँखों से छल-छल आँसू बहने लगे। वह दुपट्टे से बार-बार उन्हें पोंछती, पर वह बार-बार उमड़ आते, जैसे बरसों का बाँध तोड़कर उमड़ आए हों। माँ ने बहुतेरा दिल को समझाया, हाथ जोड़े, भगवान का नाम लिया, बेटे के चिरायु होने की प्रार्थना की, बार-बार आँखें बन्द कीं, मगर आँसू बरसात के पानी की तरह जैसे थमने में ही न आते थे।' आधी रात को, सबको विदा करके जब शामनाथ झूमते हुए आकर माँ को आलिंगन में भर कर कहते हैं कि 'ओ मम्मी! तुमने तो आज रंग ला दिया!' तो वह आँसू पोछते हुए कहती है कि 'बेटा तुम मुझे हरिद्वार भेज दो।' शामनाथ की पेशानी पर फिर तनाव के बल पड़ने लगे और वह क्रोधित होने लगे : 'यह कौन-सा राग तुमने फिर छेड़ दिया?...तुम मुझे बदनाम करना चाहती हो ताकि दुनिया कहे कि बेटा माँ को अपने पास नहीं रख सकता।' फिर अपने असली मतलब पर आते है : 'तुम चली जाओगी, तो फुलकारी कौन बनाएगा? साहब से तुम्हारे सामने ही फुलकारी देने का इकरार किया है।'

'मेरी आँखें अब नहीं हैं बेटा, जो फुलकारी बना सकूँ। तुम कहीं और से बनवा लो, बनी-बनाई ले लो।'

'माँ, तुम मुझे धोखा देकर यूँ चली जाओगी? मेरा बनता काम बिगाड़ोगी? जानती नहीं, साहब खुश होगा, तो मुझे तरक्की मिलेगी!...मैं बड़ा अफ़सर बन सकता हूँ।'

'माँ के चेहरे का रंग बदलने लगा। धीरे-धीरे उसका झुर्रियों-भरा मुँह खिलने लगा, आँखों में हल्की-हल्की चमक आने लगी।...तो तेरी तरक्की होगी बेटा?...तो मैं बना दूँगी बेटा, जैसे बन पड़ेगा बना दूँगी।' माँ फिर दिल-ही-दिल में बेटे के उज्जवल भविष्य की कामनाएँ करने लग जाती है! विजयमोहन सिंह ने इस कहानी के सम्बन्ध में यह ठीक लिखा है कि ''हिन्दी में यदि सचमुच कोई 'नयी कहानी' थी तो उसकी शुरुआत भीष्म साहनी की कहानी 'चीफ़ की दावत' से मानी जानी चाहिए।'' वे लिखते हैं कि, 'चीफ़ की दावत' में पहली बार यह विडम्बना उजागर होती है कि नौकरशाही किस तरह मानवीय सम्बन्धों का अवमूल्यन करती है। वहाँ मनुष्यों और वस्तुओं में कोई फ़र्क नहीं रह जाता। इस कहानी का नाटकीय आरंभ मस्तिष्क में गूँजता रहता है। यह कहानी गहरे अर्थों में उन प्रगतिशील मूल्यों की कथा है जहाँ माना जाता है कि 'अर्थ ही सारे अनर्थों की जड़ हैं (मनी करप्ट्स)।' भीष्मजी की सबसे बड़ी विशेषता यह है कि ये प्रगतिशील मूल्य बिना किसी शोर-शराबे और बनावट के पाठक के दिल और दिमाग में बड़े सहज और स्वाभाविक ढंग से गहरे उतर जाते हैं। कहना न होगा कि मध्यवर्ग की ऐसी तमाम तरह की विडंबनाएँ, विरोधाभास और अन्तर्विरोध भीष्मजी की प्रायः ऐसी सभी कहानियों में बड़े कलात्मक ढंग से उजागर होते हैं! वे अपने महीन व्यंग्य की अन्तर्धारा से जहाँ गहरे और तीखे घाव करते जाते हैं, वहीं हास्य और विनोद से सहलाते भी चलते हैं।

गरीब और निम्नवर्गीय मेहनतकश जनसाधारण के प्रति उच्च और उच्चमध्यवर्ग की घृणा को व्यक्त करनेवाली, भीष्मजी की दो अत्यन्त मार्मिक और महत्वपूर्ण कहानियाँ, 'साग-मीट और 'त्रास' विशेष उल्लेखनीय हैं। पहली कहानी एक धनी और ऊबी हुई असंवेदनशील महिला के एकालाप के रूप में है, जो वह अपनी किसी अनाम सहेली को सुना रही है : रसोइए जग्गे और उसकी भोली-भाली पत्नी से देवर विक्की के निरंतर दुराचार तथा जग्गे की आत्महत्या के बारे में। साथ ही वह अपने पति के द्वारा दुराचार की घटना को शुरू से ही जानते हुए, उससे आँखें फेरे रहने और जग्गे की आत्महत्या के बाद बड़ी चालाकी से छोटे भाई को बचाने के लिए, ले-देकर मामला सुलझाने की चालाकी की तारीफ़ भी करती जाती है। उसका तकिया कलाम 'मुझसे अपनी जान नहीं सँभाली जाती है', जिसे दौलत से अघाए लोगों की तमाम बीमारियों से घिरी यह मोटी औरत बीच-बीच में दोहराती रहती है। हँसते हुए भी उसकी साँस फूलने लगती हैं : 'डॉक्टर मुआ बार-बार कहता है,

मिठाई खाना छोड़ दो। पर एक टुकड़ा भी मुँह में न डालूँ, तो फिर जंगलों में जा बैठूँ, दुनिया से फिर क्या लेना है? मैं डॉक्टर से कहती हूँ, डॉक्टर जी मुझे बैठे-बैठे ही ठीक कर दो। न मेरी मिठाई बन्द करो, न मुझे घूमने को कहो।...हम तुम्हें इतने पैसे भी दें, फिर भी तुम ठीक नहीं कर सको, तो फिर फीस किस बात की लेते हो? हम पांड़ी-मजूर थोड़े हैं कि घूमते फिरे।'

वह मौजूदा नौकर के बारे में बताती है : यह मथरा सात रोटियाँ सवेरे और सात रोटियाँ गिनकर शाम को खाता है। बीच में इसे दो बार चाय भी चाहिए, और घर में जो मिठाई हो, वह भी इसे दो।...ये भी मुझे यही कहते हैं, 'कुत्ते के मुँह में हड्डी दिए रहो तो नहीं भूँकेगा।...इन्हें बस में करने के बड़े ढंग आते हैं।...तुम्हें जैकी याद है ना? हाय, तुम्हें जैकी भूल गया है? जैकी कुत्ता...उसे भी ऐसा ही मोह पड़ गया था इनके साथ।...बाहर सारा वक्त दसियों मोटरें दौडती रहती हैं, पर जिस वक्त इनकी मोटर आती तो इसे झट से पता चल जाता और भागकर बाहर पहुँच जाता। सीधा गेट पर जा पहुँचता। वहीं पर एक दिन अपनी ही गाड़ी के नीचे कुचल गया। यह मोह बहुत बुरी चीज़ है।' जानवर-कुत्ते—और नौकर के प्रति इस वर्ग की एक जैसी भावनाएँ हैं! जग्गा भी इस घर से और इसके बाशिन्दों से मोह-पाश में बन्ध गया था।

एक दिन यह महिला, सुमित्रा, जग्गे की ग़ैर-मौजूदगी में, अपने देवर विक्की को दबे-पाँव उसकी कोठरी में, उसकी बीवी के पास जाते देख लेती है : 'तुमने जग्गे की घरवाली देखी थी ना? बड़ी भोली-सी लड़की थी, गोरी इतनी, हाथ लगाए मैली होती थी। यह कालमुँहा किसी बहाने दफ़्तर से भाग आता था और उसकी कोठरी में जा घुसता था।' इस वर्ग की पतनशीलता आगे और उजागर होती है, जब सुमित्रा बताती है कि 'इनके घर में बदचलनी बहुत है। ये ही एक शरीफ़ है। इनके चाचा ने भी दो-दो रखैल रखी हुई थीं। इनकी चाची, बुढ़िया, दोपहर को अपने एक नौकर...खाने के बाद अपने कमरे में घुस जाती और पीछे-पीछे मुस्टंडा शंकर पहुँच जाता है।' सुमित्रा के 'ये' कितने और कैसे शरीफ़ हैं, इसका पता तब चल जाता है, जब जग्गे के ट्रेन से कटकर आत्महत्या करने के बाद, वह अपने पति को विक्की की करतूत के बारे में बताती है। ये कहने लगे, 'मुझे तो पहले दिन से मालूम था।....कोई बेसवा के पास तो नहीं गया था, कोई बीमारी तो नहीं ले आया, हो गयी बात जो होनी थी, आगे के लिए इसे ख़ुद कान हो जाएँगे।' मज़े की बात यह है कि भीष्मजी इस समूची क्रूरता, असंवेदनशीलता और कमीनेपन का समूचा वर्णन इतने तटस्थ, निरपेक्ष और ठंडे ढंग से, इस अघाई हुई और ऊबी हुई महिला के एकालाप के रूप में करते हैं कि वह पाठक के दिल में एक नुकीले खंजर की तरह गहरे उतरता चला जाता है! ऐसे निर्मम और दहला देने वाले वर्णन के एकालाप के

बीच-बीच में भी यह स्त्री जैसी बातें करती रहती है, वह इस भयावह त्रासदी को और भी भीषण रूप दे देती हैं; मिसाल के लिए 'ये काँटे कहाँ से बनवाए हैं? बड़े खूबसूरत है। हीरे कितने के आए?' या क्लब में उस दिन 'हरचरन की बीवी औरतों पर बड़ा रोआब गाँठ रही थी। कह रही थी, मैं सात गोलियाँ रोज़ खाती हूँ। मैंने सुना, पर चुप रही...भगवान अहंकार न बुलवाए, पन्द्रह-पन्द्रह गोलियाँ भी रोज़ खाई हैं, पर बाहर जाकर ढिंढोरा नहीं पीटा।' ऐसे प्रसंगों से इस त्रासदी का रंग और भी घना, काला और गहरा हो जाता है!

कहानी के अन्त में सारा मामला सँभाल लेने के लिए, सुमित्रा अपने पति की पुनः तारीफ़ करती हैः 'इन्हें भगवान ने ऐसी समझदारी दी है...जग्गे का भाई गाँव से आया, बहुत रोया-धोया, उसे इन्होंने दो सौ रुपए निकालकर दे दिए। जग्गे की घरवाली का बाप आया। उसे भी इन्होंने पैसे दिए।' मैंने कहा, 'जी, मामला रफ़ा-दफ़ा हो गया है, अब ये हमारे क्या लगते हैं, तुम पैसे लुटा रहे हो।' कहने लगे, 'सौ-पचास दे दो, तो गरीब का मुँह बन्द हो जाता है।' ये सबका भला सोचते हैं, किसी का बुरा नहीं सोचते। हर किसी की मदद करेंगे। 'तुमने साग-मीट का पूछा तो बीच में मुए जग्गे की बात चल पड़ी।' इस निठल्ले वर्ग की नौकरों पर निर्भर दिनचर्या का यह आलम है कि वह अँधेरा पड़ने पर खुद बिजली का स्विच भी नहीं दबा सकतेः 'यह ज़रा घंटी तो बजाना। मुए जानते भी हैं, रात पड़ गयी है, मगर मज़ाल है जो अपने-आप आकर बत्ती जलाएँ। बार-बार घंटी बजानी पड़ती है। कानों में तेल डाले पड़े रहते हैं।' इस पर तुर्रा यह कि इतने लंबे एकालाप के बाद भी, 'हमने अपनी बातें तो अभी तक की ही नहीं।' हिन्दी में बहुत कम कहानियाँ होंगी जो इस परोपजीवी, घोर स्वार्थी और निठल्ले वर्ग के समूचे चरित्र की क्रूरता, कमीनेपन और संवदेनहीनता को इतनी निर्ममता और कलात्मक ख़ूबसूरती के साथ उभारकर सामने लाती होंगी। मुझे नहीं लगता कि हरिशंकर परसाई और भीष्म साहनी के अलावा भी उनका समकालीन कोई अन्य कथाकार ऐसे विलक्षण कौशल और तीखी वर्ग-दृष्टि के इस शिखर पर पहुँचा होगा!

'त्रास' कहानी का करवाला तो अपनी वर्गीय घृणा के आवेश में जानबूझकर एक साइकिलवाले के टक्कर मार देता है और बिना एक भी पैसा खर्च किए हुए ही, मुफ़्त की श्रद्धा और यश बटोरकर चलता बनता है। कहानी का कारवाला वह 'मैं' अपने 'आत्मालाप' में बताता हैः 'दिल्ली में प्रत्येक मोटर चलानेवाला आदमी साइकिल चलानेवालों से नफ़रत करता है। दिल्ली के हर आदमी के मस्तिष्क में घृणा पलती रहती है और एक-न-एक दिन किसी-न-किसी रूप में फट पड़ती है। दिल्ली की सड़कों पर सारे वक्त घृणा का व्यापार चलता रहता है।' कैसी है यह घृणा? यह 'घृणा एक धुन्ध की तरह सड़कों पर तैरती रहती है। पिछले जमाने की

घृणा कितनी सरल हुआ करती थी, लगभग प्यार-जैसी सरल। क्योंकि वह घृणा किसी व्यक्ति-विशेष के प्रति हुआ करती थी। पर अनजान लोगों के प्रति यह अमूर्त घृणा, मस्तिष्क से जो निकल-निकलकर सारा वक्त वातावरण में अपना ज़हर घोलती रहती है।' यहाँ जिस 'वर्गीय घृणा' का स्वरूप कहानीकार शुरू में ही स्पष्ट कर देता है, उसमें कोई राजनीतिक शब्दावली या किसी भी किस्म के क्लिशे का कोई इस्तेमाल नहीं हुआ है, फिर भी लगभग प्यार-जैसी सरल व्यक्तिगत घृणा से यह अनजान और अनाम लोगों के प्रति 'वर्गीय घृणा' कितनी क्रूर और हत्यारी घृणा है, यह कहानी इसी तथ्य को सामने लाती है।

कहानी के नैरेटर 'मैं' के शब्दों में, 'जब पहली बार मेरी नज़र उस पर गयी तो वह मेरे आगे सड़क के किनारे-किनारे बाएँ हाथ बढ़ता जा रहा था। तब भी मेरे मन में उसके प्रति घृणा उठी थी। वह थुलथुल-सा ठिगने कद का आदमी जान पड़ा था, क्योंकि उसके पैर मुश्किल से साइकिल के पैडलों तक पहुँच पा रहे थे। टखनों से लगभग घुटनों तक उठे हुए उसके पाजामे को देखकर ही मेरे दिल में नफ़रत उठी थी; या उसकी काली गर्दन को देखकर।...यह आदमी दफ़्तर का बाबू भी हो सकता था, किसी स्कूल का अध्यापक भी हो सकता था, छोटा-मोटा दूकानदार भी हो सकता था।' जब वह साइकिल-सवार अपना दाहिना हाथ झुला-झुलाकर मुड़ने का इशारा करते हुए सड़क के बीचोबीच आने लगता है, तो करवाला घृणा और तद्जनित क्रोध से पागल हो उठता है : 'सुअर का पिल्ला, देखूँ तो कैसे मोड़ काट जाता है।...मैंने उस क्षण अपने दाएँ पैर के पंजे से एक्सलेटर को जानबूझकर दबा दिया था,...मोटर की रफ़्तार धीमी करने की बजाय मैंने उसे और तेज़ कर दिया था। और...उसके पीछे गाड़ी को तनिक मोड़ा भी...तभी उसने घबराकर मेरी ओर देखा था। फिर खटाक का शब्द हुआ था, और कोई चीज़ उछली थी, जैसे चील झपट्टा मारती है। साइकिल वाला जख़्मी होकर सड़क पर गिर जाता है और मुड़ी-तुड़ी साइकिल उसके ऊपर!' पुनः अपने 'आत्मालाप' में वह कहता है कि 'यह क्षण तृप्ति का क्षण था, विष-भरे सन्तोष का। सुअर का बच्चा, अब आए तो मेरे सामने।' यह इस घृणा की हत्यारी मनोवृत्ति की क्रूरता की पराकाष्ठा थी। वह कार से उतरकर सबसे पहले यह घूम-फिर कर देखता है कि कार को कोई नुकसान तो नहीं पहुँचा है, कोई खरोंच तो नहीं आई। कार ठीक थी।

कारवाले के हड़बड़ाते मस्तिष्क में से एक ही आवाज़ आती है, 'निकल चलो यहाँ से; पीछे मुड़कर नहीं देखो और निकल जाओ यहाँ से।' पर तब तक लोग जमा हो जाते हैं। दो छोटे-छोटे लड़के जख़्मी को पहचान भी जाते हैं : 'गोपाल के बापू हैं। है ना!' एक सूट-बूट और नेकटाई वाला छड़ी डुलाता वयोवृद्ध, जो तौर तरीके से अँगरेज़ों के जमाने का रिटायर्ड अफ़सर जान पड़ता था, अँगरेजों के जमाने की

गाली देकर कहाता है : सभी ऐक्सीडेंट साइकिलोंवाले करते हैं और फुसफुसाकर सलाह देता है कि 'इसे अस्पताल में छोड़ आओ। जैसे भी हो वहाँ से हटा ले जाओ। पुलिस आ गयी तो बखेड़ा उठ खड़ा होगा। वहाँ पर दो-चार रुपए देकर मामला निबटा लेना।' पुलिस भी आ जाती है, पर तभी वह लपककर जख़्मी को कार में डालकर पलक मारते ही चल देता है : मोटर चलने पर किसी ने गाली दी थी। दो आदमी कार की ओर लपके भी थे, पर वह सुरक्षित निकल आया था और कैजुअल्टी वार्ड के बरामदे में खड़ा अन्दर उसकी पट्टी होती देख रहा था : झाँककर देखा तो अधलेटे-लेटे उसने मेरे सामने हाथ बाँध दिए और देर तक हाथ जोड़े रहा। पट्टी के बाद वह यह कहकर कि 'मेरे अच्छे करम थे साहिब, जो आपकी मोटर से टक्कर हुई', दोनों हाथों से उसके पैरों को छूने की कोशिश करता है और तभी दो बच्चों के साथ उसकी औरत के आने पर उसे और बच्चों को भी 'पालागन' करने को कहता है : 'मुझे मौत के मुँह से निकाल लाए हैं। सड़क पर पड़े आदमी को कौन उठाता है?' कारवाला इत्मीनान की साँस लेता है : 'थुलथुल गिड़गिड़ा रहा था। वह पगलाया नहीं था, उसकी बकवास के पीछे कोई षड़यन्त्र भी नहीं था, केवल त्रास था, दिल्ली की सड़कों का त्रास।' (दोनों जगह शब्दों में बल जोड़ा गया है)।

कारवाला अपनी जेब में हाथ डालकर दो नोटों को अलग-अलग करता है : पाँच दूँ या दस? दस दू या पाँच? आसामी तो पाँच का नज़र आता है। फिर तभी हाथ रुक गया। यह क्या बेवकूफी करने जा रहे हो? यह क्या कम है कि इसे अस्पताल में उठा लाए हो? यह है कौन जिसके प्रति इतने पसीजने लगे हो? न जान, न पहचान...! वह अभी भी हाथ जोड़े श्रद्धा से सिर हिलाए जा रहा था : 'लिजिलिजी, लसलसी-सी श्रद्धा, जिसे देखकर फिर से मन में घृणा की लहर उठने लगी' थी; और कारवाला बिना एक भी पैसा दिए बाहर की ओर घूम कर चला देता है। इसी को कहते हैं, हींग लगे न फिटकरी और रंग चोखा होए। कहना न होगा कि हर कहीं विडम्बना खोज लेने वाली भीष्मजी की सूक्ष्म दृष्टि और उसे उसके वर्गीय-द्वन्द्व के परिप्रेक्ष्य में पूरी स्वामाविकता के साथ चित्रांकित करने की उनकी कला और सूक्ष्म कौशल की बदौलत ही यह 'चोखा रंग' आता है!!

ऐसा नहीं है कि यह क्रूरता और अमानवीय संवेदनहीनता केवल उच्चवर्गीय स्वार्थी लोगों में ही पाई जाती है! दरअसल, इन उच्चवर्गों की धन-दौलत या सम्पन्नता की चकाचौंध के प्रति आकर्षित होकर, उसकी 'ललक' में पागल होनेवाले किसी भी निम्न या निम्नमध्यवर्गीय व्यक्ति में भी यह क्रूरता आ सकती है! यहाँ तक कि किसी बच्चे में भी! इसी बात को बड़ी मार्मिकता के साथ भीष्मजी ने अपनी एक अन्य उल्लेखनीय कहानी 'ललक' में बड़े कलात्मक कौशल के साथ और बड़े ही सधे हुए ढंग से चित्रित किया है।

'ललक' कहानी का मुख्य पात्र (अन्दाजन दस-बारह साल का) एक बालक है, जो इस कहानी का नैरेटर भी है : 'बचपन में एक ललक हर वक्त मुझे बेचैन किए रहती कि मेरी जेब में ढेर-से पैसे हों, जिन्हें मैं खनकाता फिरूँ, लोग सुनें और ताज्जुब करें कि मैं कितना अमीर हूँ।' यह ललक आगे चलकर कितना हिंसक रूप ले लेती है और अपने से बलवान से पिटकर एक निरपराध, कमज़ोर और निस्सहाय बूढ़े से प्रतिशोध में बदल जाती है, यह दिल दहलाने वाली घटना है। अपने परिवार के बारे में बालक (नैरेटर) बताता है कि 'मेरे पिताजी गरीबी में से उठे थे, मगर उठने के बाद भी वह गरीब ही बने रहे। गरीबी के ज़माने में उनके दिल में अमीरों का जो डर बैठ गया था, वह स्वयं अमीर बन जाने पर भी उनके दिल में से नहीं निकल पाया। अमीरों के ठाठ-बाट से वह घबराते थे।..चुनाँचे उनके हर काम में गरीबी की पुट बनी रहती थी।' पिता अपने रहन-सहन में अमीरी को घर से दूर रखने की कोशिशें करते, जबकि 'इसके बावजूद—या शायद इसी कारण' अमीरी की ललक और हवस इस बालक के दिल में बराबर कसमसाती रहती थी।

वह बन-ठनकर अपने सबसे गरीब सहपाठियों के घर पहुँचता। सबसे पहले रोशन के जो बेहद गरीब था और जिसकी विधवा माँ बड़े दुलार से मिट्टी की तस्तरी में सत्तू घोलकर देती तो वह नाक चढ़ाकर मुँह फेर लेता। फिर वह रोशन से भी ज़्यादा गरीब धर्मदत्त के घर जाता जिसका बाप अन्धा था और उनकी कोठरी में दिन में भी दिया जलता रहता। गरीब सहपाठियों की 'सरपरस्ती' करने के बाद वह 'कोठीवालों' के बँगले की ओर निकल जाता, जहाँ उसका सहपाठी, 'सचमुच का अमीर' हरदेव रहता था। उसके सूक्ष्म निरीक्षण के बाद ही उसकी समझ में आता है कि 'सच्ची अमीरी सुस्ती में पायी जाती है, हौल-हौले उठने-बैठने में, धीमे-धीमे मुस्कराने में, तैरती नज़र से देखते रहने में होती है।' हरदेव से दोस्ती की ललक में वह रात-दिन तड़पता उसके बँगले के चक्कर लगाता और झरोखों में से मन्त्रमुग्ध-सा बाहर से झाँकता रहता!

हरदेव एक दिन अपने जन्मदिन की पार्टी पर उसे भी बुलाता है, जहाँ हॉकी मैच भी खेला जाना हैः 'मेरे पास एक डंडा-हाकी भी थी, काठ के एक ही लम्बे-टुकड़े में से तराशकर बनाई हुई। न उस पर निवार चढ़ी थी न वार्निश हुआ था।...टुल मारता तो दोनों बाज़ू झनझना उठते। मेरे पास हॉकी तो थी, पर निक्कर नहीं थी।' वहाँ उसने और चिमन ने ही पाजामा पहना हुआ था, बाकी सब निक्करों में थे। बन्द गले के कोट और सफेद पग्गड़ में हरदेव के पिताजी उसकी ओर इशारा करके पूछते हैं कि 'यह लड़का कौन है?' शायद इसलिए कि उसने पाजामा पहन रखा थाः 'अच्छा, अच्छा, अच्छा, पाजामा पार्टी, पाजामा पार्टी, अच्छा, अच्छा, शाबास, शाबास, खेलो, खेलो।' पाजामा-पार्टी का नाम सुनकर हरदेव के बड़े भाई मंगत समेत सभी खूब

हँसते हैं। मंगत कहता है कि 'इस लंगूर को कहाँ से पकड़ लाए हो? पाजामेवाला लंगूर।' फिर खेल शुरू हुआ।

मंगत जानबूझकर पाजामा-पार्टी—नैरेटर और चिमन के गिटटों पर कभी हाकी मारकर, कभी गेंद के ज़ोरदार 'हिट' मार-मारकर उनके हाथ-पैर तोड़ता रहता है। हरदेव के पिताजी टहलते हुए बार-बार हँस-हँसकर कहते जाते हैं: 'फाउल, फाउल, फाउल! मंगतजी का फाउल! मंगतजी का फाउल।' आख़िर पाजामा-पार्टी अपने गिट्टे तुड़वाकर और हाथ के चिथड़े उड़वाकर लौटती है कि 'तभी वह घटना घटी। यह नहीं कह सकता कि जो हुआ कैसे हुआ, इतना जानता हूँ कि जो हुआ पलक मारते ही हो गया था...उस वक्त हम गंदे नाले की ओर जानेवाली ढलान उतर रहे थे, जहाँ बाईं ओर बूढ़े सालगराम की झोंपड़ी थी।...यहाँ अकेला रहता था और ढेरों थिगलियाँ उसके झोंपड़े में पड़ी थीं।' सालगराम भिखमंगा था, जिसे स्कूली लड़के आते-जाते 'काली कुक्कड़ी दा चोर ई!' (काली मुर्गी का चोर) कहकर चिढ़ाते थे और वह कभी 'तेरा प्यो ई!' (मैं नहीं, तेरा बाप है) चिल्लाकर जवाब देता, कभी गालियाँ बकता। आज भी चिमन और दूसरे कुछ लड़के यही चिल्लाते ढलान उतर जाते हैं।

''तभी मैंने आगे बढ़कर उसकी पीठ पर हाकी दे मारी। वह बिलबिला उठा। ...अजब था कि मैं डर नहीं रहा था। बूढ़ा उठकर नीचे उतरा। तभी मैंने मंगत की-सी सफाई के साथ उसके टखने पर ज़ोर से हाकी जमा दी और वह कराहकर जमीन पर बैठ गया। इसके बाद जो कुछ हुआ वह भी बवंडर-सा ही था।' वह हाकी से झोंपड़ी के अन्दर जलती तेल की कुप्पी पर हिट करता है और झोंपड़ी में आग लग जाती है। बूढ़ा गालियाँ बकने के बजाय अब जमीन पर बैठा ऊँचा-ऊँचा रोने लगता है: 'ओ मिकी मारी दित्ता!' (ओ मुझे मार डाला) 'ओए मिकी मारी दिता!' इस अग्नि-कांड के बाद वह बालक (नैरेटर) सरपट भाग निकलता है : नाला पार करने से पहले 'मैंने घूमकर देखा, अब वहाँ आग की लपटें थीं, और नीचे अभी भी धुएँ की गठरियाँ-सी बनती नज़र आ रही थीं। गठरियाँ खुल जातीं तो उनमें से आग के शोले निकलते।...बूढ़ा शायद अभी भी वहीं खड़ा बिलबिलाए जा रहा था। तभी मुझे साफ़, बिल्कुल साफ सुनाई दिया, जैसे हरदेव के पिताजी की आवाज़ थी। हँस-हँसकर कह रहे थे:

'फाउल, फाउल, फाउल!
शाबस, शाबास, शाबास!
खेलो, खेलो, खेलो!....'

अपने से ऊँचे तबके में निम्नतम और निम्न-मध्यवर्गीय नरक से निकलकर उच्च या उच्चमध्यवर्ग की सम्पन्न और सम्भ्रान्त दुनिया में ऊपर सरकने की उच्चाकाँक्षा वाली, पर बिल्कुल अलग मिजाज की कहानी है, 'पटरियाँ'—कटरा राघोमल

में रहनेवाले गरीब 'कमीशन एजेंट' केशोराम एम. ए. और लाजपत नगर में कोठी बनवाकर रहने वाले उसके ससुर 'चोपड़ा साहिब' और बड़े सरकारी अफ़सर उसके साढू के जीवन की, जिनके जीवन की एक-दूसरे के समानान्तर पटरियाँ कभी भी परस्पर मिल नहीं सकतीं। वह चाहकर भी, अथक प्रयासों के बाद भी, अपने जीवन की पटरी नहीं बदल पाता। केशोराम को अपनी स्थिति के बारे में सोचकर वितृष्णा हुई : पहले भी मैं पैर घसीटता था, आज भी घसीटता हूँ। वर्षों से पैर घसीटता चला आ रहा हूँ। ज़िन्दगी में कुछ बना-बनाया नहीं है। सारी ज़िन्दगी मिट्टी हो गयी है...। वह जानता था कि लोगों के व्यवहार में उसके प्रति बेरुखी और तिरस्कार होता है। सगे-सम्बन्धियों के व्यवहार में भी। यहाँ तक कि उसकी पत्नी की आँखों में भी अब उसके प्रति उपेक्षा उतर आई थी; जिसे अब उसकी हर आदत अखरने लगी थी।

केशोराम एम. ए. कटरा राघोमल की एक सँकरी गली में किराए के दो कमरों में रहते थे। पत्नी आँगन के कोने में रसोई करती थी, जहाँ छत में लोहे की सलाखों की झरझरी से ऊपर के किराएदारों का पानी गिरता रहता था। वह किराएदार मालिक मकान सेठ का रिश्तेदार था। जब पानी गिरता, वह उठकर ड्योढ़ी की दहलीज पर बैठ जाता। एक दिल गंदे पानी के छींटे सिर पर गिरे तो पत्नी के बड़बड़ाने पर उसने डाँट दिया : 'तुम चाहती हो कि इस छोटी-सी बात के लिए मैं सेठ के नाती से दुश्मनी मोल लूँ। तुम अपना चूल्हा पीछे सरका लो!' अब अक्सर केशोराम एम. ए. और उसकी पत्नी बात-बात पर एक-दूसरे पर चिल्लाने लगे थे और उसे गुस्सा आता था तो वह हाँफने लगता था। पत्नी भी हाथ पसारकर कहती है : 'और चिल्लाओ, चिल्लाते जाओ! बुजदिल कहीं का! मरदूद! कर-कुरा कुछ सकता नहीं, केवल चिल्ला सकता है।' वह उसकी नाकामयाबियों को तब एक-एक कर केशोराम एम. ए. के मुँह पर मारने लगती!

केशोराम को अपने हर अपमान, प्रत्येक तिरस्कार पर लगता है कि 'सब दोष इस खाकी पतलून का था। सब दोष एम. ए. की डिग्री का था। वरना दलाल दुनीचन्द क्यों पानी-पानी नहीं होता।...तम्बाकू की चुटकी फाँक लेता है। तम्बाकू की चुटकीं में सब तिरस्कारों का डंक टूट जाता है। वह कटरा राघोमल में से निकलने के ख़्वाब नहीं देखता। बाबू हरगोबिन्द ने भी केशोराम के साथ ही एजेंटी का काम शुरू किया था। आज तीन-तीन मकानों का मालिक है। उसे लगता है कि 'सबसे बड़ी चीज़ दुनिया में पैसा है, पोजीशन है। बाकी सब ढकोसला है। सब बकवास है। ताकत और पैसा और रोब-दाब, उनसे बढ़कर कोई चीज़ दुनिया में नहीं है। जिसके पास पैसा है उसके पास सब-कुछ है।' कभी-कभी उसके ससुर, लाजपतनगर में कोठी वाले चोपड़ा साहिब, के ज़िक्र से किसी परिचित की नज़रों में उसकी स्थिति कुछ बेहतर बनने लगती है तो उसे लगता है कि उसकी 'प्रतिष्ठा का पारा धीरे-धीरे ऊपर को

उठने लगा है। ससुर के बड़प्पन की लौ लाजपत नगर से चलकर यहाँ कटरा राघोमल में उस पर पड़ने लगी है।' केशोराम एम. ए. बड़ा भावुक और संवेदनशील इन्सान था : 'जितनी जल्दी तिरस्कार को महसूस करता था, उतनी ही जल्दी उसे क्षमा भी कर देता था। बल्कि भावुक हो उठता था।' जरा-सी उम्मीद की लौ जलते ही उसे लगता था कि 'पटरियाँ' बदल रही हैं : उसकी ज़िन्दगी कटरा राघोमल की पटरी से बदलकर लाजपतनगर की पटरी पर जाने की ओर गतिशील हो रही है...आज भी वह शहर से पाँच मील दूर कारखाने में ग्यारह बजे दाखिल हुआ, जहाँ वह पिछले तीन दिन से किरमिच की पचास गाँठों का आर्डर मंजूर करवाने आ रहा था, पर बड़े सेठ से अभी तक मुलाकात नहीं हो पायी थी।

प्रेम बाबू उसके 'जय सीताराम जी' पर सिर तक नहीं उठाता। वह जानता था कि वह उसके अभिवादन का उत्तर नहीं देगा। थोक बाज़ार में बैठने वाले दूकानदार भी उसके अभिवादन का जवाब नहीं देते थे। कुछ देर बाद मुम्बई का सेठ (एजेंट) आता है तो प्रेम बाबू उठ खड़ा होता है। केशोराम उठकर मुम्बई के एजेंट को अपनी कुर्सी पेश कर देता है। कुछ अर्से बाद कारखाने के भोजनालय का महाराज आकर कहता है कि 'जीम लीजिए, भोजन तैयार है', तो केशोराम को लगा कि महाराज ने उतनी ही विनम्रता से उसे भी निमन्त्रण दिया है, जितनी बंबई के सेठ को! वह भी सेठ के पीछे-पीछे भोजनालय पहुँच जाता है : महाराज ने न जाने किस जन्म का बदला लिया था। ऐन भोजनालय के बाहर पहुँचकर घूम गया था। बंबई वाले सेठ को तो मेज़-कुर्सी वाले कमरे के अन्दर 'पधारने' को कहा और केशोराम को बरामदे की ओर इशारा करते हुए बोला, 'बाबूजी, आप इधर बिराजिए। आपके लिए इधर पत्तल लगवा दूँगा।' केशोराम फ़ौरन लौट आता है : 'पानी-पानी, पसीना-पसीना, हीन भाव की सबसे निचली सीढ़ी तक लुढ़ककर पहुँचा हुआ।...कारखाने के सभी लोग, रसोइया भी और क्लर्क भी और चपरासी-चौकीदार भी, बाहर से आनेवाले लोगों को बड़े साहिब की आँख से देखते हैं।' बड़े साहब (बड़े सेठजी) बेहद गुस्सैल स्वभाव के थे। दिन बीत रहा था। मुम्बई वाला सेठ अपना काम कराकर जा चुका था। तभी, एकाएक वह दुस्साहस करके 'शेर की माँद में' घुस जाता है—सीधे साहब के कमरे में। जाते-जाते घूमकर साहिब मुस्कराकर पूछते हैं, 'क्या है!' फिर केशोराम के हाथ में इंडेंट-बुक देखकर उस पर हस्ताक्षर कर देते हैं : 'तुम्हारा नाम केशोराम है?' साहब पूछते हैं। 'जी, केशोराम एम. ए.।' वह बाताता है तो साहब हँसते हुए बाहर निकल जाते हैं।

बस के दरवाजे पर डंडे से झूलते हुए केशोराम को लगता है, 'जैसे पैरों की ओर से एक हल्की सी लहर ऊपर को उठी है। इसके बाद और लहर उठी, फिर एक और। लहरें ऊपर उठती जाती हैं और उसके शरीर में छलछलाती जाती हैं,

नीचे से ऊपर, जैसे फव्वारे का पानी उछलता है। केशोराम एम. ए. को लगता है कि जैसे टूटे सपनों के टुकड़े, जो इधर-उधर बिखर गये थे, फिर से जुड़ने लगे हैं! उसे अनुभव होता है कि जैसे कटरा राघोमल पीछे घूटता जा रहा है और उसकी बस लाजपतनगर की ओर बढ़ती जा रही है! बढ़े जा रही है!' निम्नमध्यवर्ग की उच्चाकांक्षाओं की आत्म-व्यंग्य से भरी यह बड़ी मार्मिक कहानी है।

भीष्मजी की दो अन्य कहानियों, 'अहं ब्रह्मास्मि' और 'रामचन्दानी' में गोरे अंग्रेज़ों के नस्लभेद और रंगभेदभाव के ख़िलाफ़ राष्ट्रीय स्वाभिमान और मध्यवर्गीय समझौतापरस्ती के बीच द्वन्द्व दिखाने के साथ ही आध्यात्मिक पाखंड और तथाकथित आधुनिक 'खुलेपन' की स्वार्थी मौकापरस्ती पर भी चोट की गयी है। 'अहं ब्रम्हास्मि' में नैरेटर के रिश्तेदार जितेन्द्र के मित्र भाटिया पर आध्यात्मिक पाखंड के पीछे अपनी मध्यवर्गीय कायरता के लिए करारा व्यंग्य किया गया है, जबकि 'रामचन्दानी' में राष्ट्रीय स्वाभिमान और आत्मसम्मान की भावनाओं से शून्य मुख़्तार सिंह नामक स्वार्थी और मौकापरस्त नौजवान के विरोधाभास को उभारा गया है। भाटिया कैन्टोनमेंट में रहता था जहाँ उसकी अंग्रेज़ी किताबों की दूकान थी। वहाँ रहनेवाले अँगेज़ों और गोरे फ़ौजियों के कारण 'भाटिया की वजह-कतह अंग्रेज़ों-जैसी हो गयी थी।' उसमें 'बुद्धिजीवी का पोज़' भी आ गया था। नैरेटर को शहर की घुटनभरी गलियों से निकलकर कैन्टोनमेंट में घूमना और कभी-कभार अंग्रेज़ी फ़िल्म देखकर जितेन्द्र के साथ भाटिया के यहाँ गप्पें मारना अच्छा लगता। उन दिनों भाटिया अध्यात्म और वेदान्त की बातें बहुत करता था, क्योंकि आल्डुअस हक्सले ने भारतीय दर्शन की प्रशंसा करके 'अहं ब्रह्मास्मि' का अनुवाद 'आई एम द डिवाइन फ्लेम!' किया था, जिसे बार-बार दोहराते हुए भाटिया कहा करता था कि 'इस मन्त्र में बड़ी शक्ति है। जब भी मैं इसे दोहराता हूँ, तो हर बार लगता है, मेरे अन्दर शक्ति का संचार हो रहा है।' आई एम द डिवाइन फ्लेम! अहं ब्रह्मास्मि!!

एक दिन काँग्रेस का मुनादीवाला कैन्टोनमेंट में भी दूकानें बन्द कराने और शाम की सभा में भाग लेने की अपील करता हुआ, कौमी नारे लगता ताँगे में घूमता है तो सभी को उसकी इस 'धृष्टता और दुस्साहस' पर हैरानी होती है। भाटिया नैरेटर को बाहर जाने से रोककर ऊपर वाले कमरे में ले जाता है; और कहता है : 'कितनी बड़ी बेवकूफ़ी यह आदमी कर रहा है। इसे तो फ़ौजी अफ़सर गोली से उड़ा देंगे। कैन्टोनमेंट में काँग्रेस की मुनादी करना, क्या कोई मज़ाक है। और फिर दुकानें बन्द करने को कह रहा था!' उसी दिन शाम को तीनों सिनेमा जाते हैं : 'भाटिया जैसा सुलझे दिमाग का आदमी भी यह बात भूल गया कि मुनादी घूम जाने के बाद कैन्टोनमेंट वे तनाव व्याप्त होगा, कि ढोल के साथ तिरंगे का कैन्टोनमेंट में घूम जाना ही उत्तेजना का कारण बन सकता है।' वही होता है! जब इन्टरवल

में भाटिया सिनेमा की लेवेटरी में गया तो गोरे फ़ौजी उसकी बुरी गत बना देते हैं। वे उसे जहाँ भी वह पेशाब करने खड़ा होता है, धक्के मार-मारकर हटाते रहते हैं। पहले तो भाटिया 'आई बेग योर पार्डन!' कहकर खुद ही बत्तीसी निकालता बड़ी शिष्टता से हटता रहा। पर शीघ्र ही वह गोरों के लिए मज़ाक और खेल की चीज़ बन गया और वे उसे जानबूझकर धक्के देने लगे। उसकी सिट्टी-पिट्टी गुम हो गयी। डर से उसमें भागने तक की हिम्मत नहीं बची!

जब भाटिया को होश आया तो वह सिनेमाघर के पार्क में तरबतर रूमाल लिए खड़ा था : 'उसके मन की क्या दशा रही होगी, कौन-सी भावनाएँ उसके दिल को मथ रही होंगी—ग्लानि की, आत्मग्लानि की, क्षोभ की, क्रोध की, मैं नहीं जानता!' जब नैरेटर उसे ढूँढ़ता हुआ उसके घर पहुँचा, तो भाटिया छत के बीचोबीच खड़ा बुदबुदा रहा था, 'अहं ब्रह्मास्मि! आइ एम द डिवाइन फ्लेम! फॉर आई एम द डिवाइन फ्लेम!!' नैरेटर के शब्दों में, 'उस शाम की घटना अपनी क्षुद्रता में सूखे पत्ते की तरह झरकर गिर चुकी थी और वह कब का अपमान, तिरस्कार, ग्लानि और क्षोभ के निम्नतम स्तर से ऊँचा उठ चुका था, ऊँचा उठता जा रहा था, और ऊँचा उठता जा रहा था।' यह कहानी अंग्रेज़ों की गोराशाही के नस्लवाद और रंगभेदवाद पर चोट करने के साथ ही भाटिया-जैसे अंग्रेज़परस्तों की स्वाभिमानहीनता, कायरता और खोखली 'आध्यात्मिकता' के पाखंड को भी अपने व्यंग्य और विडंबना के पैने अस्त्रों से उधेड़ कर रख देती है!

कहानी का अन्तिम पैराग्राफ़ तो इस कहानी को अपने गहरे व्यंग्य के अलावा, उदात्त के स्तर तक भी ऊँचा उठा देता है : ''अब सोचता हूँ, तो शायद उसी समय दो सड़कें पार कर, मेसी गेट के थाने में पुलिस के डंडों की बौछार के नीचे अधमरा युवक 'भारत माता की जय?' 'महात्मा गाँधी की जय!' बुदबुदा रहा था। और जब भाटिया की आत्मा ब्रह्मांड की बुलंदियाँ छू रही थी, जब वह आसपास की स्थूल दुनिया से ऊँचा उठ चुका था, चाँद सितारों में से एक हो रहा था, लगभग उसी समय मुनादी करनेवाले पीले-दुबले युवक के मुँह से खून बहने लगा था और 'भारत माता की जय!' बुदबुदाते हुए वह थाने के फर्श पर लुढ़क गया था।'' मुनादी वाले युवक का प्रसंग 'कुन्तो' में भी आता है।

दूसरी कहानी 'रामचन्दानी' का मुख्य पात्र ऊँची सरकारी नौकरी से अवकाश प्राप्त बुजुर्ग रामचन्दानी, कहानी के नैरेटर सहित कालिज से निकले दो युवकों को, गुलमर्ग में रहने की जगह न मिल पाने के कारण, अपने एक मित्र के खाली बँगले में, अपने साथ टिका लेता है। रामचन्दानी में, जो गाँधीजी का अनन्य भक्त था, अफ़सरोंवाली कोई बात नहीं थी, न वेश-भूषा में, न हाव-भाव में और न ही व्यवहार में। दूसरा युवक फ़ैशनपरस्त मुख़्तार सिंह था, जो अंग्रेज़ों को उनकी नफ़ासत और

हर बात में चुस्त-दुरुस्त रहने के कारण पसन्द करता था; और 'ढीले-ढीले लिजलिजे भावुक लोगों से उसे नफ़रत' थी। तीसरा रामचन्दानी का एक अजीज़ वेद था। वहाँ खाने का कुछ विशेष प्रबन्ध न होने के कारण मुख़्तार क्षुब्ध था : 'सारा वक्त मक्खन डबलरोटी ही तो नहीं खा सकते ना, आप तो टमाटर खा लेंगे, बग्गू गोशे खा लेंगे। मगर हम...।' दूसरे दिन रामचन्दानी अपने मेहमानों के लिए पड़ोसवाले रेस्तराँ में जाकर खाने का प्रबन्ध कर देता है। इस आशंका के उत्तर में कि 'वह तो अंग्रेज़ों का रेस्तराँ है। हमें वहाँ कौन घुसने देगा?' रामचन्दानी कहता है, 'भले ही अंग्रेज़ों का रेस्तराँ है, लेकिन है तो गुलमर्ग में, इंग्लैंड में तो नहीं है।' दरअसल, गुलमर्ग बना ही अंग्रेज़ों के सैर-सपाटे के लिए था। हिन्दुस्तानी तो वहाँ यतीमों की तरह घूमते दिखते थे! लेकिन उस रेस्तराँ की विधवा मालकिन अंग्रेज़ होते हुए भी बड़ी भली महिला थी।

मुख़्तार बहुत बन-ठनकर खाने जाता है और वह रामचन्दानी की पट्टू के सूट और बिना कालर वाली कमीज़ से पानी-पानी हो रहा था। इस पर गैलस, जिसे अंग्रेज़ लगभग सौ साल पहले पहनना छोड़ चुके थे। वह रेस्तराँ में भी उसके सादे और लापरवाही-भरे व्यवहार से भुनभुनाता है। खाने के बाद जब मुख़्तार टिप के पैसे रखने की बात करता है तो रामचन्दानी की आँखों में पैनापन आ जाता है : 'मैं टिप देने में विश्वास नहीं रखता।...टिप देना एक तरह से ख़ैरात देना है, मेहनत करनेवालों का अपमान करना है।' लौटते हुए मुख़्तार अंग्रेज़ों के रहन-सहन, वेश-भूषा और सलीके की तारीफ़ में खूब कसीदे काढ़ता है और रामचन्दानी की वेश-भूषा और बेसलीकेदार व्यवहार की कटु आलोचना करते हुए कहता है कि क्या यह भी कोई सलीका या तहजीब है! खाने से पहले भी उसने कहा था कि 'यार, इसे कुछ समझाओ, यह आदमी रुसवा करेगा। इसने इसे देशी ढाबा समझ रखा है।...इसे अफ़सर किसने बनाया है, यह तो चपरासी होने लायक भी नहीं।' गाँधीजी से पहली मुलाकात में ही वह नौकरी छोड़कर देश-सेवा करने की बात कहता है तो वे उसे नौकरी छोड़ने से मना करते हैं कि तुम सरकारी अफ़सर रहते हुए भी देश का काम कर सकते हो। अफ़सर होने के नाते वह खादी का कुर्ता-पयजामा तो नहीं पहन सकता था, पर तभी से उस काल के गाँधीवादियों की तरह पट्टू का सादा कोट-पतलून और पट्टू की टोपी पहनने लगा था।

कुछ अर्से बाद, एक दिन जब वे बँगले में पहुँचे तो सफेद वर्दी, तुर्रेदार पगड़ियों और हरे कमरबन्द में चार बैरे बढ़िया प्लेटों और झिलमिलाते छुरी, काँटों तथा हॉट केसों में गर्म व्यंजनों के साथ उन्हें खाना खिलाने मुस्तैद खड़े थे। रेस्तराँ की अंग्रेज़ मालकिन की तरफ़ से एक पुर्जा भी था, जिसे पढ़कर रामचन्दानी का चेहरा लाल हो जाता है; और वह कहता है कि 'साईं, मुझे तो इसमें रंगभेद नज़र आता है।'

मुख़्तार दुनिया-भर के कयास लगाकर ढेरों सफ़ाइयाँ देता है कि मुमकिन है कि उस औरत ने हमारी सुविधा के कारण ऐसा किया हो? पर रामचन्दानी दो टूक-फैसला सुना देता है कि 'अगर हम रेस्तराँ में भोजन नहीं कर सकते तो हम उनका भोजन घर भी नहीं कर सकते।' रामचन्दानी रेस्तराँ की अंग्रेज़ मालकिन से 'स्थिति स्पष्ट' करने के लिए जाते हैं और लौटकर बैरों को खाने के साथ लौटा देते हैं। वे बताते हैं कि 'मेरा अनुमान ठीक था। उसने दबाव में आकर ऐसा किया है। कुछ अंग्रेज़ ग्राहकों ने ऐतराज़ किया था कि रेस्तराँ में हिन्दुस्तानी लोगों को क्यों बैठने दिया जाता है।...वह महिला आप सबसे माफ़ी माँगती थी। अपनी मजबूरी बता रही थी : साल भर में कवेल तीन-चार महीने के लिए ही मेरा रेस्तराँ खुलता है और इन्हीं लोगों पर मेरी जीविका निर्भर करती हैं।' दूसरे दिन रामचन्दानी उन्हें ठहरने को कहकर जब जाने लगता है तो नैरेटकर और वेद भी उसके साथ चल देते हैं। मुख़्तार जब यह कहता है कि 'मैं कुछ दिन और यहाँ रहना चाहूँगा। आप लोग जाना चाहते हैं, तो बेशक जाइए।' तो रामचन्दानी कहता है कि 'ज़रूर रहिए, मैं अपने मित्र को लिख दूँगा कि आप यहाँ ठहरे हुए हैं।' श्रीनगर लौटने के तीसरे दिन नैरेटर को लाल मंडी घाट के पास मुख़्तार सिंह नज़र आता है।

बातों-बातों में नैरेटर को पता चलता है वह उसी दिन उस महिला से मिला था और बुढ़ऊ के संकीर्ण विचारों की आलोचना करते हुए कहता रहा था कि वह बुढऊ की तरह ज़रा भी दकियानूस नहीं है, उसकी स्थिति समझता है। लेकिन रेस्तराँ की अंग्रेज़ मालकिन किसी भी तरह से उसे खाना देना मंजूर नहीं करती, न रेस्तराँ में और न ही घर पर; ख़ुद अपना चौकीदार भेजकर मँगवाने के इसरार पर भी वह रुख़ाई से मना कर देती है। मज़बूरन वह भी चला आया। यह क़िस्सा सुनाते हुए भी मुख़्तार सिंह रामचन्दानी को कोसता रहता है। ऐसा नहीं है कि भीष्मजी सिर्फ़ समाज के इन विभिन्न वर्गों की अवसरवादिता, पाखंड और स्वार्थपरता पर चोट करते हुए, 'अपनों' को भूल जाते हैं या उन्हें छूट देते हुए निगाहें फेर लेते हैं। इसके विपरीत, एक सच्चे यथार्थवादी लेखक की तरह, वे वहाँ भी अपनी सूक्ष्म दृष्टि से विडम्बना, विरोधाभस और अन्तर्विरोधों को देखते हैं, उन्हें उजागर करते हुए, हर तरह की मौकापरस्ती, पाखंड और दोगलेपन को अपने तीखे व्यंग्य और कठोर आलोचना के प्रहारों का निशाना बनाते हैं। फिर चाहे कम्युनिस्ट पार्टी, पार्टी कार्यकर्ता और यूनियन के कारकून हों या तथाकथित प्रगतिशील और वामपन्थी बुद्धिजीवी या आन्दोलनकारी, भीष्मजी किसी को भी नहीं बख़्शते! मिसाल के लिए उनकी 'गलमुच्छे', 'नया मकान' या 'मौकापरस्त'-जैसी कहानियों का ज़िक्र किया जा सकता है।

'गलमुच्छे' कहानी में भी दो पुराने दोस्त है, जो लगभग बीस साल पहले यूनियन और पार्टी में एकसाथ काम किया करते थे; और मिलकर नाटक भी खेला करते थे।

हालाँकि एक जगह 'देश के कर्णधारों' और 'काँग्रेस' पार्टी का नाम आया है, लेकिन पूरी कहानी के यथार्थ-वर्णन से स्पष्ट उजागर हो जाता है कि जिस पार्टी और जिस यूनियन का ज़िक्र किया जा रहा है, वह कम्युनिस्ट पार्टी और उसके ट्रेडयूनियन संगठन का वर्णन है। उसके संगठनात्मक ढाँचे (सेक्रेटेरियट और 'पार्टी स्कूल') कार्यपद्धति (अध्यक्ष मंडल) और जल्सों, उनके विषय आदि के वर्णन और शब्दावली, सर्वोपरि दोनों दोस्तों की पार्टी-कार्यों के दौरान परिस्थितियाँ तथा कामकाज के तरीकों आदि से सब-मिलाकर कुल वर्णन से, यही तथ्य स्पष्ट उजागर हो जाता है! और लेखक की मंशा भी!! नाटक खेलने और मेज़ों दरियों के अंबार पर चढ़कर बैठे हुए बैलगाड़ी से लौटने के वर्णन आदि से भी यह स्पष्ट हो जाता है कि यह सारा वर्णन 'इप्टा' का है। ठीक यही वर्णन बड़े विस्तार के साथ भीष्मजी ने, 'इप्टा' के सन्दर्भ में ही, अपनी आत्मकथा 'आज के अतीत' में भी किया है। वैसे भी नैरेटर के मौजूदा, लगभग फटेहाल हालात को देखते हुए साथ ही उसके पार्टी-पदों के मद्‌दे-नज़र ('प्रदेश भर की यूनियनों का मैं संचालक था। पार्टी की सर्वोच्च समिति का सदस्य भी था।'), किसी शक की गुंजाइश नहीं रह जाती कि सम्पूर्ण वर्णन कम्युनिस्ट पार्टी का ही है! वैसे भी, पूरी दुनिया में जब भी विचारधारा (आडियोलौजी) या पार्टी लिखा जाता है, जो किसी को भी समझने में कोई कठिनाई नहीं होती कि मतलब 'मार्क्सवाद' (या कम्युनिस्ट विचारधारा) और 'कम्युनिस्ट पार्टी' से ही होता है! कहा भी गया है, और सर्वथा सत्य कहा गया है कि लेखक के 'कथन' पर नहीं, उसकी रचना से निकलने वाले 'आशय' पर 'संकेतार्थ' पर ही विश्वास करो। भीष्मजी के कहानी में से उभरने वाले आशय, संकेत और उनकी स्पष्ट मंशा पर भरोसा करते हुए, कहानी के विश्लेषण से, यही ठोस सत्य दिन के साफ़ उजाले की तरह उजागर होता है!!

नैरेटर अपनी पार्टी द्वारा 'आज की स्थिति और हमारा कर्तव्य' विषय पर (इन दोनों बातों की वैसे भी सबसे ज़्यादा 'चिंता' भी कम्युनिस्ट पार्टी को ही रहती है; और उसके बौद्धिक-सांस्कृतिक संगठन इस या लगभग ऐसे विषयों पर लगातार सेमिनार, सम्मेलन और 'डिस्कोर्स' करते रहते हैं, लेखादि लिखते रहते हैं!) एक जलसे की सदारत कराने के लिए बात पक्की करने, लगभग बीस साल बाद, अपने दोस्त और पुराने साथी के बँगले पर रात नौ बजे पहुँचता है। उसका दोस्त इस बीच बड़ा ऊँचा उठकर एक नामी-गिरामी बुद्धिजीवी और एक 'इन्स्टीट्यूट' का डायरेक्टर है, जबकि वह पहले की तरह ही यूनियन और पार्टी के ही काम में लगा हुआ है; और ढाबों में 'पौने दो रुपए' में 'महँगा' खाना खाता है, जबकि पहले वे दोनों 'चवन्नी-चवन्नी में भरपेट खाना' खाया करते थे : 'अमृतसर स्टेशन के सामने उन दिनों बहुत-से ढाबे हुआ करते थे। एक आने में एक रोटी मिला करती थी, और दाल प्याज मुफ़्त।' दोनों ट्रेन के भीड़ भरे साधारण डिब्बों में ठुँसकर यात्राएँ करते, पार्टी और यूनियन

का काम किया करते थे और ढाबे में 'चार-चार रोटियाँ फाड़ा करते' थे। अब जब नैरेटर दोस्त के साथ उसके बँगले पर 'खाना खाने बैठे तो मेज व्यंजनों से भरी थी। ...मुर्ग था, दो-तीन तरह की सब्जियाँ थी, दाल थी, सलाद था, जाने क्या-क्या था।' खाने पर जब उसका दोस्त भींगी-आँखों के साथ भावविह्वल होकर कहता है कि 'मेरी ज़िन्दगी के वे बेहतरीन दिन थे। ...काश वे दिन लौट आएँ।' तो नैरेटर को लगता है कि उसने यह पहला झूठ बोला है। देर रात को जब वह जाने की इज़ाज़त माँगता है कि मुझे दो एक काम निपटाने है, तो उसका दोस्ता कहता है : 'यह क्या बदतमीज़ी है? अभी तो हम दो बातें भी नहीं कर पाए। तुम इतनी दूर से आए हो!' वह जैसे आग्रह से उसे रुकने को कह रहा था, उसी से नैरेटर को आभास हो जाता है कि अब वह दूसरा झूठ बोल रहा है! बाहर खुली हवा में निकलकर नैरेटर को लगता है कि कहीं कुछ टूट गया है। उसका मन उद्विग्न-सा हो उठता है!!

नैरेटर के इस आभास और उद्विग्नता की वजह यह थी कि कम-से-कम अपने दोस्त, पुराने कामरेड और अब एक विख्यात प्रगतिशील बुद्धिजीवी से उसे इस झूठ, पाखंड और दुनियादारी वाली मौकापरस्ती की बिल्कुल उम्मीद नहीं थी। वैसे भी नैरेटर बहुत सूझबूझवाला और सारी सच्चाई भाँप लेने वाला समझदार व्यक्ति है। वह आम तौर पर 'पुराने दोस्तों से मिलने से कतराता' था, क्योंकि उनसे मिलने पर अकसर 'पुरानी सुखद स्मृतियों का प्रभाव बहुत कुछ टूट-फूट जाता है, और वर्तमान की वास्तविकता भी कहीं-न-कहीं मन में अकुलाहट-सी पैदा करती है।... धीरे-धीरे सारा उत्साह और स्नेह एक प्रकार की ठंडी औपचारिकता में सिमटकर रह जाता है।' वर्षों पहले जब उसके इस दोस्त ने धीरे-धीरे यूनियन के कामों से हाथ खींचकर अपने व्यवसाय की ओर अधिकाधिक खिसकना शुरू कर दिया था, तो उसने यह सफ़ाइयाँ भी दी थीं कि हमारे समाज में उन्हीं लोगों की बात सुनी जाती है, जिनकी कोई पोज़ीशन हो।...बड़े-बड़े डाक्टर, बड़े-बड़े वकील, बड़े-बड़े विद्वान अपनी पोज़ीशन के कारण जनता की सेवा भी अच्छी तरह से कर सकते हैं। वह बात बुर्जुआ समाज के लिए बिल्कुल वास्तविक थी। लेकिन विडम्बना यह उजागर होती है कि कम्युनिस्ट पार्टी के व्यवहार की भी, कम-से-कम अब, यही सच्चाई है। तभी तो वह नैनेरटर को इस पाखंडी और प्रदर्शन-प्रिय अवसरवादी द्वारा सदारत करने की बात पक्की करने भेजती है!

यह व्यक्ति कैसा है? यह भीष्मजी के हल्के व्यंग्य की महीन अन्तर्धारा के साथ उसके चरित्रांकन की उधेड़कर रख देनेवाली कला से उजागर होता है! वह तर्क देता है कि पार्टी के काम-काज में बड़ा दोष है : 'जो आदमी जिस काम के काबिल हो उसे उस काम पर लगाना चाहिए। अब एम. ए. पास लोगों से मीटिंगों का प्रबन्ध करवाना उनसे दरियाँ उठवाना और इश्तहार बँटवाना तब भी गलत था और आज

भी गलत है।...ठीक आदमी को ठीक स्थान पर लगाना चाहिए। तुम्हें ज़रूर उन्हें सेक्रेटेरिएट में ले लेना चाहिए था। पार्टी को चाहिए था कि तुम्हें किसी पत्रिका का सम्पादक बना देती या तुम्हें केन्द्रीय कार्यालय में रखती।' आगे उसकी अवसरवादी सोच और बुर्जुआ दृष्टि और भी खुलकर सामने आ जाती है, जब वह कहता है कि 'निस्वार्थ सेवा से पार्टियाँ नहीं चलतीं, देश के काम नहीं होते।' वह बताता है कि एक बार जब वह और पार्टी का प्रधान एक मीटिंग में अध्यक्षमंडल में बैठे थे, तो उसने पार्टी द्वारा बार-बार की जानेवाली, कार्यरूप देने के दौरान व्यवहारिक भूलों के बारे में बताया था। नैरेटर को लगता है कि जिस मंजिल की ओर वह आज से पच्चीस बरस पहले निकला था, वह उसने पा ली। अब वह डायरेक्टर के साथ-साथ पथ-प्रदर्शक भी बन गया था!

वह सलाह देता है कि 'पार्टी स्कूल के बारे में तो तुम ज़रूर पार्टी से बात करना ...तुम कुछ मत कहना। मैं ख़ुद ही बात करूँगा। मैंने अध्यक्ष से एक बार इसका ज़िक्र किया भी था।' नैरेटर ने पार्टी के मामलों में अध्यक्ष तक पहुँचने की ज़रूरत नहीं समझी थी। जबकि उसका दोस्त उससे टेलीफोन पर भी बात कर सकता था! सदारत की बात पक्की हो जाने पर वह कहता है कि 'जलसे से दो दिन पहले याद-दहानी का तार मुझे भेज देना। अगर कोई मुझे आकर लिवा ले जाए तो थोड़ा आराम रहेगा।' फिर वह पूछता है कि 'किराया विराया तो देते हो ना?...आम तौर पर मैं हवाई-जहाज़ का किराया लेता हूँ, मगर तुम्हारी संस्था के पास इतने पैसे कहाँ होंगे?'

कहानी का शीर्षक 'गलमुच्छे' ऐसे मौकापरस्त, पाखंडी और कृत्रिमता के पुजारी उच्चमध्यवर्गीय बुद्धिजीवियों के लिए प्रतीक के रूप में आया है : 'क्या ख़्याल है, अगर मैं दाढ़ी रख लूँ', उसने तोंद पर हाथ फेरा, वैसे ही जैसे ज़िंदगी में आश्वस्त आदमी हाथ फेरते हैं, 'या फिर गलमुच्छे! गलमुच्छे तो मैं ज़रूर रखूँगा।...मैं मीटिंगों में अध्यक्ष की कुर्सी पर रुंड-मुंड-सा जा बैठता हूँ, यह क्या हुआ। अगली बार जब मिलेंगे तब तुम्हारे दोस्त के गलमुच्छे होंगे...।' उसके इस कृत्रिम व्यवहार और तरह-तरह के पाखंडी और प्रदर्शनप्रिय व्यवहार से उसका लड़का और पत्नी भी भलीभाँति परिचित हैं, जो उसकी इस सारी नौटंकी के दौरान ख़ासे ऊबे हुए दिखते हैं, लेकिन उसकी व्यवहारकुशल पत्नी के होंठों पर सारी ऊब और उपेक्षा के बावजूद 'एक ठंडी-सी मुस्कान' सारे वक्त बनी रहती है!

'नया मकान' का पुराना कॉमरेड गिरिजा बाबू नया आलीशान मकान बनवाता है तो वह और उसकी मोटी बीवी विमला, गिरजा के पुराने 'कामरेडी' दोस्त (कहानी का नैरेटर) और उसकी पत्नी मीना को 'नया मकान' दिखाते हैं : 'सभी वाह वाह करते, जुलूस की शक्ल में एक कमरे से दूसरे कमरे की ओर बढ़ते जा रहे हैं। गिरिजा की बीवी गोलमटोल विमला, हँस-हँसकर एक के बाद एक कमरा, गुसलखाना, संडास

दिखाती जा रही है। ...नाक में लगी हीरे की लौंग बात-बात पर चमकने लगती है। गिरिजा सँकुचाता-सा साथ चला आ रहा था।' विमला मकान के पिछवाड़े एक कमरे का दरवाजा खोलकर कहती है, यह रहा आपके दोस्ता का कमरा—

'छोटा-सा कमरा था। देखने में नौकर का कमरा लगता था। कमरे में सस्ते तम्बाकू की बू आ रही थी। फर्श पर चार मीनार सिगरेट की डिब्बयाँ और अधजले सिगरेटों के टुकड़े बिखरे पड़े थे। दीवार के साथ एक खाट पर गूदड़-सा बिस्तर पड़ा था।'

गिरिजा को जब कभी पुराने 'कामरेडी दिनों' की याद सताती तो वह इस कमरे में आकर सोता था। विमला बताती है, 'मैंने यहाँ इनके लिए कॉमरेडी ज़िन्दगी का सब इन्तजाम कर दिया है!...दासे पर केतली भी रख दी है और बड़ा सा फ़ौजी मग भी रख दिया है। काली चाय बनाओ और पियो और इनकलाबी गाने गाओ।' जब गिरिजा यह कहता है कि 'हमारा क्या है, हमारी जगह तो सड़क की पटरी है! मकान बनवाया, तो क्या हुआ, एक दिन फिर बुकचा उठाएँगे और पटरी पर लौट जाएँगे!' विमला के यह कहने पर कि 'यह कहीं नहीं जाएँगे। यह गीदड़-भभकी मैं बरसों से सुन रही हूँ', वह बैठक में पहुँचकर फर्श पर बैठ जाता है तो दरवाजे पर खड़े दो नौकरों को भी अटपटा लगता है। विमला को जब गिरिजा का दोस्त, उसके पुलिस को चकमा देकर भागने का किस्सा याद दिलाता है तो वह यह कहकर गिरिजा की रही-सही भी झाड़ देती है : 'वह तो यों ही भागते फिरें, तो इनकी मर्जी, पर इनसे पूछिए कभी पकड़े भी गये थे। जिनके मामा पुलिस में हों, उसे किस बात का डर?' गिरिजा के बारे में कहा भी जाता था कि वह या तो घर भाग जाएगा, या फिर पेशेवर क्रांतिकारी बन जाएगा। पहली बात सच निकली!

फिर गिरिजा व्हिस्की की बोतल लाकर 'सेलिब्रेट' करने लगता है तो नशे की हालत में और भी विह्वल और भावुक होकर अपने 'कामरेडी अतीत' के कारनामों को याद करता है। लेकिन उसके सभी 'क्रान्तिकारी' अतीत पर, जिसकी स्मृतियाँ वह बरसों से संजोए हुए था, विमला राख पोते जा रही थी : जब रेलवे की हड़ताल हुई तो गिरिजा रातभर बेचैन घूमता सिगरेटें फूँकता रहा। बकौल विमला, 'कहने लगे कल जगह-जगह खून बहेगा! कल मुमकिन है, इनकलाब आ जाए...क्रान्ति का डंका बजनेवाला है!' मैंने कहा, 'तुम इस वक्त तो आराम से जाकर सो रहो। जब क्रान्ति का डंका बजेगा, तो मैं तुम्हें जगा दूँगी।' आख़िरकार गिरिजा क्रांतिकारी नज़्में गाते हुए आँसू बहाने लगता है, तो विमला उसे ज़बरदस्ती उठाकर उसके 'क्रान्ति' वाले कमरे में ले जाकर बाहर से बन्द कर देती है। वह बुदबुदाता जाता है, 'विमला तुमने मुझे कहीं का नहीं रखा! मैं क्रान्ति के लिए बना था।' गिरिजा अपने 'कामरेडी' वाले दिनों के किसी भी पुराने दोस्त या साथी के मिलने पर इसी तरह सुध-बुध खो बैठता था!

'मौकापरस्त' में एक राजनीतिक दल के कार्यकर्ता शम्भू की मृत्यु हो जाती है, जिसकी अंत्योष्टि की भी व्यवस्था कर पाने की उसके परिवार (पत्नी और दो बच्चे) की हैसीयत नहीं है। नैरेटर तेज़-तर्रार नेता रामदयाल को बड़ी मुश्किल से तैयार करता है, जो नगर निगम के चुनावों में व्यस्त है : दो दिन बाद मतदान है। रास्ते में बूचड़खाने में ले जाई जा रही बकरियों के रेवड़ में से एक बकरी को दुहते तीन चार बच्चों को देखकर रामदयाल को दूर की सूझती है : 'मौके का फ़ायदा उठा गया लौंडा! बड़ी मौकाश्नास है।' रामदयाल ख़ुद भी ऐसा ही करता है।

रामदयाल और उसके स्वयंसेवक एक ट्रक को सजाकर उस पर शम्भू की अर्थी का जुलूस निकालते हैं और शम्भू के नाम के साथ साथ अपने उम्मीदवार हरनारायण को 'अपना कीमती वोट देने' के नारे भी लगते हैं। भाषण होते हैं। अन्त में जुलूस सीधा विरोधियों के गढ़ में जा घुसता है, जहाँ वे प्रचार करने घुस तक नहीं पाते थे। एक ही बार जाने पर भारी पथराव से भाग खड़े हुए थे और दोबारा घुस तक नहीं पाए थे। विरोधी उम्मीदवार के घर के सामने रुककर ज़ोश-खरोश के साथ ज़ोरदार नारेबाज़ी होती है। कहीं से दो पत्थर भी उड़ते हुए आते हैं। एक ट्रक पर लगता है और दूसरा उस मेज़ पर, जिस पर फूलों से सजी शम्भू की अर्थी रखी थी। रामदयाल माइक्रोफ़ोन पर कहता है : 'साहिबान् किसी दोस्त ने हमारे स्वर्गीय साथी शम्भूनाथ की अर्थी पर पत्थर फेंके हैं। हम उन्हें पत्थर नहीं, फूल मानकर स्वीकार करते हैं और फेंकने वाले को धन्यवाद देते हैं। ऐसे बरसते फूलों के बीच ही हमारे साथी ने जान दी है।' बात जम जाती है। पूरा माहौल बदल जाता है। नैरेटर के शब्दों में, 'बैंड की अवसादपूर्ण धुन और नारेबाज़ी के साथ जुलूस किसी चलते सैनिक-शिविर का-सा लगने लगा था, जो सीधा दुश्मन की छावनी में घुस आया था।' श्मशानभूमि में शम्भू की पत्नी अपनी दो गरीब पड़ोसिनों के साथ घंटों से इंतजार करती राह देख रही थी। सुबह का निकला जुलूस शाम को श्मशानभूमि पहुँचता है। चार बजे नैरेटर के साथ मोटर में लौटते हुए रामदायाल टिप्पणी करता है कि 'दुश्मन के गढ़ को तोड़ आए हैं' और फिर ऊँघने लगता है।

'लीला नन्दलाल की' बड़े ही अलग और खिलन्दड़े अन्दाज में लिखी गयी कहानी है। नैरेटर का नया स्कूटर, जो चार साल के इन्तजार के बाद नंबर आने पर खरीदा गया था, पलक झपकते ही चोरी हो जाता है। पुलिस में चोरी की रिपोर्ट लिखाने और बीमा कंपनी में उसके मुआवज़े का क्लेम करने के बाद से नैरेटर का समय रोज़ सुबह के वक्त थाने और दोपहर के वक्त बीमा कम्पनी के चक्कर काटने में बीतने लगा। उधर घरवालों और रिश्तेदारों की टिप्पणियों से ऐसा लग रहा था जैसे स्कूटर की चोरी में सबसे बड़ा हाथ उसी का था। केवल माँ को 'नन्दलाल' (भगवान) पर भरोसा था। पुलिसवाले रुखाई से पेश आते हैं; फिर वे चार दिन बाद

झिड़क झिड़ककर बोलने लगते हैं। बीमा कम्पनी का हैड क्लर्क भी सीधे मुँह बात नहीं करता। एक बड़े पुलिस अफ़सर सम्बन्धी कहने का असर यह पड़ता है कि इंस्पेक्टर कुर्सी पर बैठाकर अर्दली से ठंडे पानी का गिलास मँगवाता है और अश्वस्त करता है कि स्कूटर बरामद करने की पूरी कोशिश की जाएगी।

उधर चाचाजी भी सिफ़ारिशी पत्र लाते हैं और अब वे नैरेटर के साथ 'एक बड़े दफ़्तर में बैठे थे और सामने बड़ी-सी मेज के पीछे एक मोटा-सा आदमी बैठा था। यही मोटा आदमी नन्दलाल था। चिट्ठी पढ़कर मोटा नन्दलाल कहता है कि 'उनकी ऐसी-की तैसी, मुआवज़ा कैसे नहीं देंगे।' दूसरे दिन वह नन्दलाल के साथ बीमा कंपनी के दफ़्तर पहुँचता है : 'जहाँ मैं हैडक्लर्क की मेज़ के सामने दिन भर बैठा गिड़गिड़ाता रहता था, वहाँ मोटा नन्दलाल सीधा डायरेक्टर के कमरे में पहुँच जाता है। उसे देखते ही डायरेक्टर उठ खड़ा होता है : मैं साल में पाँच लाख का बिजनेस आपको देता हूँ और इधर आप मेरे भाई साहब को महीने-भर से परेशान कर रहे हैं' फ़ौरन चैक बन जाता है। अभी मोटा नन्दलाल डायरेक्टर के इसरार का जवाब भी नहीं दे पाया था कि चाय-काफी लेगा या शर्बत-शिकंजी कि वही बड़ी हैडक्लर्क चैक लिए हाजिर! चैक लेकर सीढ़ियाँ उतरते हुए मोटा नन्दलाल कह रहा था, इनकी ऐसी की तैसी। मुआवज़ा कैसे नहीं देते...। घर में चाचाजी कहते हैं, 'है तो आदमी टेढ़ा, पर न जाने कैसे काम करवा दिया है।' माँ बोली, 'सब नन्दलाल की लीला है।' मैंने कहा, 'मोटे नन्दलाल की?' तो माँ ने गद्गद स्वर में कहा : 'सब भगवान की लाला है। उन्हें मेरे बेटे को रुपया दिलवाना है, तो नन्दलाल को निमित्त बनाकर भेज दिया।' यह तो मात्र 'पृष्ठभूमि' है, 'असली कहानी' अब शुरू होती है! बक़ौल नैरेटर, माँ ने ठीक ही कहा था; क्योंकि इसके बाद जो कुछ हुआ, उसे नन्दलाल की लीला का ही नाम दिया जा सकता है!

पहला स्कूटर लेने में चार साल इंतज़ार करना पड़ा था। अब मोटे नन्दलाल की कृपा हुई तो दूसरे दिन नया स्कूटर मिल जाएगा। लेकिन घरवाले इसके हक में नहीं थे। पिताजी का कहा था कि 'जिसका एक स्कूटर चोरी हो सकता है, उसका दूसरा स्कूटर भी चोरी हो सकता है। तुम बस में आया-जाया करो। तुम इसी लायक हो।' नैरेटर सोचता है कि 'धक्के तो बस में पड़ते हैं, पर जो धक्के स्कूटर खो जाने पर पड़ते हैं, उन्हें देखते हुए बसों में चढ़ना ही बेहतर है।' पत्नी भी गुमसुम रहने लगी थी : 'मैं समझ गया कि इसके मुँह को स्कूटर की सवारी का खून लग गया है। खुद उसके दिल का सारा रोमांस एक ही स्कूटर ने खत्म कर दिया था।' तभी अचानक थाने से स्कूटर की 'बाड़ा दयाराम' जाकर शिनाख़्त करने की चिट्ठी मिलती है। माँ नन्दलाल की कृपा पर हाथ जोड़ देती है। लेकिन पिताजी इसके हक में नहीं, 'अब वह चोरी का माल है, जिस चीज़ को चोर का हाथ लग जाए, उसमें कोई बरकत

नहीं रह जाती।' इस पर चाचा जी ने भी सिर हिलाकर सहमति जताई, तो 'मेरा दिल धक्क् से रह गया। पिताजी और चाचा जी सहमत हो रहे थे, यह शगुन अच्छा नहीं था।' दोनों में झगड़ा चलता रहे तो लगता है जीवन स्वाभाविक गति से चल रहा है।

बाड़ा दयाराम में बड़ा-सा आँगन था जहाँ सात-आठ मोटरें और चार-पाँच स्कूटर खड़े थे और पीछे किसी अमीर आदमी का बँगला था। वहाँ से एक शानदार लक-दक अमीर आदमी आता है तो नैरेस्टर उसके रौब में कहता है, 'माफ़ कीजिए, मुझसे भूल हुई। मैं किसी दूसरे बाड़े की तलाश में हूँ।' पुलिस की चिट्ठी पढ़कर वह कहता है, 'वहाँ स्कूटर रखे हैं, उनमें से अपना स्कूटर पहचान लीजिए।' क्या यह पुलिस अफ़सर है? पर पुलिस अफ़सर इतनी ज़्यादा अँगूठियाँ नहीं पहनते : 'पर क्या मालूम पहनते ही हों। वर्दी पहनी तो अँगूठियाँ उतार दीं, वर्दी उतारी तो अँगूठियाँ चढ़ा लीं।' एक स्कूटर उसे अपने स्कूटर-जैसा लगा, पर उसमें रेडियो का एरियल और बढ़िया शीशा लगा था। वह कहता है, "यही आपका स्कूटर है ना!...इस स्कूटर को तो मैं केवल अपने लिए इस्तेमाल करता था। मैकेनिक कहने लगा, 'स्कूटर पर एरियल नहीं लग सकता।' मैंने कहा ऐसी की तैसी, लगता कैसे नहीं।" वह भी उसी लहज़े में बोल रहा था जिसमें मोटे नन्दलाल को बोलते सुना था। नैरेटर सोचता है कि ''क्या वे सभी लोग जिनकी अँगुलियों में अँगूठियाँ दमकती हैं, एक-जैसे ही लहज़े में बोलते हैं; सभी की 'ऐसी की तैसी' करते फिरते हैं?'' वह डरते-डरते पूछता है, 'क्या यह सब बरामदी का माल है?' बाड़े वाला दयाराम ऐंठकर जवाब देता है : 'और क्या? हम उठाएँगे तो क्या एक ही स्कूटर उठाएँगे?' उस पर यों भी सूट-बूट वाले का रोआब पड़ जाता है। यहाँ तो दयाराम के दोनों हाथों की उँगलियों पर नगीने चमक रहे थे; और नाइलॉन की कमीज़ के नीचे सोने की चैन भी थी! यह आदमी चोर कैसे हो सकता है? वह पूछता है कि 'क्या ये सभी मोटरें और स्कूटर आप ही के हाथ की सफ़ाई...' तो वह बड़े आत्मविश्वास के साथ कहता है, 'और क्या-!' वह इतना प्रभावित हो जाता है कि चोर दयाराम की चापलूसी तक करने लग जाता है—

'पुलिस वालों ने पूछा है कि मैं अपना स्कूटर वापस लेना चाहता हूँ या नहीं, आप क्या सोचते हैं?'

'ले लो, ले लो, इसका इंजन बहुत अच्छा है, और मैंने इसे बड़ी हिफ़ाजत से रखा है।' चोर बड़े भाई की तरह मशविरा देता है।

'लेकिन अब यह मुझे मिलेगा कैसे?'

'इसकी सुपुर्दगी तो पुलिस वाले ही करेंगे। आपने तो बीमा कंपनी से मुआवज़ा भी ले लिया है ना?'

'आपको कैसे मालूम है कि मैंने मुआवज़ा ले लिया है?'

'इतनी ख़बर तो रहती ही है ना, भाई साहब!' चोर उस्तादाना मुस्कराहट के

साथ कहता है! कहानी का नैरेटर सोचता है कि 'यार, यह माज़रा क्या है? यह आदमी अपने से कह रहा है कि उसने स्कूटर चोरी किया है, पुलिस ने पर्चा देकर मुझे इसके घर भेजा है, पर इसकी पेशानी पर शिकन नहीं।' एकदम खिलंदडे और मनोरंजक अन्दाज में लिखी गयी इस कहानी में भीष्म जी ने पुलिस और अपराधियों की साँठ-गाँठ को बड़े ही दिलचस्प तरीके से उजागर किया है! नैरेटर एक ओर 'नन्दलाल' (रिश्तेदार बड़े पुलिस अफ़सर) का सम्बन्धी न होता तो वह 'दयाराम के बाड़े' तक पहुँच ही नहीं सकता था! चोर दयाराम के चेहरे पर 'शिकन' का तो सवाल ही नहीं था, क्योंकि वह जानता था कि स्कूटर की 'सुपुर्दगी' और उस पर चोरी के मुकदमे के बाद भी, उसका बाल भी बाँका नहीं होगा। अदालत में केस भी पुलिस 'बनाती' है और हमारे 'ऐवीडेंस ऐक्ट' (गवाही-आधारित क़ानून) पर चलने वाली सुस्त, अन्धी और निहायत निकम्मी न्याय-व्यवस्था पूरी की पूरी तरह अपराधियों के पक्ष में हैं और प्रायः पीड़ित जनसाधारण को निरपराध होते हुए भी दंडित करने वाली सबसे बड़ी अन्यायी संस्था है! झूठी गवाहियों और 'चोर-चारे मौसेरे भाइयों' (पुलिस और अपराधियों का भाईचारा) की समूची व्यवस्था को, इसके पोषक सबसे बड़े 'नन्दलालों' (राजनेताओं) का संरक्षण और वरदहस्त हासिल है! जस्टिस मुल्ला के पुलिस वालों को 'वर्दीधारी डाकुओं' का नाम देने वाले फ़ैसले से लेकर 'वोहरा कमेटी की रिपोर्ट' (अपराधियों और राजनेताओं की साँठगाँठ—'राजनीति का अपराधीकरण।') तक यही सत्य उजागर होता आया है! इस कहानी में भीष्म जी ने अपराधियों, पुलिस प्रशासन और न्याय-व्यवस्था के इसी पाखंड और निकम्मेपन को बड़े मनोरंजक ढंग से, अपने अत्यन्त महीन व्यंग्य के तीखे नश्तरों से उधेड़-उधेड़कर इस तथाकथित 'लोकतन्त्र' (जो 'जनसत्ता' नहीं बाहुबल की सत्ता और 'धनसत्ता' ही है) के सड़े हुए और दुर्गंध के भभके मारते, गन्दे हमाम में नंगा किया है!!

जब नैरेटर पुलिस इंस्पेक्टर से यह पूछता है कि 'एक बात समझाइए, इंस्पेक्टर साहब, जिस आदमी के बाड़े में मेरा स्कूटर रखा था उसने मेरे सामने कबूल किया है कि स्कूटर उसी ने उठाया था। बल्कि और भी बहुत-सी गाड़ियाँ और स्कूटर उसी ने उठाए थे। फिर उसे पकड़ा क्यों नहीं गया?' तो वह उसे इस नज़र से देखता है, जैसे बाप अपने बच्चे को उसके बचकाने सवाल पर देखता है : 'आपसे खुद कहा था कि उसने चोरी की है?' उसके 'जी' कहने पर इंस्पेक्टर पूछता है कि 'कोई गवाही है आपके पास?'

'मगर मैं जो कह रहा हूँ कि उसने खुद मुझसे कहा है।'

'आप सच कह रहे हैं, मगर कोई गवाही है आपके पास?'

'पुलिस भी तो जानती है कि उसी ने गाड़ियाँ चुराई हैं, वरना आप मुझे उसके बाड़े में क्यों भेजते?'

'हमने उसी के यहाँ से गाड़ियाँ बरामद की हैं।'

'फिर उसे पकड़ा क्यों नहीं गया?'

'पकड़ा था लेकिन जमानत पर रिहा कर दिया गया है। अब मुकदमा चलेगा। पुलिस पकड़ सकती है मगर सज़ा तो नहीं दे सकती। सज़ा देना तो अदालत का काम है। अब अदालत में मुकदमा पेश होगा।' इस सवाल पर कि 'उसे छोड़ क्यों दिया गया है?' इंस्पेक्टर हँसते हुए कहता है : 'आप तो पढ़े-लिखे आदमी जान पड़ते हैं, स्कूटर चलाते हैं। क़ानून कभी ऐसे भी चलता है? क़ानून क़ानून है साहब। क़ानून में उस वक्त तक वह आदमी बेकसूर है जिस वक्त तक उसका कसूर साबित नहीं हो जाता।...क़ानून क़ानून है, साहब। यह नादिरशाही तो नहीं कि बादशाह ने जिसका सिर चाहा कलम करा दिया। क़ानून क़ानून है!' वाह, वाह, वह अश-अश कर उठता है और जब पुलिस स्टेशन से बाहर निकलता है तो उसे लगता है कि 'वह जैसे किसी मन्दिर में से निकला है; और उसके दिमाग़ के अन्दर न्यायप्रियता और प्रजातन्त्र का जैसे संगीत बज उठता है!'

स्कूटर वापस लेने और बीमा कंपनी का पैसा लौटाने के लगभग नौ माह बाद, जबकि वह इस सारे हादसे को तक़रीबन भूल चुका था, स्कूटर के साथ तीस हजारी में हाजिर होने का अदालत का सम्मन मिलता है: 'मेरी दिलचस्पी इन्साफ़ में न हो, अदालत की दिलचस्पी तो इनसाफ़ में है।' अब मय-स्कूटर अदालत के चक्कर शुरू होते हैं (जहाँ दुर्भाग्य से, कथा-वाचक कोई और 'एक्सपर्ट' नन्दलाल नहीं खोज पाता!) तो ख़त्म ही होने में नहीं आते! छह साल से ज़्यादा हो चुके थे, इस बीच पाँच मजिस्ट्रेट बदल चुके थे और 'स्कूटर का चोर! नहीं, नहीं, तथाकथित चोर' इन वर्षों के दौरान मात्र दो-एक बार ही कचहरी में अपनी 'झलक' दिखाने आया था, जबकि पीड़ित पक्ष (कथा-वाचक) को कई बार अदालत की डाँट पड़ चुकी थी और अदालत की तौहीन पर जेल की धमकी भी! खुद स्कूटर की हालत यह हो गयी थी कि उसके सारे अंजर-पंजर ढीले होकर कई टूट-फूट भी चुके थे और अब तो वह किकें मारते-मारते थकने पर भी स्टार्ट तक नहीं होता था; और मजिस्ट्रेट का कहना था कि स्कूटर का पेश किया जाना लाज़िमी है, चाहे 'किसी छकड़े-टाँगे पर रखकर ले आया करो।' एक दिन जब वह किकें मार-मारकर पसीना बहा रहा होता है तो एक कार रुकती है : 'कहिए भाई साहब, स्कूटर चल नहीं रहा है? परेशान कर रहा है?' यह दयाराम था, 'मेरे स्कूटर का चोर! नहीं, नहीं, तथाकथित चोर!' वह उससे बिनती करता है: 'एक परेशानी है, दयारामजी।'

'कहो, हुक्म करो। क्या बात है?'

'हर पेशी पर मुझे स्कूटर लाना पड़ता है। यह छठा साल चल रहा है। इस लाश को उठाकर लाना अब मेरे लिए बहुत मुश्किल है।'

'वाह, इतनी-सी बात के लिए परेशान हो रहे हो? पहले क्यों नहीं कहा। चिन्ता नहीं करो। हो जाएगा, कोई-न-कोई तरकीब निकल आएगी। इनकी ऐसी-की-तैसी!'

और दयाराम ('नन्दलाल') के हाथों की अनगिनत अँगूठियाँ चमक रही हैं! 'लीला नन्दलाल की' ऊपर-ऊपर से एक मनोरंजक और खिलन्दड़ी-सी कहानी लगती हुई भी एक बड़ी गहरी और गम्भीर कहानी है, जो अपने सटीक और तीक्ष्ण व्यंग्य से हमारे तथाकथित प्रजातन्त्र, न्यायपालिका और पुलिस-प्रशासन के निकम्मेपन, दोगली कार्यप्रणाली, अपराधियों से साँठ-गाँठ करने वाली, उन्हें मदद पहुँचाकर पीड़ित-पक्ष को और पीड़ित या दंडित करने वाली, एक संवेदना-रहित समूची व्यवस्था के पाखंड का ज़ोरदार पर्दाफ़ाश करने वाली, एक निहायत ख़ूबसूरत कहानी है!!

'ओ हरामज़ादे' भी भीष्म जी की बहुत अलग तरह की कहानी हैं। इसमें लगभग चालीस साल से यूरोप में बस चुके एक हिन्दुस्तानी इंजीनियर लाल साहब के देशप्रेम की, और साथ ही, अपनी भाषा और अपने शहर—अपनी पंजाबी जातीय संस्कृति के प्रति उत्कट प्रेम की कहानी, बड़े ही मार्मिक ढंग से कही गयी है। इन चालीस वर्षों में भी वह तकरीबन बीस साल पहले अपनी विदेशी पत्नी हेलेन और डेढ़-दो साल की बच्ची के साथ, हिन्दुस्तान और पंजाब में अपने शहर जलंधर सिर्फ़ एक ही बार गया था। वह अपने देश, अपने पंजाब और अपने शहर जलंधर के अपने दोस्तों के लिए बराबर तड़पता रहता है। वह अपनी पत्नी और दोनों बेटियों से भी बेहद प्यार करता है। लाल न तो अपनी पत्नी और बेटियों को छोड़कर हिन्दुस्तान लौट सकता है, और न ही वह अपनी तड़प और खिंचाव के चलते इस सुदूर यूरोपीय तटवर्ती शहर में ही चैन से रह पा रहा है! उसकी इस तड़प और इस द्वन्द्व से तनाव का भीष्मजी ने बहुत ही मार्मिक चित्रांकन किया है। इस कहानी की दूसरी सबसे बड़ी विशेषता हैं, पंजाबी जाति के मस्तमौला और खिलंदड़े चरित्र का बहुत ही स्वाभाविक, मनोरंजक और दिलचस्प वर्णन! वैसे तो भीष्म जी की ज़्यादातर कहानियों में इस 'पंजाबियत' की छाप, किसी-न-किसी रूप में, कमोबेशी रहती ही है; लेकिन यह कहानी तो जैसे पंजाबी लोगों के जातीय चरित्र का अद्‌भुत और कलात्मक कैलिडियो-स्कोप ही बन गयी है!

कथा-वाचक (नैरेटर) की मुलाकात लाल से तब होती है जब वह अपनी घुमक्कड़ी के दौरान यूरोप के सुदूर तटवर्ती शहर में पहुँच जाता है। खाड़ी के किनारे एक अधेड़ यूरोपियन महिला उसे हिन्दुस्तानी जानकर अपने घर आमंत्रित करती है: 'मेरा पति भी भारत का रहने वाला है। इस वक्त घर पर है। तुमसे मिलकर बहुत खुश होगा।' जब लाल को पता चलता है कि वह भी पंजाबी है और जलंधर में रह चुका है, तो वह लपककर उसे बाँहों में भरकर कहता है : 'ओ जालम! तू बोलदा नइएँ जे जलंधर दा रहणवाला एँ?' लाल सिर से पाँव तक पुलक उठता है और फिर दोनों 'कोन्याक' की बोतल लाकर 'सेलिब्रेट' करते हैं। कथा-वाचक को उसकी बातों से पता चलता है कि अपने देश से दूर रहते हुए भी लाल देश की

अर्थ-व्यवस्था और नये-नये उद्योग-धन्धों सहित तमाम गतिविधियों से बहुत अच्छी तरह से परिचित है : 'मैं भारत में रहते हुए भी भारत के बारे में बहुत कम जानता हूँ, आप भारत से दूर हैं, पर भारत के बारे में बहुत-कुछ जानते हैं।' लाल इसके उत्तर में बड़े भावुक अन्दाज में कहता है कि 'तुम भारत में रहते हो, यही बड़ी बात है।' जब नैरेटर उसे बरसों देश से बाहर रहने वाले अपने एक दोस्त के बारे में बताता है कि अपने देश में आते ही जब वह हवाई अड्डे पर बड़े श्रद्धाभाव से भारत की धरती का स्पर्श करके खड़ा होता है तो देखता है कि उसका बटुआ गायब था, तब लाल कहता है, 'उसने झुककर स्पर्श तो किया, यही बड़ी बात है; दिल की साध तो पूरी कर ली।' कथा-वाचक को लगता है कि सब-कुछ रहते हुए भी, एक अभाव-सा लाल के दिल को अन्दर-ही-अन्दर चाटता रहता है; जिसको उसकी तमाम उपलब्धियाँ, सम्पन्नता, आराम और यश-सम्मान, कुछ भी नहीं पाट सकता : जैसे रह-रहकर कोई जख़्म रिसता रहता हो...

जब उसकी पत्नी हेलेन कहती है कि 'लाल ने अभी तक अपने को इस बात के लिए माफ़ नहीं किया है कि उसने मेरे साथ शादी क्यों की', तो वह ज़ोरदार प्रतिवाद करता है। हेलेन कहती जाती है : 'सच कहती हूँ, इसे भारत में शादी करनी चाहिए थी। तब यह खुश रहता। मैं अब भी कहती हूँ, यह भारत चला जाए, और मैं अलग यहाँ पर रहती रहूँगी। हमारी दोनों बेटियाँ बड़ी हो गयी हैं।' फिर उसी निर्लिप्त, सन्तुलित और क्षोभरहित आवाज़ में आगे कहती है, 'पर मैं जानती हूँ, यह वहाँ पर भी सुख से नहीं रह पाएगा। अब तो वहाँ की गर्मी भी बर्दाश्त नहीं कर पाएगा। और वहाँ पर अब इसका कौन बैठा है? माँ रही, न बाप। भाई ने मरने से पहले पुराना पुश्तैनी घर भी बेच दिया था।' फिर लाल एक बार, बीस बरस पहले की अपनी भारत यात्रा का क़िस्सा सुनाता है कि मैंने सोचा था कि 'मैं हेलेन को भी साथ ले चलूँगा और अपनी डेढ़ बरस की बच्ची को भी। हेलेन को भारत की सैर कराऊँगा और यदि उसे भारत पसन्द आया तो वहीं छोटी-छोटी नौकरी करके रह जाऊँगा।' वह ऐसा ही करता है और दिल्ली, आगरा, बनारस आदि घुमाता हुआ अन्ततः अपने घर जलंधर पहुँचता है। लेकिन वहाँ पहुँचते ही वह बड़ी निराशा अनुभव करने लगा थाः

'फटीचर-सा शहर, लोग ज़रूरत से ज़्यादा काले और दुबले। सड़कें टूटी हुईं। सभी कुछ जाना-पहचाना था, लेकिन बड़ा छोटा-छोटा और टूटा-फूटा। क्या यही मेरा शहर है, जिसे मैं हेलेन को दिखाने लाया हूँ? हमारा पुश्तैनी घर जो बचपन में मुझे इतना बड़ा-बड़ा और शानदार लगा करता था, अब खंडहर-सा लग रहा था, पुराना और सिकुड़ा हुआ। माँ-बाप बरसों पहले मर चुके थे। भाई प्यार से मिला, लेकिन उसे लगा जैसे मैं जायदाद बाँटने आया हूँ और वह पहले दिन से ही खिंचा-खिंचा रहने लगा।...गलियाँ बोसीदा, सोई हुई।' दो-तीन दिन इसी तरह उत्साह या स्फूर्ति

के बिना बीत जाते हैं, मानो वह किसी 'पराए नगर' में पहुँच गया हो!

तभी एक दिन उसे बाज़ार में अचानक ऊँची आवाज़ सुनाई दी—'ओ हरामज़ादे! अब बाप की तरफ़ देखता भी नहीं!' काली-काली फनियर मूँछों और सपाट गंजे सिर और आँखों पर मोटे चश्मे वाला एक आदमी उसी को बुला रहा था। वह उसका पुराना सहपाठी तिलक राज था। दूसरे ही क्षण दोनों एक-दूसरे की बाँहों में थे : 'ओ हराम दे! बाहर की गया, साहब बन गया तूँ? तेरी साहबी विच मैं...' और दूसरे ही क्षण दोनों एक-दूसरे को गालियाँ दे रहे थे। लाल कहने लगे, 'मुझे लड़कपन का मेरा दोस्त मिल गया था। तभी सहसा मुझे लगा जैसे जलंधर मिल गया है, मुझे मेरा वतन मिल गया है।... वह पंजाबी दोस्त क्या जो पक्कड़ तोलकर बगलगीर न हो जाए।' दोनों दोस्त अपने बचपन में पहुँच जाते हैं। तिलक राज उसे आमंत्रित करता है : 'कल रात तुम खाना मेरे घर पर खाओगे। अगर इन्कार किया तो साले, यहीं तुझे गले से पकड़कर नाली में घुसेड़ दूँगा।... अपनी मेम को भी लाना। आठ बजे मैं तेरी राह देखूँगा। अगर नहीं आया तो साले हराम दे...!' दोनों दोस्त पुराने दिनों की ही तरह पहले हाथ मिलाते हैं और फिर घुटना उठाकर तिलक राज उसकी जाँघ पर दे मारता है। उनका विदा होने का यही तरीका था, जो पहले जाँघ पर घुटना दे मारे! लाल भी बचपन की तरह उसे गले से पकड़कर नीचे गिराने का अभिनय करने लगा था!

लाल बताते हैं कि 'उल्लू के पट्ठे ने मेरे साथ धोखा किया। मैं समझे बैठा था कि मैं और मेरी पत्नी ही उसके के साथ खाना खाएँगे।...उसने सारा जलंधर इकट्ठा कर रखा था, सारा घर मेहमानों से भरा था।...अपनी ओर से वह मेरा शानदार स्वागत करना चाहता था। वह भी पंजाबी स्वभाव के अनुरूप ही था। दोस्त बाहर से आए और वह उसकी ख़ातिरदारी न करे! अपनी ज़मीन-जायदाद बेचकर भी वह मेरी ख़ातिरदारी करता! अगर उसका बस चलता तो वह बैंड-बाज़ा भी बुला लेता।' तिलक राज की पत्नी भी 'ठेठ पंजाबिन, अपनत्व से भरी, मिलनसार, हँसमुख।... पंजाबी महिला का सारा बांकपन, सारी आत्मीयता उसमें जैसे निखर-निखर आई थी। किसी पंजाबिन से मिलना हो तो रसोईघर की दहलीज़ पर ही मिलो।' वह जब तिलक राज से यह कहता है कि 'उल्लू के पट्ठे, तुझे मेहमाननवाज़ी करने को किसने कहा था? हरामी, क्या मैं तेरा मेहमान हूँ?' तो उसकी पत्नी कहती है, 'आप आएँ और हम खाना भी न करें? आपके पैरों से हमारा घर पवित्र हुआ है।' वही वाक्य जो शताब्दियों से पंजाबिन गृहणियाँ मेहमानों से कहती आ रही हैं। फिर वह हेलेन के साथ अपनी टूटी-फूटी अंग्रेज़ी में बेधड़क बातें करती है : 'उसके लिए हेलेन तक अपने विचार पहुँचाना कठिन था, लेकिन अपनी आत्मीयता और स्नेहभाव उस तक पहुँचाने में उसे कोई कठिनाई नहीं हुई।' अभी ड्रिंक्स ही चल रहे थे कि हेलेन

थककर ऊँघने लगती है। पार्टी रात के बारह बजे के करीब ख़त्म हुई।

जब हेलेन और वह जाने के लिए उठे तो तिलक राज पंजाबी दस्तूर के मुताबिक उसे धक्का देकर कुर्सी पर फेंकते हुए कहता है, 'बैठ जा, बैठ जा, कोई जाना-वाना नहीं है।' तभी तिलकराज की पत्नी भी रसोईघर की तरफ़ से लपक कर आई और कहने लगी, 'हाय, आप लोग जा रहे हैं? यह कैसे हो सकता है? मैंने तो ख़ास आपके लिए सरसों का साग और मक्की की रोटियाँ बनाई हैं।' वह ठिठक गया। सरसों का साग और मक्की की रोटियाँ पंजाबियों का चहेता भोजन है। लाल बताता है : सरसों का साग और मक्की की रोटी के नाम से ही वह बावला हो उठा था। वह कहता है, 'ओ हरामी, मुझे बताया क्यों नहीं?...चल बे, उल्लू के पट्ठे, उतार जूते, धो हाथ और बैठ जा थाली के पास! एक ही थाली में से खाएँगे।...साग है तो मैं तो रसोईघर के अन्दर बैठकर खाऊँगा।' फिर हेलेन से : 'आओ हेलेन, भाभी ने सरसों का साग बनाया है। यह तो तुम्हें चखना ही होगा।' वह थकावट और नींद से खीझ उठी थी : 'मुझे नहीं, तुम्हें चखना होगा।' लाल के दिल में 'कहीं गहरे में टीस-सी' उठती है कि उसके घर में भी कोई उसके ही देश की औरत एक कमरे से दूसरे में घूमती, चूड़ियाँ खनकाती और हँसती मेरे ही देश के गीत गुनगुनाती! वह वर्षों से उन बोलों के लिए तरस गया था जो बचपन में उसने अपने घर में सुने थे!

लाल कथा-वाचक से कहता है : 'फिर एक बार एक चिरपरिचत दृश्य मानो अतीत में से उभरकर मेरी आँखों के सामने घूमने लगा और मैं आत्म-विभोर होकर उसे देखे जा रहा था। चूल्हे की आग की लौ में तिलकराज की पत्नी के कान का झूमर चमक-चमक जाता था। सोने के काँटे में लाल नगीना पंजाबियों को बहुत फबता है। इस पर, हर बार तवे पर रोटी सेंकने पर उसकी चूड़ियाँ खनक उठतीं और वह दोनों हाथों से गरम-गरम रोटी तवे पर से उतारकर हँसती हुई हमारी थाली में डाल देती। यह दृश्य मैं बरसों के बाद देख रहा था और यह मेरे लिए किसी स्वप्न से भी अधिक सुन्दर और हृदयग्राही था।' वह हेलेन को भी भूल जाता है और उसकी सुध तक नहीं लेता। लेकिन तिलकराज की पत्नी उसे नहीं भूली थी और बीच-बीच में जाकर उसके पास कुछ-न-कुछ ले जाती रही थी। खाना खाकर जब सभी बैठक में आते हैं तो हेलेन कुर्सी पर ही बैठी-बैठी सो चुकी होती है और तिपाई पर मक्की की रोटी और साग ज्यों के त्यों अछूते रखे थे। ताँगे पर घर लौटते हुए हेलेन पूछती है कि 'कितने दिन और तुम्हारा विचार जालंधर में रहने का है?' फिर कहती है कि 'सुनो, मैं सोचती हूँ, मैं यहाँ से लौट जाऊँ, तुम्हारा जब मन आए, चले आना।' लाल को धक्का-सा लगता है : 'यह क्या कह रही हो हेलेन, क्या तुम्हें मेरे लोग पसन्द नहीं।... तुम खुद सारा वक्त गुमसुम बैठी रही हो। मैं इतने चाव से तुम्हें अपना देश दिखाने लाया हूँ।' वह अपनी स्थिर समतल आवाज़ में कहती है कि

'तुम अपने दिल की भूख मिटाने आए हो, मुझे अपना देश दिखाने नहीं...और अब मैंने तुम्हारा देश देख लिया है।' उसे चाबुक-सी लगती है : 'इतना बुरा क्या है मेरे देश में जो तुम इतनी नफ़रत से उसके बारे में बोल रही हो? हमारा देश गरीब है तो क्या, है तो हमारा अपना।' उसके यह कहने पर कि 'मैंने तुम्हारे देश के बारे में कुछ नहीं कहा', लाल फट पड़ता है : 'तुम्हारी चुप्पी ही बहुत कुछ कह देती है। जितनी ज़्यादा चुप रहती हो, उतना ही ज़्यादा विष घोलती हो।' बक़ौल लाल, अन्दर-ही-अन्दर वह अपनी उस हीन भवना से छटपटाने लगा था, जिससे उन दिनों सब हिन्दुस्तानी ग्रस्त रहा करते थे!

कमरे में पहुँचकर जब हेलेन यह कहती है कि 'तुम्हें किसी हिन्दुस्तानी लड़की से शादी करनी चाहिए थी। उसके साथ तुम खुश रहते। मेरे साथ तुम बँधे-बँधे महसूस करते हो', तो अपनी ही झोंक में लाल को उसकी आँखें 'ठंडी, कठोर और भावनाहीन' अनुभव होती हैं; और वह नींद से बोझिल और बेतरह थकी हेलेन पर बरस पड़ता है, 'तुम सीधा क्यों नहीं कहती हो कि तुम्हें हिन्दुस्तानी के साथ ब्याह नहीं करना चाहिए था।...जब से भारत आए हैं, आज पहले दिन कुछ दोस्तों से मिलने का मौका मिला है, तुम्हें वह भी बुरा लगा है। लानत है ऐसी शादी पर!' वह जब उसी समतल धीमी आवाज़ में कहती है कि 'तुम्हें मेरी क्या परवाह। तुम तो मज़े से अपने दोस्त की बीवी के साथ फ्लर्ट कर रहे थे।' तो लाल के तन-बदन में आग लग जाती है और वह गुस्से से पागल होकर हेलेन के मुँह पर खींचकर थप्पड़ जड़ देता है! थप्पड़ से उसका सिर पार्टीशन से टकरा जाता है और उसकी कनपटी पर चोट लगती है। वह न तो चीखी-चिल्लाई और न ही गुस्से में कुछ बोली; बस दोनों हाथों से मुँह ढाँपकर धीमी आवाज़ में सिर्फ इतना ही कहती है : 'मार लो, अपने देश में लाकर तुम मेरे साथ ऐसा व्यवहार करोगे, मैं नहीं जानती थी।' लाल कथा-वाचक को बताता है कि उसे लगा था कि जैसे हेलेन ने एक अत्यन्त पवित्र, अत्यन्त कोमल और सुन्दर चीज़ को एक झटके से तोड़ दिया था : 'तुम समझती हो कि मैं अपने मित्र की पत्नी के साथ फ्लर्ट कर रहा था?' दरअसल, यह दो संस्कृतियों का अन्तर था। एक यूरोपीयन महिला पंजाबियों के गहरे प्यार, हल्ले-गुल्ले और धींगामस्ती को समझ ही नहीं सकती थी! लेकिन यह भी सच है कि हेलेन और लाल में, आपस में बेहद प्यार था और दाम्पत्य में गहरा आपसी सद्भाव और परस्पर अटूट विश्वास भी। लाल को भी जैसे तत्काल होश आ जाता है: 'यह मैं क्या कर बैठा था? यह मुझे क्या हो गया था?' वह बताता है कि 'इस घटना के तीन दिन बाद हमने भारत छोड़ दिया। मैंने मन ही मन निश्चय कर लिया कि अब लौटकर नहीं आऊँगा। उस दिन जो जलंधर छोड़ा तो फिर लौटकर नहीं गया...।' तभी लाल की दोनों बेटियाँ भी चहकती हुई आ जाती हैं : बड़ी लाल की तरह इंजीनियर थी और छोटी

युनिवर्सिटी में पढ़ रही थी। उनसे मिलकर, बातें करके नैरेटर को अच्छा लगता है।

लाल उसे उसके होटल तक छोड़ने आता है और ढलती शाम तक दोनों खाड़ी के किनारे टहलते गप्पे मारते रहते हैं। बक़ौल कथा-वाचक 'लाल का अतीत भले ही कैसा रहा हो, उसका वर्तमान बड़ा समृद्ध और सुन्दर था।' वह बड़ा प्रतिभा-सम्पन्न और समझदार व्यक्ति था और उसकी यहाँ विदेश में बहुत उपलब्धियाँ थीं : 'आते-जाते अनेक लोगों के साथ उसकी दुआ-सलाम हुई। मुझे लगा, शहर में उसकी इज्जत है।' विदा होते समय लाल फिर उसे अपनी बाहों में बाँध लेता है और देर तक भींचे रहता है : "यह मत समझना कि मुझे कोई शिकायत है। ज़िंदगी मुझ पर बड़ी मेहरबान रही है!...हाँ, एक बात की चाह मन में अभी तक मरी नहीं है, इस बुढ़ापे में भी नहीं मरी है कि सड़क पर चलते हुए कभी अचानक कहीं से आवाज़ आए 'ओ हरामज़ादे!' और मैं लपक कर उस आदमी को छाती से लगा लूँ!" उसकी आवाज़ फिर लड़खड़ा गयी थी!!

भीष्म साहनी को सबसे ज़्यादा प्रसिद्धी और लोकप्रियता, साम्प्रदायिकता और दंगों के ख़िलाफ़ उनके कालजयी उपन्यास 'तमस' से मिली थी। ख़ास तौर से, गोविन्द निहलाणी द्वारा उसके फ़िल्मी रूपांतरण के, धारावाहिक-रूप में, 'दूरदर्शन' पर प्रसारण के बाद! उनकी ऐसी ही एक प्रसिद्ध कहानी है, 'अमृतसर आ गया है...' जिसमें दिखाया गया है कि पेशावर से वज़ीराबाद पार करने तक, ट्रेन में सहमा और डरता हुआ, थर-थर काँपता, दुबला-पतला हिन्दू बाबू किस तरह से हरबंसपुरा निकल जाने के बाद, अचानक उन्मत्त और हिंसक हो उठता है। वह उत्तेजित होकर चिल्लाने लगता है कि 'शहर आ गया है! अमृतसर आ गया है!' और फिर अमृतसर के बाद, देर रात किसी स्टेशन पर, एक निरीह और गरीब मुसलमान के सिर पर लोहे की राड मारकर उसकी हत्या कर डालता है। वह गरीब साम्प्रदायिक दंगों में झुलसते उस अनाम शहर से अपनी बीवी के साथ जान बचाकर भागता इस ट्रेन में सवार होना चाहता था। यह कहानी भी भीष्म जी की सबसे महत्वपूर्ण, मार्मिक और अत्यन्त कलात्मक कहानियों में से एक है। यह उनके चौथे कहानी संग्रह 'पटरियाँ' (1973) में संकलित है; लेकिन यह लिखी गयी है सम्भवतः साठवाले दशक के उत्तरार्द्ध में! 'नई कहानी' वाले दौर की यह कहानी, और पचास के दशक के शायद मध्य की कहानी 'चीफ़ की दावत' (जो उनके दूसरे संग्रह 'पहला पाठ': 1957 में संकलित है), दोनों ही अपने समय की बेहद चर्चित कहानियों में रही हैं! संयोग से, 'तमस' की अपार लोकप्रियता की लगातार बढ़ती गयी गूँज में दबकर, भीष्म जी के चिरपरिचित मध्यम-स्वर वाली यह अत्यन्त कलापूर्ण और अपने गहरे दूरगामी प्रभाव के साथ दहला डालने वाली कहानी काफ़ी-कुछ उपेक्षित रह गयी। बाद में, बहुत कम लोगों का ध्यान उनकी इस कहानी की ओर गया। उस दौर की

कहानियों में प्रायः 'चीफ़ की दावत' ही अधिक चर्चित और ज़्यादा उल्लेखनीय बन गयी! इधर अर्ध-फ़ासिस्टी साम्प्रदायिक जमात के सत्ता पर आने से लगातार हिंसक होते जा रहे कट्टर हिन्दुत्ववादी दस्तों ('स्ट्राम-ट्रुपर्स') की हत्यारी हरकतों के बाद से, निस्सन्देह 'तमस' के साथ ही, 'अमृतसर आ गया है...' भी अधिकाधिक प्रासंगिक होती जा रही है!

कहानी की पृष्ठभूमि 'पाकिस्तान' की घोषणा और नये सिरे से हिन्दू-मुस्लिम दंगों की शुरुआत के बाद, 1947 के अगस्त माह के पूर्वार्द्ध की है : जब कथा-वाचक दिल्ली के लाल किले पर झंडारोहण और स्वतन्त्रता दिवस समारोह देखने जा रहा है (भीष्म जी खुद 13 अगस्त को इस समारोह में भाग लेने, ट्रेन से रावलपिंडी से दिल्ली आए थे)। कहानी की शुरुआत इसी दृश्य से होती है : गाड़ी के डब्बे में बहुत मुसाफिर नहीं थे। ऐसे मारकाट के भयावह माहौल में जान बचाकर भागने वाले मज़बूरों के अलावा, कुछ ही अन्य गिनती के दुस्साहसी सफ़र में निकले होंगे! इस डब्बे में भी कथा-वाचक के अलावा, लाम के किस्से सुनाने वाले, बर्मा की लड़ाई में भाग ले चुके सरदार जी, तीन पठान, एक मरियल-सा दुबला-पतला बाबू और एक बुढ़िया-भर थे। ऊपर की बर्थ पर लेटा पठान बड़ा हँसोड़ था और कथावाचक की बगल में बैठे सींकिया बाबू के साथ लगातार मज़ाक करता आ रहा था। बाबू भी उसका हमवतन, पेशावर का ही था; क्योंकि किसी-किसी वक्त दोनों आपस में पश्तो में भी बातचीत करने लगते थे। जेहलम स्टेशन निकलने के बाद पठान अपनी पोटली खोलकर उबला हुआ माँस और नान-रोटी निकाल कर अपने साथियों को देता है और एक बोटी-नान बढ़ाकर बाबू से आग्रह करता है : 'खा ले, बाबू, ताकत आएगी। हम जैसा हो जाएगा। बीवी भी तेरे साथ खुश रहेगी। खा ले दालखोर, तू दाल खाता है इसलिए दुबला है', तो बाबू पश्तो में जवाब देकर मुस्कराते हुए सिर हिलाता है। वह फिर कहता है, 'ओ जालिम, अमारे आथ से नईं लेता ऐ तो अपने आथ से उठा ले। खुदा कसम बर का गोश्त ए, और किसी चीज़ का नईं ए।...ओ खंजीर के तुख़्म इदर तुमें कोन देखता ऐ? अम तेरी बीवी को नईं बोलेगा। ओ तू अमारे साथ बोटी तोड़। अम तेरे साथ दाल पिएँगा।' बाबू फिर पश्तो में कुछ कहकर हँसता और सिर हिलाता रहा। पठान के आग्रह में मज़ाक और 'हमवतन' से प्यार और दिल्लगी, दोनों का भाव था। डब्बे के बाकी लोग भी हँसते हुए मज़ा लेते हैं। पठान फिर दिल्लगी करता है कि 'मांस नईं खाता ए, बाबू, तो जाओ जनाना डब्बे में बैठो, इदर क्या करता ए?' तो फिर कहकहा उठा।

तभी गाड़ी किसी स्टेशन पर रुकती है। बहुत सारे नये मुसाफिरों का रेला अन्दर घुस आता है। तभी अचानक सब लोग डब्बों की ओर भागते हैं और देखते ही देखते प्लेटफ़ार्म खाली हो जाता है। भयभीत बाबू कहता है, 'कहीं कोई गड़बड़

है।' नैरेटर मन ही मन कहता है कि 'कहीं कुछ था, लेकिन क्या था, कोई भी स्पष्ट नहीं ज़ानता था। मैं अनेक दंगे देख चुका था, इसलिए वातावरण में होने वाली छोटी-सी तब्दीली को भी भाँप गया था' : भागते व्यक्ति, खटाक् से बन्द होते दरवाज़े, घरों की छतों पर खड़े लोग, चुप्पी और सन्नाटा, सभी दंगों के चिन्ह थे। तभी एक मैले-कुचैले चीकट कपड़ों वाला एक आदमी, जो ज़रूर हलवाई होगा, अन्दर घुसकर एक सन्दूक भीतर घसीटने लगा। उसकी पत्नी और बेटी संडास के दरवाज़े के साथ लगाकर खड़ी थी। भीतर के सब लोग विरोध में उस पर चिल्लाने लगते हैं, 'और कोई डब्बा नहीं मिला? औरत जात को भी यहाँ उठा लाया है?' वह आदमी अपना सामान अन्दर घसीटता बोला, 'मैं बेटिकट नहीं हूँ। लाचारी है, शहर में दंगा हो गया है। बड़ी मुश्किल से स्टेशन तक पहुँचा हूँ।' ऊपर वाला पठान भी वहीं से अपनी लात फटकार कर चीखता है : 'निकल जाओ इदर से, देखता नईं ए इदर जगा नईं ए।' पर लात उस आदमी के न लगकर उसकी औरत के कलेजे में लग जाती है और वह वहीं हाय-हाय करती बैठ जाती है। इस बीच नीचे वाला पठान उसका सन्दूक ढकेलकर प्लेटफ़ार्म पर फेंक देता है। बाकी सब मुसाफ़िर चुप हो जाते हैं, पर कोने में बैठी बुढ़िया कुरलाए जा रही थी : 'ऐ नेकबख़्तो, बैठने दो। आ जा बेटी, तू मेरे पास आ जा। जैसे-तैसे सफ़र काट लेंगे। छोड़ो बे जालिमों, बैठने दो।' तभी गाड़ी सरकरने लगती है और संडास के पास खड़ी, सिर से पाँव तक काँपती लड़की चिल्लाए जा रही थी, 'पिताजी, सामान छूट गया।' वह आदमी भी नीचे उतरता बदहवास-सा चिल्लाता है, 'उतरो, नीचे उतरो'; और तीनों उतर जाते हैं। पठानों का विरोध करने की हिम्मत किसी में नहीं थी। सिर्फ़ वह बुढ़िया ही ऊँचा-ऊँचा बोल रही थीं। 'बहुत बुरा किया है तुम लोगों ने, बहुत बुरा किया है। तुम्हारे दिल में दर्द मर गया है। छोटी-सी बच्ची उसके साथ थी। बेरहमों, तुमने बहुत बुरा किया है, धक्के देकर उतार दिया है।' कोई कहता है, 'दंगा हुआ है। स्टेशन पर भी लोग भाग रहे थे। कहीं दंगा हुआ है।' गाड़ी प्लेटफ़ार्म छोड़कर आगे बढ़ रही थी : शहर की ओर से उठते धुएँ के बादल और उसमें लपलपाती आग के शोले नज़र आने लगे थे। शहर में आग लगी थी। लोग लपककर खिड़कियों में से आग का दृश्य देखने लगे थे।

बक़ौल कथा-वाचक, 'दुबले बाबू का चेहरा पीला पड़ गया था और माथे पर पसीने की परत किसी मुर्दे के माथे की तरह चमक रही थी। मुझे लगा, जैसे अपनी-अपनी जगह बैठे सभी मुसाफिरों ने अपने आस-पास बैठे लोगों का जायजा ले लिया है। सरदारजी उठकर मेरी सीट पर आ बैठे। नीचे बैठा पठान भी अपने साथियों के पास ऊपरवाली बर्थ पर चढ़ गया। यही क्रिया शायद रेलगाड़ी के अन्य डब्बों में भी चल रही थी। डब्बे में तनाव आ गया था। लोगों में बातचीत बन्द हो गयी थी। डब्बे में से किसी ने पूछा, 'कौन-सा स्टेशन था यह?' किसी ने उत्तर

दिया, 'वज़ीराबाद!' इस उत्तर पर डब्बे में एक और प्रतिक्रिया हुई, 'पठानों के मन का तनाव फ़ौरन ढीला पड़ गया, जबकि हिन्दू-सिख मुसाफिरों की चुप्पी और ज़्यादा गहरी हो गयी।' अगले स्टेशन पर एकदम सन्नाटा था। एक मिश्ती पीठ पर पानी की मशक लादे, प्लेटाफ़ार्म लाँघकर आया और मुसाफिरों को पानी पिलाने लगा : 'लो पियो पानी, पानी पियो। बहुत मार-काट हुई है, बहुत लोग मरे हैं।' जैसे ही गाड़ी चली तो सहसा खिड़कियों के पल्ले चढ़ाये जाने लगे। यही प्रक्रिया पूरी गाड़ी में दोहराई जाने लगती है।

अचानक क्या होता है कि किसी अज्ञात आशंकावश वह मारियल-सा दुबला-पतला बाबू उठकर दो सीटों के बीच फर्श पर लेट गया। उसका चेहरा अभी भी मुर्दे जैसा पीला हो रहा था। इस पर पठान फिर उससे ठिठोली करने लगा : 'ओ बगैरत, तुम मर्द ए कि औरत ए? सीट पर से उठ कर नीचे लेटा ए। तुम मर्द के नाम को बदनाम करता ए।' फिर उससे पश्तो में कुछ कहता है, पर बाबू वैसे ही लेटा रहता है। पठान जारी रहता है, 'ऐसे आदमी को अम डब्बे में बैठने नई देगा। ओ बाबू, तुम अगले स्टेशन पर उतर जाओ, और जनाना डब्बे में बैठो।' रात गहराने के कुछ देर बाद सहसा मरियल बाबू खड़की में से बाहर झाँककर ऊँची आवाज़ में चिल्लाता है, 'हरबंसपुरा निकल गया!' उसकी आवाज़ में अजीब-सी उत्तेजना थी। दूसरा पठान चौंककर जाग जाता है, 'खो बाबू, चिल्लाता क्यों है? इदर उतरेगा तुम? जंजीर' खींचूँ?' और खींखीं करके हँसने लगता है। ज़ाहिर है, वह हरबंसपुरा की स्थिति से अथवा उसके नाम से अनभिज्ञ था। कुछ देर बाद बाबू फिर ऊँची आवाज़ में चिल्लता है : 'शहर आ गया है! अमृतसर आ गया है!' फिर उछलकर खड़ा हो गया और पठानों को सम्बोधित करके चिल्लाया : 'ओ बे पठान के बच्चे! नीचे उतर, तेरी माँ की...नीचे उतर तेरी उस पठान बनाने वाले की मैं...। हिन्दू औरत को लात मारता है, हरामजादे तेरी उस...।' पठान भी नीचे उतर आया, 'ओ बाबू बक-बक नईं करो। ओ खंजीर के तुख़्म गाली मत बको, अमने बोल दिया। अम तुम्हारा ज़बान खींच लेगा।' उत्तेजना में सिर से पाँव तक काँपता बाबू सीट पर चढ़ जाता है : 'गाली देता है मादर...।' सरदारजी बीच-बचाव करते हैं। पठान भी बोलता है कि 'ओ अमने क्या बोला। सभी लोग उसको निकालता था, अमने भी निकाला। ये इदर अमको गाली देता है।' वही बुढ़िया फिर बोल उठी : 'वे जीण जोगयो, आराम नाल बैठो। वे रब्ब दियो बन्दयो, कुज होश करो।' लेकिन मरियल बाबू लगातार चिल्लाए जा रहा था, 'अपने घर में शेर बनता था। अब बोला। तभी गाड़ी खचाखच भीड़ से भरे अमृतसर स्टेशन के प्लेटफ़ार्म पर रुकती है। इस बीच तीन-चार पठान आकर डब्बे के पठानों से पश्तो में कुछ कहते हैं और वे भी अपनी गठरियाँ उठाकर उनके साथ गाड़ी के किसी दूसरे डब्बे में चले जाते हैं। विभाजन पहले हरेक डब्बे के भीतर

होता रहा था, अब पूरी गाड़ी के स्तर पर होने लगा था। वह बाबू भी गाड़ी रुकते ही, पता नहीं कब गायब हो गया था।

गाड़ी चलने से पहले अचानक वह बाबू हाथ में एक लोहे की छड़ उठाए आता है और फिर चिल्लाने लगता है : 'निकल गये हरामी, मादर...सब-के-सब निकल गये! तुमने उन्हें जाने क्यों दिया? तुम सब नामर्द हो, बुजदिल!' पर गाड़ी में बहुत भीड़ थी और ढेरों नये मुसाफ़िर आ गये थे। उसकी ओर कोई ध्यान नहीं देता। बहुत रात-गये जब गाड़ी किसी स्टेशन पर रुकी तो कोई आदमी बन्द दरवाजे को लाठी से पटपटा रहा था : कंधे पर गठरी, हाथ में लाठी और बदरंग-से कपड़ों में एक दाढ़ीवाला। गाड़ी सरकने लगी तो एक औरत भी गाड़ी के साथ-साथ दो गठरियाँ लादे नंगे पाँव भागने लगती है। डब्बे के पाएदान पर खड़ा आदमी हाँफ़ते हुए बार-बार विनती कर रहा था, 'खुदा के लिए दरवाजा खोलो। मेरे साथ में औरत जात है। गाड़ी निकल जाएगी।' साथ ही भागती हुई औरत को भी कहे जा रहा था : 'आ जा, आ जा, तू भी चढ़ जा, आ जा!' सहसा, वही मरियल बाबू हड़बड़ाकर उठता है और लपककर दरवाजा खोल देता है और उस दाढ़ीवाले के मुँह से भी इत्मीनान के स्फुट शब्द निकलते हैं—या अल्लाह!

बक़ौल कथावाचक, 'उसी वक्त मैंने बाबू के हाथ में छड़ को चमकते देखा।

> एक ही भरपूर वार बाबू ने उस मुसाफिर के सिर पर किया था।...तभी सहसा उसके चेहरे पर लहू की दो-तीन धारें एक-साथ फूट पड़ीं। वह दो एक बार 'या अल्लाह!' बुदबुदाया, फिर उसके पैर खड़खड़ा गये। उसकी धीरे-धीरे सिकुड़ती जा रही अध-मुँदी-सी आँखों ने बाबू की ओर देखा, मानो उसे पहचानने की कोशिश कर रही हों कि वह कौन है और उससे किस अदावत का बदला ले रहा है। ...त्रास के कारण उसके होठों पर बल पड़ने लगे थे। नीचे पटरी के साथ भागती औरत को अभी भी मालूम नहीं हो पाया था कि क्या हुआ है! वह दो गठरियों के बावजूद अपने पति के पैर सीढ़ियों पर टिकाने की कोशिश कर रही थी! तभी अचानक डंडहरे पर से उस आदमी के दोनों हाथ छूट गये और कटे पेड़ की तरह नीचे जा गिरा। उसके गिरते ही औरत ने भागना बन्द कर दिया, मानो दोनों का सफ़र एक ही साथ ख़त्म हो गया हो!'

ट्रेन रफ़्तार पकड़ चुकी थी। सहसा बाबू छड़ फेंककर फिर चुपचाप नैरेटर की बगल में आ बैठता है। तभी उठकर बैठ चुके सरदारजी उसे अपने सामने बैठा देखकर बोले : 'बड़े जीवट वाले हो बाबू, दुबले-पतले हो, पर बड़े गुर्दे वाले हो। बड़ी हिम्मत दिखाई है। तुमसे डरकर ही वो पठान डब्बे से निकल गये। यहाँ बने रहते तो एक-न-एक की खोपड़ी तुम ज़रूर दुरुस्त कर देते। और हँसने लगे। जवाब में बाबू भी मुस्कराता है—एक वीभत्स-सी मुस्कान...'

इस प्रसिद्ध कहानी के अलावा, भीष्मजी ने देश-विभाजन और हिन्दू-मुस्लिम साम्प्रदायिकता की समस्या के बारे में और भी कई कहानियाँ लिखी हैं। मिसाल के लिए 'निमित्त', 'पाली' और 'वीरा' तथा हिन्दू-सिख दंगों पर 'झुटपुटा'-जैसी बड़ी मार्मिक कहानी। जहाँ तक 'निमित्त' का सवाल है, वह साथ ही भाग्यवादिता पर भी तीखा व्यंग्यात्मक प्रहार करती है। इसमें एक भाग्यवादी बुजुर्ग हैं, 'जो ज़िन्दगी के पचड़ों से दूर रहते हैं, निश्चेष्ट और तटस्थ बने रहते हैं, इसलिए कोई बात उन्हें उत्तेजित नहीं करती, न ही परेशान करती है।' भाग्यवादिता की बात करते हुए 'उनकी छोटी-छोटी गँदली आँखों में कोई चमक नहीं आती थी, न आवाज़ में उत्साह उठता। बड़ी समतल, ठंडी, सूखी आवाज़ में अपना वाक्य दोहरा देते कि दाने-दाने पर मोहर होती है, जो भाग्य में लिखा है, वही, केवल वही होकर रहेगा।' वे देश के बँटवारे के दिनों में राजगढ़ में एक फैक्टरी में मैनेजर थे। वे उन दिनों का क़िस्सा सुनाते हुए भी कहते हैं कि 'मेरा तब भी यही विश्वास था कि जो होना है, वह होकर रहेगा।...जिनके भाग्य में लिखा था कि फ़िसादों से बचकर निकलना है, वे बचकर निकल आए, जिन्हें मरना था, वे मारे गये।' वे बताने लगे : जब फ़िसाद शुरू हुए तो हमारी फैक्टरी बन्द हो गयी। पर लेबर फँस गयी। पन्द्रह-बीस मज़दूर अन्दर घुस आए तो मैंने कहा 'अगर तुम्हें बचना है तो तुम बाहर भी बच जाओगे, अगर मरना है तो फैक्टरी के अन्दर भी काटे जा सकते हो। बेशक फैक्टरी के अन्दर रहना चाहते हो तो यहाँ पड़े रहो।' दरअसल, उन दिनों पटियाला के किले में शरणार्थियों को इकट्ठा किया जा रहा था, ताकि वहाँ से उन्हें बाद में पाकिस्तान भेजा जा सके।

फैक्टरी के बारह मज़दूर एक दिन आए और कहने लगे, 'साहिब, गाँव खाली हो गया है, सभी मुसलमान भाग गये हैं, कुछ मारे गये हैं, आप हमें पटियाला कैम्प में भेज दें।' मैंने उनसे कहा कि 'सोच लो, अपना नफ़ा-नुकसान सोच लो। यों, होगा तो वही जो भगवान को मंजूर होगा।' उन्होंने इसरार किया, हाथ-पैर जोड़े तो मैंने ड्राइवर को बुलाकर उन बारह मज़दूरों और उनके परिवारों को भेज दिया। पर वे सब-के-सब दिन-दहाड़े ही काट डाले गये। गाँव पुलन्दरी के पास गाँववालों ने घेर लिया और फिर एक-एक को काट डाला। एक दिन शाम को इमामदीन नाम का बूढ़ा मिस्त्री मेरे पास आया और हाथ बाँधकर बोला, 'सभी तरफ़ आग जल रही है, मैं अपने गाँव नहीं जा सकता। मुझे कुछ मालूम नहीं मेरे बाल-बच्चों का क्या हुआ! मेरे लिए सभी रासते बन्द हो गये है। आप मुझे पटियाला भेज दो। क्या ख़बर मेरे घर के लोग मुझे किले में ही मिल जाएँ।' मैंने फैक्टरी के पुराने ड्राइवर शेरसिंह को बुलाकर कहा 'जाओ, इसे किले में छोड़ आओ! हिफ़ाजत से ले जाना, आगे भगवान मालिक है।' शेर सिंह मिस्त्री इमामदीन को भी अच्छी तरह जानता था। बड़ा ईमानदार ड्राइवर था। मैंने सोचा, 'सब कुछ भगवान के हाथ में है। लिखी को

कोई नहीं मिटा सकता।...यह जो मेरे पास आया है तो भाग्य का निमित्त बनकर। वह भी निमित्त था, मैं भी निमित्त था, शेर सिंह ड्राइवर भी निमित्त था। यह सब भाग्य का खेल है।' इमामदीन को फैक्टरी की कार में भिजवा दिया।

उधर मोटर आँखों से ओझल हुई, इधर गोरखा चौकीदार के पीछे-पीछे पाँच-सात आदमी मुश्कें बाँधे और हाथों में तरह-तरह के हथियार, नेजे, छवियाँ ओर तलवारें उठाए मेरे कमरे में घुस आए : 'बाबूजी पता चला है कि तुमने एक मुसले को फैक्टरी की मोटर देकर शहर से भगा दिया है।...तुमने कौम के साथ गद्दारी की है।...क्या तुम हिन्दू नहीं हो? मुसले को जाने दिया।' वे मुझे घेरकर खड़े हो गये और बात बढ़ने लगी। उनकी आँखों में खून उतरा हुआ था। मुझे डर था कि उनमें से कोई आदमी छुरा निकालकर मेरी गर्दन ही काट सकता है। लोग पागल हो रहे थे। गलियों-सड़कों पर शिकार की तलाश में मतवाले बने घूम रहे थे। मैंने कहा, 'बिगड़ते क्यों हो? फैक्टरी की दो कारें हैं। चाहो तो दूसरी को तुम ले जाओ। अगर उसके भाग्य अच्छे हुए तो वह भागकर निकल जाएगा, अगर तुम्हारी किस्मत अच्छी हुई तो वह तुम्हारे हाथ पड़ जाएगा।' वे बहुत चिल्लाए, मुझे धमकाने लगे कि फैक्टरी में आग लगा देंगे, यह कर देंगे, वह कर देंगे, कि हिन्दू होकर मैंने मुसले को जाने दिया। मैंने दूसरी कार की चाबी उनके हाथ में देकर कहा, 'लो भाई, इससे ज़्यादा मैं क्या कर सकता हूँ। एक मोटर वह ले गया है, दूसरी तुम ले जाओ। अगर उसने बचना है तो बच जाएगा, अगर उसका ख़ून तुम्हारे हाथों होना लिखा है तो वह होकर रहेगा।' वे चाबी लेकर मुश्कें बाँध हुए ही इमामदीन के पीछे रवाना हो गये।

सुबह उठा तो गोरखे चौकीदार से पता चला कि दोनों मोटरें एक-एक करके रात को लौट आयी थीं और 'इमामदीन तो मारा गया साहिब!' उसकी बातों से पता चला कि उसकी हत्या शेरसिंह ड्राइवर ने ही कर डाली थी। गोरखे ने बताया कि लाश और गठरी के कपड़े अभी जल ही रहे थे कि दूसरी मोटर पहुँच गयी थी। इमामदीन के बारे में पूछा तो शेरसिंह ने उन्हें भभकती आग के शोले दिखाकर कहा 'काटकर जला दिया मुसले को! वह देख लो। जाकर देख लो...शिकार को यों हाथ से थोड़ा ज़ाने देते हैं!' और वे लौट आए। कुछ देर बाद शेर सिंह भी लौट आया। फिर थोड़े रुककर बुजुर्ग बोले : अब आगे सुनो, किस्मत की बात जो मैं तुम्हें कह रहा था। इमामदीन ज़िन्दा है। वह मारा नहीं गया था। शेरसिंह ने सब कहानी बनायी थी। पुलन्दरी गाँव के पास पहुँचते ही उसने समझ लिया था कि गाँव वाले गाड़ी घेर लेंगे। राजगढ़ से निकलते ही उसने इमामदीन को सीट के नीचे लिटाकर ऊपर कपड़ों की गठरी और ट्रंकी रख दी थी। गाँव के पास पहुँचकर उसने मोटर खड़ी की, इमामदीन को वैसे लेटे रहने दिया और कपड़ों की गठरी और ट्रंकी बाहर रखकर पैट्रोल छिड़ककर आग लगा दी। कुछ देर बाद ही दूसरी कार भी पहुँच गयी

और गाँव के कुछ लोग भी लाठियाँ भाले लेकर आ गये। वे तो ट्रंकी देख उसी पर झपट पड़े और राजगढ़वालों को जलती गठरी दिखाकर शेरसिंह ने धोखे में डाल दिया। किसी ने भी मोटर के भीतर झाँककर नहीं देखा। इमामदीन ने पाकिस्तान पहुँचकर ख़त लिखा था और सारा किस्सा बयान किया था। बुजुर्ग फिर कहते हैं कि मैं भी निमित्त था और शेरसिंह भी निमित्त था।

जब लोग एक-दूसरे के ख़ून के प्यासे हो रहे थे और चारों ओर दंगों और आगजनी के साथ हत्याओं का घृणित दौर चल रहा था, तब भी कई लोगों की मानवीय भावना और करुणा सूख नहीं गयी थी; और ऐसे लोग अपनी जान जोख़म में डालकर भी दूसरों की प्राणरक्षा करते थे। भीष्मजी की खूबी यह है कि दंगों और साम्प्रदायिक हिंसा के भयावह चित्रों के साथ ही, ऐसी मानवीय करुणा की घटनाओं का भी उसी ख़ूबी के साथ यथार्थ चित्रांकन करते हैं। इस कहानी के शेरसिंह की तरह ही, दिल्ली में चौरासी के हिन्दू-सिख दंगों के दौरान, भीष्मजी दिल्ली मिल्क स्कीम की दूध पहुँचानेवाली गाड़ी के एक सिख ड्राइवर की इसी मानवीय करुणा और बहादुरी का वास्तविक और स्वाभाविक चित्रांकन करके, हिंसक साम्प्रदायिकता के ख़िलाफ़ इन्हीं उदात्त और उच्च मानवीय मूल्यों की प्रतिष्ठा करते हैं।

'झुटपुटा' शीर्षक इस कहानी में, कई दिन के कर्फ़्यू के बाद, जब कर्फ़्यू में ढील के दौरान लोग दूध की गाड़ी के लिए घंटों इंतजार करते हैं। कई बार फ़ोन करने पर पता चलता है कि ड्राइवर जो प्रायः सिख हैं, दंगे, आगजनी और मारकाट के कारण दूध की गाड़ियाँ लेकर जाने को तैयार नहीं हैं। कोई भी अपनी जान जोख़म में नहीं डालना चाहता। अन्त में जब परेशान लोग बिल्कुल निराश हो चुके होते हैं तो दूध वाली गाड़ी आती दिखती है। लोगों में खुशी की लहर दौड़ जाती है। गाड़ी के ड्राइवर सरदारजी उतरते हुए कहते हैं कि मैंने कहा, दुधमुँहे बच्चे दूध के बिना होंगे। कई दिन के कर्फ़्यू के बाद आज ढील दी गयी है, तो भी बच्चो के लिए दूध नहीं पहुँचा तो क्या होगा! मैनें कहा चल मना, जो होगा देखा जाएगा। दूध तो बच्चो के लिए हर हालत में पहुँचाना ही है!

'पाली' और 'वीरा', ये दो कहानियाँ भी साम्प्रदायिक नफ़रत के मुँह पर करारा तमाचा और सहज मानवीय सम्बन्धों और करुणा की बड़ी मार्मिक मिसाल हैं। देश-विभाजन के दौरान शरणार्थी कैम्प में मनोहरहलाल और उसकी पत्नी से उनका साल-डेढ़ साल का बेटा 'पाली' (यशपाल) भीड़ के धक्कों में हाथ छूट जाने से बिछुड़ जाता है। शरणार्थियों को लेकर आख़िरी गाड़ियाँ भी भारत रवाना हो जाती हैं। मनोहरलाल और गोदी में दुधमुँही बच्ची को लिए उसकी पत्नी कौशल्या ढूँढ़ते थक हारकर रोते-बिलखते चले जाते हैं। रास्ते में उनकी बच्ची भी मर जाती है। उधर टोकरी में रखकर गली-गली डगर-डगर चीनी के बर्तन बेचने वाले शकूर को

भीड़ के रेले में से फेंका हुआ छोटा सा बच्चा गली के सिरे पर 'पिताजी! पिताजी!' चिल्लाता हुआ रोता-बिसूरता मिलता है, तो वह उसे यह कहकर अपने साथ ले आता है कि 'चल, मैं तुम्हें तेरे पिताजी के पास छोड़ आता हूँ।' दुलराने-बहलाने पर भी बच्चे की सिसकियाँ थम नहीं रही थीं। उस रात पाली घंटों रोते-बिसूरते रहने के बाद भी शकूर की बीवी जैनब की छाती से लगकर सो गया। उसकी सिसकियाँ भी गहरी स्निग्धता के सागर में डूबती चली गयीं। निस्सन्तान जैनब को भी ज़िन्दगी में पहली बार ऐसा सुख अनुभव हो रहा था : 'मानो महकता छोटा-सा यह शरीर, उसके साथ ऐसे सटा हुआ था, जैसे वह उसी की गोद के लिए बना हो!; वे उसे अपना बच्चा मानकर बहुत लाड़-प्यार से पालते हैं और 'इल्ताफ़' कहकर बुलाते हैं। धीरे-धीरे नन्हा पाली भी अपना अतीत भूलाकर खुद को उनका बेटा इल्ताफ़ ही समझने लग जाता है!

तभी एक दिन एक मौलवी साहब आकर हंगामा कर देते हैं। वे दो लठैतों के साथ आकर दहाड़ते हैं, 'काफ़िर का बच्चा यहाँ कौन लाया है?' जैनब पाली (इल्ताफ़) को गोद में लिए हुए कहती है कि 'बच्चे को गादे लिया है कोई गुनाह तो नहीं किया है, मौलवी साहब!' मौलवी फर्श पर लाठी ठोकता हुआ चिल्लाता है, 'काफ़िर की औलाद को पनाह दे रही हो?...काफ़िर की नापाक औलाद को अपनी गोद में बिठाती हो? अपना दूध पिलाती हो? क्या साँप पालने लगी हो?' आख़िर मौलवी साहब के पाली की सुन्नत करके उससे कलमा पढ़वाने की बात पर मामला सुलट जाता है! इस कर्मकांड के बाद मौलवी कहता है कि 'ले, अब यह तेरा बच्चा है, किसी काफ़िर का बच्चा नहीं है। अब यह दीन का बच्चा है।' धीरे-धीरे बालक भी अपने नये परिवेश का पूरा अभ्यस्त हो जाता है। साल-भर के अन्दर-ही नन्हा पाली, जैनब और शकूर अहमद बर्तनफ़रोश का बेटा इल्ताफ़ हुसैन, सिर पर छोटी-सी टोकरी रखकर बाप की तरह हेंग लगाता खेलता है : 'चीनी के बर्तन! प्याले, पिर्च, प्लेटाँ!' उसे फिर मस्ज़िदवाले स्कूल में भी भर्ती करा दिया जाता है जहाँ चबूतरे पर बैठा वह पीठ हिला-हिलाकर कुरान शरीफ़ की आयतें याद करता है।

उधर मनोहरलाल भी बार-बार पुलिस और सामाजिक कार्यकर्ताओं के साथ अपने बेटे पाली की तलाश में सालों-साल से पाकिस्तान के चक्कर लगाता रहता है। आख़िर सात-साल बाद वह अधिकारियों के साथ शकूर के आँगन में बैठा था: न मनोहरलाल आठ साल के बच्चे को पहचान पा रहा था, न पाली ही अपने पिता को पहचान पाता है, और सहमा-सा जैनब से चिमटा खड़ा था। जब मजिस्ट्रेट उसे अपने पास बुलाकर एक पुरानी तस्वीर दिखाता है, तो बच्चा तस्वीर पर उँगली रखकर ज़ोर से चिल्लाता है, 'पिताजी!' फिर कौशल्या के चेहरे पर उँगली रखकर चिल्लाकर बोला, 'माताजी!' मनोहरलाल फफक-फफककर रोने लगता है। उधर जैनब

का भी बुरा हाल हो रहा था। मौलवी और उसके साथी हंगामा खड़ा कर देते हैं और हिन्दू-मुसलमान का सवाल खड़ा करके इस बात को दरकिनार कर देते हैं कि बच्चा किसका है और उसे किसने पाला है। लेकिन बच्चा उसके पिता मनोहरलाल को दिए जाने का फ़ैसला होता है। आख़िरकार मनोहरलाल टाट के पर्दे के आगे हाथ जोड़कर जैनब से बिनती करता है : 'बहन, मैं तुमसे बच्चे की नहीं, अपनी घरवाली की जान की भीख माँगने आया हूँ। वह अपने दोनों बच्चे खो चुकी है। पाली के बिना वह पागल हुई जा रही है। वह रात-दिन तड़ती रहती है। उस पर तरस खाओ।' घंटा-भर बाद बच्चे की विदाई के वक्त, जैनब और शकूर उसे नये उजले बढ़िया कपड़े पहनाकर, जो ईद के लिए बनवाए गये थे, सिर पर रूमी टोपी रखकर बाहर भेजते हैं। टाट से बाहर भेजते हुए जैनब कहती है : 'एक शर्त पर बच्चा दूँगी...हर साल ईद के मौके पर इसे हमारे पास भेजोगे। महीना-भर यह हमारे पास रहेगा।' मनोहरलाल उसी तरह हाथ जोड़े-जोड़े कहता है कि 'तुम्हारी दौलत है बहन! तुमने इसे पालकर बड़ा किया है। मैं वायदा करता हूँ, मैं जन्म-जन्म तक तुम्हारा अहसान नहीं भूलूँगा!' इस तरह, इल्ताफ़ हुसैन फिर से यशपाल (पाली) बनकर, अपने पिता के साथ भारत आता है। जीप के मैदानों में प्रवेश करते ही अचानक समाज-सेविका बालक के सिर की रूमी टोपी उतारकर जीप से बाहर फेंक देती है, 'हिन्दू बच्चा है तो मुसलमानी टोपी क्यों पहनेगा?' बच्चा रुआँसा होकर 'हाय मेरी टोपी', 'हाय मेरी टोपी!' चिल्लता रह जाता है। बच्चे के दिल को ठेस लगी जानकर मनोहरलाल भी आग्रह करता है कि 'बच्चे को क्या मालूम कि वह मुसलमानी टोपी है। आपने क्यों फेंक दी? जीप रोकिए मैं उठा लाता हूँ।...देखिए, बच्चा रो रहा है।' वह निरपेक्ष ढंग से कहती है, 'रोने दो, रोने दो, कोई बात नहीं, अब इसे ऐसी टोपियाँ तो नहीं पहनाओगे ना। अभी थोड़ी देर में चुप हो जाएगा।' यहाँ अपने परिवार में पहुँचकर भी बच्चा कुछ दिन वैसे ही बिसूरता रहा, जैसे जैनब और शकूर के घर में पहले कुछ दिन बिसूरता रहा था! धीरे-धीरे वह आख़िरकार सामान्य होता है!

कुछ दिन बाद बेटे के पुनर्मिलन का उत्सव होता है। गली-मोहल्ले के लोगों और दूर-पास के रिश्तेदारों की भीड़ में जब मनोहरलाल अभी बता ही रहा था कि 'उन्होंने लड़के को छाती से लगाकर रखा है। मैं तो ज़िन्दगी-भर उनका अहसान नहीं भूल सकता।' तो उसी वक्त पाली एक चटाई उठाकर आँगन के एक कोने में बिछाकर, दोजानू बैठकर नमाज़ पढ़ने लगता है! लोग स्तब्ध रह जाते हैं : 'हाय, यह क्या री कौशल्या, तेरा बेटा क्या कर रहा है?' मनोहरलाल को झेंप होने लगी थी, पर वह कहता है कि 'दोपहर को इस वक्त हर रोज़ उठकर नमाज़ पढ़ने लगता है।' इस बात पर कि 'आप इसे रोकते नहीं?' वह कहता है : 'बच्चा है, इसे क्या मालूम। धीरे-धीरे अपने-आप समझ जाएगा।' मुहल्ले का चौधरी चिल्लाकर बोला, 'लड़के को मुसलमान बनाकर भेजा है, फिर भी उनकी सफ़ाई दिये जा रहा है।' फिर

चौधरी कड़ककर कहता है : 'यहाँ यह सब नहीं चलेगा, यहाँ कोई नमाज़-वमाज नहीं चलेगी, मुल्लों ने इसके ज़ेहन में तास्सुब का ज़हर अभी से भर दिया है।' फिर डरे सहमे बच्चे का जबर्दस्ती पंडित बुलाकर मुंडन कराकर और एक चुटिया रखवाकर, शुद्धिकरण करवाता है। पूछता है 'क्या नाम है तेरा?' भारी-भरकम चौधरी से डरकर सहमा हुआ वह बोलता है, 'इल्ताफ़! इल्ताफ़ हुसैन वल्द शकूर अहमद।' हिन्दुत्व के ठेकेदार चौधरी का मन तो बच्चे के कसकर चाँटा रसीद करने को करता है, पर रोककर कड़े लहजे में कहता है, 'नहीं, तेरा नाम पाली है—यशपाल।' बच्चा फिर धीरे से बुदबुदाया, 'इल्ताफ़!' तो गरज उठता है : 'फिर से बोलकर तो देख यह नाम; मैं तेरी जीभ खींच लूँगा।' लड़का घबराकर 'अम्मी-अम्मी! अम्मी, अब्बाज़ी!' चिल्लाता आँगन की दीवार के साथ सटकर खड़ा हो जाता है। उसी समय सैकड़ों मील दूर जैनब शकूर से बार-बार कह रही थी, 'क्यों जी, ईद पर आएगा ना? उसे वे भेजेंगे ना? क्या हम उससे मिलने नहीं जा सकते? क्यों जी?' और बार-बार अपने आँसू पोंछती जा रही थी।

वैसे तो 'वीरो' कहानी में भी पीछे छूटी अबोध बच्ची 'वीरो' की कहानी है, पर वह अब भरे-पूरे परिवार वाली सलीमा है। हर साल जब भी छैने-करतालें बजाते हुए सिक्ख तीर्थ-यात्रियों की टोली गान-मंडली के साथ हसन अब्दाल (पंजा साहिब) आती थी तो वह बहुत बेचैन हो जाती थी। इस बार भी वह चिलमन के पीछे से उन्हें कीर्तन करते, गाते-बजाते गुज़रते देखती है तो सलीमा बेगम का मन होता है कि वह भागकर टोली के सामने खड़ी हो जाए और सीधे उनसे पूछे, 'बोलो सरदारजी, तुम में तो मेरा भाई नहीं है? क्या वे भी कभी तुम्हारे साथ मेरी खोज-ख़बर लेने आए हैं? हर साल, साल-दर-साल से मेरी आँखें उन्हें ढूँढ़ रही हैं।' लेकिन यह कैसे हो सकता था? खाते-पीते परिवार की पर्दादार स्त्रियाँ कब सड़कों पर नंगे पाँवों और नंगे सिर भागी हैं और वह भी अनजाने परदेसी यात्रियों की टोली के पीछे? तभी उसका छोटा बेटा आकर कहता है, 'तुम रो रही हो माँ, रो क्यों रही हो?' वह सँभल जाती है, 'मैं भला क्यों रोऊँगी?'

फिर वह बेटे को बताती है : 'मैं जन्म से सिक्खणी हूँ, बेटा, जब पाकिस्तान बना तो मैं कहीं खो गयी थी, मेरे माँ-बाप और सगे-सम्बन्धी बसों में चढ़कर चले गये थे। मैं भीड़ में कहीं खो गयी थी। तब मैं बहुत छोटी थी।...हर साल जब सिक्खों की टोली गुरुद्वारे में माथा टेकने आती है तो मेरी आँखें उस टोली में अपने भाई को ढूँढ़ती रहती है।' सहसा सलीम पूछता है, 'माँ, अगर वह आज तुझे पहचान ले तो तू उसके साथ चली जाएगी।' वह कहती है, 'हाय, मैं क्यों जाँऊगी, मेरा घर-बार यहाँ पर है, मेरे जिगर-जान बच्चे यहाँ पर हैं।...रोती हूँ उन्हें एक नज़र देख पाने के लिए।' अचानक एक दिन सरदारों की टोली के साथ उसका बेटा सलीम एक वयोवृद्ध सरदार के साथ बातें करता आता है। बैठक में पूरा घर-परिवार आ

जुटाता है। न जाने तीनों भाई कहाँ से आ जुटते हैं। बड़े बेटे की बहू और छोटी मकसूदा भी, और घर के अन्य लोग। एक ओर कुर्सी पर अधेड़ उम्र का मुदब्बर-सा दिखनेवाला एक सरदार, एक तरफ़ से दबी हुई पगड़ी, नीची नज़र किए चुपचाप बैठा था। सलीमा के बैठते ही हाथ बाँधकर सरदार कहता हैः 'हम भी यहीं के रहनेवाले हैं जी। बँटवारे के समय मेरी छोटी बहन खो गयी थी, हमने बहुत ढूँढ़ा भी, हिन्दुस्तान से भी ढूँढ़ने आए थे, पर वह नहीं मिली। मेरा नाम कुलवीर सिंह है जी, मेरी छोटी बहिन जो खो गयी, उसका नाम कुलवन्त था।' बचपन में सब उसे 'वीरो' कहते थे। फिर दोनों बहिन-भाई बचपन की घटनाओं को दोहराते हुए एक-दूसरे को पहचान लेते हैं। लगभग छः माह बाद सलीमा और उसके परिवार के लगभग सभी सदस्य रेलगाड़ी में बैठे अमृतसर जा रहे थे। कुलवीर वीर जी की सबसे छोटी बेटी की शादी में भाग लेने। सलीम अपनी माँ को सुना रहा था कि उसने कैसे अपने 'मामाजी' को ढूँढ़ निकाला था।

इसी तरह 'सलमा आपा' कहानी में कथावाचक जाँबिया में अपनी दस साल की पक्की नौकरी को अचानक लात मारकर, अपने परिवार के साथ भारत लौटता है। वह कराची में एक दिन रुकते हुए जाने की योजना बनता है और वहाँ की एक साहित्यिक पत्रिका के सम्पादक को, जिसमें उसकी कहानियाँ छपी थीं, यह सूचना देकर हवाई अड्डे पर मिलने का अनुरोध करता है। लेकिन शाम के पाँच बजे पहुँचने वाली फ़्लाइट रात ढाई बजे पहुँचती है। एडीटर का कहीं अता-पता नहीं। इधर बला की सर्दी, धुंध और हवा के फ़र्राटों के बीच काफ़ी इन्तजार करने के बाद उसे याद आता है कि जाँबिया की उसकी एक परिचित महिला ने कभी उसे बताया था कि कराची में उसके भाई रहते हैं। उस महिला—सलमा आपा ने यह भी बताया था कि 'सोसाइटी' नाम की बड़ी उजली-उजली नयी-नयी बस्ती में बड़े सुन्दर इकहरे बँगले बने हैं। उनके भाई के बँगले के आगे खुला बड़ा-सा मैदान है, जहाँ एक घने कद्दावर पेड़ के नीचे एक बेंच है।

वह एक टैक्सी में सबको भरकर 'सलमा आपा के भाई' का बँगला, बिना पूरे पते के, ढूँढ़ने निकल पड़ता है। इस अधूरे पते के कारण काफी देर तक ढूँढ़ते हुए टैक्सी ड्राइवर भी झल्ला जाता है। अचानक एक जगह मैदान, पेड़ और बेंच देखकर वह उसके पीछे बने बँगले की घंटी बजा देता है। एक सफेदरेश छरहरे बदन के लम्बे-से चोगे और टोपी में बुजुर्ग के दरवाज़ा खोलते ही वह कहता है कि 'माफ़ कीजिएगा, हम लोग जांबिया से आ रहे है। हवाई जहाज़ देर से पहुँचा है। इसलिए आपको परेशान किया। सलमा आपा ने बताया था कि आप सोसाइटी कालोनी में रहते हैं।...मैंने अपने एक एडीटर दोस्त को तार तो दिया था, लकिन हवाई जहाज़ देर से पहुँचा। कोई हमें लेने नहीं आया। तभी सोचा, आपको ही परेशान करें... ।' क्षण-भर उस बुजुर्ग की आँखें उस पर ठिठकीं, फिर तैरती-सी नज़र से सर्दी में ठिठुरते

परिवार के सदस्यों को देखा और तब उसके चेहरे पर क्षीण-सी मुस्कराहट आई, फिर पहचान और सद्भावना के भाव : 'चले आइए।' जब तक वह ड्राइवर की मदद से सामान लाकर रखता है, बड़े मियाँ छोटी बच्ची के सिर पर हाथ फ़ेरते उसकी खाँसी के बारे में पूछते हैं। फिर उसकी माँ, पत्नी और बच्चों को सुलाने के बाद पूछते हैं, 'कैसी है सलमा?' फिर यह कहकर कि 'बहुत रात हो गयी है, आप थककर आए हैं। आराम कीजिए।' उसे भी सुला देता है। दूसरे दिन एडिटर से बात होने के बाद वह उन्हें लिवा ले जाता है।

बकौल नैरेटर 'सलमा के भाई के साथ वह हमारी पहली और आख़िरी मुलाकात थी। मुझे देस लौटे वर्षों बीत चुके हैं, ज़िन्दगी कितने ही मोड़ काट चुकी है, लेकिन सलमा के भाई का चेहरा बार-बार आँखों के सामने आ जाता है। वह इन्सान नहीं, फ़रिश्ता था। मन में बसी उसकी छाप इतनी नाजुक है कि मैं उसे ज्यों-का-त्यों संजोए रखना चाहता हूँ, कि कहीं कोई ऐसी बात न हो जाए कि उस चित्र में हल्का-सा भी बल आ जाए!'

तुम मानोगे नहीं, मैंने अभी तक सलमा आपा से भी अपनी चिट्ठयों में इसका ज़िक्र नहीं किया कि हम एक रात तुम्हारे भाई के यहाँ ठहरे थे! वह इसलिए कि कहीं सलमा आपा जवाब में यह न लिख दें कि 'नहीं, वह मेरे भाई नहीं थे!' और लगता है कि उस नेकसीरत बुजुर्ग ने भी अपनी बहन को इसके बारे में कुछ नहीं लिखा! वह लिखेगा ही क्यों? यह कहानी छपने से पहले मैंने पढ़ी होती, तो भीष्मजी से कहता कि इसका शीर्षक 'सलमा आपा का भाई' ही रखिए! यकीन मानिये, भीष्मजी ने मेरा यह सुझाव तत्काल और सहर्ष मान लिया होता!!

भीष्मजी की 'शोभायात्रा' बहुत अलग किस्म की कहानी है। पहली नज़र में यह लगता है कि बौद्ध धर्म ग्रहण करने के बाद, सनातनी ब्राह्मणों द्वारा पशु-बलि पर रोक लगाने की, अशोक की 'धम्म'-सम्मत' अहिंसा की कहानी है। लेकिन लेखक ने धर्मोन्मुख राजा उदयगिरी नामक राजा की कहानी लिखी है; और सायास इस नाम परिवर्तन से यह संकेत देने का प्रयास किया है कि इस कहानी का 'देवनाम-प्रिय सम्राट अशोक' से कोई सम्बन्ध नहीं है : 'वर्षों तक दृढ़ता से राज्य-संचालन करने और देश-देशान्तरों में अपनी विजय-दुन्दुभि बजा चुकने के बाद पराक्रमी राजा उदयगिरि धर्मोन्मुख होने लगे। उनकी आस्था विजय-अभियामों से हटकर धर्मसेवा और जनसेवा की ओर उन्मुख होने लगी।' वे सोचते हैं कि धर्म के जिस प्रकाश से मेरी आँखें खुली हैं, उसी से मैं अपनी प्रजा की आँखें भी खोलूँगा और उन्हें सन्मार्ग पर लाऊँगा। यह नयी चेतना धीरे-धीरे अब महत्वाकांक्षा और उन्माद का रूप लेने लगी थी! वे दृढ़-संकल्पी तो थे ही!!

कुछ समय तक तो वे इस दुविधा में भी रहे कि राज-पाट त्यागकर धर्म-सेवा करूँ, या राजपाट का दायित्व निभाते हुए इस महाकार्य में अपना जीवन दान दूँ?

अन्ततः वे अनुभव के आधार पर दूसरा विकल्प ही चुनते हैं : 'धर्म-सेवा के समय वह चीवर वस्त्र धारण कर लेते थे। प्रभातवेला में वह साधुवेश में राजधानी के अन्य श्रमणों के साथ बाहर निकलते...'धर्मं चर' और 'अहिंसा परमोधर्मः'! फिर प्रातः काल की उस धर्मचर्चा के बाद 'महाराज महल में लौट फिर से रत्नजड़ित राजमुकुट धारण कर लेते, राजा का बाना पहनते और सिंहासन पर आसीन, राज्य-संचालन करते।' वे जानते थे कि दमन और दण्ड के बिना राज्य-संचालन सम्भव नहीं है!

अचानक एक दिन महाराज 'एक दुखद समाचार' से बहुत उद्विग्न हो उठते हैं। पुरातनपन्थी अपने पर्व पर प्रथानुसार बलि चढ़ाने निकल पड़े थे : 'शंख-नगाड़े बजाते, बलि की शोभायात्रा चली जा रही है। स्त्री-पुरुष, गले में पुष्प मालाएँ डाले नाच रहे हैं। आगे-आगे बलि का बकरा है, सजा-धजा, माथे पर चन्दन का टीका, सींगों पर सिन्दूर, गले में पुष्पमाला। उसके पीछे नागरिकों का टोला, श्वेत वस्त्र पहने मन्त्रोच्चारण करता जा रहा है।' महाराज की ग्रीवा झुक गयी। उन्हें अपनी विफलता का बोध हुआ। बरसों की साधना और परिश्रम पर पानी फिर गया। वे गहरी सोच में डूब जाते हैं : उन्हें मेरी मर्यादा का ध्यान होता, तो वे बलि चढ़ाते ही नहीं, कम-से-कम इस ढंग से बलि नहीं चढ़ाते; आज एक स्थान पर बलि दी जा रही है, तो कल दसियों नगरों में दी जाएगी! कथावाचक के शब्दों में, 'मन के विचार बदलने में देर नहीं लगती, पर संस्कार जल्दी नहीं बदलते। नाम तो पलक मारते बदल जाता है, पर स्वभाव कैसे बदले? रणप्रांगण में राजाओं के मुकुटों से खेलनेवाले पराक्रमी का मुठ्ठीभर धर्म-विरोधियों द्वारा तिरस्कृत होने पर भला महाराज उत्तेजित कैसे नहीं होते': उन कुपथगामियों का हृदय-परिवर्तन कर उन्हें अपना अनुयायी नहीं बना सकता, पर पशु-वध का ख़ून बहने से तो रोक सकता हूँ।

पहले मठ के अधिष्ठाता कुछ धर्मानुयायियों को साथ लेकर विनयपूर्वक उन पातकी धर्मविरोधियों को इस कुकर्म से रोकने की प्रार्थना करते हैं। लेकिन वह व्यर्थ जाती है! महाराज क्षुब्ध हो जाते है : 'यह अधिष्ठाता की अवहेलना नहीं, मेरी अवहेलना है! यह विधर्मियों की अज्ञानता नहीं, उनकी उदण्डता है और अहंमन्यता है।' फिर 'राज्य की ओर से' उन्हें समझाया जाता है कि 'अहिंसा का महामन्त्र केवल हमारे लिए ही नहीं है, वह प्राणिमात्र के लिए है।' राज्य के उच्च-पदाधिकारी सड़क के किनारे विनीत भाव से खड़े होकर समझाते हैं। बलि के संयोजक ने चलते-चलते ही झुककर नमस्कार किया और फिर हाथ के इशारे से अपनी समर्थता भी जता दी: धर्म-कार्य में विधि-विधान का अनुकरण तो अनिवार्य ही था! वे नहीं रुके। यह प्रयत्न भी व्यर्थ गया। महाराज अत्यधिक क्षुब्ध हो उठेः उच्चाधिकारियों की उपेक्षा 'राज्य की उपेक्षा' थी; और वह स्वयं महाराज की ही घोर उपेक्षा, अवज्ञा और उदण्डता थी! सारा नगर स्तब्ध देख रहा था!!

मन्दिर के प्रांगण में शोभायात्रा प्रवेश कर चुकी थी और महाराज उस बलि-मन्दिर के निकट ही, एक पेड़ की ओट में विचलित खड़े थे। फिर सहसा सब आवाज़ें शान्त हो गयीं! चारों ओर चुप्पी छा गयी : ख़ून की पतली-सी धार, मन्दिर के भीतर से बहकर उस स्थान पर, जहाँ भक्तजन तर्पण किया करते थे, धीरे-धीरे गिरने लगी थी। अचानक बलि-मन्दिर के बड़े पट खुले और विस्मित-से महाराज ने देखा कि राज्य के सेनापति बलि के बकरे को खींचते हुए मन्दिर से बाहर ला रहे थे। महाराज का चेहरा खिल उठा और चेहरे पर सन्तोष की गहरी मुस्कान फैल गयी!!

भीड़ में खड़े उनके धर्मानुयायियों ने हाथ ऊँचे उठाकर जय घोष किया : 'महाराज की जय!' 'अहिंसा परमोधर्मः!' बलि के बकरे के पीछे-पीछे बलि मन्दिर में से सैनिकों का दल भी निकलने लगा : किसी के हाथ में ख़ून से रंगी तलवार थी तो किसी के भाले से खून की बूँदें टपक रही थीं। लगभग सभी के वस्त्रों पर खून की छींटे थे! बलि-मन्दिर की नाली में से बहनेवाली खून की धार उत्तरोत्तर चौड़ी और गहरी होती जा रही थी! कहते हैं कि खून की वह गहरी और चौड़ी धार बाद में भी कई दिनों तक बहती रही थी। मन्दिर में से एक भी कुपथगामी बाहर नहीं निकल पाया था—न पुजारी, न शंखवादक! कोई भी नहीं!!

बलि को रोक देने का वाँछित प्रभाव पड़ा था। राज्य में बलि चढ़ाना एकदम ही बन्द हो गया था! जनगण का हृदय-परिवर्तन पहले से भी अधिक द्रुत गति के साथ होने लगा था! राज्य के अनेक पदाधिकारियों, राजदरबारियों और सामान्य नागरिकों का भी! यह कहानी दरअसल, किसी भी विचार, विचारधारा के 'उन्माद' का रूप लेने, न बदल पाने वाले बद्धमूल संस्कारों और राजसत्ता तथा सत्ताधारी विचारों पर व्यंग्य है!

भीष्मजी की लगभग सवा सौ कहायियों में तकरीबन दो दर्जन कहानियाँ बहुत अच्छी हैं, जो किसी भी भाषा के कहानीकारों की श्रेष्ठ रचनाओं के साथ रखी जा सकती हैं। उनके जैसी विविधता भी किसी अन्य कहानीकार में नहीं है। न उनके समकालीन, न बाद की पीढ़ियों के कथाकारों में! 'वाङ्चू' जैसी विश्व-स्तर की कहानी तो प्रेमचन्द के बाद, किसी और कहानीकार ने अभी तक लिखी ही नहीं है।

परिशिष्ट-1 (i)

साहित्य अकादेमी की 'महत्तर सदस्यता' के मौके पर : भीष्म साहनी

ख़त्म नहीं होती साहित्य की सार्थकता

आज अक्सर कहा जाने लगा है कि साहित्य की कोई सार्थकता नहीं रह गयी है। ऐसी टिप्पणियाँ कुछ वर्षों से ज़्यादा सुनने में आ रही हैं। आज यह भी कहा जा रहा है कि विचारधारा का अन्त हो चुका है, यह भी कि किसी प्रकार के 'यूटोपिया' की कल्पना करना निरर्थक हो चुका है।

ऐसे परिदृश्य में साहित्य के भविष्य को भी देखा जाने लगा है कि साहित्य हमारे जीवन को किसी भाँति भी प्रभावित करने में असमर्थ हो चुका है, वह हमारे जीवन का दिशा-निर्देश नहीं कर सकता, इसलिए उसकी सार्थकता चुकती जा रही है।

ऐसी टिप्पणियाँ सुनते हुए एक प्रकार की विडंबना का भी भास होने लगा है। जो लोग आज साहित्य की निरर्थकता की बात करने लगे हैं, वही लोग कुछ समय पहले साहित्य की सोद्देश्यता पर भी प्रश्नचिन्ह लगाया करते थे, यह कहकर कि साहित्य का कोई भी साहित्येतर उद्देश्य नहीं होता, कि साहित्य किन्ही उद्देश्यों से बँधा नहीं होता। इसी स्थापना के आधार पर ऐसे साहित्य की कड़ी आलोचना की जाया करती थी, जिसे सोद्देश्य साहित्य कहा जाता था।

शायद कभी कोई ऐसा कालखंड नहीं रहा जब साहित्य-सृजन को किसी न किसी उद्देश्य के साथ न जोड़ा जाता रहा हो, भले ही वह सत्य की खोज कर रहा हो अथवा नैतिक मान्यताओं का प्रचार-प्रसार रहा हो अथवा समाज की किसी व्यवस्था को बदलने की प्रेरणा का उद्देश्य रहा हो। समाज में उसकी भूमिका को न भी देखा जाए तो भी, सत्य की खोज के नाते भी, साहित्य किसी उद्देश्य से जुड़ता है। सत्य की खोज से बड़ा उद्देश्य क्या होगा?

साहित्य भले ही अपनी सार्थकता खो चुका हो, पर लगता नहीं कि किसी लेखक ने अपनी कलम यह सोचकर रख दी हो कि अब उसकी भूमिका निरर्थक हो चुकी है। साहित्य की भूमिका के बारे में मोहभंग और किसी का हुआ हो तो भले ही हुआ हो, पर स्वयं लेखक का कभी नहीं हुआ, ऐसा जान पड़ता है। और आज के ज़माने में जब दुनिया उत्तरोत्तर छोटी होती जा रही है, जब सम्पर्कों के नये-नये द्वार खुलने लगे हैं, जब नये सृजन के आदान-प्रदान द्वारा नयी-नयी प्रेरणाएँ मिलने लगी हैं, जब दृष्टिकोण में नये-नये फैलाव आने लगे हैं, ऐसे में लगता तो नहीं कि साहित्य अपनी सार्थकता खो चुका है।

समाज के संचालन की बागडोर साहित्य के हाथ में नहीं है। उसके दिशा-निर्देश पर दुनिया नहीं चलती। साहित्य दुनिया को सुधारने, मानव-जीवन को बेहतर बनाने की प्रेरणा तो दे सकता है, अपने सुझाव भी दे सकता है, पर दुनिया को बदलने की क्षमता उसमें नहीं है। और ऐसा बीड़ा तो साहित्य ने कभी उठाया भी नहीं था। दुनिया को सचेत करने की बात तो साहित्य में हमेशा उठती रही है और आज भी उठ रही है, पर वह केवल सचेत करने तक ही अपनी भूमिका समझता रहा है। प्रेमचन्द ने भी एक जगह कहा था कि लेखक समाज के आगे-आगे मशाल लेकर चलने वाला व्यक्ति है, वह मात्र अनुसरण करने वाला जीव नहीं है। प्रेमचन्द ने भी इसी बात पर बल दिया था कि लेखक की भूमिका सचेत करने की है, जीवन के साथ यथार्थ की तस्वीर आँखों के सामने रख देने की है।

महाभारत के रचयिता महर्षि व्यास ने भी बड़े विशाल स्तर पर अपने काल की गिरावट के दृश्य प्रस्तुत किए थे। उसी को व्यास ऋषि ने अपना दायित्व माना था कि मैं दिखा दूँ कि किस अधोगति तक उस काल का समाज पहुँच चुका था। शायद इसी से मानव-समाज सचेत हो जाए। और यही भूमिका साहित्य आज भी निभा रहा है। दुनिया को बदल देने का दंभ न उसमें कभी पहले था, न आज है।

यदि आज यह कहा जाता है कि साहित्य अपनी सार्थकता खो चुका है तो शायद इसलिए कि जिन मानवीय मूल्यों से साहित्य जुड़ता है, जिन मानवीय मूल्यों की कसौटी पर वह जीवन के क्रिया-कलाप को आँकता-परखता रहा है, वे जीवन-मूल्य आज की दुनिया में न केवल अपना प्रभाव खोते जा रहे हैं, बल्कि रौंदे जा रहे हैं। साहित्य इन मानवीय मूल्यों का ही वाहक रहा है, इन्हीं की आधारशिला पर मानवता को सचेत करता रहा है, इन्हीं पर बल देता रहा है।

जिस स्तर पर मानवीय मूल्यों की आज अवहेलना हो रही है, उसका निश्चय ही बड़ा विकराल रूप देखने को मिल रहा है। आज बड़े पैमाने पर नरसंहार होने लगे हैं। जब हिरोशिमा और नागासाकी पर आणविक बम फेंके गये थे तो दुनिया दहल उठी थी। आज सारे वक़्त, दुनिया के किसी-न-किसी भाग में ऐसी ही दहशत

बनी रहती है, भले ही वह कुसोवा हो, इराक हो, इस्रायल हो या अफ़गानिस्तान हो या हमारा अपना देश हो। ऐसे माहौल में लेखक मानवीयता की दुहाई देता फिरे तो कौन सुनेगा? इस दृष्टि से साहित्य को निरर्थक माना जाने लगा है। इसकी कोई भूमिका नहीं रह गयी है। जिस दिशाहीनता का चारों ओर भास होने लगा है, उसको देखते हुए साहित्य किसी को क्या सुझा पाएगा? इस दिशाहीनता के परिप्रेक्ष्य में ही इस बात का भास होने लगता है कि साहित्य अपनी सार्थकता खो चुका है।

पर इन सबके रहते, साहित्य की आवाज़ भले ही क्षीण पड़ चुकी हो, वह मरी नहीं है। साहित्य सदैव निर्माण और मानव-कल्याण की शक्तियों का प्रेरक रहा है, और इस नाते उसकी भूमिका चुक नहीं गयी है। साहित्य इन्सान की किस्मत तो नहीं बदल सकता, पर उसे अपनी किस्मत से जूझने की प्रेरणा ज़रूर दे सकता है। साहित्य, मानव-जाति के अन्तःकरण की आवाज़ है, वह दबाए नहीं दब सकती। वह मर जाएगी तो इन्सान भी मर जाएगा। जिन जीवनदायी तत्वों में उसका गहरा विश्वास है, भले ही उन पर कैसा ही आघात क्यों न रहा हो, उनकी आवाज़ तो वह सदैव उठाता रहेगा। (**'नया पथ' से साभार**)।

परिशिष्ट-1 (ii)

राष्ट्रीय प्रगतिशील लेखक महासंघ के महासचिव भीष्म साहनी का ऐतिहासिक वक्तव्य

राष्ट्रीय प्रगतिशील लेखक महासंघ का प्रतिद्वन्द्वी संगठन बनाने की घातक कार्रवाई

हमें इस बात का अत्यधिक खेद है कि 'जनवादी लेखक संघ' के प्रस्तावित गठन के सन्दर्भ में राष्ट्रीय समिति के सदस्यों के नाम जारी हमारे 'सर्कुलर' को कुछ क्षेत्रों में गलत रूप में पेश किया गया है और उसके गलत हवाले दिए गये हैं। अतः हमारे लिए सर्वसाधारण को विश्वास में लेना और इस सम्पूर्ण 'सर्कुलर' को ऐतिहासिक रूप से जारी करना आवश्यक हो गया है।

नयी दिल्ली, 18 नवम्बर 1981
प्रिय मित्र,

आपको समाचार पत्रों की रिपोर्टों के जरिए और अन्य माध्यमों से भी पता चला होगा कि कुछ लेखक मित्रों ने 'जनवादी लेखक संघ' के नाम से लेखकों का एक संगठन बनाने की खातिर एक घोषणापत्र का मसौदा जारी किया है। उनके इस घोषणापत्र से यह स्पष्ट उजागर होता है कि उनका यह प्रयास राष्ट्रीय प्रगतिशील लेखक महासंघ के समानान्तर और एक प्रतिद्वन्द्वी संगठन खड़ा करने के लिए ही है। उनके घोषणा पत्र के मसौदे का सम्पूर्ण-पाठ 'लोक लहर' में तथा उसका एक अंश 'पीपुल्स डेमोक्रेसी' में प्रकाशित हुआ है। इस घोषणापत्र के मसौदे पर हस्ताक्षर करने वालों ने 29 नवम्बर 1981 को दिल्ली में एक बैठक करने की तथा बाद में एक सम्मेलन आयोजित करने की योजना बनायी है। हमें यह गम्भीर आशंका है कि इन लेखक मित्रों का एक समानान्तर और एक प्रतिद्वन्द्वी संगठन खड़ा करने का यह

कदम बढ़ती हुई वामपन्थी और जनवादी एकता की मौजूदा प्रक्रिया पर चोट पहुँचाएगा और लेखकों के दिलो-दिमाग में भ्रम पैदा करेगा, जो राष्ट्रीय और अन्तरराष्ट्रीय परिस्थितियों के असर से अधिकाधिक संख्या में हमारे संगठन में शामिल हो रहे हैं, जैसा कि जबलपुर के राष्ट्रीय महासम्मेलन तथा डाल्टनगंज और लखनऊ के राज्य सम्मेलनों से भी स्पष्ट प्रमाणित होता है। यह वामपन्थी और जनवादी एकता भी इस वक्त समय का ज़बर्दस्त तकाज़ा है। इन मित्रों के घोषणापत्र के मसौदे में यह कहा गया है कि प्रलेस का हालाँकि आज़ादी के पहले एक गौरवशाली अतीत रहा है, लेकिन यह संगठन (प्रलेस) वस्तुतः अब अस्तित्व में ही नहीं रह गया है। इसकी एक वजह तो यह बताई गयी है कि 1947 के बाद घटित होने वाले सामाजिक और आर्थिक परिवर्तनों के बारे में इसके नेतृत्व की गलत समझदारी रही है तथा दूसरी वजह यह कि इसके नेतृत्व ने आपात-स्थिति के दौरान गलत रुख लिया, जिसकी वजह से वह एकदम अलग-थलग पड़ गया। इन दोनों वजहों से ये मित्र यह निष्कर्ष निकालते हैं कि अब एक शून्य पैदा हो गया है जिसे भरने की ज़रूरत है तथा इसीलिए इस अभाव की पूर्ति की ख़ातिर ही 'जनवादी लेखक संघ' की स्थापना की जा रही है। यह सरासर तथ्यों की गलतबयानी और उन्हें तोड़-मरोड़कर पेश करना ही है। हम यह दावा तो नहीं करते कि हमारा संगठन शुरू से ही लगातार ज़बर्दस्त तरीके से सक्रिय रहा है। लेकिन जिन गलतियों और कमियों के कारण हमारे संगठन को नुक़सान उठाना पड़ा है, उसके लिए भी तो हम सभी ही ज़िम्मेदार हैं। उन लोगों के साथ ही जो इस घोषणापत्र के मसौदे के लेखकों में हैं, हमारे आन्दोलन के प्रारंभिक दौरों के लिए हम सभी ज़िम्मेदार हैं, क्योंकि तब हम सभी साथ मिलकर ही काम कर रहे थे। चालीस वाले दशक के उत्तरार्द्ध और पचास वाले दशक के शुरू में प्रगतिशील लेखक संघ को कमज़ोर करने के लिए जो शक्तियाँ ज़िम्मेदार रही हैं, उन्हें प्रस्तावित 'जनवादी लेखक संघ' में और राष्ट्रीय प्रगतिशील लेखक संघ में भी—दोनों जगह—भली-भाँति देखा जा सकता है।

यह कहना सरासर कीचड़ उछालने की हरकत ही है कि प्रगतिशील लेखक आंदोलन और उसका नेतृत्व आज़ादी के बाद की अवधि के परिवर्तनों का मूल्यांकन करने में विफल रहा है। हमारा आंदोलन निरंतर जनसाधारण के ध्येयों के साथ और उनके लिए सदैव सक्रिय रहा है।...हमने विश्वशान्ति की रक्षा के आंदोलन में, साम्राज्यवाद विरोधी आंदोलन में, और अफ्रीकी-एशियाई एकजुटता आदि तमाम ऐसे आन्दोलनों में मूल्यवान पहलकदमी की है। यहाँ तक कि आपात-स्थिति के दौरान भी बहुत सारे प्रगतिशील लेखकों को दमन का सामना करना पड़ा तथा अभिव्यक्ति की स्वतन्त्रता के लिए संघर्ष करना पड़ा।...प्रसंगवश, यहाँ यह तथ्य भी उल्लेखनीय है कि 'जनवादी लेखक संघ' के घोषणापत्र के मसौदे पर प्रारम्भिक हस्ताक्षरकर्ताओं में (जिनके नाम से उसे जारी किया था) कुछ ऐसे लोग भी हैं जिन्होंने घृणित

आपात-स्थिति का समर्थन किया था। इनमें से एक ने तो सत्ताधारी पार्टी की सेवा करने की खातिर पद्मश्री का सम्मान तक हासिल किया था। और 1975 में गया महासम्मेलन के बाद से हमारे संगठन का सम्पूण देश में, ख़ास तौर से उत्तरी भारत में तेज़ी से फैलाव और विकास हुआ है तथा आज हमारे संगठन की भारत के सभी राज्यों में अत्यन्त सक्रियतापूर्वक क्रियाकलाप करने वाली इकाइयाँ और शाखाएँ हैं।...

इस वक्त जबकि राष्ट्रीय और अन्तरराष्ट्रीय परिस्थितियाँ प्रगतिशील लेखकों की और भी मज़बूत और व्यापक एकता की माँग कर रही हैं, राष्ट्रीय प्रगतिशील लेखक महासंघ के समानान्तर एक प्रतिद्वन्द्वी संगठन खड़ा करने का हर एक प्रयास प्रगतिशील लेखकों के ध्येय को भीषण नुकसान पहुँचने वाला है।

'जनवादी लेखक संघ' बनाने वाले राष्ट्रीय प्रगतिशील लेखक महासंघ के जबलपुर सम्मेलन में निर्धारित रुख से भले ही अपने गम्भीर मतभेदों की बात करें, और उन्हें दर्शाने का प्रयास करें, उनके घोषणापत्र के मसौदे को देखने पर तो यही प्रदर्शित होता है कि उसमें प्रतिबिम्बित प्रमुख मसलों पर तकरीबन कोई मतभेद नहीं हैं। लेकिन जिन महत्वपूर्ण और अहम् मसलों पर उनका घोषणापत्र एकदम चुप्पी साधे हुए है, यह गम्भीर चिन्ता की बात हो सकती है। मिसाल के लिए, मसौदे में शान्ति के लिए चलाए जा रहे विश्वव्यापी संघर्ष में शामिल होने की ज़रूरत के बारे में बिल्कुल चुप्पी साध ली गयी है...दूसरे एक अन्य महत्वपूर्ण मसले, जिस पर घोषणापत्र का मसौदा चुप्पी साधे हुए है, वह है राष्ट्रीय स्वयंसेवक संघ की विचारधारा के साथ संघर्ष करने की ज़रूरत। राष्ट्रीय प्रगतिशील लेखक महासंघ का यह दृढ़ मत है कि आर.एस.एस. विचारात्मक तौर पर और संगठनात्मक दृष्टि से भी एक अर्द्धफ़ासिस्ट संस्था है, जो कि हमारे देश में राष्ट्रीय और अन्तरराष्ट्रीय प्रतिक्रियावाद के गठबन्धन के लिए एक महत्वपूर्ण केन्द्र-बिन्दु बन चुकी है।

...जो लेखक समाजवाद, धर्मनिरपेक्षता और लोकतन्त्र की अवधारणाओं में विश्वास रखते हैं, उन सभी लेखकों के लिए हमारे संगठन के द्वार सदैव खुले हैं। जिन मित्रों को हमारी नीतियों और हमारे कार्यक्रम के बारे में कभी कोई शंकाएँ और कोई गलतफ़हमियाँ रही हैं अथवा अभी भी हैं, उन सभी मित्रों के साथ हम सदैव खुले दिल से बहस करते रहे हैं; और हम अभी भी इसके लिए तैयार हैं। हमने हमेशा अपने मंचों पर बहस-मुबाहिसों व अन्य क्रियाकलापों में भाग लेने के लिए धर्मनिरपेक्ष और जनवादी लेखकों को आमन्त्रित किया है और भविष्य में भी हम ऐसा करना जारी रखेंगे। हम 'जनवादी लेखक संघ' के अपने मित्रों से अपील करते हैं कि वे प्रगतिशील लेखकों की पांतों में फूट न डालें। सभी धर्मनिरपेक्ष भावनाओं वाले, जनवादी लेखकों के लिए एक साथ मिलकर शिरकत करने और एकताबद्ध संगठन में, नेतृत्व में भागीदारी करने तक की पूरी-पूरी गुँजाइश है। एकताबद्ध संगठन के इतिहास, उसकी परम्परा और उसकी विरासत को ही आत्मसात करके राष्ट्रीय

प्रगतिशील लेखक महासंघ चल रहा है। हम इन सभी मसलों पर बहस करने के लिए और उन सभी मित्रों के जो इस आंदोलन की दिल से भलाई चाहते हैं, उन्हें यथासम्भव स्थान देने तक के लिए तैयार हैं।

मैंने बड़े विस्तार में जाकर लिखा है क्योंकि अपना रुख एक बार फिर स्पष्ट करने के लिए यह ज़रूरी था। राष्ट्रीय प्रगतिशील लेखक महासंघ का सचिव-मंडल महासंघ की राष्ट्रीय समिति के सदस्यों, राज्य-स्तरीय समितियों और महासंघ से सम्बंधित स्थानीय संगठनों से अपील करता है कि वे इस घटनाक्रम पर अपनी प्रतिक्रिया व्यक्त करें तथा सभी वामपन्थी और जनवादी ताकतों को साथ लेकर जैसा कि वे पहले भी करते रहे हैं, अपने संगठन का विस्तार करना जारी रखें। कृपया, अपने क्षेत्र के लेखकों, ख़ासकर नौजवान पीढ़ी के लेखकों से संवाद शुरू करें, इस गहराते हुए संकट की घड़ी में जबकि देश में अलगाववादी ताकतें गड़बड़ी फैलाने का प्रयास कर रही हैं तथा साम्राज्यवादी और उनके प्रभुतावादी सहयोगी पृथ्वी पर परमाणु-संहार का ख़तरा पैदा कर रहे हैं, ऐसी नाजुक घड़ी में सभी प्रगतिशील लेखकों की एकता की जबर्दस्त ज़रूरत के बारे में उन्हें समझाएँ।

कृपया हमें लिखें, अपने क्षेत्र की परिस्थितियों के बारे में हमें जानकारी देते रहें।

आपका साथी
–भीष्म साहनी
महासचिव,
राष्ट्रीय प्रगतिशील लेखक महासंघ

हमें पता चला है कि इस नये संगठन के गठन का फैसला लिया जा चुका है। ज़ाहिर है कि यह संगठन एक समानान्तर संगठन के रूप में कार्य करेगा तथा हमें यह भी आशंका है कि इससे वामपन्थी और जनवादी लेखकों की एकताबद्ध करने की प्रक्रिया, ध्वस्त होगी। हमें इस बात को अत्यन्त खेद है कि एक प्रतिद्वन्द्वी संगठन खड़ा न करने की हमारी अपील निष्फल गयी। लेकिन इस घटनाक्रम को दृष्टिगत रखते हुए भी जनवादी लेखक संघ के अपने मित्रों से हम एक बार पुनः अपील करते हैं कि वे ऐसे कदम उठाएँ जिससे समान विचारों वाले लेखकों के बीच मुठभेड़ की नहीं सहयोग की परिस्थितियाँ पैदा हों, ताकि प्रगतिशील-जनवादी लेखन के महान ध्येय और भी ज़बर्दस्त ढंग से आगे बढ़ाए जा सकें तथा वामपन्थी और जनवादी एकता को मज़बूत किया जा सके।

–भीष्म साहनी
(*'अक्षर पर्व'* से साभार)

परिशिष्ट-2

संक्षिप्त जीवन-परिचय और उपलब्धियाँ

भीष्म साहनी के पूर्वज जेहलम के नज़दीक, 'भेरा' गाँव के रहने वाले थे। किसी ज़माने में भेरा चारों ओर से परकोटों, विशाल दरवाजों और बुर्जों वाला बड़ा प्राचीन नगर था; जहाँ महमूद गज़नवी का नौवाँ हमला हुआ था। वहाँ के सिक्ख अमलदारी के 'बड़े दीवान' मैय्यादास के क़िस्से मशहूर थे, जो (शायद) भीष्म जी के 'किन्हीं पुरखों में' भी थे! 'मय्यादास की माड़ी' उपन्यास की गाथा और उसका कथा-परिवेश, झेलम नदी के किनारे बसे इसी प्राचीन नगर 'भेरा' का हैं; जो कालान्तर में एक गाँव या छोटे-से कस्बे के रूप में रह गया था। अपने बचपन में, भीष्म जी अपने परिवार के साथ केवल एक बार ही भेरा गये थे; रिश्तेदारी में किसी शादी में भाग लेने।

भीष्म जी के पिता का नाम हरबंसलाल साहनी और माँ का नाम श्रीमती लक्ष्मी देवी था। उनके पिता एक मध्यवर्गीय व्यापारी थे, जो अपने व्यापार के सिलसिले में पेशावर आ गये थे। कबाइली पठानों के हमलों और लूटमार की वारदातों के कारण परिवार पेशावर से आकर रावलपिंडी में स्थाई रूप से बस गया था। भीष्म जी अपने माँ-बाप की सातवीं सन्तान थे। पाँच बहिनों और बड़े भाई बलराज साहनी के बाद, सबसे छोटे। तीन बहिनें बचपन में ही गुज़र गयी थी। उनका जन्म 8 अगस्त, 1915 को रावलपिंडी में हुआ था। दसवीं तक की शिक्षा रावलपिंडी में पूरी करके, वे भी अपने बड़े भाई बलराज की तरह आगे की शिक्षा के लिए लाहौर आ गये थे। उन्होंने गवर्नमेन्ट कालिज लाहौर से 1935 में अंग्रेज़ी साहित्य में एम. ए. किया था। बाद में पंजाब विश्वविद्यालय, चंडीगढ़ से 'कंसेप्ट ऑफ़ दि हीरो इन दि हिन्दी नॉवेल' विषय में (अंग्रेज़ी में) पी-एच. डी. की थी। शीलाजी से उनका विवाह 1944 में हुआ था।

अपनी पढ़ाई के दौरान ही वे देश की आज़ादी के लिए, गाँधी-नेहरू के नेतृत्व में चलाए जा रहे काँग्रेस के जनांदोलन में शामिल हो गये थे। सन् '42 के 'भारत-छोड़ो' आन्दोलन में भाग लेने के कारण उन्होंने जेल-यात्रा भी की थी। वे रावलपिंडी ज़िला

काँग्रेस कमेटी के सदस्य थे और 'क्रांतिकारी आंदोलन' से भी उनका सम्पर्क था। जब बलराज जी शान्ति निकेतन में और फिर 'नयी तालीम' का सम्पादन करते हुए सेवाग्राम में गाँधी जी के पास थे, तो भीष्म जी भी वहाँ कुछ अर्सा रहे थे। फिर जब बलराज जी बंबई चले गये तो भीष्म जी भी वहाँ जाकर उनके माध्यम से 'इप्टा' से जुड़े तथा उन्होंने कई नाटकों में अभिनय किया और कुछ का निर्देशन भी किया। बलराज जी चार साल तक लन्दन में बीबीसी के एनाउँसर-पद पर रहे, जहाँ वे मार्क्सवाद से प्रभावित होकर 1944 में देश लौटने पर कम्युनिस्ट पार्टी में शामिल हो गये। देश-विभाजन के बाद जब भीष्म जी बंबई चले गये तो वे भी कम्युनिस्ट पार्टी के सदस्य बन गये।

आज़ादी के बाद उन्होंने कुछ वर्ष अंबाला और अमृतसर में कालिजों में पढ़ाया तथा 'इप्टा' और शिक्षक आंदोलन में भी ज़ोरदार सक्रिय भूमिका निभाई। वे कालिज शिक्षकों के प्राँतीय संगठन के महासचिव भी रहे। यूनियन में सक्रियता के कारण वे प्राइवेट कालिजों से निकाले भी जाते रहे। शीलाजी को आकाशवाणी जालंधर में एनाउँसर और पंजाबी न्यूज़रीडर की नौकरी मिल जाने से परिवार को कुछ राहत मिली। फिर वे 1950 में स्थायी रूप से दिल्ली आ गये। कुछ वर्ष विभिन्न कालिजों में अस्थाई पदों पर काम करने के बाद, अन्ततः रिटायरमेंट (1980) तक वे दिल्ली कालिज़ (बाद में नया नाम 'ज़ाकिर हुसैन कालिज') में अंग्रेज़ी साहित्य के प्राध्यापक रहे। बीच में, 1956 से 1963 तक वे विदेशी भाषा प्रकाशन संस्थान में अनुवादक के तौर पर सात साल मास्को (सोवियत संघ) भी रहे। वहाँ उन्होंने तोल्सतोय के उपन्यास 'रेस्सेरेक्शन' ('पुनरुत्थान' नाम से) साहित लगभग दो दर्जन कृतियों का हिन्दी में अनुवाद किया।

देश लौटने के बाद, भीष्म साहनी ने 1965 से '67 तक सुप्रतिष्ठित कथा-पत्रिका 'नयी कहानियाँ' (मासिक) का लगभग ढाई साल तक सम्पादन भी किया। वे सज्ज़ाद ज़हीर ('बन्ने भाई') के साथ 'एफ्रो-एशियन राइटर्स एसोसिएशन' के संगठन में भी सक्रिय रहे। सत्तर के दशक की शुरुआत से ही वे 'बन्ने भाई' के साथ मिलकर 'प्रगतिशील लेखक संघ' के पुनर्गठन के प्रयासों में भी लगातार अत्यन्त सक्रिय रहे। अन्ततः, जब 'राष्ट्रीय प्रगतिशील लेखक महासंघ' के नाम से मई, 1975 में एक फेडरल (संघीय) स्वरूप वाले संगठन में 'प्रलेस' का पुनर्गठन हुआ, तो वे उसके पहले महासचिव बने। इस पद पर लगभग 11 वर्ष तक (1986 तक),अपना सक्रिय नेतृत्व प्रदान करते हुए, भीष्म जी ने सारे देश में 'प्रलेस' की ज़बर्दस्त लहर पैदा करके, राष्ट्रीय स्तर पर एक वामोन्मुख सांस्कृतिक नवजागरण का सूत्रपात किया। 'प्रलेस'-महासचिव पद से हटने के बाद भीष्म साहनी अनेक वर्षों तक 'एफ्रो-एशियन राइटर्स एसोसिएशन' के सेक्रेटरी-जनरल के तौर पर पूरी दुनिया के लेखकों, कलाकारों और संस्कृति-कर्मियों को, विशेष रूप से एशिया और अफ्रीकी महादेश में, युद्ध के

ख़िलाफ़ और विश्व शान्ति के पक्ष में तथा सांस्कृतिक एकजुटता के लिए प्रेरित करते रहे। कुछ वर्ष वे शिमला के उच्च-अध्ययन संस्थान में फेलो भी रहे। भीष्म साहनी का निधन 11 जुलाई, 2003 को हुआ। उनके अवसान से एक युग का भी अवसान हो गया!

रचनाएँ

पहली कहानी 'अबला' इंटर कालिज, लाहौर की पत्रिका 'रावी' में छपी थी और दूसरी 'नीली आँखें' अमृत राय-सम्पादित मासिक 'हंस' में प्रकाशित हुई थी।

कहानी संग्रह

नौ 'संग्रहों' में सौ से अधिक कहानियाँ।

(1) 'भाग्य-रेखा' (1953).
(2) 'पहला पाठ' (1957).
(3) 'भटकती राख' (1965).
(4) 'पटरियाँ' (1973).
(5) 'वाङ्चू' (1978).
(6) 'शोभायात्रा' (1981).
(7) 'निशाचर' (1983).
(8) 'पाली' (1989).
(9) 'डायन' (1998).

उपन्यास

(1) 'झरोखे' (1967).
(2) 'कड़ियाँ' (1970).
(3) 'तमस' (1974).
(4) 'बसन्ती' (1980).
(5) 'मय्यादास की माड़ी' (1988).
(6) 'कुंतो' (1993).
(7) 'नीलू नीलिमा नीलोफ़र' (2000).

नाटक

(1) 'हानूश' (1977).
(2) 'कबिरा खड़ा बाज़ार में' (1981).

(3) 'माधवी' (1984).
(4) 'मुआवज़े' (1993). इनके अलावा दो नाटक और लिखे : (1) 'आलमगीर' और (2) 'रंग दे बसन्ती'।

जीवनी

'MY BROTHER BALRAJ', ('मेरा भाई बलराज').

आत्म-कथा

'आज के अतीत' (2003).

पुरस्कार, सम्मान और उपलब्धियाँ

(1) 'तमस' पर साहित्य आकदेमी पुरस्कार. (1975).
(2) 'तमस' पर ही उत्तर प्रदेया सरकार का पुरस्कार. (1975).
(3) 'हानूस' नाटक पर मध्यप्रदेश कला परिषद का पुरस्कार.
(4) पंजाब सरकार का 'शिरोमणि सम्मान'.
(5) 'माधवी' नाटक पर सोवियत संघ में 'इंटरनेशनल थिएटर फ़ेस्टिवल' का 'कलर ऑफ़ नेशन' एवार्ड. (1981).
(6) सोवियत लैंड नेहरू एवार्ड (1983).
(7) 'एफ्रो-एशियन राइटर्स एसोसिएशन' का 'लोटस' एवार्ड।
(8) भारत सरकार का 'पद्म भूषण' सम्मान. (1998).
(9) साहित्य अकादेमी का सर्वोच्च सम्मान 'महत्तर सदस्यता' और फैलोशिप (2002).

फ़िल्मों में अभिनय

(1) 'मोहन जोशी हाज़िर हो' (1984) में मुख्य भूमिका.
(2) गोविन्द निहलाणी की फ़िल्म 'तमस' (जो 'दूरदर्शन' पर धारावाहिक दिखाई गयी) में सरदार हरनाम सिंह का रोल.
(3) 'कसबा' (1991).
(4) 'लिटल बुद्धा' (1993).
(5) और अर्पणा सेन की 'मिस्टर ऐंड मिसेज़ अय्यर' (2002) में इक़बाल अहमद ख़ान की भूमिका निभायी।

□□